中国社会科学院　学者文选

汪敬虞集

中国社会科学院科研局组织编选

中国社会科学出版社

图书在版编目(CIP)数据

汪敬虞集／中国社会科学院科研局组织编选. —北京：中国社会科学出版社，2001.9（2018.8 重印）

（中国社会科学院学者文选）

ISBN 978-7-5004-2952-4

Ⅰ.①汪… Ⅱ.①中… Ⅲ.①汪敬虞—文集②资本主义—研究—中国—近代—文集 Ⅳ.①F129.5-53

中国版本图书馆 CIP 数据核字(2001)第 010060 号

出 版 人	赵剑英
责任编辑	张小颐
责任校对	郭　娟
责任印制	戴　宽

出　　版	中国社会科学出版社
社　　址	北京鼓楼西大街甲 158 号
邮　　编	100720
网　　址	http：//www.csspw.cn
发 行 部	010-84083685
门 市 部	010-84029450
经　　销	新华书店及其他书店

印刷装订	北京市十月印刷有限公司
版　　次	2001 年 9 月第 1 版
印　　次	2018 年 8 月第 2 次印刷

开　　本	880×1230 1/32
印　　张	14.875
字　　数	354 千字
定　　价	89.00 元

凡购买中国社会科学出版社图书,如有质量问题请与本社营销中心联系调换
电话:010-84083683

出 版 说 明

一、《中国社会科学院学者文选》是根据李铁映院长的倡议和院务会议的决定，由科研局组织编选的大型学术性丛书。它的出版，旨在积累本院学者的重要学术成果，展示他们具有代表性的学术成就。

二、《文选》的作者都是中国社会科学院具有正高级专业技术职称的资深专家、学者。他们在长期的学术生涯中，对于人文社会科学的发展作出了贡献。

三、《文选》中所收学术论文，以作者在社科院工作期间的作品为主，同时也兼顾了作者在院外工作期间的代表作；对少数在建国前成名的学者，文章选收的时间范围更宽。

中国社会科学院

科研局

1999 年 11 月 14 日

目　录

前　言

　　著者从事研究工作将近 60 年。在漫长的岁月中，具体研究课题虽多有变动，但始终没有离开"中国近代资本主义"这一总的研究方向。因此，本书集中选录了这方面的有关论文。它不仅对著者的研究成果具有一定的代表性，而且这些论文的汇编，也体现了一定的系统性和完整性，涉及到中国资本主义发生发展问题的方方面面，反映了著者个人所能达到的研究水平。

　　本书共收录论文 19 篇。其中多数为著者近 20 年中的作品。这是因为在 20 世纪 80 年代中，学术界曾多次举行的有关中国近代资产阶级问题的学术讨论，与著者的长期研究密切相关。为此著者曾撰文多篇，参与讨论。更重要的是，从 80 年代末起，著者开始承担了"九五"国家重点课题：《中国近代经济史 (1895—1927 年)》的主编工作。在集体编写的过程中，为了使参加课题组的全体同仁对这段历史有基本一致的共识，著者提出了"中国资本主义的发展和不发展"的中心线索，在经济研究所内外开展讨论，引起了学术界的重视。为此著者又发表了有关"中心线索"问题的一系列文章。因此汇集在本书内的论文，可以说凝聚了著者毕生、特别是最近 20 年来的研究精力。此外，本书也有选择地收集了著者在 50 年代至 60 年代中期以及 1949

年以前的少量作品，其中 1949 年以前的，只选了一篇：即《抗日战争前中国的工业生产和就业》，该文曾在国外发表，国内甚少流传。由于这些文章和 80 年代入选的文章在内容上基本一致，而且文章本身保留了一些值得继续研究的资料，所以加以选录，以观全豹。

　　所有这些论文，按内容的性质分为两大类：一是中国近代资本主义和资产阶级产生和发展的理论，即本书的第一部分，共 10 篇；一是它的产生和发展的过程，即本书的第二部分，共 9 篇。不言而喻，这种归类，只能是相对的。因为许多文章的内容，是二者兼而有之，不能截然划分。不过大体分成两类，有利于眉目的比较清晰。至于每一大类中的论文，也有不同的考察角度和重点。但在此一层次上，归类更为棘手。因此不再细分，基本上按文章发表的先后顺序排列，以便读者了解著者的思路脉络。但第二部分中有些文章，性质相近，而发表时间先后参差，检阅不便，就集中一处，形成一个重点。灵活处理，也许更便于读者的审阅。

　　本书所收论文，一律保留原来的结构和论点，只作文字上的订正和个别史实的补充。各篇内容，难免有所重复。所有不当之处，敬请读者批评指正。

　　最后，衷心感谢院领导对本院老龄学者的关怀和科研局对《学者文选》组织工作的重视；衷心感谢中国社会科学出版社对《学者文选》出版的积极安排。

汪敬虞

试论中国资本主义和资产阶级的产生[*]

关于辛亥时期中国资本主义和资产阶级的研究，是整个辛亥革命历史研究工作的一个极为重要的部分，而要使这一研究富有成果，就需要对中国资本主义和资产阶级的产生，有一个比较正确的认识。

资产阶级的产生，严格地讲，是在资本主义生产关系正式确立之后。封建社会中的资本主义萌芽，并不能产生资产阶级，这应该是不成问题的。中国的资本主义萌芽问题，过去有过比较广泛和深入的讨论。讨论中对于在中国资本主义萌芽的过程中是否出现了市民等级，有不同的看法；但在是否出现了资产阶级这个问题上，意见是一致的。这就是：在中国封建社会的资本主义萌芽的过程中，并没有出现资产阶级。中国资产阶级的产生，是在资本主义现代企业出现以后。

中国资本主义现代企业的出现，又是在外国资本主义入侵中国之后。中国封建社会中的工商行业，在外国资本主义入侵以后，发生了一些什么变化，这是研究中国资本主义企业的产生、

---

* 本文系为纪念辛亥革命 70 周年而作。

从而是中国资产阶级的产生所要首先解决的问题。

我想就从这一点开始。

一　西方资本主义入侵以后中国城市工商行业的变化

在长期的封建社会中，中国城市的工商行业，从各种手工业、商业、交通运输业到金融高利贷中的钱庄、票号、银炉、当铺，从行商、坐贾到经纪、牙行，都有各自的组织机构、活动范围和经营传统。它们各自保有的传统业务和经营方式，只有在外国资本主义入侵以后，才发生了它们从未经历过的变化。它们的传统经营和西方资本主义的入侵，发生直接的冲突，面临着阵地日益缩小的前景。

但是，并不是所有的行业都和西方的入侵发生直接的冲突。相反，不少行业在西方势力入侵之后，发现自己原来的传统业务和经营很容易转向适应入侵者的需要的轨道，从而有可能相应地扩大自己的活动范围，一天一天地走上为侵略者服务的道路。

交通运输业中的海运和银钱金融业中的钱庄，就是代表两种不同遭遇和命运的典型。

中国的沿海贸易和运输，是中国封建社会原有的交通运输业的一个相当重要的组成部分。从事海运的大小帆船，散布在沿海各口岸，数以千计。在鸦片战争以前广州一口通商的时候，他们原来经营的沿海贸易和运输，基本上没有受到外国入侵者的干扰。五口通商以后，随着入侵者向北部的扩张及其对沿海转运贸易的非法攫取，他们的活动范围就受到日益严重的威胁。40年代中期，当外国侵略者还没有大规模插手中国沿海转运贸易的时候，经营传统沿海贸易的中国帆船已经开始感受到侵略势力的威胁。在福建沿海，不论是已开口岸的福州、厦门，还是并未对外开放的口岸，都充斥着专门转运中国货物的外国划艇。① 当时有人说：厦门开埠以后，闽省即"无赴粤之商，粤省亦鲜来闽之贾"②，这虽然不是专指中国货物之转运而言，但中国沿海帆船业者所受的影响是可以概见的。

进入 50 年代后期，当轮船日益取代帆船的运输以后，这种威胁给人们以更加明显的感受。《天津条约》的签订，打开了上海以北 1500 英里的沿海贸易，把中国大部分沿海贸易从本地船只转移到外国商船的手里。南方的福州是这样：19 世纪 60 年代中期由福州运往中国其他口岸的货物，已有 1/3 改由外国轮船载运。③ 由其他口岸进入福州的中国商船，则减去不止一半。④ 北方的牛庄也是这样：在开埠以后的 1862 年，牛庄进口的外国商船，包括轮船和帆船在内，一共是 86 只，27000 多吨；3 年以后（1865），激增至 274 只，91000 多吨。⑤ 与此相对照，60 年代下半期，来到牛庄的中国沙船减少 1/3 以上。⑥ 所有这些，都是 60 年代以后中国沿海帆船运输业面临严峻局面的缩影。

和航运业中的帆船形成鲜明对照的，是金融业中的钱庄。

---

① S. F. Wright, Hart and the Chinese Customs（以下简称 Wright），1950 年版，第 203 页。

② 邵循正：《1845 年洋布畅销对闽南土布、江浙棉布的影响》，见《历史研究》1954 年第 3 期，第 26 页。

③ Commercial Reports from Her Majesty's Consuls in China（以下简称 Commercial Reports），1865—1866，福州，第 40 页。

④ 同治五年六月十三日，英桂奏，清代钞档。经济研究所藏。

⑤ Chinese Imperial Maritime Customs, Reports on Trade at the Treaty Ports in China（以下简称 Trade Reports），1865 年，牛庄，第 13—14 页。

⑥ Commercial Reports. 1869—1870，牛庄，第 94 页。

钱庄是中国封建社会的信贷机构之一。它有比较悠久的历史，分布也比较广泛。钱庄或钱铺的名称，在明代的小说、笔记中就已经常出现。在上海，至迟在 18 世纪中叶，钱庄已经成为一个具有相当规模的独立行业。它所签发的即期和远期庄票，有很高的信用，得到商业界的普遍接受，给商人调度资金、融通信用以很大的便利。在福州，当这个商埠对外开放时，西方的入侵者发现整个市上的钱庄达到百家之多。[①] 一般大宗交易的媒介，基本上是当地银钱业发行的票据。[②] 宁波的钱庄，很早就实行了节省解现的过账制度。凡与钱庄有往来的商人，成交买卖，只需在钱庄过账，互相抵划，不必过手现银。[③] 在北京和其他一些省城中，钱庄发行的钱票也得到相当广泛的流通。所有这些，都说明在中国封建社会中，钱庄在调节商品流通和资金周转上，发挥了相当大的作用。

在外国资本主义入侵中国以后，钱庄的这种作用适应了西方国家推销商品和掠取原料的需要，因而很快地受到外国入侵者的注意和被其利用。

以上海的钱庄为例，在开埠不久的 40 年代中期，刚刚进入上海的外国洋行就注意到钱庄庄票这样一个方便的支付手段而开始加以利用。进入 50 年代以后，庄票已经比较普遍地被外国洋行接受，作为结算的工具。许多经纪对外贸易的掮客，都以资力比较雄厚的钱庄所签发的 10 天或 20 天的期票作为收取货价的凭证[④]。这时如果钱庄拒绝提供例行的方便，外国商人的货物就难

---

① British Parliamentary Papers: Returns of the Trade of the Various Ports of China for the year 1846. pp. 20—21.

② R. Fortune, Three years Wanderings in the Northern Provinces of China, 1935 年版，第 243 页。

③ 戴枚等:《鄞县志》第 2 卷，1874 年版，第 6 页；段光清:《镜湖自撰年谱》，1960 年版，第 122 页。

④ North China Herald（以下简称 Herald），1858 年 6 月 12 日，第 182 页。

以成交，中国的经纪和捎客也将束手无策①，到了60年代，外国商人使用庄票的场合更加普遍。有些洋行在招揽生意的广告中，公开宣称接受"任何一家本地钱庄庄票或其他合格票据"②。如果说，50年代还只有大钱庄的庄票具有合格的支付能力，那么，到了60年代已经普及到所有的大小钱庄。对外国商人来说，那时接受期票支付货款，远比用卖了货的现款再来进货要能销出更多的货物。③

随着钱庄与外国洋行联系的加深，钱庄的资金来源、营业对象和业务内容也发生了相应的变化。如果说，以前钱庄周转的对象是沙船上的国内土产，那么，现在则转向出口丝、茶，进口棉纺织品和鸦片；如果说，以前和钱庄打交道的主要是沙船业主和其他旧式商人，那么，现在就新添了为洋行接洽生意的买办、经纪和捎客；如果说，以前投资钱庄的人物主要是中国的旧式商人，那么，如今在他们之外，又出现了为洋行服务的买办和各种各样的买办化商人。一句话，在钱庄身上，除了原来的封建社会加给它的烙印以外，又开始加上了一层殖民地的色彩。④

出现于航运和金融业中的不同情况，在手工业和其他行业中

---

① J. K. Fairbank: Trade and Diplomacy on the China Coast. 1842—1854. 1953. p. 403. S. C. Lockwood, Augustine Heard and Company. 1858—1862. 1971. p. 130.

② Herald，1862年3月1日，第34页。

③ Commercial Reports，1869—1871，汉口，第192页。

④ 当然，也要看到通商口岸和内地钱庄的区别。且不说偏僻内地和上海的巨大反差，就拿北京和上海比较，钱庄和外国银行的关系，也不一样。一直到1885年，汇丰银行提出在北京设立一代理行，由于选址是在北京钱庄集中之区，遭到钱号的反对。结果汇丰只得迁移到使馆附近，从天主教堂租得一区之地，方始平息。而在此以前，怡和洋行也有此计划，但不敢明设，而是冒用同裕隆（Tung Yuen Lung）钱号的名称。参阅F. H. H. King: The History of the Hongkong and Shanghai Banking Corporation，卷1，第525页。

也同样存在。总起来说，中国封建社会中的工商行业，在外国资本主义入侵的条件下，面临着两种不同的变化。一是受到资本主义的排挤和打击，从而走向衰落，甚至遭到淘汰；一是转而适应入侵的资本主义的需要，从而得到保存，甚至还有所发展。从入侵者这一方面而言，它对入侵道路上的碍障固然要加以打击和扫除，但对能为它所用、受其操纵指使、以收更大的掠夺实效的，也不排斥对它们的扶植和利用。而无论打击、排挤和扶植利用，它的目的都是要使中国经济结构的变动适应它的侵略需要。这个过程，正是中国原有的封建经济走上半殖民地半封建化的过程。

二　西方资本主义入侵中国的过程中中外商人关系的变化

由外国资本主义入侵而引起的中外商人关系的变化，这是研究中国资本主义企业的产生，从而是中国资产阶级的产生所要涉及的第二个问题。

中外商人关系的种种表现，决定于外国资本主义入侵的结果。一般地说，受外国资本主义入侵的排挤打击的中国商人，对入侵的资本主义采取抵制禁拒的态度；而适应外国资本主义入侵的需要的，则采取迎合效力的态度。这是合乎逻辑的发展，是一个总的趋势。

当然，实际的情况是十分复杂的。同一行业之中，不同地区、不同集团乃至个人之间的际遇，并不完全相同，因而出现了明显的分野。例如，同属旧式金融业，重点在北方和内陆的山西票号和重点在通商口岸的上海钱庄，它们的际遇就不一样。当钱庄在适应入侵的资本主义的需要，转入为它们服务的轨道时，票号却走上结纳权贵为封建政府服务的道路。在它的汇兑业务中，京饷、协饷等官款的汇解，占据重要的地位。它虽然参与通商口岸和内地之间的商业汇兑，但一般不和外国洋行发生直接的金融联系。同样，中国封建社会中专营经纪的牙行，在外国资本主义入侵之后，一部分遭到淘汰，一部分则适应外国入侵者掠夺原料、推销成品的需要，作为中间媒介，成为压榨小生产者、为外国资本服务的工具。60 年代通商口岸一些华商栈号用来与外国洋行打交道的掮客，实际上他们原来就是经营牙行的经纪老手。①

在说明这种分野的问题上，中国的大豆转运贸易和大豆的加工生产，是一个具有典型意义的例证。

我国东北主要农产品之一的大豆，在 19 世纪西方资本主义国家入侵中国的过程中，从两方面受到外国侵略者的注意：一是大豆的沿海转运贸易，一是大豆的加工生产。

被称为豆石的大豆沿海转运贸易，是中国传统的沿海转运贸易的大宗，也是数以万计的中国帆船业者和运输工人赖以为生的传统行业。当 60 年代初期外国轮船侵入豆石转运贸易之时，人们可以看到中国原有的豆石贸易的参加者对外国资本主义入侵进行抵制的大量事实。上海从事豆石转运贸易的沙船业者首先起来反对，甚至要求禁止华商雇用外国轮船运销豆石，以求沙船利益的保全。② 而牛庄、登州两处的大豆商人，也利用行会的势力，对大豆的贸易条件和价格结构，进行全力的控制，力图把这一传统贸易掌握在自己的手中。

---

① North China Daily News（以下简称 Daily News.），1867 年 3 月 23 日，第 2727 页。

② 《筹办夷务始末》第 32 卷，同治朝，1930 年版，第 20—21 页；Wright，第 403—404 页。

但是，与此同时，也出现了截然相反的活动。

还在豆石转运贸易全面对外开放以前，在原有的中国商人中间，已经有一部分人开始走上了另外的方向。他们不是对抗入侵的西方资本主义，而是使自己的活动适应入侵者的需要。当外国商人在登州一带进行非法的豆石走私的时候，那里就出现了中国商人的配合活动。这种走私，常常是由中国商人出面，在登州运载豆石出海，然后在口岸辖区以外的海上，将豆石转交给走私的外国轮船，从中分享走私的利益。① 在这里，中国商人实际上是外国非法走私的从犯，而其所以出现这样的情况，无非是利用外国轮船运输的优越条件，以达到获取优厚利润的目的。

因此，完全可以设想，当豆石贸易完全对外开放以后，在外国船只航行速度和吨位运费远较中国帆船优越的条件下，中国沿海的豆石转运贸易，会愈来愈多地为外国商船所掌握。事态的发展正是这样。以豆石贸易最大的口岸牛庄为例，在开关以后的三年中，进口的外国船只由 86 艘增加到 274 艘。其中绝大部分是出租给中国商人，进行沿海转运贸易。例如，在 1865 年进口的外国船只中，由中国商人租雇的，几占 90％。② 与此对照，原来有两千余号以运载豆石为专业的沙船，此时只剩下四五百号。③ 所有这些，都是在上海沙船业者向清政府要求禁止华商雇用外国轮船运销豆石，以求保全本身利益的情况下出现的。

出现在豆石转运贸易中的情况，同样存在于豆油豆饼的加工生产中。

---

① B. Dean, China and Great Britain, The Diplomacy of Commercial Relations. 1860—1846, 1974 年版，第 82—83 页。

② Trade Reports, 1865 年，牛庄，第 14 页。

③ 《海防档》，1957 年版，购买炮舰，第 861 页。

外国资本之入侵中国大豆加工企业，是在豆石贸易全面开放之后的第 5 年。中国土地上非法设立的第一家外国大豆加工工厂，是 1867 年英国怡和洋行在牛庄建立的榨油厂。① 终 19 世纪之世，外国在华兴建的油厂，前后计有 3 家。除牛庄怡和之外，汕头怡和（1880）② 和牛庄太古（1896）③ 各有一家。

在大豆加工生产中所反映的中外商人之间的关系，和大豆转运贸易中的关系，几同出一辙。牛庄怡和油厂成立以后，一个主要的困难是工厂"不能和本地豆饼作坊有同样便利的条件购买大豆"。④ 当工厂老板想绕过中间商人直接向生产者收购以降低成本时，他发现"所有的中国人都在亟力反对"。毫无疑问，反对是来自控制豆石供应的中间商人。在这种情况下，工厂开工不过两年，便宣告倒闭。

不仅如此，在牛庄怡和洋行油厂存在的短短两年中，还发生中国手工榨油业者和外国油厂相对抗的事情。

和大豆商人行会一样，牛庄的手工榨油作坊原来也组织在手工榨油业的行会之中。外国榨油工厂的设立，是对他们的利益的直接侵犯。他们联合起来，竭尽全力阻止怡和洋行油厂雇用原来在油坊中的手工工人。1869 年一年之中，油厂一连出现两次工人罢工，都多少受到他们原来的主人——手工油坊老板的影响。工人的罢工，实际上是"本地人不让它开工"⑤。工厂中的劳资

---

　① Daily News，1868 年 10 月 29 日，第 4707 页；Commercial Reports. 1869 年，牛庄，第 89 页。

　② Commercial Reports. 1882 年，汕头，第 113 页。

　③ China Imperial Maritime Customs, The Soya Beans of Manchuria（以下简称 Soya Beans）. 第 22 页。

　④ Trade Reports. 1866 年，牛庄，第 107 页。

　⑤ C. Beresford. The Breakup of China（以下简称 Beresford）. 1899 年版，第 70 页。

冲突，反映了外国资本主义工厂和中国封建制度下的手工作坊的
矛盾。

但是，和豆石的转运贸易一样，在豆油、豆饼的加工生产
中，人们同样可以看到：一方面有旧式手工业者和商人的反对，
另一方面，同时又有买办和买办化商人的依附。

就从上面提到的三家外国油厂来看，它们在创办的时候，无
一不企图利用中国买办和商人的力量。牛庄怡和洋行油厂除了有
专门的买办为之奔走以外，还和一家经营油坊的著名广东商人有
着多年的交情。① 汕头油厂也是如此，它的主持人和主要股东，
就是怡和洋行的买办。牛庄太古洋行的油厂，同样是这样，它的
老板在1893年开始筹办时，就想在本地中国人中间找一个名义
上的老板，让中国人出面，以逃避中国法律的限制。而1896年
创办以后，却传闻厂权为中国人所有。② 该厂有中国人的股份，
看来是可以肯定的。

由此可见，同一豆石转运贸易，从事转运者和从事贸易者就
不一样。同一豆油豆饼生产，和洋行没有联系的作坊老板同依附
洋行的买办和商人也不一样。大豆业如此，其他各业亦莫不如
此。

正由于此，当时间进入中国资本主义现代企业发生的70年
代以后，中国原有的工商行业和集团，在对待新生的资本主义企
业的态度上，也自然而然地出现明显的差异。这就是下面要进一
步分析的。

① Commercial Reports, 1868年，牛庄，第6—7页。
② Beresford, p. 70.

三　中国资本主义发生时期现代企业投资的动向

在中国资本主义现代企业产生的 19 世纪下半期，手中握有可以投资于新式企业的资金的人，不在少数。除各种各样的商人之外，还有地主和官僚。毛泽东同志说："还在 19 世纪的下半期……就开始有一部分商人、地主和官僚投资于新式工业。"[①]这符合历史的实际情况。

但是，并不是所有拥有投资资金的人，都有相同的投资倾向。不能得出这样的结论，即谁的手中握有大量的货币财富，谁就能够而且必然创办或投资新式企业。

让我们在分析商人之前，先看一看官僚地主。

地主阶级是封建社会财富的最大占有者。在西方资本主义国家入侵以至中国资本主义现代企业开始产生的 30 年间，中经太平天国革命和革命失败的激烈政治变动，一方面地主阶级受到沉重的打击，一方面却兴起了一批以投靠外国侵略者、镇压太平天国革命而起家的官僚地主。这个新兴的官僚地主阶层，比他们的上一代集中了更多的社会财富。其中直接参加镇压农民起义的湘淮军大小将领和地方团练，则是他们的集中代表。在财富集中的程度上，70 年代新兴的官僚地主，至少不亚于通商口岸的商人。如果单凭货币财富的积累一个条件，这些地主之投资于资本主义现代企业，也是不应该亚于商人的。

然而，事实却并非如此。

[①]　毛泽东：《中国革命和中国共产党》，《毛泽东选集》合订本，人民出版社 1964 年版，第 621 页。

中国早期的三个大型的资本主义现代企业——轮船招商局、开平矿务局和上海织布局，都是在以李鸿章为首的洋务派官僚势力笼罩之下产生的。这三个企业的开办资本，一共不过80万两，如果全部由李鸿章出资，恐怕也只占他的财富的一小部分。但是，我们到现在还没有看到李鸿章自己入股的可靠记载。尽管李鸿章是以倡导洋务自命的大官僚，但真正要他自己投资，恐怕还觉得有失身份。当然，从70年代到90年代，当中国资本主义现代企业经历了20年的岁月以后，一些通过不同途径和洋务发生联系的官僚地主，逐渐热衷于企业投资，这是完全可能的。但是，即使在这个时候，土地对官僚地主的吸引力仍然大大超过新式企业。湘系官僚聂缉椝，淮系官僚杨宗濂兄弟，都是在90年代初期以后投资棉纺织工业的佼佼者，但是，他们在投资工业的同时，仍然大量购置田产，增强自己的地主地位。①

在工商行业之中，由于外国资本主义入侵而出现的分野，使其在对待新生的资本主义企业的态度上，也出现明显的差异，需要区别种种不同的情况。

拿城市金融银钱业来说，适应外国资本主义入侵的钱庄，在70年代以后的中国资本主义企业中，表现出很大的活力。许多钱庄老板就是洋行买办。他们先是附股于洋行的企业，接着又投资于自办的资本主义企业。到了80年代，相当一部分中国企业资本是由钱庄的利润转化而来，钱庄和新式企业在资金融通上发生了直接联系。② 与此相反，和官府发生联系的票号，它的财东把注意力集中于结纳权贵，对于资本主义现代企业的投资，失去

---

① 曾纪芬：《崇德老人自订年谱》，1931年版，各页；杨宗濂等：《侯太夫人行述》，不著年月，第15—16页；屠仁守：《屠光禄奏疏》，1922年版，第34页。
② 参阅拙著《唐廷枢研究》，中国社会科学出版社1983年版，第80、139—140页。

了与他的财力相称的兴趣。

再拿受到外国资本主义打击排挤的海运业来说。应该看到，并不是所有的旧式航运业者都对新式航运企业抱着禁拒的态度，在总的受到外国轮船打击、排挤的过程中，并不排斥内部的分化。以上海的沙船业而言，60 年代后期，在大部分沙船业者亏折货本、渐至失业的同时，少数上层分子则与洋行势力搭上关系。李鸿章说："华商搭附洋轮，亦有殷实沙户在内。"[①] 这正是上海沙船业者要求禁止华商雇用外国轮船从事沿海运输以后的事实。而中国自办的第一家轮船公司——轮船招商局的首创者，就是有名的沙船业主朱其昂。当然，朱其昂和沙船业中的少数上层分子的表现和作为，并不能改变沙船业者就其整体而言对资本主义企业采取的禁拒态度，这也是不言而喻的。

由此可见，对待资本主义企业的态度，各行业之间各不相同；同一行业各集团之间也彼此互异。虽然如此，总的看来，对资本主义企业较早又较多发生联系的，总是那些适应外国资本入侵并为之服务的行业和集团。简言之，就是那些开始走上买办化道路的行业和集团。在这里，洋行买办，作为一个集团而言，突出地引人注目。

首先是交通运输业。在中国的第一家新式航运企业——轮船招商局出现以前的 60 年代后期，新式轮船企业的筹办，在中国商人中间就已开始有所酝酿。其中至少有两起是出自买办或洋行出身的人的推动。一是 1867 年容闳倡议的轮船公司[②]，一是 1868 年吴南皋的购船计划。[③] 容闳的买办出身，这是大家都知道

---

① 李鸿章：《李文忠公全书》（以下简称《李鸿章集》）卷 12，1908 年版，朋僚函稿，卷十二，第 29 页。

② 《海防档》，购买船炮，第 872—875 页。

③ 丁日昌：《抚吴公牍》第 13 卷，1877 年版，第 38 页。

的，至于吴南皋，他在 60 年代之初，就是一个"在夷人处作伙"①、"熟习商务"、"通晓西国语言文字"②的"广帮人"③。轮船招商局最初虽为沙船出身的朱其昂创办，但不到一年，便转到买办唐廷枢和徐润的手中，很快买办的股份在局中占了压倒的地位。④ 和航运发生密切关系的保险业，亦复如此。由徐润、唐廷枢主办的仁和、济和保险公司，资本主要都是来自买办。⑤ 交通运输业中的铁路和电报，也有类似的踪迹可寻。中国自办的第一条专用铁路，是附属于开平煤矿的唐胥铁路。它从头到尾都是在唐廷枢主持之下，其中有买办的投资，这是完全可以设想的。中国自办的第一家电报企业，是 1882 年成立的上海电报总局，它的主要主持人就是刚刚离开太古洋行的郑观应。其中有买办的投资，这也是可以设想的。

资本主义工业中的买办投资，也占很大的比重。

在船舶机器修造业中，最早出现的一家商办船厂，是一个广东籍的著名买办郭甘章创办的。⑥ 在纺织业中，中国第一家棉纺织厂——上海织布局的资本，最初有相当一部分来自买办。对创办织布局的彭汝琮，虽然还不能确定他的买办身份，但在他的周围，却毫无疑问有一批买办人物。⑦ 在缫丝工业中，上

---

① 静吾等编：《吴煦档案中的太平天国史料选辑》（简称《吴煦档案》），1958年版，第 71 页。
② 《李鸿章集》第 42 卷，奏稿，第 27 页。
③ 《吴煦档案》，第 71 页。
④ 徐润：《徐愚斋自叙年谱》（以下简称《徐润年谱》），1927 年版，第 86 页。
⑤ 《徐润年谱》，第 82 页；《申报》1875 年 11 月 5 日；《万国公报》1878 年 1月 5 日，1883 年 1 月 20 日；《沪报》1889 年 3 月 30 日。
⑥ Herald，1859 年 1 月 15 日，第 95 页。
⑦ 郑观应：《盛世危言后编》（以下简称《后编》）卷 7，1920 年版，第 5 页；《上海新报》1878 年 12 月 28 日；《申报》1890 年 11 月 1 日。

海第一家商办丝厂——公和永，是一个和洋行关系十分密切的丝商黄宗宪创办的。① 它的资本之来自洋行买办，自然也在意料之中。

除了这几项主要工业以外，在其他工业部门中，买办的投资也屡见不鲜。例如，在上海的华商碾米厂、面粉厂、造纸厂、轧花厂和火柴厂中，最先出现的创办者，不是洋行买办，便是和洋行交往密切的买办化商人。②

在煤矿中，买办的投资也占相当大的比重。中国最早的一家官办煤矿——台湾基隆煤矿，在甲午战争以前，就曾经一度酝酿由买办为主体的商人接办。③ 规模最大的开平煤矿，就是由买办唐廷枢一手主办，其中买办徐润一人的股本占了 15％。④

在金属矿中，买办的投资也十分活跃。如最早在热河出现的承平银矿和在广东出现的天华银矿，以及安徽境内的第一家铜矿——池州铜矿，不是由买办创立，便是由买办接手。⑤ 这些矿场都不大，存在的时间也不长，但买办在其中的活动仍然是十分引人注目的。

"帝国主义给中国造成了买办制度"，但同时又"造成了中国的民族工业，造成了中国的民族资产阶级"。买办资本是民族资本的对立物。但是，在外国资本主义入侵的条件下产生的民族资本，却又不能割断与买办资本的联系。相反，在中国资本主义的发生时期，大量存在着买办资本向民族资本转化。历史就是这样辩证地向前发展的。

---

① 《申报》1888 年 9 月 23 日。

② 参阅拙作《唐廷枢研究》，第 134 页。

③ Herald, 1893 年 5 月 26 日，第 744 页。

④ 《徐润年谱》，第 82 页。

⑤ 参阅拙作《唐廷枢研究》，第 135 页。

四　几点商讨性的意见

有这样一种意见：既然中国的民族资本是入侵的外国资本的对立物，那么，中国人自办的民族资本主义企业，就只能从和入侵的外国资本主义处于对立地位的旧式工商业者中间产生，"只能是旧式工商业者的投资"[①]，沙船业主出身的朱其昂，就是一个眼前的例子。

在中国资本主义企业的发生时期，有少数旧式商人参与新式企业的投资，这是事实。在这里需要的是具体的分析。

沙船业出身的朱其昂，为什么会创办新式企业轮船招商局呢？这是因为他有自己的、不同于一般沙船业者的经历和际遇。他虽然是一个沙船业的世家，但是他自己却"习知洋船蹊径"，已经不单纯是一个旧式沙船业者。在倡办轮船招商局以前，他在北京、天津、上海、广东等地设有华裕丰汇银票号。[②] 在创办招商局的前后，又和外国轮船公司发生了一定的联系，结识了许多大洋行的买办。[③] 而他之所以出面主持招商局，还得到一些买办化商人的支持。[④] 由此可见，朱其昂的际遇是不同于沙船业者的大多数的。而那些纯粹的旧式沙船业者的绝大部分，在轮船招商局创办之时，惟恐轮船夺去沙船生意，不但没有投资，甚至采取敌视的态度。据说当时曾有人"遍劝号商将旧时沙卫各船、或拆或卖，归并资本，多购洋船，以与洋商并驾"，而沙船业者则

---

①　例如邵循正先生的意见。参阅《光明日报》1964年4月22日《论郑观应》，《史学双周刊》第283号。

②　《李鸿章集》第41卷，奏稿，第38—40页。

③　Herald, 1875年8月28日，第213页。

④　Daily News, 1874年2月26日，第183页；《汇报》1874年9月14日。

"群起诧异,互相阻挠,竟至势同水火"①。

可见,存在于新式航运业中的情形,恰恰和上述的论断完全相反。

应该看到,旧式工商业者中的上层分子,有的涉足官场,和洋务派官僚有了联系,从而投资于官督商办企业中。被称为"久业淮鹾"的盐商李培松,就曾经是上海织布局的积极支持者。②然而,李培松的活动,并不能代表一般盐商对新式企业的态度。这里有两个例子:一是轮船招商局收买美商旗昌轮船公司财产时,曾动员盐商搭股伙购,然而没有得到盐商的响应。③另一是开平铁路公司开办时,曾一度把招集资本的希望,寄托在票号和盐商身上,但"所有票号和盐商都不愿支持"④。可见旧式商人并不热心新式企业,说民族资本主义企业"只能是旧式工商业者的投资",是缺少事实根据的。

还有一种意见:中国民族资本主义的企业,只能是"中国商人独立创办"的。⑤买办化商人,特别是洋行买办,他们原来依附外国资本势力,附股于外国洋行的企业,他们的活动代表着买办资本的活动。民族资本企业,"不可能依附洋行而发展,民族资本主义不可能从资本帝国主义侵略势力中派生出来"⑥。

在中国资本主义现代企业的发生时期,买办或买办化商人投资于现代企业,一般说来,有两种情况:一是附股于外国洋行的企业,一是投资于非洋行的企业。

---

① 《沪报》1883 年 11 月 10 日。
② 《申报》,光绪六年十月十六日。
③ 《海防档》甲,购买船炮(三),第 943—944 页。
④ Herald,1887 年 4 月 29 日,第 458 页。
⑤ 参阅邵循正先生上引文。
⑥ 同上。

投资于非洋行的企业，也就是中国人自办的企业。如果仅仅由于创办者出身于洋行买办或买办化商人，就不承认它属于民族资本的范畴，这是讲不通的。因为第一代的民族资本现代企业，它的创始人不可能原来就有一个民族资本现代企业家的出身，这是不言自明的道理。至于买办附股外国洋行的企业，分润外国资本的剥削余羹，那当然意味着买办资本的积累，反映中国经济买办化的加深。但是，就在这里，也要同时看到另一面，看到它和中国资本主义发生的关系。原因是，买办附股外国企业和买办聚资自办企业二者之间，并不是截然分开，而往往有一个先后相承的过渡。上面提到的牛庄和汕头的三家油厂，就是具体的例证。

这三家油厂，应该说原来都在外国洋行支配之下，它们都可能有洋行买办或买办化商人的投资，而最后都转到中国人手里，又是不争的事实。因为牛庄怡和洋行的油厂，在成立 5 年之后，就出让给本地的一家商号。① 汕头油厂在经营两年之后，就被人称为"完全由中国人经营的企业"②。而牛庄太古洋行的油厂，后来也实际上为中国人所有，不过打着外国的招牌，以逃避中国官方的监督。③ 完全可能，这些后来成为工厂所有者的中国人，当初就是附股外国油厂的买办或买办化商人。

这种情形，当然不止于豆油、豆饼的生产。在中国出口大宗的生丝加工工业中，存在同样的情况。在外国丝厂拥有股份的中国商人，不但在他们看到新的工业有利可图时就自建缫丝工厂④，而且还把他们附股的洋行丝厂转为自办的企业。根据现有

---

① Commercial Reports, 1873 年，牛庄，第 71 页。
② Commercial Reports, 1882 年，汕头，第 113 页。
③ Soya Bean, p. 22.
④ The Chinese Times, 1889 年 8 月 17 日，第 516—517 页。

的材料看，这还不是个别的现象。①

旧式工商业者对入侵中国的外国资本主义企业采取抵制的态度，这无疑有利于反对外国的侵略。在这一点上，买办和买办化商人所起的作用完全处于相反的地位。但是，同样没有疑问，旧式工商业者的这种态度，注定了他们不能构成同时发生的中国资本主义的主要力量。相反，就其主要构成分子而言，引人注目的倒是那些从旧式工商业者的圈子中跳出来同洋行打交道的买办化商人，或者原来就在洋行里滚过一段时期的买办。

因此，说民族资本企业"不可能依附洋行而发展，民族资本主义不可能从资本帝国主义侵略势力派生出来"，要看怎么理解。如果把问题缩小到民族资本的最初产生，从依附侵略势力的买办势力中，的确是可以派生出民族资本来的。

这不是美化买办了吗？不。这是客观事物的如实反映。

买办之所以最先投资于资本主义现代企业，最主要的原因，是他最先接触了资本主义的剥削方式，是他的资本最先享受了这种剥削方式的果实。他的资本的运动，和他的主人——外国洋行——的资本运动，保持着亦步亦趋的关系。当外国侵略者的掠夺主要在流通领域的时候，作为外国侵略者扩大商业和贸易掠夺的工具，买办在分取佣金之外，还建立了自己的商业机构，从中分取更多的商业利润。当外国侵略者从流通领域扩大到生产领域，从商业贸易掠夺扩大到企业投资掠夺的时候，买办也自然而然地在附股外国企业之外，又建立起自己的企业，从而取得更多的企业利润。买办资本从流通领域向生产领域的转化，从附着于外国企业到自办企业的转化，这并不是出于什么买办的爱国心或

① 参阅拙作《关于继昌隆缫丝厂的若干史料及值得研究的几个问题》，载《学术研究》1962 年第 6 期。

民族感。但是，它的确代表着买办资本向民族资本的转化。

买办资本从外国资本的附庸向要求独立发展方向转化，这是历史的进步。但是，正由于此，它又使新生的中国资本主义企业和外国资本势力不能不发生先天的依存关系。以分润外国资本掠夺中国人民的余沥而成长起来的买办资本，在其向民族资本转化的过程中，不能不使后者从一开始就蒙上浓厚的半殖民地色彩。大部分由买办创办的企业，即使在创立以后的长时期中，仍然脱离不了洋行的控制，甚至重受外国资本的兼并，难以走上独立发展的道路。不少买办在创办或投资新式企业的同时，又大量附股于外国洋行的企业。一方面存在买办资本向民族资本的转化，另一方面，又存在民族资本向买办资本的转化。这是半殖民地半封建的中国在民族资本主义的发生上所独有的现象，是半殖民地半封建经济的特点之一。

由此可见，这里只是对和内外反动势力发生联系的民族资本的发生过程，作符合客观的历史分析，并不存在美化不美化买办资本的问题。

但是问题还没有全部解决。

买办自办企业，即令算作买办资本向民族资本的转化，但是，买办的资本转向洋务派官僚的官督商办企业（而这种转向是相当大量的），这也能算作向民族资本的转化吗？

对于这个问题，不能作简单的肯定或否定的回答。这里仍然需要分析。

以官督商办为主体的洋务派官僚企业，基本上接近官僚资本的范畴。在这里，企业的产生是适应封建官僚集团政治和经济上的需要。企业的经营，在政治和经济上，一方面接受洋务派官僚的控制，一方面接受国家政权的特殊待遇和便利条件（如政府垫款、缓息、减免税负和专利等）。有些企业还有官僚的私人投资。

这些都构成官督商办企业类似官僚资本的性质。买办资本投向洋务派的官督商办企业，从这个意义上看，只能说是买办资本向官僚资本的转化，不能说是向民族资本的转化。

但是，官督商办的企业，又不只限于发展官僚资本一个前途。这里存在着化官督商办企业为官僚私产的力量，又存在着反对把它化为官僚私产的力量。在这个不断反复的斗争中，人们可以清楚看出：对官督商办企业寄托发展民族资本的希望的人，也包括投资于这些企业的买办人物在内。

上海织布局就是一个例子。这个官督商办的企业，从1878年筹办之日起到1893年被焚之日止，15年间，始终贯穿着一个官商之间相互结合同时又相互矛盾的过程，而集中表现在郑观应主持布局的一段时期。在这一段时期中，以郑观应和另一个代表商人势力的经元善等为一方，和官僚子弟龚寿图、戴恒等为另一方，在企业的经营方针上，产生了尖锐的矛盾。在郑观应、经元善的心目中，织布局应该向完全商办的方向发展。他们强调企业的商办性质，认为"事虽由官发端，一切实由商办，官场浮华习气，一概芟除"①。他们对织布局的招股，采取公开征集的方式，在通商口岸、内地城市以至海外华侨集中的地方，设立了36个代收股份的处所。② 对招来的商股，采取了一系列的保障措施。③但是，所有这些，都遭到以龚寿图等人为代表的官僚势力的抵制。他们把织布局当作衙门，顾虑商股势力的增加会影响他们在布局的权位。官商矛盾，日趋尖锐。当1887年织布局的经营大权最后落入官僚手中，而资本因筹办一再迁延发生巨额的亏耗

---

① 《申报》1880年10月13日。

② 《申报》1880年11月17日。

③ 经元善：《居易初集》第2卷，1901年澳门版，第36页。

时，织布局的商股对之进行了有力的控诉。而首先带头发难的，是最早参加织布局的股东、曾经和郑观应出于同一洋行的买办卓培芳。[①]

唐廷枢主持下的开平煤矿，也是一个例子。从开办的第一天起，唐廷枢就特别强调矿局的经营要按"买卖常规"进行。在他所拟的招商章程中，规定"所有各厂司事，必须于商股之中选充"，并请免派代表官方的委员，"除去文案书差名目"[②]。比较一下同一时期、前身为官办的荆门煤矿，人们一眼就可以看出开平煤矿章程中祛除官方干预的明显意图。因为荆门煤矿的招商章程中，虽然也有类似的条款，但只是规定商股得派员驻局监察，却"不准干预局中公事"[③]。

在唐廷枢等人主持下的轮船招商局，也出现同样的情况。特别是在郑观应入局以后，更为明显。他极力主张经营管理应按公司成例，由众股东公举董事和总、协理负责主持。总、协理不但管理局中一切商务，就是属于官务的漕运，也要由公司派一熟悉米色之人，会同代表官方之海运总理进行稽查。[④] 在郑观应的心目中，招商局应该朝什么方向发展，这是谁都看得出来的。

当然，这些向往，并没有成为现实。一些重要的洋务派官督商办企业，在它的实际发展过程中，最后几乎都落入以盛宣怀为首的官僚集团的掌握。同时，还应该看到，洋务派官僚对企业的垄断和它对民间企业的排斥、限制，在进入洋务派企业的唐廷枢、郑观应等人的心目中，并不是完全不可以接受的。开平煤矿

①　《申报》1890年11月1日。

②　孙毓棠编：《中国近代工业史资料》，（以下简称《工业史料》），第一辑，中华书局1957年版，第629页。

③　《申报》1879年6月30日。

④　《后编》第10卷，第5页。

在唐廷枢主持期间，不但境内不准另开煤矿，而且原有土窿开采之煤也不许随便销售。① 上海织布局在郑观应入局期间，就出现了"十年以内，只准华商附股搭办，不准另行设局"的规定。② 他在轮船招商局期间，还主张所有航行内港的小轮统归招商局承办，禁止招商局以外的轮船航行。③ 而 80 年代之中，仅定海、宁波一线上，曾经禀办而遭到批驳的商办轮船公司，就有 1884 年的彭成丰、1887 年的韩山曦和 1889 年谷凤年等人的一系列的筹划和倡议。④

事实上，在官督商办企业中，作为实际主持者的买办，如唐廷枢、徐润和郑观应这一班人物，并不能真正代表一般商股、特别是中小商股的利益。开平煤矿在唐廷枢主持之下，虽然规定"所有各厂司事必须于商股之中选充"，但接着又规定只有认股一万两的大股东，方"准派一人到局司事"⑤。一般中小股东，显然没有过问企业经营管理之权利。招商局在唐廷枢、徐润等人上台以后，买办势力掌握了公司的大权。总局和主要分局的商董，大部分都是买办。各分局船栈总管，也"归总办分派，非唐即徐"⑥。这种排斥中小商股的把持行为，便利了他们一己营私的活动。轮船招商局之受累于徐润等人，本身就是最好的例证。而郑观应在上海织布局利用职权进行投机活动，使织布局的重建工作一再宕延，连他自己也不得不承认"措置失当，咎无可辞"⑦。

然而，即令如此，对于洋务派的官督商办企业，仍然不能认

---

① 盛宣怀：《愚斋存稿》第 2 卷，1914 年版，第 16 页。
② 《李鸿章集》第 43 卷，奏稿，第 43—44 页。
③ 《后编》第 10 卷，第 21 页。
④ 《申报》1890 年 4 月 25 日。
⑤ 《工业史料》，第 630 页。
⑥ 中国史学会编：《洋务运动》（六），上海人民出版社 1961 年版，第 125 页。
⑦ 《后编》第 7 卷，第 14 页。

为只有发展官僚资本的一个前途，而是既有走向官僚资本、又有走向民族资本的两种前途。这不仅是一个逻辑的过程，而且是实际的历史过程。因为，在官督商办企业系统中，一些企业向商办企业的转化，以及一些企业利用"委办"或"奏办"的名义以发展商办企业，这是19世纪90年代以后非常普遍的现象。官督商办，作为洋务派官僚控制资本主义企业的手段而言，它始终是反动的。但是，企图利用这个形式以发展民族资本的力量，又是客观的存在。历史的发展，就是这样的矛盾。

买办附股外国企业，从中可以出现纯粹中国人自办的企业；洋务派官僚控制新式企业，也可以从中出现纯粹商办的企业。这不奇怪。这正说明中国资本主义发生过程的矛盾的复杂性，正说明中国民族资本和内外反动势力的联系，说明民族资本得到真正发展的困难。所有这些，都是正确理解中国民族资本和民族资产阶级的先天软弱性、从而也是研究资产阶级革命的妥协性和不彻底性所必需的。

毛泽东同志说："半殖民地的政治和经济的主要特点之一，就是民族资产阶级的软弱性"，而这种软弱性，并不是"后来才得的新毛病"，乃是"从娘肚子里带出来的老毛病"[1]。

这就是结论。

（原载《中国社会科学》，1981年第5期，
原题目为《试论中国资产阶级的产生》）

---

[1] 毛泽东：《论反对日本帝国主义的策略》，《毛泽东选集》合订本，人民出版社1964年版，第142页。

关于民族资本现代企业产生问题的讨论

——续一封没有写完的信

    1964 年 4 月至 5 月间，邵循正先生在《光明日报》《史学》双周刊第 283 和 284 号上，发表了一篇《论郑观应》的长文。我当时读了以后，曾经写过一封信，打算向邵先生请教。信没有写完就搁下了。最近整理旧稿，偶然发现这半截子信稿，觉得还值得续下去，并且把它发表出来。然而邵先生已经作了古人，我再想向他请教也没有机会了。这真是十分遗憾的。

    信的原文如下：

邵先生：

    我拜读了大著《论郑观应》，得到不少教益。大著中指出 19 世纪"七、八十年代之交，是〔中国〕民族资本主义产生并可能有一定程度发展的好时机"。然后引用了 1881 年郑观应上李鸿章的一个禀帖中关于香港之制糖、广州之纺纱、牛庄之榨油和上海之缫丝的一段话，说明 19 世纪"70 年代民间一些小型新企业的产生"情况，并且肯定郑禀中"所说香港制糖，显系华商企业。广州机器纺纱，只能是旧式工商业者的投资。最早的牛庄榨油和上海缫丝也都是中国商人独立创办"。而他们的"亏耗夭折"又是由于"这些创始者困于资本不继、政治上又无保障，不能抵抗外国资本主义（包括通商口岸的洋行）的压迫，因而不能维持"。从而认为"这正好说明，中国社会中原来孕育的资本主义萌芽在当时有所发展而又不能成长的情况和原因"。

这是一个很重要的论点。但是，郑观应所提供的这一段史实，却是不能用来支持您这个论点的。

郑观应禀帖中提到的这几项工业，都是什么样的工业呢？实际上它们都不是"民间一些小型新企业"，而是最早入侵中国的外国企业。它们的"亏耗夭折"都有各自的原因，和"不能抵抗外国资本主义的压迫"是不相干的。为了供进一步的研究，我现在提供一点自己接触到的材料，请您指教。

首先看看郑禀中所说的"香港之制糖"指的是什么。

香港最先出现的一家糖厂，是设立在东边山（East Point）的精糖厂。

还在 60 年代末期，英国商人曾经试图在广东的香港、汕头和黄埔等地设立机器糖厂。① 其中在香港和黄埔的活动，还纠集了一批中国商人。② 但是，这些企图都遇到来自中国手工榨糖者的强大阻力。黄埔的糖厂，根本无从立足，汕头的糖厂计划，在80 年代以前也同样没有实现。只有香港一处虽然利用英国的保护，在这个岛的东边山设立了一家有中国股东参加的精炼糖厂，但是包括糖商在内的中国手工制糖业者拒绝出卖蔗糖，使这家精炼糖厂缺乏充足的原料供应。那些有糖商参加的中国股东，也只

---

① Trade Reports, 1869 年，汕头，第 88 页；Herald, 1870 年 9 月 29 日，第 243 页；1871 年 8 月 25 日，第 639 页。

② Herald, 1870 年 9 月 29 日，第 243 页；1871 年 8 月 25 日，第 639 页。

是想到怎样从供给工厂的原料中去谋求利益，而不去指望销售成品的利润。结果是工厂在市场上根本买不到价格相宜的原料，经营不到一年便宣告停摆。[①] 1874 年在英国汇丰银行的资助下，这家糖厂，再度恢复筹办。[②] 1877 年又转到英商怡和洋行的手中，并正式成立公司，这就是大家都知道的中华火车糖局（China Sugar Refining Co.）。[③]

从这一段简短的历史可以看出：郑观应所说的"香港之制糖"，显然指的是这家外国糖厂。他说，在所有各项工业中，"惟香港之糖近年颇有东洋销路，而前此亏已不赀"，前一句是符合中华火车糖局成立以后的情况的。因为根据当时的记载，这家糖厂在 5 年之中，日产量就提高了 1 倍以上[④]，有了大量的出口[⑤]。而"前此亏已不赀"则显然指的是怡和洋行接手以前的情况。

香港有没有纯粹中国商人创办的糖厂呢？有的。1883 年成立的利远糖厂，就是完全由一批中国商人组织起来的。但这些人却不是"旧式工商业者"，而主要是一批洋行买办或买办化商人。如著名买办徐润就投下了 3 万两资本。[⑤] 而且，它的成立，是在郑观应条陈上述禀帖之后，它的存在，不过 3 年。1886 年就被中华火车糖局吞并。[⑥] 因此，它不是郑观应禀帖中所指的糖厂，这可以肯定。

其次，再看"广州之纺纱"。

---

① Herald，1872 年 5 月 18 日，第 385 页。

② Celestial Empire，1874 年 9 月 5 日，第 229 页；Herald，1875 年 3 月 11 日，第 222—223 页。

③ Daily News，1878 年 6 月 7 日，第 527 页。

④ Herald，1883 年 3 月 28 日，第 340 页。

⑤ 徐润：《徐愚斋自叙年谱》，1927 年，第 82 页。

⑥ Herald，1886 年 2 月 17 日，第 172 页；3 月 10 日，第 252 页；1887 年 3 月 16 日，第 300 页。

广州之有现代化纺纱工厂，是晚至 20 世纪 30 年代的事情。① 但是，郑观应说 19 世纪 70 年代广州曾经出现过纱厂，还是有事实根据的。因为在 1871 年下半年，广州的确一度出现过一家小型、但是使用机器的纱厂，这就是一个名叫富文（Vrooman）的美国人创办的厚益纱厂。富文是一个长居广州的美国商人。这个工厂从筹办的第一天起，就有中国人投资。纱厂的机器，就是由他的"华友"和他一起集股自旧金山买来的。而广东行商伍绍荣据说就曾经是富文的老朋友。②

工厂是 1871 年 7 月初开工的。③ 它的全部纱锭，不过 1280枚。④ 即使日夜开工，也只能纺纱 800 磅。⑤ 尽管如此，它却吸引了一些中国商人的注意。据说，它的股票，一开始还出现过40％的升水。⑥

但是，这个工厂开工不到半年，便停工了。原来富文虽然到处为他的工厂宣传，自己却没有什么资本。工厂开工以后，一切费用，全靠中国股东垫支。而工厂生产效率低下，资金周转失灵，以至订机的款项，不能及时还清。就在这个当口，美国驻广州的领事却以公司的订机欠款为由，扣押全部机器。⑦ 富文先是宣告停厂，后又要求他的老朋友伍绍荣的家族接办，而以增加资本偿付机价为条件。⑧ 但是，交易没有成功，最后只得将机器拆散拍卖完事。而中国股东的资本，却从此不见着落了。显然，郑

① 严中平：《中国棉纺织史稿》，1955 年，第 366 页。
② 《教会新报》1873 年 9 月 6 日，Herald，1872 年 5 月 18 日，第 391 页。
③ Herald，1871 年 7 月 7 日，第 503 页。
④ 《教会新报》1871 年 10 月 28 日、1873 年 9 月 6 日。
⑤ Herald，1871 年 7 月 7 日，第 503 页。
⑥ Herald，1871 年 4 月 22 日，第 260 页。
⑦ Herald，1872 年 2 月 15 日，第 122 页；4 月 4 日，第 262 页。
⑧ Herald，1872 年 5 月 18 日，第 391 页。

观应所述"广州之纺纱",指的就是富文创办的这家既有华商附股、又要求行商家族接办的纱厂。尽管它和中国商人有这样密切的关系,但它不是"中国商人独立创办",这是明白无误的。

"牛庄之榨油",基本上是同样的情况。

出现在牛庄的第一家机器榨油厂,从这个港口开埠的 1861 年起,就在入侵这个商埠的外国人中间,开始酝酿。首创者是一个名叫普拉特(Thomas Platt)的英国商人,而资本则主要靠怡和洋行周转。工厂于 1866 年开办,1867 年就转到怡和手中。[①]第二年正式开工,但是,同样由于当地的中国大豆中间商人的抵制和厂内工人的反抗,这个工厂只存在不到 5 年的时间,便于 1873 年秋天停止营业,出赁给本地一家商号。[②] 从此以后,一直到 80 年代中期牛庄不再见有第二家榨油工厂。

因此,郑观应所说的"牛庄之榨油"显然是指怡和洋行出售给中国商人的这家油厂,而非"中国商人独立创办"的油厂,这也是没有疑问的。

至于"上海之缫丝",在 19 世纪 80 年代初期以前,也就是在郑观应写这个禀帖以前,一直掌握在外国资本家手里。其间先有 1861 年英国怡和洋行的纺丝局[③],后有 1867 年美国哥立芝洋行(Ezra R. Gcoodridge & Co.)的缫丝厂[④] 和 1878 年美国旗昌洋行(Russll & Co.)的旗昌丝厂。[⑤] 中国商人自办缫丝工厂,

---

① Daily News, 1868 年 10 月 29 日,第 4707 页;Trade Reports, 1868 年,牛庄,第 7 页。

② Commercial Reports, 1873 年,牛庄,第 71 页。

③ Shanghai Almanac, 1861 年。

④ G. C. Allen, Western Enterprise in Far Eastern Economic Development, 1954 年,第 65 页。

⑤ China Imperial Maritime Customs, Special Series, No. 3. Silk, 1881 年,第 70 页。

是从 80 年代初期才开始出现的。首创者是 1882 年开工兴建的公和永丝厂[①]，这个丝厂的主人是一个和外国洋行关系极为密切的大丝商。[②] 继公和永之后，是一家由洋行转手的公平丝厂。创办这家丝厂的公平洋行（Iveson & Co.）在开办之初，就吸收了中国丝商的股份，经营不过三年，即由中国人接手租办，后来终于转到中国人手里。[③] 这些情形，当然都是郑观应写禀帖时所不及见的。但中国买办商人附股外国丝厂，在此以前，即已存在，因为 1878 年创办旗昌丝厂的旗昌洋行，从第一天起就吸收了华商资本。

从以上的事实看，郑观应禀帖中所说的几项工业实际上都不是"中国商人独立创办"的企业。它们或者是外国洋行的企业，不过其中掺杂有中国人的股份，或者原来是外国洋行的企业，后来转到中国人的手里。

　　　　原信写到这里停住了。现在面对着半截子信稿，当年想向邵先生请教的内容，忘了大半了。但是，我还是想把这封信续完。当然，现在是无法向邵先生投递了。续文如下：

邵先生：

我为什么在您的一篇全面论述郑观应的大著中单单提出无关全文宏旨的郑观应禀帖中的一段话而加以繁琐考订呢？原因是：这段话在郑的禀帖中不过说明当时新式企业创业的艰难，不说明别的。而引用到大著中，就涉及到中国民族资本主义产生的道路

---

① Herald，1882 年 1 月 17 日，第 63 页。

② Herald，1902 年 7 月 16 日，第 131 页。

③ 《申报》1885 年 3 月 20 日；《中外日报》1901 年 5 月 23 日。

这样一个重大问题。您在大著中说：郑观应禀帖中所说的企业，都是"民间小型新企业"，这些企业"都是中国商人独立创办"的，只能是"旧式工商业者的投资"。而您又把这些"民间小型新企业"作为民族资本企业的代表看待。这就逻辑地规定了中国民族资本企业产生的道路，都是"中国商人独立创办"，只能是"旧式工商业者的投资"。然而，如果上面的那点考订基本上合乎事实，那么，您也许会同意，您的这个立论，似乎就有商量的余地。

半殖民地、半封建社会中产生的资本主义和资产阶级有大的和中小的不同，也就是有官僚、买办资本和民族资本的区别。但是，承认这两种截然不同的资本的同时存在，并不一定意味着它的产生，也沿着截然不同的途径。也就是说，要看到过程的复杂性，不能简单化，一刀切。

然而，长期以来，有这样一种在我看来属于一刀切的观点，他们认为洋务派官僚的企业活动，这是官僚资本的形成过程。洋行买办的企业活动，这是买办资本的形成过程。而民族资本企业的产生，正如您所指出的，只能是"中国商人独立创办"，只能是"旧式工商业者的投资"。这就是说，既然存在的性质截然两样，那么，产生的途径，亦必泾渭分明。我一向不是那么看的。

我在1962年就提出过：中国民族资本企业的产生，经历了三种不同的途径，也可以说是三种不同的类型。我以缫丝工业为例，说明在中国民族缫丝工业的发生过程中，既有纯粹商办缫丝厂的设立，也有洋行买办附股外商丝厂和洋务派官办丝厂的转化。① 而这三种途径，带有普遍性，也就是说，在事物的发

---

① 《关于继昌隆缫丝厂的若干史料及值得研究的几个问题》，载《学术研究》1962年6期。

展过程中，分化和转化，带有普遍性。这一点，我现在还是这么认识。

　　洋务派企业的经营过程，是不是中国官僚资本的形成过程？从一个角度上看，也可以这么认为。但是，重要的一点是：应该同时看到它的分化。这一点，我在1963年向您请教有关上海机器织布局的问题时，就已经作了比较详细的论述。在那里，我说："把洋务派的官办或官督商办以及官商合办的企业的经营过程，单纯地看作是中国官僚资本的形成过程，这是不完全符合客观的历史实际的。洋务派大官僚的确通过官办、官督商办、官商合办等等方式给自己积累了大量资本，他们的资本积累和民族资本的发展，处于对立的地位。从这个意义上看，洋务派企业的经营过程，也是中国官僚资本的形成过程。在这里，我和邵先生的看法是一致的。不一致的地方，在于是不是同时注意到它的分化。中国民族资本近代工业的产生，看来方式是多种多样的。纯粹商办的是一种，由官办、官督商办、官商合办而转化的是另一种。当然还有一种不可忽略的形式，是买办依附于洋行的企业的转化。"① 既然前一种在那篇向您请教的拙文中作了比较详细的申述，现在，我想只着重说一说后一种转化，也就是买办附股洋行企业和民族资本企业产生的关系问题。

　　这一点，在您的大著中，也有明确的意见，那就是：民族资本企业"不可能依附洋行而发展，民族资本主义不可能从资本帝国主义侵略势力中派生出来"。和您一样受到我的尊重的一位经济史专家向我提过类似的意见。他说：买办投资于哪一个企业"只能意味着那个行业的买办化，而不是买办资本的民族资本

------

① 《从上海机器织布局看洋务运动和资本主义发展关系问题》，载《新建设》1963年8月号。

化"。"不能把买办资本投资的那些企业视为买办资本的民族资本化，这是可以肯定的。"

我是不能肯定这个意见的。

在中国资本主义现代企业的发生时期，买办投资现代企业，有两种情况，一是附股洋行的企业，一是投资于非洋行的企业。

买办投资于非洋行的企业，又有两种情况：一是投资于洋务派的企业，一是投资于非洋务派的企业。

投资于既非洋行、又非洋务派的企业，应该直截了当地说：这就是投资于民族资本的企业，换成"买办资本的民族资本化"我看也未尝不可。

买办投资于洋务派企业，情况自然不同一些。它既涉及到官僚资本的形成，也涉及到民族资本的转化。这一点，我在前面提到的那篇向您请教的拙文中已经作了说明，这里不再详述。

值得讨论的，是买办附股外国洋行的企业。

买办附股外国企业，分润国外资本的剥削余羹，这当然意味着买办资本的积累，反映中国经济买办化的加深。在这一点上，您的意见，无疑是正确的，我所尊敬的那位老专家的意见，也是正确的。但是，就是在这里，也要同时看到另一面。原因是，买办附股外国企业和买办集资自办企业二者之间，并不是截然分开，井水不犯河水的，而往往是有一个先后相承的过渡。且不说其他的情况，单是上面提到的公平丝厂之由中国人的附股到租办以至最后的转为自办，这中间就可能找到买办资本向民族资本过渡的蛛丝马迹。情况的复杂有时超出了我们的想象。这里不妨仍拿郑观应禀帖中提到的榨油工业，作进一步的分析。

上面提到，60 年代出现在牛庄的一家由怡和洋行出资经营的榨油厂，是中国境内外国资本经营的榨油工业的第一家。而根据现有的中国近代工业史资料，中国民族资本经营的第一家榨油工厂是 1879 年出现在广东汕头的一家豆油豆饼厂。① 这两个工厂是否就井水不犯河水，一点关系没有呢？不是的。原来汕头这家所谓民族资本经营的豆饼厂，主要的主持人就是汕头怡和洋行的一名买办。而它的创办的主要目的在于提供汕头附近种植甘蔗所需之豆饼肥料，以保证汕头怡和洋行的一家糖厂的甘蔗原料的需要。发人兴味的是，被称为外国资本的牛庄怡和洋行油厂，也是由一名来自汕头的买办，主持其事。② 而被称为民族资本的汕头豆饼厂的创立，恰恰又在牛庄榨油厂停业推盘之后。我们现在还不能判明两家油厂是否就是同一买办主持，但是，它们最初都附丽于怡和洋行，这是可以肯定的。而两厂最后都转到中国人手里，又是不移的事实。因为牛庄油厂在成立 5 年之后，就出让给本地一家商号，这从上面的叙述中，我们已经看到。而汕头豆饼厂在经营 3 年之后，就被人称为"全由中国人经营"的企业，这是当时英国驻汕头的领事的亲口报告。③

您说：民族资本企业"不可能依附洋行而发展，民族资本主义不可能从资本帝国主义侵略势力中派生出来"，这似乎是无可争辩的真理。否认这一点，似乎成为荒诞，因为，乍看起来，它简直是在美化资本帝国主义。但是，民族资本的软弱，不正是由于它不依附外国侵略势力就依附国内反动势力吗？它的存在和发展不是始终在这样一种条件之下吗？至于"从侵略势力中派生出来"，要看怎么理解。如果把问题缩小到民族资本的最初产生，从依附侵略势力的买办势力中，的确是可以派生出来民族资本的。

---

① 孙毓棠编：《中国近代工业史资料》，第一辑，第 1012 页。

② S. R. Brown, Cakes and Oil: Technology Transfer and Chinese Soybean Processing 1860—1895, 载 Comparative Studies in Society and History.

③ Commercial Reports, 1882 年，汕头，第 113 页。

争论这一点有什么意义呢？有。因为这证明了"半殖民地的政治和经济的主要特点之一，就是民族资产阶级的软弱性"。而这种软弱性，是"他们从娘肚子里带出来的老毛病"。中国民族资产阶级同洋行剥削的联系和它"同农村中的地租剥削"的联系，至少具有同等的地位。

您在大著中，还提出另一个值得研究的问题，即民族资本现代企业不但"都是由中国商人独立创办"，而且"只能是旧式工商者的投资"。我认为这也是和历史的实际情况，不相吻合的。

在西方资本主义入侵中国以后、中国资本主义企业产生以前的 30 年中，中国封建社会中原有的各种旧式工商行业，发生了不同的变化。有的受到资本主义的冲击和排挤而趋于衰落，有的转而与外国势力或封建政权发生联系，因而能够维护自己的原有地位，甚至还有所发展。趋于衰落的和有所发展的不同，有所发展者之中，与外国势力发生联系的和与封建政权发生联系的也不同，即使在同一行业中，不同地区、不同集团乃至各个商人彼此之间的际遇也不能完全一致。因而在中国资本主义现代企业的发生时期，不同的行业以及同一行业中的不同集团和代表人物，在对待资本主义企业的问题上，也有种种不同的态度，需要区别种种不同的情况，同样不能一刀切。

沿海运输业中的沙船和城市金融业中的钱庄，在外国势力入侵后，面临着两种不同的遭遇。沙船业在外国轮船排挤打击下，有明显衰落的趋势，而钱庄则适应西方国家商品入侵和原料掠夺的需要，很快受到外国侵略者的利用，得到一定的发展。原来是封建社会产物的钱庄，这时又接受入侵中国并破坏中国原有经济结构的外国资本主义的哺育，因而在中国资本主义现代企业产生之际，有相当一部分企业资本由钱庄业的利润转化而来也就成为很自然的现象。

　　在同一行业中，也有不同的际遇。同属旧式金融业的票号和钱庄，在其和资本主义现代企业的关系上，也形成了鲜明的对照。当钱庄在适应入侵的资本主义的需要走上为它们服务的轨道时，票号却步入结纳权贵为封建政府服务的道路。它虽然保持一定的商业活动，但它同官府的联系就其重要程度而言，显然超过了它与商界的联系。在这种情况之下，票号的财东自然而然地把注意力集中到怎样维系它在封建政府中的地位，对于资本主义现代企业的投资，失去了与他的财力相称的兴趣。

　　在同一行业的不同集团之间，也出现不同的际遇和表现。就拿受到外国资本主义打击和排挤的沙船业来说，应该看到，并不是所有的沙船老板，都对新式航运企业抱着敌对的态度。轮船招商局的首创者朱其昂就曾是有名的沙船主。但是绝大部分沙船商人不但没有投资，而且采取了敌视态度，这也是事实。见之于当时记载的是：许多沙船业者一听说招商局招股，"群起诧异，互相阻挠，竟至势同水火"①。为什么同是受到外国轮船排挤，力图挣扎自存的沙船业者却为自己安排了不同出路呢？一个重要原因是：他们有各自不同的际遇。主持轮船招商局的朱其昂，虽然是一个沙船业的世家，但他自己却"习知洋船蹊径"，已经不单纯是一个旧式沙船业者。在倡办轮船招商局以前，他在北京、天津、上海、广东各地设有华裕丰汇银票号。②在创办招商局的前后，又和外国轮船公司发生了一定的联系，结识了许多大洋行的买办。③而他之所以出面主持招商局，也正是由于得到买办商人的支持。由此可见，朱其昂的际遇，是不同于大多数沙船业

----

① 《沪报》1883 年 11 月 10 日。
② 《李文忠公全书》第 41 卷，奏稿，1908 年，第 38—40 页。
③ Herald，1875 年 8 月 28 日，第 213 页。

者的。

在以往有关轮船招商局的讨论中，曾经有这样一种看法：认为朱其昂自己是旧式商人和运输业者，并不是买办，而入股的人，也不可能有依附洋行的买办。在我看来，朱其昂虽然不是买办，但决不可能看作纯粹的旧式商人。至于最初入股招商局的人当中即便没有买办而全是沙船业者，估计也多是和朱其昂有类似经历的殷实船户，倒是那些纯粹的旧式沙船业者，他们惟恐轮船夺去"沙宁船之生意"，对新式轮船是"势同水火"的。

我还想进一步指出，这种"势同水火"的局面，从外国资本主义入侵中国的第一天起，就可以清晰地看到。

还是拿郑观应禀帖中提到的几项工业来看吧。

在制糖工业中，正如上面看到的，最早出现在广东地区的外商活动，都受到包括手工榨糖业者在内的"旧式工商业者"的反对。而香港的第一家外国糖厂，不但受到"旧式工商业者"的抵制，甚至那些附股的中国糖商，最初显然也是着眼于维护他们原来的利益，和外国资本家处于貌合神离的地位。

在棉纺织工业中，广州的"旧式工商业者"对厚益纱厂的反应，虽然不见记载，但是，在上海，西方资本主义入侵者在这方面的活动，几乎都遇到来自中国"旧式工商业者"的抵制。一直到 70 年代后期，以上海布业公所为代表的"旧式工商业者"对所有西方侵略者在上海的设厂活动，不但"绝无顾而问者"[1]，而且事先作出抵制措施，"禁止贩卖机器制造的布匹"。[2]

缫丝和榨油工业中的情形，表现得更为突出。在牛庄的榨油业中，怡和洋行的榨油厂受到手工榨油业者和中间商人的双重反

---

① 《申报》1879 年 3 月 21 日。

② Commercial Reports, 1877—1878 年，上海，第 17—18 页。

对。他们的反对，使得这家榨油厂根本"不能在和本地豆饼作坊同样便利的条件下购得大豆"①。而当工厂企图绕过中间商人直接向豆农采购时，几乎是"整个中国社会都起来反对"，油厂老板想在当地商人中间"找一个有地位的人"帮他一帮，但是一直到工厂关门的那一天，他始终找不到一个肯于帮忙的"合伙者"②。

怡和洋行在上海的缫丝厂，面临着同样的情景。它甚至在市场上以所谓"公平的价格"也得不到它所需要的蚕茧③，当它试图向产区直接收购蚕茧时，又遭到本地手工缫丝业者和收购手工缫丝的中间商人这些"旧式工商业者"更加强烈的反对。④ 情况尖锐到这种地步，使得丝厂收购生丝只好由洋行老板亲自上阵。⑤ 连买办都靠不住，更不用说取得"旧式工商业者"的合作了。

这个时候有没有"中国商人独立创办"缫丝工厂呢？有。如今为大家所熟悉的广东南海的继昌隆缫丝厂，就是在此之后不久的 1873 年创办的。但是，人们也都知道，这家丝厂的创办者，恰恰不是纯粹的"旧式工商业者"，而是一个和资本主义世界有过相当长期接触的华侨商人。

"旧式工商业者"对外国入侵的资本主义企业，采取抵制的态度，这无疑有利于反对外国的侵略。但是，同样没有疑问，这种态度，注定了"旧式工商业者"不能构成同时发生的中国资本

---

① Trade Reports, 1866 年，牛庄，第 107 页。

② S. R. Brown, 上引文。

③ Commercial Reports, 1872 年，上海，第 145 页。

④ Herald, 1872 年 5 月 25 日，第 408 页。

⑤ S. R. Brown. The Ewo Filature. A Study in the Transfer of Technology to China in the 19th Century, 载 Technology and Culutre, 1979 年 7 月，第 558 页。

主义的主要力量。相反，在中国资本主义的发生时期，对资本主义企业产生兴趣的，就其主要构成分子而言，倒是那些从"旧式工商业者"的圈子中跳出来同洋行打交道的买办化商人或者原来就在洋行滚过一段时期的买办。

这不是有点奇怪吗？不又是在美化买办吗？不。不是这样。

买办之所以最先投资于资本主义现代企业，最主要的原因，是他最先接触了资本主义的剥削方式，是他的资本，最先享受了这种剥削方式的"果实"。他的资本运动和他的主人——洋行老板的资本运动，保持亦步亦趋的关系，追求最大利润的原则，在作为外国掠夺者的工具的买办资本身上，同样发挥着支配的作用。作为外国侵略者扩大商业和贸易掠夺的工具，买办在分取佣金之外，还建立了自己的商业机构，从中分取更多的商业利润。当外国侵略者从流通领域扩大到生产领域，从商业、贸易掠夺扩大到资本掠夺的时候，买办也自然而然地在附股外国企业之外，又建立起自己的企业，从而取得更多的企业利润。买办资本从流通领域向生产领域的转化，从附着于外国企业到自办企业的转化，这并不是出于什么买办的爱国心或民族感。但是，它代表着买办资本向民族资本的转化，这也可以说是"买办资本的民族资本化"吧，无论如何，这是历史的进步。

邵先生，您说19世纪70、80年代中国的资本主义现代工业都是由"中国商人独立创办"的，"只能是旧式工商业者的投资"。您心目中的模式，也许是18世纪中叶英国的模式。的确，那里的"商人直接成为工业家"，可以说是"独立"地进行的。他们的身份，相对于资本主义现代企业家而言，也可以说是"旧式工商业者"。但是，在19世纪70年代的中国，在外国资本主义入侵中国已达30年之久的半殖民地中国，这个模式几乎是不存在的，或者说至少是有很大改变的。在这个条件之下，如果资本主义现代企业也算一顶桂冠，那么，洋行买办以及和洋行有较多接触的买办化商人，反而比纯粹的"旧式工商业者"更有资格戴上这顶桂冠的。当然，更确切一点说，这指的是您所说的那个时期，即19世纪的70、80年代中国资本主义现代企业的发生时期。

到此为止，我要请教的问题，基本上都说到了。当然，您的大著，内容丰富，富有启发性的问题很多。例如，您还提到在19世纪70、80年代"中国社会中原来孕育的资本主义萌芽在当时有所发展而又不能成长的情况"，这也是一个值得讨论的问题。我本来还想谈一点自己的看法，请您指教。上文也间接略有涉及。但要正面论述这个问题，三言两语是说不清的。只好暂时打住。

上面所说的，肯定有很多错误。遗憾的是，这封信您是看不到了，即使有再多的错误，也得不到您的指正了。但您那严谨的治学态度和认真的求是精神，仍然激励着人们探索的勇气。这也是我终于续完这一封信的力量之所自。

（原载《近代史研究》，1982年第1期）

论中国资本主义两个部分的产生

——兼论洋务企业和中国资本主义的关系问题

中国资本主义在它的发展过程中，分成为官僚资本主义和民族资本主义两个部分，这是毛泽东同志的科学论断。它符合中国资本主义发展的历史实际，也为中国新民主主义的革命实践所完全证实。

对于中国资本主义两个部分产生的研究，是一个还没有很好开辟的学术阵地。已有的研究取得了不可忽视的成绩，但是许多问题还有进一步研究的余地。直到目前，一个为许多人所接受的看法，似乎没有得到应有的探讨。这个看法是：由于官僚资本和民族资本的性质不同，因此，两者的产生，也必然循着截然不同的途径。从早期的洋务派企业到北洋军阀官僚资本以至四大家族的形成，这是官僚资本主义发生和发展的一条途径。而早期的民间近代企业，则是继承封建社会中的资本主义萌芽来的，由此而发展为民族资本主义。

这样一个论断，至少包括两个值得讨论的问题：

一、中国早期的民间近代企业和封建社会的资本主义萌芽，究竟存在一种什么关系？二者之间，有没有继承关系？如果有，它是怎样继承的？这种"继承"又意味着什么？如果没有，或者不是主要的，那么主要的途径又是什么？

　　二、洋务派的企业和中国的资本主义究竟存在一种什么样的关系？洋务派的官督商办企业，是否只有发展为官僚资本的一个前途，还是同时又存在分化出民族资本或者向民族资本转化的另一个前途？

　　我想就这两个问题，谈一点个人的看法。不当之处，请批评指正。

一

　　凡是接触一点中国资本主义历史的人都会承认：在中国现代工业产生的 19 世纪 70 年代，许多部门中原有的手工业，并没有发展成为使用机器生产的现代工业。例子不必遍举，不妨集中分析一下采掘工业中的煤矿和纺织工业中的纱厂这两个部门的情况。这是两个比较有影响和代表性的部门。

　　中国第一代新式煤矿，从 1875 年的磁州煤矿起到 1890 年大冶煤铁矿止，15 年间，前后共出现过 14 所新式煤矿。从这 14 所煤矿成立的情况看，由原有的手工采煤的煤窑向机器采煤的煤矿转化，在它们之间，是不存在的。这 14 家煤矿，绝大多数是官办或官督商办。它们的创办者或主持人有 7 家是大官僚，它们是磁州、兴国、基隆、荆门、骆马山、淄川、大冶等煤矿；有 3 家是洋行买办，它们是开平、池州、贵池等煤矿；还有 4 家是中小官吏、绅士和商人，它们是峄县、贺县、利国驿、临城等煤矿①，却没有一家是原来用手工采煤的所谓土窑的业主。这 14 所煤矿中，有两所（兴国和临城煤

---

　　① 　参阅孙毓棠编《中国近代工业史资料》第一辑，第 1170—1173 页。

矿）最初是用手工开采①，似乎可以称得上由手工到机器。但
是，它们都是由一批和原来土窑没有关系的人在试办的时候采
取的措施，而不是原有土窑的进一步发展。非但不是这样，相
反，很多地方的原有土窑在新式煤矿出现以后，反而陷入进一步
的衰落。台湾基隆煤矿矿区之内，原有手工煤窑 92 处。② 基隆
开办以后，"概令封闭停工，不准再行采取"③。开平煤矿矿区，
原有煤窑、包括设窑烧炭、凿石烧灰在内，不下百处。④ 开平开
办以后，不但境内不准另开煤矿，原有土窑开采之煤，也不许随
便销售。⑤ 在这种情况之下，原有土窑的进一步衰退，自然是在
意料之中。

　　新式煤矿对原有土窑的改进，有的似乎也在进行"帮助"。
例如，淄川煤矿苏家隩官煤井，"旁有民井十余处，悉由官井代
为吸水"⑥。乍看起来，这似乎有助于原有手工煤窑向机械开采
的转化。但是，民井用机器吸水以后，所得煤觔"须以四成缴
官，以资津贴"⑦。一望而知，这实际上是对手工煤窑的另一种
方式的扼杀。

　　由此看来，中国原有的手工开采的煤窑，如果代表中国封建
社会的资本主义萌芽，那么，在中国新式煤矿出现之前，它们既
没有发展为资本主义企业；在新式煤矿出现以后，它们更难于发
展为资本主义企业。这是不可否认的客观现实。峄县煤矿的主持

---

　　①　参阅孙毓棠编《中国近代工业史资料》第一辑，第 1170—1173 页。
　　②　《淡水厅志》第 4 卷，1871 年刊，第 213 页。
　　③　《申报》1877 年 10 月 23 日。
　　④　《皇朝经世文续编》第 57 卷，第 18 页。
　　⑤　盛宣怀：《愚斋存稿》第 2 卷，1914 年版，第 16 页；周叔媜：《周止庵先生
别传》，1937 年版，第 26 页。
　　⑥　《益闻录》1888 年 11 月 3 日。
　　⑦　同上。

人朱采说："假令官窑停止，此等寻常土窑能筹钜款接办乎?"[①]在朱采看来，回答自然是否定的。这实际上是否定原有土窑向新式煤矿转化的可能性，亦即否定煤矿业中所谓封建社会中的资本主义萌芽向民族资本主义过渡的可能性。朱采是新式煤矿的当事人，他发表这个意见，是在中国资本主义现代企业出现第一个高潮的1883年。他的话免不了有夸张的一面。但是，这个当事人对当时客观形势的估计，今天看来，仍然有值得肯定之处。

新近一位考察京西煤矿历史的经济史研究者在进行深入的研究以后得出结论说："在我国的采煤业中奴隶制劳动也一直延续到解放以前。光绪八年湖南巡抚卞宝第所记述湖南耒阳县煤矿中的'水承行'，1921年《新青年》杂志所记述的湖南桂阳县煤矿中的情况，与清代前期京西地区的关门锅伙相较，有过之而无不及。"[②] 这就是说，就中国原有的手工采煤业的整体而言，从中国封建社会开始有了资本主义萌芽起一直到中国资本主义的黄金时代，它们内部的生产关系，一直原封未动。这实际上是从另一个角度对上述意见的肯定。

上面关于煤矿的分析，可能给人一种印象，似乎煤矿业中资本主义萌芽之所以不能发展成为资本主义现代企业，完全是由于受到官办、官督商办企业控制、排斥以至扼杀的结果。事实当然不是这样简单，至少并不完全如此。中国封建社会中资本主义萌芽之所以未能得到正常的发展，有更深刻的社会原因和历史条件。我们之所以在煤矿之外再选取纱厂作为分析的例证，目的就在于比较具体地说明这一点。

---

① 朱采：《清芬阁集》第8卷，1908年版，第12页。

② 方行：《清代北京地区采煤业中的资本主义萌芽》，《经济研究所集刊》第2集，1981年2月，第205—206页。

为了便于分析，我们最好拿中国和资本主义的最早摇篮英国进行比较。

英国纺织业中的资本主义萌芽，最早出现在古老的毛纺织业中。根据马克思主义的经典理论，"创造资本关系的过程，只能是劳动者和他的劳动条件的所有权分离的过程，这个过程一方面使社会的生活资料和生产资料转化为资本，另一方面使直接生产者转化为雇佣工人"[①]。在英国的毛纺织业中，这个过程至少在16世纪之初，便已经开始。在商人包买主的控制下，原来是独立的、自有原料和生产工具的家庭手工纺织业者，先是被剥夺了原料，随后又进一步被剥夺了生产工具的所有权。如果说，在16世纪，由包买主供给原料的家庭毛纺织业者，还自有生产工具，保持着外表上的独立，那么在17世纪末和18世纪初，小生产者生产工具的被剥夺，在英国西南部的毛纺织业中，便已开始出现。[②]而在18世纪末叶，毛纺业的商人包买主→手工制造业者→工厂老板的过渡便已基本完成。[③]

马克思说：从封建生产方式开始向资本主义的过渡，有两条途径：一是"生产者变成商人和资本家"，一是"商人直接支配生产"[④]。如果说，英国的毛纺织业走的是第二条道路，那么，棉纺织业就是第一条道路的典型。

当第一个使用水力转运的纱厂在兰开厦出现以前，处于萌芽状态的资本家和工人，也有将近两百年的历史。向分散的手工业者散发原料的商人，也广泛存在于产业革命以前的英国手工棉纺

---

①　《马克思恩格斯全集》第23卷，人民出版社1972年版，第782—783页。

②　Paul Mantoux, The Industrial Revolution in the Eighteenth Century, 1961年版，第64—65页。

③　同上书，第265—266页。

④　《马克思恩格斯全集》第25卷，第373页。

织业之中。① 但是，英国新的一代纱厂老板，却不是或主要不是来自散发原料的商人包买主，而是来自像皮尔（Peel）、拉德克里夫（Radcliffe）和费尔登（Fielden）这样一些农民兼手工业者的家族。② 他们之成为纱厂资本家，几乎是跳跃式的。拉德克里夫家族的威廉·拉德克里夫（William Radcliffe）在1785年才开始投身棉业，三年以后（1789）就成为一个具有相当规模的工场场主，又二年（1801），他的手工工场就成为一个拥有千人以上的大工厂。③ 费尔登家族的约瑟亚·费尔登（Joshua Fielden）在1780年还是一个兼营手织的农民，到了18世纪终了之时，他那由三间小农舍组成的、和由九名子女参加劳动的手工纺纱工场，已经发展成为一家五层大楼的工厂。④

　　这两种途径，在中国棉纺织业的发展过程中，甚至在19世纪70年代资本主义大工业出现以前都是不存在的，或者至少是没有实现的。不可否认，中国的手工棉纺织业中，也存在过包买主控制下的家庭手工业，不但鸦片战争以后存在，就是在鸦片战争以前的封建社会中，也有类似的迹象。⑤ 但是，它们却没有一个发展成为资本主义大工厂。至于由独立的手工业者发展成为大工业的资本家，那在中国第一代纱厂的建立时期，也不见于历史的记载。像威廉·拉德克里夫和约瑟亚·费尔登这样的人物，在中国棉纺织工业史上，可以说是绝无仅有的。

　　当然，在以后的年代里，棉纺织工业、特别是棉织工业中由

---

　　① S.D.Chapman, The Cotton Industry in the Industrial Revolution, 1972年版，第13页。

　　② Mantoux, 上引书，第370—371页。

　　③ 同上书，第371页。

　　④ 同上。

　　⑤ 参阅彭泽益《鸦片战争前广州新兴的轻纺工业》一文，《历史研究》1983年第3期，第113页。

工场手工业向大机器工业的过渡，也若有轨迹可寻。当时间进入20世纪以后，这种现象，似乎还相当普遍。例如，1929年无锡丽华织布厂有手工织布机152架，同时又有动力织机42架。[①]1932年杭州广生棉纺织厂有手织机143架，同时又有动力机27台；永新织布厂有手织机35架，同时又有动力机50台；振华织布厂有手织机56架，同时又有动力机11台。[②]1934年重庆三峡染织工厂有手织机76架，又装动力织机30台。[③]同年，上海、江苏、浙江、安徽、江西、山东、河北、山西八省市的415家小型染织厂中，有手织机11886台，同时又有电力机11208台。[④]据此，一位研究中国棉纺织史的专家说道："假使我们记起19世纪初英国织业动力化的开展，或许要把中国手工场的此类现象，认作中国织业动力化的原始形态。""但事实上，中国大机器织布工厂都不是这样演进而来的。而手织工场之能这样实行部分机械化者，也只是极少数。"[⑤]这个评价和估计，无疑是正确的。中国手工工场向大机器工厂的过渡，不是发生在大机器工业出现之前而是发生在大机器工业出现以后，这是中国资本主义产生的一个重要特点。[⑥]

这个特点的出现，离不开中国封建社会原有的社会经济结构。

---

① 《无锡年鉴》第一回，转见严中平《中国棉纺织史稿》，科学出版社1955年版，第301页。

② Chinese Economic Bulletin，1932年5月14日，转见严中平上引书，第301页。

③ 《重庆之棉纺织工业》，转见严中平：上引书，第301页。

④ 《全国棉纺织厂统计资料汇编》，转见严中平上引书，第301页。

⑤ 严中平：上引书，第301页。

⑥ 参阅樊百川《中国手工业在外国资本主义侵入后的遭遇和命运》，《历史研究》1962年第3期，第100—101页。

马克思在分析鸦片战争以后外国资本主义商品对中国的入侵时，多次说到中国的小农业和家庭手工业相结合的社会经济结构。他在 1858—1859 年两年之中，接连指出："在以小农经济和家庭手工业为核心的当前中国社会经济制度下，谈不上什么大宗进口外国货。"[①] "对华进口贸易迅速扩大的主要障碍，乃是那个依靠着小农业与家庭工业相结合的中国社会经济结构。"[②] 农业和家庭手工业的结合，在封建社会中，是一个带有普遍性的现象。在现代资本主义产生前夜的英国农村，也存在这种紧密的结合。18 世纪的 70 年代，在斯托克普（Stockport）的密罗村（Village of Mellor）中，每 50—60 家农户中，只有六七家的收入全部来源于农业，其余的农户都要靠家庭的纺织收入加以补充。[③] 在里兹区（Leads District），"没有一个农民不干一点城镇交易而单靠农业就能维持生活"[④]。可见，这种结合，就是在现代资本主义企业黎明期的英国，仍然相当普遍。

但是，在中国，这种结合却表现了特殊的坚韧性。对于这个问题的解释，现在还需要进行深入的研究。从一个方面看，由于中国地主制经济所制约的小农业和手工业的结合，对新的生产方式具有较大的排斥力，又由于小农承受封建剥削的严重，只有依靠这种结合才能对封建剥削具有较大的负荷能力，可能是一个原因。特别是在鸦片战争以后，由于鸦片走私、战争赔款以及各种封建剥削的增加，加重了农民身上的负担，使农村中农业和家庭

---

① 《马克思恩格斯全集》第 12 卷，1962 年版，第 605 页。

② 《马克思恩格斯全集》第 13 卷，1962 年版，第 601 页。

③ W.Radcliffe, Origin of the New System of Manufacture Gommonly Called "Power loom Weaving" 1928 年版。转见 Mantoux, 上引书，第 63 页。

④ Report on the State of the Woollen Manufacture, 转见 Mantoux, 上引书，第 63 页。

手工业的结合，在某些方面说来，更加趋于牢固。农民除在小块土地上辛勤耕作，忍受沉重的地租剥削之外，还不得不被迫从事更多的家庭手工业生产，以抵交沉重的租税。专靠农田，已不能维持一家的最低生活，而兼营一些小手工业，则简单的再生产，还可望继续维持。被称为"善经济之学"的包世臣（1775—1855）说：农民兼营织布，"虽暴横尚可支持"[1]。寥寥七个字，准确地反映了贫苦农民不得不从微薄的家庭手工业中寻找出路这样一个严峻的现实。

为什么中国的棉纺织的资本主义现代企业产生以前不曾出现英国毛纺织或棉纺织业所出现的情景；为什么中国手工棉纺织向机器生产的转化迹象，反而发生在资本主义大工业已经出现之后，从这里是不是可以得到一点解释呢？我想，这至少是值得进一步加以探索的。

<h1 style="text-align:center">二</h1>

中国资本主义现代企业的黎明时期，有没有由手工向机器过渡的事例呢？有的。在70年代大机器工业出现的前后，适应市场扩大的需要，某些手工业有恢复和发展的趋势，其中有些部门有相当多的手工工场出现的迹象[2]，产生了向大机器工厂转化的可能性。从我们现在所占有的资料看，这种过渡，主要出现在和对外贸易有关的行业之中，也就是说，主要出现在为外国资本主义掠夺原料、推销成品服务的行业中，至少在资本主义现代企业

① 包世臣：《安吴四种》第26卷，1891年版，第34页。
② 参阅彭泽益编《中国近代手工业史资料》第二卷，中华书局1957年版，第100—155页。

发生的 70 年代是这样。这里不妨选取两个有代表性的行业，作比较具体的分析，从中观察这种"过渡"究竟意味着什么，应该作出什么样的结论。这两个行业，一是广东的缫丝业，一是上海的船舶修造业。一是服务于中国生丝的出口，一是服务于外国船只的运输。

广东的南海、顺德、三水一带，原来是手工缫丝的一个集中地区。这里有大量的、以家庭女工为主体的手工缫丝工人。她们有长期的生产经验。这些都是这个地区较早地出现缫丝工厂的历史条件。至于说到这个地区第一个由手工向机器过渡的缫丝厂——继昌隆缫丝厂之在南海出现，则不能不首先说到这个工厂的创办者陈启沅。

陈启沅是广东南海的一个华侨商人。他的家庭世代"以农桑为业"①。1854 年，他开始出国经商，前后近 20 年。大约他在国外看到机器缫丝的工艺，产生了创办丝厂的念头，因此，在他回国以后不久的 1873 年，他就在南海简村创办了一个名叫继昌隆丝偈的缫丝厂。② 最初规模很小，丝釜不过数十部。它的主要改进，在于采用锅炉热水，以蒸汽煮茧代替手工缫丝的炭火煮茧，还不能断定已经采用蒸汽作为动力来源。不过在当时或稍后的记载中，有的说它"用机器牵轮，互相引动"③，或云"用机器展动各轮"④。有的说这种缫丝工厂有很高的烟囱，机器声响很大。⑤ 因此，即使最初没有使用蒸汽动力，但随后采用了蒸汽动力和传动装置，这是可以肯定的。

---

① 陈启沅：《蚕桑谱》，1903 年重刊，自序。
② 同上。
③ 《上海新报》，（以下简称《新报》）1881 年 11 月 7 日。
④ 徐赓陛：《不自慊斋漫存》第 6 卷，1882 年版，第 21 页。
⑤ North China Herald（以下简称 Herald），1874 年 6 月 13 日，第 526 页。

从 1873 年第一个丝偈开始，新式缫丝工业在珠江三角洲上以相当迅速的步伐向前发展。在继昌隆成立的第二年（1874），机器缫丝就采行于顺德和广州。① 一年以后，又有人在当地仿照陈启沅的机器，另建了四个丝厂。② 1881 年广州、顺德、南海地区的丝厂，已增加到 10 家，有丝釜 2400 位，生丝年产量近 1000 担。③ 80 年代中期以后，新式缫丝工业"在广东已经牢固地树立了根基"④。当时除了顺德、广州、南海以外，附近的新会，也添了三家。⑤ 进入 90 年代，一向是农业区的三水，也逐渐变成产丝区，第一次出现了两家缫丝厂。⑥

这些缫丝厂，有的可以判明是由原来的手工缫丝即所谓手缫转化而来的。19 世纪末叶，海关的报告说：三水"西南有一缫丝局，闻已创设十有四年矣。惟用机器者不过五年而已"⑦。这就是一个具体的例证。估计这种情形，在广州、顺德、南海、新会等处，也会大量存在。

另一方面，手工缫丝也并没有全部消失。如果说，机器缫丝是应付出口的需要，那么，手工缫丝在国内市场上仍然保持着自己的阵地。80 年代以后，效率较高的足缫机——踩纩，逐渐

---

① 吕学海：《顺德丝业调查报告》（未发表），参阅《民国顺德县续志》第 1 卷，1929 年版，第 25—26 页。

② China Maritime Customs. Special Series. No. 3. Silk, 1881 年版，第 151 页。

③ 同上书，第 151 页；参阅 North China Daily News（以下简称 Daily News），1882 年 1 月 16 日，第 47 页。

④ Great Britain Foreign Office, Diplomatic and Consular Reports on Trade and Finance, 1885 年广州，第 4 页。

⑤ 陈启沅：《广东蚕桑谱》，1897 年版，《广东厘务总局详》，《申报》1887 年 12 月 5 日。

⑥ China Maritime Customs, Decennial Reports on Trade, 1892—1901 年，三水，第 264 页。

⑦ 《通商各关华洋贸易总册》（以下简称《关册》）下卷，1898 年，第 73 页。

取代了手缲的手纼。与此同时，陈启沅设计的一种半机械的缫丝小机，也逐渐为广大的手工业者所接受。90 年代以降，广州府"通府县属用此法者，不下二万余人"[①]。这样，手工业和机器，在 20 世纪的广东缫丝业中，又形成"并行不悖"的局面了。

更值得注意的是：机器缫丝也没有长期昌盛下去。广州机器缫丝出现以后，在中国生丝的出口方面，曾经取得显著的地位。80 年代初，当广东厂丝最初见于海关贸易统计时，一年出口不过1200 多担。到了 90 年代之初，就已经突破 1 万担的大关。20 世纪开始，再一跃而至 3.5 万担。到了第一次世界大战前夕，更猛增至 4.5 万多担。战后仍然有过一度短期繁荣，出口生丝曾经突破 5 万担。全省丝业收入达到 1 亿元以上。[②] 但繁荣转瞬即逝，进入 30 年代以后，广东缫丝工业不管手缲也好，机缲也好，都呈现一片衰败的局面。丝厂大批停闭，工人大量失业，生丝出口一落千丈。在 1930 至 1934 年的 5 年之中，全省开工的丝厂由121 个减少到 37 个，生丝出口由 4.7 万多担下降到不足 3 万担。平均价格由每担 728.65 元下降到 298.95 元。资本损失在 1800 万元以上。失业工人不下 20 万人。[③]

继昌隆本身的结局自然也不例外。这个工厂后来经过多次转手，营业不振。30 年代以后，有人到这个丝厂的所在地简村进行调查，发现那里已无一丝厂存在，而当年继昌隆的厂址，则已

---

① 《蚕桑谱》，自序。

② C.W. Howard, A Survey of the Silk Industry of South China, 1925 年版，第8、38 页。

③ 参阅《中国蚕丝问题》，第 51—52 页；《关册》，1930 年、1934 年；Kwangtung Raw Silk Testing Bureau Reports for Season 1931—1932, 1934—1935;《广东建设所生丝检查所四周年年报》，1935 年，第 6、18—19 页。

还原为陈氏遗族的住宅了。[①]

和广东的缫丝业一样，在上海的船舶机器修造业中，也可以找到由手工向机器过渡的轨迹。中国机器工业中最早出现的一家船舶修造厂——发昌机器船厂，就是一个例证。

这家船厂的成立，大约在60年代初期。[②] 这个时候，长江已被西方侵略者强迫开放，上海和日本之间的航运，也在迅速增长。这给上海港口的外国航运业，带来了前所未有的繁荣。1860—1864年5年之中，上海进出口的船舶吨位，由43万吨增加到187万吨以上。[③] 和航运发生直接联系的船舶修造业，自然成为外国资本家注意的焦点。在这5年中，上海一共成立了9家船厂。两家最大的外国船厂——祥生（（Nicolson & Boyd Company）和耶松（Farnham & Company），都是在这个时期以内设立的。发昌船厂之成立于60年代初期，反映了这个形势对华商资本插足于船舶修造业的刺激作用。

这家工厂的创办人，据说是两个手工业者出身的广东人。一个是在上海当过打铁店的学徒和流动的手工打铁工人的方举赞，一个是本乡素业打铁制造农具的孙英德。[④] 在初创的时候，只有打铁炉一座，四五名工人。[⑤] 由于他们和外国船厂搭上了关系，专门为外国船坞锻制、修配轮船零件，发展较快。不过十余年，

---

　① 吕学海：前引书。

　② 这家船厂的创办年月，没有直接记载。但1884年该厂在报上刊登广告，说它在上海开设已有20余年（《沪报》1884年10月26日）。1893年另一家上海报纸上出现了这家工厂的广告，则称开设已"历卅余年"（《申报》1893年5月17日）。据此推断，其成立应在60年代初。

　③ Herald, 1864年1月16日，第11页；1865年6月25日，第98页。

　④ 《上海民族机器工业》，1979年版，第77—78页。

　⑤ 同上书，第79页。

便能制造轮船上的机器部件以及车床、汽锤、铜铁器皿。[①] 大约这个时候，也就是 70 年代中期，发昌已经使用机器。70 年代中期以后，开始制造轮船。在 1876—1884 年的 8 年之中，先后制造和装配小轮多艘[②]，工人数量也有较大的增加。[③]

在发昌发展的过程中，它的创办者的社会地位也发生了变化。他们和外国洋行以及中国买办，有广泛的交往。在船厂之外，又和洋行买办纠集在一起，合办其他工厂。[④] 发昌船厂本身，也进一步和外国资本发生密切的联系。80 年代中期以后，上海的外国船业资本家戴克（G. T. Darke）、阿美士丹（O. Armstrong）和史丹福（B.R.Stanford）等先后打入了船厂的经理部。[⑤] 实际上和中国老板共同经理着这个企业。

尽管如此，这个船厂还是经受不起上海外国船业巨头的长期压力。1895 年以后，船厂业务逐渐冷落，这时全厂只有 60 余人，也不再建造船只，只作一些零星修配的业务。[⑥] 到了 1899 年，终于落入上海最大的一家外商船厂——耶松船厂之手，成为这家船厂的一个车间了。[⑦]

工厂转入外商之手以后，工厂老板也转入外国洋行，成了洋

---

① 《新报》1876 年 12 月 2 日；《申报》1877 年 1 月 24 日。

② 《申报》1876 年 7 月 3 日，1877 年 1 月 24 日，1880 年 2 月 8 日，1833 年 3 月 16 日，3 月 31 日；Herald, 1884 年 2 月 6 日，第 152 页。

③ Herald, 1884 年 10 月 29 日，第 472 页。

④ 例如孙英德在 1882 年就曾和平和洋行（Messrs Birt and Co.）老板以及中国买办唐茂枝等人合办中国玻璃公司，参阅 Herald, 1883 年 12 月 12 日，第 679—680 页。

⑤ The Chronicles and Directory for China, Japan and the Philipine, 1886 年，1891 年。

⑥ 《上海民族机器工业》，第 85 页。

⑦ 《申报》1899 年 7 月 11 日，转见上引书，第 86 页。

行的买办。①

从继昌隆和发昌的历史中，可以得出什么样的结论呢？

它是中国封建社会中资本主义萌芽的进一步发展吗？不
是的。继昌隆出现以前的广东缫丝业，"经营方式，在手机时
代，多半为家庭式的手工业，即兼营的小商品生产工业"。"凡
操手机者，多半为蚕村中的老妇。""自汽机丝厂创设后，手
机缫丝往往变为丝厂的附庸，盖丝厂间有将劣茧选出，另设小
室或小工场雇用女工用手机缫之。"② 这就是说，在机器缫丝出
现以前，广东的缫丝基本上还停留在小手工业的阶段。能够
勉强算作手工工场的，乃是在机器缫丝业出现之后、作为丝厂附
庸的那种专缫劣茧的"小室"。当然，继昌隆的工人，系本
村左邻右舍原有的手工缫丝女工，它使用的机器图样，虽然
来自外洋，但机器的制作，仍是出自广州的一家铁器作坊。③
没有手工缫丝以至手工铁器制作的原有基础，继昌隆的出
现，虽非绝不可能，至少是很困难的。但是这个工厂之非由
原有的手工缫丝自身发展的结果，这是可以肯定的。断言中国
民族资本主义现代化工业普遍地经历了小手工业→工场手工业→
机器大工业三个阶段，以之解释继昌隆的产生，是不能令人信服
的。

至于发昌机器船厂出现以前，上海手工锻铁铸造等手工业所
达到的水平，情况比较复杂，遗留下来的文献记载也比较少。根
据解放后的调查，大体上可以说除了冶铸以外，其他各行业，包
括船舶修造在内，都还停留在小手工业阶段。作坊规模很小，内

①　《上海民族机器工业》，第78页。

②　吕学海，上引书。

③　陈天杰、陈秋桐：《广东第一间蒸汽缫丝厂继昌隆及其创办人陈启沅》，《广
州文史资料》1962年第2期，第61页。

部尚无明确分工。① 发昌虽然是由手工生产直接发展为机器生产，但它是处在一种比较特殊的情况下。它是作为外国造船工厂的附属工场而存在和发展的。它"在生产上与外国资本主义机器工业发生依赖关系。"这种关系的发生，实际上是"中断了这些手工业自己独立发展的道路，使"这种转化一开始便具有半殖民地的明显特征"②。

民族资本主义现代工业的产生，不排斥手工业向大机器工业转化这样一个途径。这一点是必须明确的。但是，如果为了和"自始就带有买办性"的洋务派官办企业到四大家族官僚资本这个途径相对立，就规定"封建社会中的资本主义萌芽"到"早期的民间近代企业"这样一个民族资本主义企业产生的途径，认为只有这样一个途径才代表民族资本产生的途径，只有沿着这个途径所产生的现代企业，才是民族资本主义的企业，那就失掉了事实上和理论上的依据。

半殖民地半封建社会中出现的民族资本主义，不可能与本国的封建主义和入侵的资本主义相绝缘而产生，在内外反动势力夹缝中成长的民族资本主义企业，也不可能摆脱与它们的联系而存在。当广东第一代缫丝工厂受到手工丝织业的反对时，继昌隆和其他缫丝厂首先是求助于封建官府。不成，则独自迁往澳门，以求澳门殖民当局的庇护。③ 发昌机器船厂的产生和发展，都离不开外国船厂对它的业务上所给予的支持。甚至在它最后为外厂所兼并时，它的老板，仍然醉心于洋行买办的职位。如果把这些说成是"继承封建社会中的资本主义萌芽而来"的民族资本，那么

① 《上海民族机器工业》，第1页。
② 同上书，第2页。
③ 陈天杰等：上引文，第70—71页。

它们的民族性也并不那么纯粹，它们也并不是一点买办性都没有的。

中国近代史上大机器工业的产生，洋务派企业也好，民间近代企业也好，都不意味着中国之由封建社会进入资本主义社会。它只是中国进入半殖民地、半封建社会的一个标志。中国封建社会中资本主义的萌芽，在没有达到向资本主义大工业转化的阶段，就遭到外国资本主义的入侵。外国资本主义的侵入截断了中国资本主义发生和发展的正常道路。在这种条件之下，所谓中国"早期的民间近代企业是继承封建社会中的资本主义萌芽来的"，既不可能是大量的，更不可能是主要的途径。即使有一些，也失去了原来的意义。把中国民族资本主义的产生过程，比附于正常的资本主义的产生过程，必然陷入事实上的失据和理论上的混乱，从而不能正确掌握中国资本主义性质和中国资产阶级性格的特点。

三

那么，什么是中国民族资本主义企业产生的主要途径呢？

照我看来，途径不止一种。[①] 既有包括手工业者创办在内的纯粹商办企业，也有并非采取纯粹商办的形式产生的企业。而在后者之中，由洋务派官督商办企业中分化出来的商办企业，是一个很值得注意的产生途径。

将近 20 年以前，学术界中曾经就洋务运动和资本主义发展

---

① 请参阅拙稿《关于继昌隆缫丝厂的若干史料和值得研究的几个问题》，《学术研究》1962 年第 6 期。

的关系问题，展开了一次讨论。① 那次讨论中涉及到的上海织布局的性质和所经历的道路，它对中国民族资本主义产生的途径提供了一个具体的例证，这个问题，今天还有重新提出来加以讨论的价值。

那次讨论的一个中心问题是：官督商办的上海织布局，是否只是变成洋务派的"官僚私产"，还是同时在其中也出现了反对沦为"官僚私产"的力量？推广而言，也就是：洋务派的官督商办企业，是否只有发展为官僚资本的一个前途，还是同时又存在分化出民族资本或者向民族资本转化的另一个前途？

我认为：符合事实的结论应该是后者。

官督商办形式在 70 年代的出现，不是偶然的。在洋务派官督商办企业出现之前，民间对于新式企业的活动，已经早有酝酿。拿棉纺织业来说，早在 50 年代末期，在江苏太湖洞庭山的席姓商人家族中，有一个自称"湛深西学"的席长卿，就曾和一些外国在华商人讲求"机器织布之道"。1865 年顷，他和外国资本家又进一步地"招股聚议自制颜料备染布匹等事"，"详细考究"②。不但在工业上，就是在农业方面，也有过同样的试探，当太平天国刚刚被镇压下去之时，在上述同一地区，就有人"拟用西洋机器"，进行"垦辟之事"③。60 年代民间出现的这些新式企业的试探，为洋务派的官督商办，提供了客观的可能性。

官督与商办是对立的统一体。所谓官督商办，就是"官为维持"，"商为承办"，官"总其大纲"，商"自立条议"。"商为承办"则企业资本，应由商筹集；"官为维持"则企业经营，应能

---

① 参阅《新建设》1963 年 3 月号、8 月号；1964 年 1 月号、5—6 月号邵循正、汪敬虞、黄逸平等人的文章。

② 《新报》1878 年 8 月 6 日、1879 年 2 月 27 日。

③ 《申报》1887 年 3 月 27 日。

从官方得到一定的好处。商出资本，因而"自立条议"；官有权势，因而"总其大纲"。拆穿了，一个要利用对方的资金，一个要利用对方的权势，既有相互利用，当然也就产生相互矛盾。

官督商办企业内部的官商矛盾，是一个普遍的现象。在所有的官督商办企业中，几乎都存在三种人物：一是代表"官督"的洋务派官僚，具体到上海织布局，就是李鸿章。一是受洋务派官僚委派经理企业的总办、会办，拿上海织布局来说，先后有郑观应、经元善、龚寿图、杨宗瀚这样一班人物。一是不掌实权的商股股东，他们的组成，又多种多样：有和总会办有瓜葛的重要股东，也有并无瓜葛的一般股东。这三种人物彼此之间，甚至同一种人物之间，都存在各种各样的矛盾。集中到一点，都可以概括为官商矛盾。

有关官督商办企业中官商矛盾的一般论述，许多文章都已谈到。这里我只着重就这三种人物彼此之间的关系，作进一步的具体分析，以追察官督商办企业的前途。

首先，作为官督一方的洋务派官僚和商办一方的民间商股，存在着深刻的矛盾。这是谁都不否认的。例如，既有官方的扶持，就要有商方的报效，庇护之下，控制随之而至。如此等等。已有的论述，在这一点上也都是一致的。但是，问题的分析，不能停滞在这里。还需要进一步看一看矛盾的复杂性。

首先是洋务派官僚和企业中的总办、会办的关系。一般地说，总办、会办，出自洋务派官僚的委派，他们彼此的立场，应该是比较一致的。实际上，由洋务派官僚委派的总办、会办，有时也和洋务派官僚发生某种程度的不一致。拿减免税收一条来看，人们常说，李鸿章、张之洞等大官僚在很多方面为官督商办企业取得免税和减税的待遇，并且拿上海织布局作例子，证明这一点。如说：上海织布局的成品，在上海销售全部免税，销入内地，只完正税，比进口洋纱洋布的税负减轻。如此等等。这种说法，有它正确的一面，但也有不完整的一面。事实上是，上海织布局享受的减税和专利两项待遇，都是出自负责局务的郑观应的要求，而且他向李鸿章提出的这个要求，都没有得到完全的满足。按照郑观应的意见，生产专利应"酌给十五年或十年之限"，"通商各口无论华人、洋人均不得于限内另自纺织"。而产品运销，应照"洋货已进口之例"，只纳2.5％的子口半税，"概免抽厘"①。到了李鸿章那里，专利定为10年，税负改为5％的正税。② 是专利只从郑观应的最低要求，而抽税则倍于是。这表明，在税收的问题上，李鸿章和郑观应是不一致的。李的角度，在于保证税收，是纯粹官的角度，而郑观应尽管为李所委派，却在为布局产品的销路打算，甚至有"防外人争利"的一面，接近商的立场。

官督商办企业中的总办和会办，一般地说，是联络官商关系的纽带，是企业的实际主持人。然而，同是总办、会办，他们对待企业的态度，又可以判然不同。龚寿图和经元善在上海织布局期间对织布局的经营所持的不同态度，就是一个例子。经元善出身商人，他心目中的织布局和出身官僚的龚寿图的看法，有着显著的差别。他比较重视招来商股，为了取得商股的信任，他主张"凡所招股本户名银数及收款存放何庄，每月清单布告大众"③。在他的"招商集股章程"和"招股启事"中，特别强调织布局的商办性质，极力芟除"官场浮华习气"④，并在报上公布代收股

---

① 郑观应：《盛世危言后编》第7卷，1921年版。
② 李鸿章：《李文忠公全集》第43卷，奏稿，1905—1908年版，第44页。
③ 经元善：《居易初集》第2卷，1901年版，第36页。
④ 《申报》1880年10月13—15日。

份的钱庄、商号、详列入股办法。^① 如此公开的招股办法，在当时是少见的。它受到一般入股者的欢迎，但却遭到把织布局当作衙门的龚寿图等人的反对。他们不赞成公开招股的方式，极力加以阻挠，双方争论了很长的时间，虽经郑观应的"苦心调停"，还是"道不同，不相为谋，终难水乳"^②，最后以经元善的去职而结束。到了1887年，筹办织布局的实权，终于落在龚寿图这一批官场人物的手中。

存在于总办、会办与商股股东之间的关系，也有种种不同的情况。和龚寿图等人比较，经元善、郑观应等人显然比较重视商股的利益。例如，在郑、经接手以后的织布局招商集股章程中，就明确规定公司董事"由股份人公举""品望公正、熟悉商情者"担任，"凡有公事，邀请咨商"^③。这说明商股权益在局中受到的尊重。这种情形，在郑观应主持的其他官督商办企业中，也同样存在。^④ 这是把企业当作衙门的龚寿图之流所不可企及的。当然这里对商股权益的尊重，也可能只是徒具形式。而且，即使有实惠存在，多半也只限于股东中的大户。因为，在一般情况下，能够进入董事会的，泰半为这些大户所独占，一般商股，特别是中小商股的利益，并不能真正具有保证。

事实上，官督商办企业中的官商矛盾，主要表现在总办、会办和一般商股之间。上海织布局的历次招股和整理，就足以说明这一点。在1880年郑观应接手筹办织布局之时，曾因投机活动发生亏空。1887年龚寿图接手招集新股，却把从前的老股一律打一个7折，限期要老股东每股（100两）加价银30两，美其

---

① 《申报》1880年11月17日。

② 经元善：上引书，第2卷，第36—38页。

③ 《申报》1880年10月13—15日。

④ 参阅郑观应上引书，第10卷，第5页。

名曰："辅助新股"，逾期不交，则并三股作一股，换给新股票。① 这实际上是对老股的敲诈。因为补加价银的，一股还能值70 元，不补加价银的，一股只值33 元。因此，办法一公布，上海《申报》上，马上就出现了一幅"在股含冤同人"的公启，对这种敲诈进行控诉。其中有一点值得注意，即："旧股中甚有借本易产而买股者，多年官利无着，本剩七折，吃苦已极，总办其事者，反躬自思，勿以人尽可欺耳。"② 这些借本易产而买股的"在股含冤同人"，显然是一些不当权的中小股东。两年以后，当龚寿图等再度使织布局发生亏空时，最早参加织布局的股东卓培芳，又在《申报》上刊登启事，指责"旧局已经亏空甚钜，此次又复蹈故辙"，要"邀集股东诸君"，"与其理算，以顾众商血本"③。卓培芳是和郑观应同出于一个洋行的买办，他可能是一个资力较大的股东。但他所要邀集的，当然包括众多的中小股东在内。这说明中小资本家之受排挤打击，同样出现于官督商办企业之中，并不局限于由手工业转化的"民间近代企业"以内。

官督商办企业之中，的确存在变这些企业为官僚私产的力量。这一方面的分析，在已经发表的文章中，已经相当充分。④但是，它的确也同时存在反对把它变为官僚私产的力量，亦即变这些企业为真正的商办企业的力量。这当中不但有中、小股东的力量，也有大股东的力量（如卓培芳），不但有不当权的商股力量，也有当权的总、会办的力量（如经元善）。尽管他们的表现

① 曾国荃:《曾忠襄公奏议》第 31 卷，第 14 页。
② 《申报》1888 年 7 月 13 日。
③ 《申报》1890 年 11 月 1 日。
④ 60 年代以前，这方面的论文很多，不一一列举。最近汪熙同志的《论晚清的官督商办》一文（《历史学》，1979 年 1 期），有比较充分的论述。

十分软弱而程度又各不相同，但反对力量的存在，这是不能否认的。邵循正同志说：经元善和龚寿图等人的争端，"实际上是发展道路的分歧"①。这应该是持平之论。

当然，上海织布局从 1878 年的开始筹办到 1893 年的全部焚毁，15 年间，始终没有能够脱离洋务派官僚的控制，走上独立商办的道路。但是，只要一有机会，商股力量就寻求表现自己。这是有迹可寻的。一个突出的事例是：当 1880 年经元善等人接办织布局的时候，曾经广泛公开招集股份，他们招股的范围，遍布北京、天津、汉口、广州、香港、澳门乃至海外的长崎、横滨、新加坡、旧金山等 28 个城市，共设 36 个招股机构，并提出一系列保护投资人的措施，造成了极大的声势。② 经过这样一番布置，附股者极为踊跃。招股不到一个月，入股即大大超过定额。③ 这和前此织布局在官僚手中招股艰难的局面，形成鲜明的对照。④ 而当他们刚接手的时候，还打算沿着前任的步子，要求官款的接济，说什么"非秉承宪示，请拨官款，不足以昭郑重"，这时却以"历年官局易招物议。若承领官款，则属目尤难"为辞，转而拒绝官款了。⑤

由此可见，以经元善等人为代表的一股力量，在机会来临之时，表现得相当富有活力。尽管经元善等人最后没有扭转上海织布局的局面，但是，正如邵循正同志所公正指出的：这个官局中

---

① 邵循正：《关于洋务派民用企业的性质和道路》，《新建设》1964 年 1 月号，第 66 页。

② 《申报》1880 年 11 月 17 日。

③ 《申报》1880 年 11 月 16 日、1882 年 5 月 26 日；参阅经元善上引书，第 2 卷，第 38 页。

④ 张国辉：《洋务运动与中国近代企业》，中国社会科学出版社 1979 年版，第 275 页。

⑤ 郑观应上引书，第 7 卷，第 11 页。

"出现了最早的民族资本主义成分，这又是十分重要的事实"①。

1887 年龚寿图再度上台以后，商股老股中尚有存 2900 余股。如数加价者 1600 股。② 这表明，在改组以后的织布局中，经元善所代表的旧商股，尚有一定的势力。招集新股，也在同时进行。筹集新股的主要人物，是周晋镳、徐士恺、唐廉等这样一些上海的所谓闻人。这些人物，可能和官场的关系密切一些，但都说不上是官僚。如周晋镳是上海商会中的著名人物，当时的官衔只是一名候选知县③；徐士恺可能也是商人，后来当过上海道聂缉椝的账房，当时也只是一个浙江候补同知。④ 唐廉可能是后人所说的"上海道台唐松岩"⑤，当时则是在金陵铸钱局当差的一位分省补用道。⑥ 他们在织布局中，仍然代表商股的势力，认为"新股是官僚及其依附者的分肥"⑦，和旧股完全不一样，这并没有充分的事实根据。

上海织布局被焚以后，华盛纺织总厂代替了织布局，盛宣怀总揽全厂大权。并把全国纱锭和布机分别限定在 40 万锭和 5000 张之内。人们常说，这个时候盛宣怀"把官厂变为私厂"，官督商办企业成了"北洋的私产"⑧。

顶替上海织布局的华盛总厂，的确处在盛宣怀独揽之下。这

① 邵循正：《新建设》1964 年 1 月号，上引文，第 64 页。
② 曾国荃：上引书，第 31 卷，第 14 页。
③ 《申报》1888 年 4 月 22 日。
④ 《恒丰纱厂的发生发展与改造》，上海人民出版社 1959 年版，第 4 页；《申报》1888 年 4 月 11 日。
⑤ 参看严中平前引书，第 342 页。
⑥ 《申报》1888 年 4 月 22 日、5 月 19 日。
⑦ 邵循正：《新建设》1964 年 1 月号，上引文，第 68 页。
⑧ 严中平：上引书，第 118 页；邵循正：《洋务运动和资本主义发展关系问题》，《新建设》1963 年 3 月号，第 7 页；黄逸平：《论洋务派所办官督商办企业的性质及其对私人资本的阻碍作用》，《新建设》，1964 年 5—6 月号，第 127 页。

个时候，总厂内部已不可见经元善这样的人物。但是，经元善所代表的力量，却仍然存在。

　　还在上海织布局享受10年专利的后期，这种力量，已经相当活跃。80年代末和90年代初，在商人阶层中，不断地出现了冲击这个限制的尝试。早在1888年，福州商人就"曾谋试办一个纺纱厂"，股东们因此"亏折了本钱"①。1890年在远离上海的湖北沙市，也出现过筹办纱厂的酝酿。② 即使在织布局所在地的上海，在同一时期，也出现了同样的事例。1890年的山东籍商人翟世昌和1891年上海买办商人丁玉墀先后企图在上海创设轧花纺纱工厂③，就是已经被公开出来的一二事例。这些情况，表明10年专利的条款，不但在期满以后，而且在期满以前，已经遭到现实生活的攻击。

　　1891年以后，情况又有所进展。如果说，丁玉墀、翟世昌以前，还只是处在议论酝酿的阶段。那么，在此以后，就有了实际的行动。从1891年到1895年马关条约签订之日，5年之间，上海、武昌、宁波等地先后出现了6家棉纺织厂。其中在华盛总厂以前成立的，有华新（1891）、湖北织布官局两家，在华盛同时或以后成立的，有裕源（1894）、通久源（1894）、裕晋（1895）和大纯（1895）四家。这些棉纺织厂，除了武昌一家是官办的以外，其他5家，根据邵循正同志的意见，都在官督商办范围之内。它们只是向洋务派官僚集团开放。也就是说，上海织布局的限厂也好，华盛总厂的限锭限机也好，都为的是向洋务派官僚"集团中一些人开放设厂的权利"④。邵循正同志对官督商

---

① China Maritime Customs, Decennial Reports, 1892—1901年福州，第95页。
② London and China Express, 1890年8月8日，增刊，第1页。
③ 《申报》1891年12月16日；《沪报》1892年3月30日。
④ 邵循正：《新建设》，1963年3月号，上引文，第11页。

办的考证，花了很大功夫。他的考证，是可信的。但由此得出只向洋务派官僚集团开放设厂权利的结论，却大可商榷。我们不妨对这5家官督商办的棉纺织厂，进行逐一考察，看看它究竟是否只向洋务派官僚集团开放。

一、华新纺织新局　它实际上是前面所说的周晋镳等人搞起来的。他们参加上海织布局以后，在老股纠纷没有解决之前，已经筹集了24万两资本，另设纺纱新局，在织布之外，专门纺纱，"以为布局先声"①。这些人和官场的关系虽然密切一些，但不一定都是洋务派官僚，这一点上面已经讲过了。

二、通久源纱厂　它的老板是曾经当过李鸿章幕僚的严信厚。他在创办纱厂的时候，已经脱离了幕僚的地位。在此以后，他又办了面粉、造纸、榨油等一系列工厂。②人们一向把它们看作是民族资本的企业。因此，把纱厂这一个企业单独提出来作为北洋官僚集团的企业，那是讲不通的。

三、裕晋和裕源　这两个厂的老板，一个是和洋行关系很密切的湖州丝商黄佐卿③，一个是"以服贾昌其家"④，据说最初来到上海随身只有一把雨伞的安徽泾县人朱鸿度。⑤至于大纯纱厂，情况不明。邵循正同志"怀疑开设大纯的盛某就是盛宣怀自己"⑥。但是，根据当时的记载，它和织布局，"本系两家，未有来往"⑦。看来，这个猜测也是很难成立的。

① 《申报》1888年4月22日。
② 请参阅汪敬虞编《中国近代工业史资料》第二辑，中华书局1957年版，第1092页。
③ Herald，1887年12月10日，第1042页；1902年7月16日，第131页。
④ 李经方：《朱幼鸿先生五十寿言》，不著年月。
⑤ 据安徽泾县吴则虞先生提供的资料。
⑥ 邵循正：《新建设》1964年1月号，上引文，第69页。
⑦ 《沪报》1896年9月22日。

　　由此可见。这 5 家棉纺织厂的创办人，从他们的身份看，至少不能说都是洋务派官僚集团的人物。创办人的身份如此，一般参加投资的人，应当更是如此。因此，在没有更多的证据以前，断言它们只是向洋务派官僚集团开放，这是不能令人信服的。

　　除了这 5 家以外，还有一个筹办而未开工的纱厂，也值得一提。这就是杨宗瀚、杨宗濂弟兄筹办的同孚吉纱厂。

　　杨宗濂是一个和李鸿章关系较深而在天津商界又有些声誉的人物。他和他的弟弟杨宗瀚之进入上海织布局，是在 1891 年龚寿图发生亏空离开织布局以后。他们上台之后，织布局的确挤进来了不少洋务派官僚集团的资本，李鸿章并且"拨借绥巩局银十余万两，以资营运"[①]。正如邵循正同志所说，此时织布局的确是"商办性质减少，而洋务派官僚集团私产的性质愈来愈强了"[②]。但是，即使在这个时候，他们也没有放弃利用商股的念头。杨宗瀚在 1893 年 7 月给李鸿章的禀帖中说："织布机层累曲折，工繁费重，不如纺纱工简利近"，应"及时推广"。他具体建议"另招商本规银 30 万两，即就布局中间余地，附建纱厂一座"，"与布局外合内分"。在他所拟招股章程中写道："此局全系商人股本，不领公款，不请委员，但责成商股中之廉干谨饬者总理厂务。" 8 月，他得到李鸿章的批准，在上海挂起了"同孚吉机器纺纱厂"的招牌，并且把股本扩大到 60 万两，公开招集股份。[③] 只是由于 10 月间布局被焚，杨宗瀚退出了布局，这个计划才随之搁浅。

　　对于这一件事实，最近专门研究官督商办的汪熙同志补充了

---

①　杨寿彬等：《杨藕舫行状》，不著年月。

②　邵循正：《新建设》，1963 年 3 月号，上引文，第 9 页。

③　以上均见《杨宗瀚遗稿》，前上海历史文献图书馆藏。

重要的史料，他说："1893 年李鸿章的幕僚杨宗濂禀请在织布局内附设纱厂一座，得到批准，于是回到无锡筹款，'在家搜罗，只有 3 万，尚缺 2 万，拟将济通典本 4 万余串并房屋一并作抵'，凑足 5 万两。这证明官僚地主有将封建剥削资金转向近代工业资本的愿望，这本来是好事。此事后因织布局被焚，未成事实。但是，即使成了事实也一定是命运多舛的。因为在当时的条件下，杨宗濂要想挣脱官督商办的控制，冲破重重阻力，纵然不是不可能，也一定是极端困难的。"① 的确，"这本来是好事"。不但对 19 世纪中国资本主义的发展是好事，对现在我们的讨论也有好处，因为作为"淮系官僚"的杨宗濂为这个纱厂而罗掘一空，也不过 5 万两之数，他的 60 万两股份，不向洋务派官僚集团以外的人开放，看来是难以济事的。至于作为官督商办的上海织布局的总办，却"要想挣脱官督商办的控制，那更说明洋务派官僚集团的垄断的难以为继了。

当然，我们并不以单纯的推理为满足，还应该有事实的依据。

人们常说，洋务派官督商办企业的垄断，表现在设厂的限制上。但是，从上海织布局到华盛总厂，人们能够看出一个变化的过程。上海织布局最初是直截了当地对设厂进行限制，也就是李鸿章在 1880 年冬所说的："只备华商附股搭办，不备另行设局。"② 这个限制是严格的。正如上面所说，在织布局取得专利权的最初 10 年（1881—1890），尽管民间多有创设棉纺织厂的酝酿，但却没有一个设厂计划能够成为现实。1891 年以后到织布

---

① 汪熙：上引文，第 113 页。
② 李鸿章：上引书，第 43 卷，奏稿，第 44 页。日期据《罗浮偓鹤山人节略》订正。

局被焚为止，虽然有华新纺织新局的出现，但是最初也是附搭上海织布局，连单独的名称也不许有（华新是1893年华盛总厂成立以后才有的名称）。至于杨宗瀚兄弟筹办的那个纱厂，也要与上海织布局保持"外合"的名义。凡此都说明这个限制，最初是严格执行的。但是，到了后期，这个限制的约束力，有明显的衰退。上面讲的杨宗瀚兄弟的纱厂计划，就是一个例子。这个名厂和上海织布局虽然名义上保持"外合"，骨子里却重在内分。用杨宗瀚的话，就是"划清界限，期于布纱两局，不稍迁混。"① 最后还是打出了同孚吉机器纺纱厂的招牌，连"外合"的幌子也不要了。

到了上海织布局被焚，盛宣怀规复织局，成立华盛之时，他就明确提出："股商远虑他日办好，恐为官夺，拟改为总厂，亦照公共章程，请署厂名，一律商办。"② 根据这个建议，李鸿章才定名总厂为华盛，另在上海及宁波、镇江等处，招集华商，分设十厂、官督商办。③ 各厂不但有自己的厂名，而且有自己的董事，所有厂务统归本厂董事管理，官方不再派遣大员管理各厂。邵循正同志说："各厂私营的性质显著了。""商办的性质加强了"。④ 这是公允的论断。

和上海织布局的限制相比，华盛纺织总厂还有一个明显的不同。前者是笼统地限制设厂，后者则只限制纱锭和布机的数目。李鸿章说："合中国各口综计，无论官办商办，即以现办纱机四十万锭子，布机五千张为额，十年之内，不准续添，俾免雍塞。"⑤ 人们注意到，这时华盛总厂只请办纱锭7万，实际上只

---

① 《杨宗瀚遗稿》。
② 李鸿章：上引书，电稿，第15页。
③ 李鸿章：上引书，第78卷，奏稿，第10页。
④ 邵循正：《新建设》1964年1月号，上引文，第70页。
⑤ 李鸿章：上引书，第78卷，奏稿，第12页。

装成 5 万；布机只请办 1500 张，实际上只装成 750 张，便已"力难筹款"①。剩下来的数目，除了湖北织布官局摊去一部分以外，应该说，各分厂还大有活动的余地。这和上海织布局严格禁止设厂比起来，还是保持了较多的灵活性。事实上，到 1890 年为止，全国纱厂的纱锭，不过 17 万，布机不过 1800 张，无论纱锭或布机，都不及李鸿章所定限额之半。甚至在清政府"放松了对私人办工业的控制"的甲午战后，在 90 年代后半期的设厂高潮中，全国纱锭到 1899 年止，也不过 33 万余枚。40 万的限额，一直到 1907 年才第一次被突破。② 也就是说，全面敞开，不加限制。民间纱厂倾全力以赴，也经历了十几年的光阴，才能突破 40 万锭的数额，在这种情况之下，断言 40 万锭的限额是对民间设厂的限制，断言洋务派官僚"把广大私人资本排斥在 40 万纱锭以外"，断言"甲午战前棉纺织工业在洋务派垄断下，私人资本根本无法插手"③，这是难以解释的。

汪熙同志说：作为官督商办特点之一，是它"产生了第一代的官僚资本"④。这是以往多数人比较同意的一种看法。如果把第一代官僚资本理解为官僚资本的雏形，或者胚胎⑤，我也认为是可以这样看的。但是，官督商办可不可以同时看作民族资本的胚胎呢？更确切一点说，从官督商办的演变中，能不能也产生民族资本呢？我看也许是可以的。至少官督商办企业的演变是中国民族资本现代企业产生的途径之一，我认为：

---

① 盛宣怀：上引书，第 24 卷，第 10 页。

② 严中平等：《中国近代经济史统计资料选辑》，科学出版社 1955 年版，第 107—108 页。

③ 黄逸平：上引文，第 130 页。

④ 汪熙：《历史学》，1979 年第 1 期，上引文。

⑤ 参阅夏东元《论洋务派》，《新建设》1964 年 5—6 月号，第 122 页。

　　这是中国资本主义产生的一个特点，是半殖民地、半封建社会中的民族资本主义的一个特点。再重复一遍：在半殖民地、半封建社会中出现的民族资本主义，不可能与本国的封建主义以及入侵的外国资本主义相绝缘而产生，在内外反动势力夹缝中成长的民族资本主义企业，也不可能摆脱与它们的联系而存在。深入一层来看，这也是半殖民地、半封建社会本身的一个特点。

（原载《近代史研究》1983 年第 3 期）

再论中国资本主义和资产阶级的产生

　　关于中国资本主义和资产阶级的产生问题，我曾经写过三篇文章。[①] 我要说的意见，大体上都说到了。为什么现在还再来写一点补充呢？这要从一件具体的事情说起。

　　前不久，加拿大约克大学的陈志让教授从 1981 年在武汉举行的辛亥革命学术讨论会中，选取了 8 篇论文，译成英文，并冠以《资产阶级在辛亥革命中的作用》的题目，准备在国外出版。陈先生的工作，为加强中外学术交流作出了贡献，这是值得欢迎的。由于我提交讨论会的《试论中国资产阶级的产生》一文，也被陈先生选用，所以他曾来信征求我的意见，并把他为这本论文集所写的《绪论》寄给我看，使我受到很多教益。但同时也引起我对自己的意见的进一步思考。这是因为，在《绪论》中，陈先生在两个地方提到我那篇稿子的内容，虽然不长，却很重要。现在我先把陈先生的原话照录如下，然后再说明我这个补充的由来。

-----

　　① 参阅《中国社会科学》1981 年第 5 期；《近代史研究》1982 年第 1 期、1983 年第 3 期。

一处是："汪敬虞先生关于中国资产阶级成长的论文，代表现在大多数中国学者的看法。他说'官僚资本家'也有变成'民族资本家'的可能。他进一步说民族资本的三个来源是中国私人资本、改变了的官僚资本与改变了的买办资本。"

另一处是："汪敬虞认为：没有帝国主义，中国根本不会有资本主义。"

"官僚资本家也有变成民族资本家的可能"，"没有帝国主义，中国根本不会有资本主义"。这是陈志让先生从我的文章中概括出来的论点。当然，这只是我的表述给他留下的一种印象，它和我所要表达的原意并不完全一致，这是不言而喻的。而所以造成这样一种印象，从我这方面说，只能归咎于我的表述。因此，在给陈先生的复信中，我作了一点必要的澄清。我要说的是：如果把陈先生的概括，算作我的意见，我想至少应该作这样的补充，这就是：中国的封建社会和其他封建社会一样，在它的内部，都会产生资本主义的萌芽，并由此发展成为资本主义社会。"没有帝国主义，中国根本不会有资本主义"，作为一个一般的命题，显然是不正确的。但是，中国资本主义现代企业的产生，又是在西方资本主义入侵中国以后，这是客观存在的事实。从这一点看，说"没有帝国主义中国根本不会有资本主义"，这和中国的历史实际，又并不违反。当然，中国出现了资本主义现代企业，并不意味着中国进入了资本主义社会，相反，它从此进入了半殖民地、半封建的社会。在这个社会中，既有居于劣势的中国资本主义，又有占据优势的外国资本主义，而在中国的资本主义中，既有发展不足的民族资本主义，又有畸形发展的官僚资本主义。在这个错综复杂的过程中，中国民族资本主义的产生，不可能完全沿着中国封建社会中原有的资本主义萌芽向前发展的途径。也就是说，在手工业者和商人之外，包括官僚在内的封建社会中的剥削者，都有可能发展成为投资现代企业的民族资本家。在这个意义之下，如果"官僚资本家"指的是投资企业的官僚，那么，说"官僚资本家也有变成民族资本家的可能"，这是完全可以理解的。但是，官僚资本主义和民族资本主义，却是互相对立的两种性质不同的资本主义，它们之间，不存在任何转变，这又是不移的客观现实。

我之所以再写这一点补充，也就是想把上面的意思表达得稍为完整和清楚一点。当然，我在下面的表述，会不会又给人们留下和自己原意不尽相符的印象，我是完全没有把握的。

至于陈先生说我的论文，代表现在大多数中国学者的看法，那自然是一个误解。包括这一篇在内，我的几篇不成熟的稿子，只是我自己的一偏之见。我衷心希望得到对这个问题感兴趣的人的指正，那是自不待言的。

现在把上面那一段话，分成三个题目，略为申述一下自己的意见。这三个题目是：一、关于中国封建社会中的资本主义萌芽；二、关于半殖民地半封建社会中中国资本主义的产生；三、关于中国资本主义发展过程中官僚资本主义和官僚资产阶级的产生。

一　关于中国封建社会中的资本主义萌芽

中国封建社会中资本主义萌芽的问题，这在中国学术界中，已经有了比较深入的研究。这里的讨论，只是从方法论的角度论证资本主义的萌芽在中国和西方的封建社会中，有着共同的规律性。它的目的，在于说明中国资本主义的产生，不能简单归结为外国资本帝国主义的入侵，在于说明"没有帝国主义，中国根本不会有资本主义"这种提法，作为一般命题的不正确性。

还在44年以前，在《中国革命和中国共产党》这一名著中，毛泽东同志就说过："中国封建社会内的商品经济的发展，已经孕育着资本主义的萌芽，如果没有外国资本主义的影响，中国也将缓慢地发展到资本主义社会。外国资本主义的侵入，促进了这种发展。"① 这是一个全面而正确的命题。虽然"如果没有外国资本主义的影响，中国也将缓慢地发展到资本主义社会"，这是一个没有成为现实的假设，但是，历史过程和逻辑过程的一致，在这里是完全可以加以论证的。

从资本主义萌芽到资本主义生产方式的建立，这是一个漫长的历史过程，这个过程中的最本质的变化，是小生产者的被剥夺。

历史的实际表明了：在封建社会后期无论是领主制经济还是地主制经济，都存在着以生产者对生产资料的私有制为基础的小生产。这种小生产者的生产资料私有制，是产生资本主义的温床。在商品经济不断发展的条件下，这种小生产者所有制的变化，在一方面表现为生产者与生产资料的分离，劳动力商品形式的逐渐形成；在另一方面则表现为生产资料被集中起来，变成奴役生产劳动者的资本。所以马克思说：资本关系的创造过程，不外就是劳动者与其劳动条件所有权分离的过程。这个过程一方把社会的生活资料及生产资料，转化为资本，他方就是把直接劳动者转化为工资劳动者。②

小生产者占有生产资料的被剥夺，是从产品所有权开始的。随着商品、货币经济的扩展，小生产者的生产目的，日益从自给自足转向于出卖，从而他们的生产活动，也就日益依赖于市场，依赖于商人，以至有一天商人终于会剥夺他们自由处理自己生产

---

① 《毛泽东选集》合订本，人民出版社1964年版，第620页。

② 参见《资本论》第1卷，人民出版社1953年版，第903页。

的产品的权利。这个时候，商人还没有替小生产者准备原料、生产工具和生活资料，他所做的一切，只是逐渐把他们限制在这样一种劳动形式之内，使得他们依赖于出卖，依赖于买者，或者进一步通过放款预购，使他们用产品偿还债务。无论哪一种场合，小生产者都不再能独立支配自己的产品，正是在这个意义上，马克思说，商人"最初剥夺他们对生产物的所有"①。

但是到此为止，商人和小生产者作为两个对立的集团，还只是商品的买者和卖者，剥削关系，还是在流通领域中实现的。以生产者对生产资料私有制为基础的小生产，还没有发生根本的动摇。

使小生产者所有制发生重大变化的，是小生产者自有原料的被剥夺。当商人还只是控制产品市场的时候，小生产者还不一定是固定从属于一个商人。而当商人占有原料以后，小生产者就只能固定地同供给原料的商人发生关系。小生产者对商人的从属关系就更加明显。

原料的剥夺，本身也有一个过程。最初商人还没有切断小生产者和原料市场的联系，小生产者还可以拿自己的产品和商人交换他所需要的原料。他和商人在外表上还是立于平等的地位。等到他固定地和一个商人发生联系，并且以固定的比例交换产品和原料时，事情的性质就开始发生变化。这时小生产者虽然仍在和商人进行"交换"，实际上他已被割断与市场的联系而开始从属于商人，受商人的支配。他和商人之间的关系，已经不是卖者和买者的关系，而是开始带有一点老板和工人的关系的色彩。这种关系的进一步发展，必然导致商人发放原料而以加工费的支付取代原料与产品的交换。到了这一步，小生产者的原料的被剥夺过

---

① 马克思：《资本主义生产以前各形态》，人民出版社1956年版，第54页。

程，才算全部完成。

被剥夺了原料和产品的所有权以后，小生产者手中的生产工具，只不过是他的"外表上的财产"①。理由是小生产者不能仅凭工具来实现自己的劳动。如果生产工具再由老板提供，那么，这个时候的小生产者，实际上就成为在家内工作而又领取工资的工资劳动者，虽然还不是纯粹的工资劳动者。这种由商人供给生产工具的办法，使劳动者在更大的程度上从属于资本。

由此可知，在资本主义生产关系发生的过程中，小生产者被剥夺的过程，就是资本对劳动的控制过程。从所有制形式看，这个过程，一方面是小生产所有制的逐步解体，一方面是资本主义所有制的不完全形态向完全形态的转化。

这个过程，出现在领主制的西欧封建社会中，也相当完整地出现于鸦片战争以前的地主制的中国封建社会。例如，在传统的手工业——蚕丝缫制业中，就可以清晰地看到这样一个变化的过程。

首先是商业资本在丝业中对小生产者产品的控制。如今遗留下来的历史文献，关于这方面的记载是非常生动的。在江浙蚕丝区，"蚕毕时"，有"各处大郡商客，投行收买"②。"富商大贾数千里挟万金来买者，摩肩连袂"③。从这里可以看出商业资本的活跃和小生产者对商人的依赖程度。在这种情况之下，收丝商人有可能把这些个体手工业者固定起来，专为自己而生产，这是不难想象的。他们或者规定固定的交易场地，或者指定固定的代理

---

① 马克思：《资本主义生产以前各形态》，第 54 页。

② 张园真：《康熙乌青文献》第 3 卷，第 1 页。转见彭泽益编《中国近代手工业史资料》第一卷，第 218 页。

③ 陈燨缫等：《乾隆吴江县志》第 5 卷，第 13—14 页，转见彭泽益上引书，第 1 卷，第 209 页。

人员，让蚕户按照他们的指示行事。记载鸦片战争前吴门风土的《清嘉录》中说：在江苏太湖产丝区蚕户，"茧丝既出，各负至城，卖与郡城隍庙前之收丝客"。"浮店收丝只趁新"[①]。在这里，郡城隍庙是固定的交易场地，浮店则是固定的代理人员，他在开始利用自己的地位，使小生产者"专门为他生产"，而广大个体缫丝业者原有的独立地位，则随之开始发生动摇。

商人对小生产者的控制，决不到此为止。作为货币的所有者，他必然还要通过放款预购，也就是通过高利贷的关系，使小生产者进一步接受他的控制。江浙杭嘉一带蚕户、在蚕丝上市之时，"间遇丝客未至，需用孔亟"，往往乞援于典当。[②] 这就间接表明高利贷资本非常容易楔入丝客和蚕户的交易之中。在贵州的蚕农中，流行所谓买柘树的办法，来自湖北、四川、福建、云南的茧客，"春时买其树，放蚕于上，茧成来收取之"[③]。这说明缫丝的第一步，已经纳入高利贷资本的控制之下。

使小生产所有制发生重大变化的原料的被剥夺，在蚕丝缫制业中，也若有轨迹可寻。最初是原来自有蚕茧的手工业者不再自有蚕茧而是依靠商人"载茧来鬻"，这时他虽然从自有蚕茧到依赖于市场供应，但还没有固定从属于一个商人，他虽然丧失原料的所有，但仍保持相对独立的手工业者的身份。事情的进一步发展是：通过原料的供应，在手工业者和商人之间，逐步形成了"代纺而受其值"的制度。到了这个时候，原来在市场上还能自由选购蚕茧的手工业者，只能固定于一个丝行，原来是独立生产的手工业者，此时处于类似加工订货的地位。

① 顾禄：《清嘉录》第 4 卷，第 3—5 页。转见彭泽益上引书，第一卷，第 210 页。

② 《清史列传》第 22 卷，第 42 页。

③ 李宗昉：《黔记》第 2 卷，第 9 页，转见彭泽益上引书，第一卷，第 212 页。

并原料和生产工具而俱失的手工业者，在江南的丝织业中，也可以找到完整的典型。现在还保存着的 19 世纪 20 年代的苏州碑刻，反映了既无原料又无"货具"的散处机匠在江南丝织业中的大量存在。[①] 他们是在家内工作而又向机户领取工价的劳动者，而发放原料和"货具"，"计工授值"的机户，则实际上是商人而兼工场老板。他和机匠的关系，已经接近资本家和工人的关系。

存在于蚕丝缫制业中的情形，在许多手工业部门中，同样可以找到。但是，这里没有必要进行列举。因为我们不是对中国的资本主义萌芽，进行全面的研究。我们的目的，只是说明：中国封建社会中的资本主义萌芽，中国封建社会中资本主义生产关系的发生，和西方资本主义国家有着同样的过程。中国封建社会的发展变化，遵循着同样的历史规律。[②] 论证这一点，上面这个例子，已经足够。

既然如此，我们就没有理由假定：如果没有外国资本主义的影响，中国的资本主义萌芽就不会再向前发展，以至最后进入资本主义社会。就不能无条件地断言："没有帝国主义，中国根本不会有资本主义。"

二　关于半殖民地、半封建社会中中国资本主义的产生

割断中国封建社会中资本主义的萌芽和鸦片战争以后中国资

[①]　江苏省博物馆编：《江苏省明清以来碑刻资料选集》，1959 年版，第 13 页，《文物参考资料》1956 年第 7 期，第 42 页。

[②]　当然，我们这样说，丝毫不想忽视地主制的中国封建社会中，小农业和家庭手工业结合的特别紧密，从而自然经济瓦解过程的特别缓慢。

本主义产生的联系，认为没有外国资本主义的入侵，中国就不可能有资本主义的出现，这是一个极端。反之，不承认中国资本主义产生的特殊历史条件，强调中国民族资本主义和原有的资本主义萌芽的联系，把它看成是中国民族资本主义产生的主要途径，甚至是惟一的途径，这是另一个极端。

毫无疑问，代表资本主义萌芽的各种类型的手工业和代表资本主义生产的机器大工业二者之间，有着紧密的联系。因为前者无论是在培养雇佣劳动者方面，在积累生产经验方面，在开辟市场方面，都为后者提供了必要的条件，不承认这一点，就是割断历史。但是，问题的实质不在这里，分歧的出现，在于对工场手工业向机器大工业的转变的估计，也就是，在中国机器大工业出现的时候，"原有工场手工业形式的资本主义萌芽保存、扩大或发展为近代企业"以及"原有商人支配生产形式的资本主义萌芽发展为工场手工业或近代企业"，究竟占有多大比重的问题。

在中国跨入近代社会门槛的时刻，中国封建社会究竟遗留下来了有多少工场手工业，这已经是一个猜不透的谜。至于其中有多少"保存、扩大或发展为近代企业"，则更是像瞎子摸象，人言言殊。因此，我们也不妨来试摸一下，错了也不过增加一个瞎子。

我们选取了福建茶园、云南铜矿和四川盐井三个行业，根据当前已有的研究，作一点初步分析。因为这三个行业被公认为工场手工业最有可能出现的场所，从而也是最有可能由工场手工业向机器大工业发展的场所。

结果怎样呢？

首先我们看福建茶园。福建崇安和瓯宁的手工制茶，有很长的历史。大约在18世纪以后，在产茶区中，开始出现由茶商建立的茶栈和茶厂，进行茶叶的收购和就地加工。据说，茶厂规模不小，厂数也相当多。"每厂大者百余人，小亦数十人"而"瓯宁一邑，不下千厂"①。考虑到茶叶加工有炒火、筛分、过风、拣茶、补火、复风、拼堆、车色等多道工序。因此，目前多数研究者认为它所进行的加工生产，具有手工业工场经营的特点。②

如果这个论断有几分可靠，那么，这个仅瓯宁一邑就"不下千厂"的制茶手工工场，在中国资本主义进入机器大工业的阶段，它们中间扩大发展为近代企业的，应该不在少数。究竟有没有，或者有多少扩大发展为近代企业呢？这倒是可得而查考的。

中国制茶之由手工向机器的过渡，最先出现在汉口的俄国砖茶厂中。它们在19世纪70年代以前，还是设在内地茶区，用的还是手工工具。70年代初期由产地迁到汉口，才开始用"蒸汽机器代替了本地人多年来使用的那种粗笨的压机"③。福建之有机器制茶厂，稍后于汉口，它们也不是开始于产茶区的崇安或瓯宁，而同样是在通商口岸的福州，首先出现。最初的经办者，也是外国人或是他们的代理人——洋行买办。④真正是中国人发起自办的茶厂那是迟至19世纪90年代初期，也就是中国的民族资本主义经历了初步发展之后才开始发动的。⑤而且这只是一个计划，成功与否，现在还不能肯定，而且即使实现，也肯定不是原

---

①　蒋蘅：《禁开茶山议》，见《云寥山人文钞》第2卷，第21页；转见彭泽益上引书，第1卷，第304页。

②　彭泽益：《清代前期茶业资本主义萌芽的特点》，见《中国社会经济史研究》1982年第3期，第17页。

③　《英国驻华各口岸领事商务报告》（Commercial Reports from Her Majesty's Consuls in China）1875年，汉口，第46页。

④　《海关贸易报告册》（China Maritime Customs, Annual Trade Reports and the Trade Returns of the Varous Treaty Ports）1875年，福州，第189—199页。

⑤　《北华捷报》（North China Herald）1891年1月9日，第33页。

有的手工业工场的扩大。①

因此，制茶业中的工场手工业，有多少"扩大或发展为近代企业"，就目前我们所掌握的材料而言，可以肯定地说，一个也没有，至少在中国近代企业的发生时期是这样。

现在，我们再来看一看云南铜矿的情况。铜矿也是一种可以大规模分工协作的生产企业，在清代的云南铜矿中，分工已经比较固定。这里开采矿石有"锤手"，运矿出硐有"砂丁"，推拉风柜鼓风，使用水龙排水以及选矿、洗矿、配矿等等，都各有专司。单从分工来看，可以说具备了手工工场的条件。当然，应该看到，在清代的云南铜矿中，生产关系比较复杂，这里既有"厚积资本"雇工开采的矿厂，又有小生产者合伙开办的火房。而在雇工经营之中，既有定时发放工资的"月活"，又有分割矿砂，类似工役制的"亲身"。不过无论如何，在发放工资的矿厂中，它们的内部生产关系接近于手工工场，这是比较说得过去的。这也是多数研究者所接受的看法。

那么，云南铜矿中出现了资本主义近代企业没有？有的。在1887年的云南巧家，就曾经出现过一家用"新法采矿"的公司。但是，这家新式企业，却不是由原有的工场手工业扩大或发展而来的。创办和主持这个企业的人，是"督办矿务、专理滇铜"的前任云南巡抚唐炯，资本则主要来自一个与他关系密切的票号商人②，至于机器和工程技术人员，都一概来自外国。它由筹办到结束，一共不到20年，唐炯离开矿务局，公司也就不存在了。③

----

① 《北华捷报》（North China Herald）1891年1月9日，第33页。另外，据说70年代中期福州等处有三家小厂，它们是手工生产还是使用机器现在还不能确定。而且其中两厂只存在一年，另一厂不知下落，有待进一步查考。参阅《海关贸易报告册》1876年，福州，第78页。

② 赵式铭等：《新纂云南通志》第235卷，1944年版，第8页。

③ 严中平：《清代云南铜政考》，中华书局1957年版，第46—48页。

能说这是由"原由工场手工业形式的资本主义萌芽保存、扩大或发展为近代企业"么？应该说，二者是风马牛不相及的。

最后是四川的井盐。井盐生产，也以分工细密著称。在四川的盐井中，"其人有司井、司牛、司车、司篾、司梆、司漕、司涧、司锅、司火、司饭、司草"等等名目。[①] 一个井灶工场，一般有20人至40人的规模。[②] 盐场工人与场主之间，仅有雇佣关系而无人身依附关系。[③] 这些都是多数研究者认为四川井盐业中存在手工工场的根据。

和福建茶园、云南铜矿不同，四川盐井在鸦片战争以后，不但生产技术和规模，有进一步发展的趋向，而且在90年代末期，的确在原来使用畜力汲卤的盐井中，出现了机器汲卤对畜力汲卤的取代。[④] 基于这一点，人们认为"它同中国大多数近代机器工业的发展道路不同"，它"是在成熟的手工业工场的基础上"的进一步发展，"反映了中国土生土长的民族资本主义的成长道路"[⑤]。

但是，在作出这个结论之时，有两点值得注意：第一，首先在盐井中投资和制作蒸汽汲卤机的，不是盐井的工场老板，而是一个长期在内江重庆经营花纱布生意的商人。第二，这个商人之投资制作蒸汽汲卤机，甚至进行组织公司的活动，只是为了从事"包推"业务，亦即"包推盐井卤水，与井户实行利润分成"[⑥]。

---

① 温瑞柏：《盐井记》，转见彭泽益上引书，第1卷，第291页。

② 凌耀伦：《清代自贡井盐业资本主义发展道路初探》，见《四川大学学报丛刊》第14辑，第79页，1982年8月发稿。参阅欧阳云钦《清代前期四川盐业的生产规模问题》，见《光明日报》1964年4月27日。

③ 经济研究所藏清代刑部钞档，转见彭泽益上引书，第一卷，第291页。

④ 凌耀伦，上引文，第82—89页。

⑤ 张学君：《论近代四川盐业资本》，见《中国社会经济史研究》1982年第2期，第67页。

⑥ 同上。

　　与此类似的情况，在鸦片战争以后的手工煤矿中，我们也曾碰到过。由洋务派官僚创办的山东淄川煤矿苏家隈官煤井和附近手工煤窑之间，就发生过这样的事实。官煤井"旁有民井十余处，悉由官井代为汲水"，民井在用机器汲水以后，所得煤觔，"须以四成缴官，以资津贴"[①]。这个现象的出现，是在19世纪80年代的后期，比四川盐井出现的包推卤水，利润分成，时间要早10年以上。难道我们可以说山东淄川的手工煤窑用上了这种汲水机器，就断定它是反映了中国土生土长的民族资本的成长道路吗？当然不能这样看。这不是土生土长的民族资本的成长，相反，这是官办煤井对手工煤窑的一种压榨。这是对民族资本的压榨，如果它可以称为民族资本的话。当然，四川盐井中出现的包推卤水，不能与此一例相看。但是，如果把它说成是反映了中国原有手工工场形式的资本主义萌芽向近代企业的转变，那么，它和正常的资本主义社会中工场手工业向机器大工业的转变，同样是不能一例相看的。

　　进入20世纪以后，四川井盐中对机器汲卤的采用，有进一步的发展。除了原有的包推形式以外，有不少盐业资本家投资新式机车，为自己的盐井汲卤。由手工向机器的推移，至少在盐井中的汲卤部分，是相当明显的。[②] 但是，到了这个时候，当中国民族资本主义经历了初步的和进一步的发展，这种情形的出现，已经不限于井盐，而是普遍及于其他许多手工行业。例如，在手工棉纺织业中，当时间进入20世纪以后，由手工向机器的过渡，就相当普遍。30年代中，沿海和内地很多小型手工织布工场，都出现了同时使用手工织机和动力织机的现象。1934年上海、

---

① 《益闻录》1988年11月3日。
② 张学君，上引文，第66页。

江苏、浙江、安徽、江西、山东、河北、山西8个省市的415家小型染织厂中，有手工织机11886台，同时又有电力机11208台。① 然而，这个时候，中国的现代化纺织工厂，已经存在了将近半个世纪。中国手工工场向机器工厂的过渡，不是发生在机器大工业出现之前，而是发生在机器大工业出现之后，如果这种过渡，也算作资本主义的萌芽向现代企业的转化，那么，资本主义萌芽就不能确认是封建社会独有的事物，而是什么社会中都可以出现的现象，这实际上就取消了我们所要讨论的问题。

中国资本主义现代企业的发生时期，有没有由手工向机器过渡的事例呢？当然也有，但是这里需要辨明两种情况。一是这种过渡大量出现在外国资本入侵中国的企业中，原来入侵中国的外国企业，并不都是一开始就采用机器生产，其中有许多也有一个由手工到机器的过程。我们在前面提到的外国砖茶厂，就是一个例子。其他如缫丝、榨糖、轧花，乃至船舶修造以及许多日用品的制造，可以说都是由手工开始，尔后才转为机器生产。显然，这一类是不能归于中国资本主义的产生的范畴之内的。它和中国的资本主义萌芽完全没有关系，这是不言自明的。中国人自办的企业，有没有由手工向机器的过渡呢？也有。例如，中国最早的一家机器缫丝厂——广东南海继昌隆缫丝厂，就经历了一个由手工逐步改为机器生产的过程。但是，在这家丝厂出现以前，广东南海的手工缫丝，基本上还停留在家庭小手工业阶段。它的产生和由手工向机器的过渡，完全是丝厂的创办者从国外的引进。它不是由原有手工缫丝自身发展的结果，这是可以肯定的。② 如果

---

① 《全国棉纺织厂统计资料汇编》，转见严中平《中国棉纺织史稿》，科学出版社1955年版，第301页。

② 参阅拙稿《论中国资本主义两个部分的产生》，见《近代史研究》1983年第3期。

把上面这两类排除在外，那么，在中国资本主义现代企业的发生时期，究竟有多少企业体现了"手工工场形式的资本主义萌芽"向机器大工业的转变，照我看来，那是微乎其微的。

我们摸的，也许是一只象鼻子。可能我们把象鼻子当作大象了。但是，如果有万分之一的机会幸而言中，那么，中国的资本主义究竟是怎样出现的呢？照我看来，40多年前毛泽东同志的提法，仍然同样是符合事实和实事求是的。那就是："由于外国资本主义的刺激和封建经济结构的某些破坏，还在19世纪的下半期，还在60年前，就开始有一部分商人、地主和官僚投资于新式工业。"① 当然，这里的商人，范围是广泛的。它既包括和资本主义萌芽有联系的商人，也包括和资本主义萌芽没有联系的商人。而在后者之中则既包括中国封建社会原有的旧式商人，也包括西方资本主义入侵中国以后出现的为外国势力服务的买办化商人和洋行买办。在所有这些商人当中，这最后的一种，照我看来，居于突出的地位。②

强调工场手工业形式的资本主义萌芽向近代企业的转变，认为这是中国资本主义产生的主要途径乃至惟一途径，这是与历史的实际不相符合的，即使把这种转变限制在民族资本主义的产生的范围以内，也是如此。

需要再重复一遍：我们这个论断，并不是绝对排除这种转变的存在。我们只是说明：中国资本主义现代企业之所以出现在19世纪的70年代，乃是"由于外国资本主义的刺激"。这是一个一般的、正确的命题，包括由工场手工业形式的资本主义

---

① 毛泽东：《中国革命和中国共产党》，《毛泽东选集》合订本，人民出版社1964年版，第621页。
② 参阅拙稿《试论中国资产阶级的产生》，见《中国社会科学》1981年第5期。

萌芽向近代企业的转变在内，在这一点上，当然，仅仅在这一点上，我们可以承认，"没有帝国主义，中国根本不会有资本主义"。

三　关于中国资本主义发展过程中官僚资本主义和官僚资产阶级的产生

　　中国民族资本主义近代企业的产生来源于工场手工业形式的资本主义萌芽的转变，这个提法之所以值得研究，已如上述。与这一提法相对应的是：中国官僚资本主义的产生，乃是中国封建社会官工业和洋务派企业的直接继承。就是说，中国近代资本主义的两个部分，即民族资本主义与官僚资本主义的产生，存在着两条截然不同的途径：一条是资本主义萌芽→民族资本主义；另一条是官工业→洋务派工业→北洋军阀官僚资本→国民党买办的封建的国家垄断资本主义。两条道路，泾渭分明。因此，为了进一步阐明在半殖民地、半封建的条件下中国资本主义的产生，有必要对中国出现的官僚资本主义，作一点研究。只有把这个问题也弄清楚，才有可能作出全面的、合乎事实的结论。

　　官僚资本主义就是买办的封建的国家垄断资本主义。这个论断，是1947年毛泽东同志在《目前形势和我们的任务》中第一次完整地提出来的。这就是："蒋宋孔陈四大家族，在他们当权的20年中，已经集中了价值达100亿至200亿美元的巨大财产，垄断了全国的经济命脉。这个垄断资本，和国家政权结合在一起，成为国家垄断资本主义。这个垄断资本主义，同外国帝国主义、本国地主阶级和旧式富农密切地结合着，成为买办的封建的国家垄断资本主义。这就是蒋介石反动政权的经济基础。……这个资本，在中国的通俗名称，叫做官僚资本。这个资产阶级，叫做官僚资产阶级，即是中国的大资产阶级。"[①]

从这一段话中，可以看出，毛泽东同志是在国民党四大家族积累了巨额财产（当时的估计是100亿到200亿美元。当然这个数字还可以根据更准确的材料进行审核。）而又面临着腐朽崩溃的末日时刻讲的。它的针对性是非常明显的。他所指的官僚资本主义至少有以下三个特点：一、它是买办的、封建的；二、它是垄断的；三、它是和国家政权结合在一起的。如果说，中国的资本主义和全世界的资本主义一样，有一个由自由资本主义向垄断资本主义发展的过程，那么，官僚资本主义就是中国资本主义发展到垄断资本主义的标志。

这也许是比拟不论。因为在先进的资本主义国家和在半殖民地、半封建的中国，资本主义发展的内部联系和外部条件，是各不相同的，不能机械类比。我们在分析具体问题的时候，应该注意到这一点。

但是，在我们的讨论和研究中，的确存在机械和简单类比的倾向。

例如，为了强调洋务派企业和四大家族官僚资本的一脉相承，我们常常看到这样一些议论。

一、洋务派企业是国家垄断资本主义企业，因为洋务派企业和四大家族官僚资本企业一样，存在着垄断。

我们并不否认，有的洋务派企业在创办的时候，有过类似垄断的专利规定。例如上海织布局有过10年之内"不准另行设局"的规定[②]，轮船招商局也有过沿海沿江各省"不准另行购雇西洋

---

① 《毛泽东选集》合订本，人民出版社1964年版，第1253页。
② 李鸿章：《李文忠公全书》第43卷，奏稿，1905—1908年刊，第43—44页。

轮船"的规定。① 但是，能不能据此得出这就是国家垄断资本主义的结论呢？显然不能。

诚然，所谓"不准另行设局"，这可以说是生产垄断的一种反映，而四大家族官僚资本拥有生产上的垄断，这也是不言而喻的。在官僚资本极端膨胀的国民党统治后期，一些重要的工矿业生产，几乎全部或相当大一部分控制在官僚资本的手里。大体上以 1947 年为准，处在官僚资本控制之下的工矿产品在全国工矿产品中所占的比重：石油和钨、锑、锡等有色金属几乎占 100％，电力占 90％，钢占 80％ 以上，水泥占 40％，煤炭占 33％，轻工业中，棉布占 73％，棉纱占 39％，毛织品占 50％，食糖占 65％，纸张占 30％。② 生产上的垄断，这是官僚资本垄断性质的最直接的表现。

但是，仅仅这一点，还不足以全面反映官僚资本的垄断性的本质。比如，轻工业中的生丝生产，掌握在官僚资本的中国蚕丝公司手中的，只占全国生产中的很小一部分，估计不过 3％。③但是这并不足以否定官僚资本的垄断，因为全国生丝的出口运销，却全部控制在中蚕公司和中央银行、中央信托局合组的生丝购销委员会的手里。同样，中国桐油生产，主要散在民间，在官僚资本系统之下的，也不占重要地位。但是，全国桐油的出口运销，却有 3/4 掌握在官僚资本的巨擘、油料生产和运销的托拉斯——中国植物油料公司的手里。④ 从这里至少可以看出：要判明官僚资本的垄断性，单看生产是不够的，还必须把生产和运销联系起来。推广而言，也就是要把生产领域和流通领域联系起来

① 李鸿章：《李文忠公全书》第 19 卷，奏稿，第 48 页。
② 据抽编：《四大家族官僚资本企业生产统计》（未发表）。
③ 同上。
④ 同上。

加以观察。事实上，考察官僚资本的垄断必须着眼于国民经济的整体，包括金融的垄断，财政的垄断，专卖税收的垄断，乃至公债和货币发行的垄断等等，才能看出它的全貌，才能最后判断它是不是国家垄断资本主义。而一涉及到这些领域，19世纪70年代的洋务派和20世纪40年代的国民党反动派之间，就出现巨大的差别。别的暂且不论，单是四大家族的金融垄断，就是洋务派官僚所不能望其项背的。

事实上，即使单从生产的角度上看，洋务派企业的专利措施和四大家族官僚资本的垄断，二者的性质，基本上不在一个范畴之内。以上海织布局的限厂而言，这个主张，首先出自筹办布局的郑观应。他的理由是这样陈述的："泰西通例，凡新创一业为本国所未有者，例得界以若干年限，许以专利之权。又如在外国学得制造秘法，其后归国仿行，亦合始创独造之例。兹虽购用机器，似类创法，然华花质粗纱短，不耐机梭，中外久苦其难，今试验改造，实已几费心力，前此并未有成事之人，则卑局固已合创造之例。应请宪恩酌给15年或10年之限，饬行通商各口，无论华人、洋人，均不得于限内另自纺织，卑局数年来苦心钜赀，不致徒为他人争衡，即利效未敢预期，而后患庶几可免。"① 郑观应说这段话的时候，是中国境内还不曾有一家现代纱厂，而洋商则跃跃欲试的1881年。平心而论，这是不能被指摘完全是为谋求官僚资本的垄断的。至于轮船招商局的规定，它有一个前后变化的过程。招商局虽然成立于1872年，但是它的酝酿却几乎经历了整整一个年代。在这10年当中，洋务派官僚对商人经办航运的态度，有一个从左到右的反复。当1866年最初制定《华商买用洋商火轮夹板等项船只章程》之时，洋务派官僚并没有独

---

① 郑观应：《盛世危言后编》第7卷，第9页。

占新式航运企业的表现。首创其事的曾国藩就明确表示："以后凡有华商造买洋船，或租或雇无论火轮夹板，装运出进江海各口，悉听自便"，"官不禁阻"①。至于亲自过问这个章程的李鸿章，他的态度与曾国藩相互一致，更不待言。但是等到招商局成立之时，李鸿章的态度却一变而为"沿海沿江各省尤不准另行购雇西洋轮船，若有所需，令其自向闽沪两厂〔指江南制造局和福州船政局——引者〕商拨订制②"。出现这样的变化，原因很多，其中有一点则是由于洋务派企图缓和顽固派对新式航运的阻挠。③ 李鸿章说："我既不能禁华商之勿搭洋轮，又何必禁华商之自购轮船。"④ 李鸿章说这一句话的时候，正是招商局成立的1872年。他的不禁，首先当然是指招商局，但由此可知，欲禁者另有人在。因此，当时间进入80年代，来自顽固派的反对逐渐趋于平静之时，所谓沿海沿江各省不准另行购雇西洋轮船的规定，实际上已难以维持。⑤

　　由此可见，把洋务派的企业，说成是国家垄断资本主义的企业，这是来自一种没有根据的简单类比的结论。

　　二、洋务派企业是买办的、封建的资本主义企业。因为在洋务派企业中，倡导者主要是李鸿章等封建大官僚，而主持者，又多数是洋行的大买办，这里存在着大官僚、大买办的结合。

　　我们也不否认这样的事实：在洋务派的几个有代表性的企业中，主持其事的，的确都是曾经担任过外国洋行买办的人物，具

---

　　① 《海防档》甲，购买船炮（三），第870页。

　　② 李鸿章，上引书，奏稿，第19卷，第48页。

　　③ 参阅聂宝璋《十九世纪中国近代航运业发展史的几个问题》，《南开经济研究所季刊》1982年第4期，第55—56页。

　　④ 李鸿章，上引书，朋僚函稿，第12卷，第28页。

　　⑤ 郑观应：《盛世危言后编》第10卷，第11—12页。

体地讲，就是唐廷枢、徐润和郑观应三个人。在洋务派的轮船、电报、煤炭和纺织四大企业中，徐润主持过轮船招商局，唐廷枢先后主持过轮船招商局和开平矿务局，而郑观应在这四个企业中，几乎全都插手过。

这三个人在他们所在的洋行中，的确都上升到比较高的地位。徐润15岁进入宝顺洋行，24岁成为宝顺办房主席的副手，行中之事，由他"一手做去"[①]。唐廷枢在21岁上进入怡和洋行，28岁开始主持怡和洋行的船舶代理业务。[②]至于郑观应，他17岁进宝顺洋行，管丝楼兼管轮船揽载，32岁上又被太古洋行聘为轮船公司总理，兼管栈房。[③]相对于刚进洋行的小买办而言，把他们后来说成是洋行的大买办，未尝不可。

但是，只能到此为止。过此一步，正确便成为谬误。他们可以称之为洋行的大买办，但是，他们之进入洋务派企业，却不能据此断定这个企业就成为大买办与大官僚相结合的官僚资本企业。四大家族官僚资本之所以称为买办的、封建的国家垄断资本主义，这里的买办，是一个假借的政治术语，指的是"直接为帝国主义服务并为它们所豢养"[④]。把它等同于洋行的买办，这是望文生义。四大家族的头目没有一个是出身于洋行的买办，难道可以因为他们不是出身于洋行买办，四大家族官僚资本就没有买办性，就不成为买办的、封建的国家垄断资本主义了么？当然不是这样。反之，有了洋行买办出身的人的参加，洋务派企业就有

---

① 徐润：《徐愚斋自叙年谱》，1937年刊，第2、8页。
② 刘广京：《唐廷枢之买办时代》，见《清华学报》1961年6月，第167—168页。
③ 郑观应：《盛世危言后编》第8卷，第42页。
④ 参阅毛泽东《〈共产党人〉发刊词》，见《毛泽东选集》合订本，人民出版社1964年版，第598页。

了买办性，并由此成为买办的、封建的国家垄断资本主义了么？当然也不能这样看。

不仅如此。像唐廷枢、郑观应这样一批当过洋行买办的人之进入洋务派企业，不但不是大买办和大官僚的结合，相反，在当时的历史条件下，他们的参加，使得一批官商结合的洋务派官督商办企业，增加了商办的色彩，增加了要求发展商办企业、亦即要求发展民族资本主义企业的倾向。郑观应之于上海织布局，唐廷枢之于开平煤矿，这是人所共知的事实，用不着在这里再加深论。①

让我们回到所要讨论的题目上来，洋务派企业→四大家族官僚资本这个公式能不能成立呢？从一个方面看，它是可以成立的。因为洋务派企业的确具有四大家族官僚资本企业的某些特点。但是，它又是不全面的，因为洋务派企业同时又有发展为民族资本主义，亦即洋务派企业→民族资本主义企业的另一个前途，至少有这样的可能性。

再回到陈志让先生的命题上来，"改变了的官僚资本"可不可以成为民族资本的一个来源呢？如果官僚资本指的是洋务派的官督商办企业，作为民族资本的一个来源，那是客观存在的事实，虽然"改变了的官僚资本"在提法上并不很妥当。但是，如果赋予官僚资本以科学的涵义，如果官僚资本指的是四大家族官僚资本，那么这个命题就完全不能成立。因为这时的官僚资本，是作为民族资本的对立物而存在的。尽管四大家族官僚资本中也有以所谓官商合办的形式而出现的一种，也有所谓商股和官股的结合，但是，这时条件发生了根本的变化。企图从这里发展民族

---

① 参阅拙稿《论中国资本主义两个部分的产生》，《近代史研究》1983 年第 3 期。

资本主义，那是注定没有前途的。在这个意义之下，说民族资本来源于"改变了的官僚资本"，那就是错误的。

就写到这里，期待读者和专家的严格批评。

（原载《历史研究》1983 年第 5 期）

略论中国资本主义产生的历史条件

中国资本主义产生的历史条件，是研究中国近代经济史的一个重要课题，也是研究中国资本主义的产生时首先要碰到的一个问题。对于这个问题，谈论的人很多，但是据我看来，问题并没有很好解决。我现在试着谈一点看法。一偏之见，很不成熟。错误和不当之处，请读者和专家批评指正。

一 一个被忽略的课题

在现有的中国近代经济史的专著中，谈到中国资本主义现代企业产生的历史条件，几乎无一例外地都从商品市场、劳动力市场和货币财富的积累（有的直称为原始积累）三个方面进行分析。如果采取认真和实事求是的态度，从这些方面入手，这是无可非议的。然而，遗憾的是：许多说明和引证，给人的印象是没有经过认真思考的，是乍看起来颇有道理而稍作推敲便出现漏洞的。比如，一谈到商品市场，就引用中国进出口贸易的数字，来说明这个市场的发展，从而论证中国资本主义现代企业的出现。撇开用对外贸易数字来论证国内市场的发展是否合适这个理论问题暂且不谈，单看他们所引证的事实，也不能不令人产生怀疑。例如，有的著作中说：1880—1890 年进口棉纱值从 364 万多两上升到 1939 万多两，棉布由 1600 万两上升到 3000 余万两，认为这是国内市场扩大的一个标志。有的著作在洋纱、洋布以外，还提到洋铁、洋油、洋针、洋染料等等的进口，而所引证的数字，也都是 19 世纪 80 年代至 90 年代的统计。例如洋铁在 1894 年比 1867 年增加了十倍多，洋油在 1894 年比 1886 年增长了两倍多，如此等等。人们对此自然不禁发生疑问：如果这些代表中国国内市场的扩大，那么，中国资本主义现代企业的产生，似乎应在 90 年代以后，方为合理。然而，无论哪一部专著，都又承认 19 世纪 70 年代是中国资本主义现代企业的发生时期。拿 90 年代发生的事情作为 70 年代发生的事情的历史背景，这起码在逻辑上是讲不过去的。[①]事实上，从五口通商那一天起，中国的对外贸易，基本上年年都有不同程度的增长。这就是说，如果依照上述的论证方法，那么，不论中国资本主义企业在哪一年产生，人们都可以拿对外贸易的数字来论证它的必然性。这实际上等于不说明问题。单是这一点，我们就可以说这样的论证是经不起推敲的。然而，重要的还不在这里，这在下面的分析中，我们很快就会看到。

与此相类似，有的著作拿 90 年代进口洋纱、洋布所替代的土纱、土布的数量，并换算成手工纺织者的劳动日数，从中计算中国手工纺纱和织布业者的失业数量，以之论证中国资本主义劳动力市场的形成，这种论证是很艰苦的，然而也可以说是用不着

---

① 有的著作说：70 年代以后，洋纱已经大量进口，在中国市场"立稳足跟"，然而统计数字表明，70 年代初期（1872），中国进口外国棉纱，不过 5 万担，和 1890 年进口 108 万担相差 20 倍以上。参阅严中平《中国棉纺织史稿》，1955 年版，第 72 页。

的。中国近代社会劳动人民的失业材料，几乎俯拾即是，年年都有，为什么单单70年代他们才形成了中国资本主义劳动力市场中的自由劳动者，这个问题，即使对上述统计作了再精确不过的换算，也是得不到适当的答案的。

至于说到货币财富的积累或者原始积累，问题更加复杂。不少著作引用了马克思的"所谓原始积累不外就是生产者和生产资料分离的历史过程"的辞句，但是具体的论证，却是官僚利用国家政权征收各种苛捐杂税、贪污勒索，地主通过增加征租、押租和地租折价，积累大量货币财富等等。如果这就是原始积累，那么漫长的封建社会，都可以处在原始积累的时期。问题可以说解决了，也可以说完全没有解决。

我们还要指出的是：在中国资本主义产生的历史条件的研究中，如果说，上述三个问题成为所有的研究者进行分析的一套程式，那么，另外一个重要的问题，则几乎成为所有的研究者所忽略的一片空白。这就是从生产力的变革方面去研究中国资本主义现代企业的产生。

生产力的研究，也就是用什么生产工具进行生产的研究，这是区别各种经济时代的最后根据。[①] 生产工具的革新，对于正常的资本主义的产生，是一个极其重要的条件。"英国由于蒸汽使它的煤铁矿有了价值，站到现代资产阶级发展的最前列。"[②] 英国的生产技术革新，最先发生在棉纺织业部门。从1733年飞梭的发明，到18世纪和19世纪之交蒸汽动力的普遍使用，中间经过一系列的生产工具和技术的改进。但是，只有到了使用蒸汽动力、即使用人工动力的工厂出现之时，英国纺织工业才取得了迅

---

① 参阅《马克思恩格斯全集》第23卷，人民出版社1972年版，第204页。
② 《〈政治经济学批判〉序言、导言》，人民出版社1972年版，第35页。

速的发展。以人力、畜力乃至自然动力（如风力、水力）作为动力来源，都不能使工业发生根本性的改变。英国的水力振动机，在1768年就已经产生，但此后30年，用手工操作的珍妮纺纱机，仍广泛用于家内劳动的手工纺工之间。原因是用水力推动的工厂，多方受到地理条件的限制。只有蒸汽动力的使用，才使现代化取得真正的自由。举这样一个例子，只是说明生产工具和生产技术的改进，对资本主义现代企业的产生，具有多么重要的意义。

在中国有文字的历史上，出现过使用人力、畜力乃至风力、水力作为动力来源的记载。但是，使用人工动力来源进行生产，这是在鸦片战争、五口通商以后，也就是在中国进入半殖民地、半封建社会之后才出现的事物。也就是说，这种新的生产工具的使用，不是出自中国封建社会内部手工业生产力的自然发展，而是来自入侵的外国资本主义的技术引进，这是毋庸讳言的客观事实。西方技术的引进，这是引进了封建的生产关系不能容纳的一种新的社会生产力。

从技术引进的角度看，19世纪70年代对于中国资本主义现代企业的产生，可以赋予什么意义呢？如果我们现在是站在19世纪70年代的入口处，那么，我们看到的，是这样一幅情景：

一、西方资本主义国家在中国已经建立了78家工厂企业，其中有后来称霸上海的大型造船工业——祥生和耶松船厂，而且都已设立了5年以上。至于垄断华南造船工业的香港黄埔船坞公司，则已存在10年之久。这些船厂，不但制造了不少轮船和机器，而且引进了大量的造船设备和技术人员。[①] 一个引

---

①　参阅拙作《关于十九世纪外国在华船舶修造工业的史料》，载《经济研究》1965年第5—6期。

人注意的事实是：广州第一家中国人自办的机器厂——陈联泰机器厂，最初在修理外国轮船的时候，要"由轮船的司机来指导工作"①。

二、在前此 10 年中，洋务派官僚已经创办了江南制造局、金陵制造局、福州船政局和天津机器局等一系列军用企业。中国第一个留美学生同时和外国洋行有过交往的容闳，在前此 7 年（1863）就第一个到美国为曾国藩采办军火工业所需的机器。官办军火工业的主要发动者李鸿章在前此 5 年（1865）就曾购买上海美商旗记铁厂的全部设备，在这个基础上建立了江南制造局。② 60 年代末以至 70 年代，洋务派官僚还开始使用外国机器疏濬河道港口。白河、永定河以及台湾的安平、打狗，在李鸿章、丁日昌等人的主持下，都曾有过这方面的计划或试验。③

三、这个时候，通商口岸和外国洋行有所接触的中国商人中，已经开始有引进外国机器的酝酿。不但在工业上有过招股聚议机器织布的计划④，而且在农业上也有过拟用西洋机器进行"垦辟之事"的试探。⑤ 60 年代以降，在外轮势力集中的通商口岸已经涌现出一批由中国人组成的技术力量。广州、上海固不必说，如上海在 60 年代下半期，已经出现成批的"驶舡之人"和

---

① 陈滚滚：《陈联泰与均和安机器厂的概况》，载《广东文史资料》第 20 辑，1965 年 6 月。

② 参阅孙毓棠编《中国近代工业史资料》第一辑，中华书局 1957 年版，第 268—276 页。

③ Commercial Reports form Her Majesty's Consul in China（以下简称 Commercial Reports），1869—1870 年，第 161 页；1875 年，天津，第 114 页；1876 年，台湾，第 87 页；1877 年，台湾，第 135 页。

④ 《新报》1878 年 8 月 6 日、1879 年 2 月 27 日。

⑤ 《申报》1887 年 3 月 27 日；《上海新报》1869 年 10 月 19 日。

"通晓轮机"之"舵工水手"①。就是浙江宁波、福建漳泉和广东香山、新会一带这时也有不少人已经熟习驾驶轮船的技术。② 60年代末期，在上海的报纸上，出现了"华商富民若在上海兴办船厂，可买西人做成各种机器"③的宣传。这说明此时中国商人投资船厂，已经引起广泛的注意。

四、这个时候，中国第一家现代缫丝厂的创办人——广东南海继昌隆缫丝厂的主人陈启沅，正在遍历南洋各埠，他后来之所以创办缫丝厂，就是由于他在安南一带看到法国人所设的缫丝厂，看到法国式的"机械制丝，产品精良"而蓄意仿效。④ 而在此之前10年，中国境内已经出现了第一家外国缫丝厂。⑤ 和陈启沅之于缫丝厂一样，中国第一个提出创办电报局计划的华侨商人王承荣，这时已在法国"贸易多年"，并和另外一位华侨王斌等人"公同倾资雇匠"，研究电报技术，并从法国带回自制的汉文电报机器，准备在上海开办。⑥ 而这个计划之提出，也是在外国资本的大北电报公司将海底电线引至中国之后。

从这一系列的事实看，到了19世纪70年代，中国资本主义现代企业的发生，用一个现成的成语，可以说是呼之欲出。而所有这些，和40—70年代这一段期间外国资本主义对中国的入侵，

---

① 中国史学会主编：《洋务运动》（五），上海人民出版社1961年版，第84页；《船政奏议汇编》第4卷，1898年版，第9页。

② 《洋务运动》（一），第31、112页。

③ 《上海新报》1869年12月18日。

④ 参阅拙作《关于继昌隆缫丝厂的若干史料及值得研究的几个问题》，载《学术研究》1962年第6期。

⑤ S. R. Brown, The Two Filature, 载 Technology and Culture, 1979年7月号。

⑥ 《海防档》，电线（一），台湾中央研究院近代史研究所1957年版，第100—105页。

外国生产技术对中国的引进，是分不开的。

当然西方资本主义对中国的入侵，决不是要把封建的中国变成资本主义的中国。如毛泽东同志所引证的一系列事实表明，它们只是要把中国变成它们的半殖民地和殖民地。[①] 对西方国家引进生产技术的目的，亦应作如是观。当外国技术向中国铁路的引进不过 10 年，一个外国侵略分子就说：中国的每一段铁路，不但从外国引进铁轨机车，而且引进工程师、会计师、站长、车务长、司机乃至护路警卫。[②] 这就是说，随着技术的引进，是控制的引进。"西方商人不是出自帮助中国人取得现代化的无私愿望而向中国人转移技术。"[③] 这是不言而喻的。

然而，这不应该妨碍外国技术的引进对中国资本主义发生的关系的研究。而到现在为止，这仍是一个被人忽略，需要认真加以探讨的课题。因为正是这种引进，在某种程度上规定着中国资本主义日后发展的道路。

二　关于商品市场和劳动力市场

商品市场、劳动力市场以及被称为货币财富积累的原始积累，要不要研究呢？当然需要。"商品流通是资本的起点。商品生产和发达的商品流通，即贸易，是资本产生的历史前提。"[④] 从商品市场到劳动力市场，从国内市场到原始积累，这都是需要

---

① 毛泽东：《中国革命和中国共产党》，《毛泽东选集》第 2 卷，人民出版社 1964 年版，第 622 页。

② 《洋务运动》（八），第 407 页；《三水梁燕孙先生年谱》上，第 248 页。

③ R. F. Dernberger, The Role of Foreigner in Chinese Economic Development, 1840—1949, 载 D. H. Perkins 编：China's Modern Economy in Historical perspective, 1975 年版，第 43 页。

④ 马克思：《资本论》，见《马克思恩格斯全集》第 23 卷，第 167 页。

研究的课题。但是，需要从中国的历史条件出发，进行符合实际的分析，不能从概念出发。

这里我们不妨先从商品市场和劳动力市场方面作一点例证式的说明。

还是从陈启沅的缫丝厂开始谈起。陈启沅之所以在南洋动起办丝厂的念头，固然是由于他在海外看到先进的缫丝技术，然而设厂之所以有此可能，毫无疑问，是由于他同时考虑到生丝的销路。也就是说，继昌隆丝厂的创设，是和生丝的市场条件分不开的。但是，能不能简单地归结为先有生丝市场的扩大然后才有丝厂的创设呢？具体到陈启沅的继昌隆，看来还是值得研究的。因为正是在陈启沅蓄意办丝厂的时刻，中国生丝质量的下降，在国际生丝市场上，已经构成一个引人注目的严重问题。一向进口中国生丝的英、法丝织业资本家，就不止一次抱怨中国生丝缫制和包装的粗劣。他们的舆论机关警告说："中国人必须严重地意识到中国生丝在欧洲的真正地位，并尽一切力量加以改进。""除非在这两方面采取改进措施，他们的生丝就必须从我们的消费中排除出去。"① 也就是说，在陈启沅蓄意创办丝厂的时候，中国生丝在国际市场上，正处在竞争劣势的危机之中。相反，在广东新式丝厂出现以后，当中国手工制造的土丝从国际市场节节败退之时，机制厂丝的出口，却显示了长足的进展。70 年代初批评中国出口生丝的外国报纸现在说道："自从 1884 年以来，广东的厂丝已经逐渐排除困难，打开销路，目前在他们的出口中，已经占据很重要的地位。"② 由此看来，究竟是生丝市场的扩大刺激了

---

① North China Herald（以下简称 Herald），1873 年 5 月 3 日，第 386—387 页；Shanghai Evening Courier，1874 年 4 月 29 日。

② Herald，1888 年 5 月 26 日，第 59 页。

丝厂的创设，还是丝厂的创设，扩大了生丝的市场，未必能遽下定论。

应该及时指出：中国生丝的海外市场，即使在新式丝厂生产的厂丝出现以后，也并没有明显的扩大。一般说来，国外市场对正常资本主义的产生和发展，是一个非常重要的条件。但是，半殖民地条件下的中国资本主义，却不足以语此。这个时候，国外市场的控制权，是掌握在外国资本主义国家的手中。中国的出口，基本上无力加以左右。80年代以后，中国生丝在国际市场上面临着日丝竞争的严峻形势。中国厂丝出口之所以还能有所增加，是在牺牲土丝出口的条件下实现的。就拿广东的厂丝而言，广东厂丝出口之见于海关之单项统计，始自1883年，这一年的出口，总共不过1200多担。到了19世纪终了，这个数字已扩大到近3.5万担，不到15年，增加近30倍。然而在同一时期，手工生产的土丝的出口，则由5.8万担下降到3.7万担，厂丝出口的增加，基本上不过是弥补土丝所失去的海外市场。[①]

这一分析，对于我们研究中国资本主义的国内市场问题，有很大的启发。

我们在上面提到，现在许多中国近代经济史的专著，都是拿洋货进口的增长作为中国资本主义国内市场扩大的一个指标。有的甚至作了具体的论证。例如，一本研究中国棉纺织工业史的专著中说道：由于进口洋纱、洋布之汇聚上海，19世纪90年代上海已将长江流域各省的"无数小市场的供给线总揽于一处，上海既已获得这样的地位以后，由上海向内地散发的棉纱布是进口的外洋货物还是在上海制造的本国货物，都是无所不可的，这就是

---

① 　参阅《学术研究》1962年第6期，第69页。

说，洋纱布的流入上海，为上海资本主义生产的发生，造成商品市场的客观条件"①。

这是一个很乐观然而未必切于实际的估计。既然洋纱、洋布向中国内地的散发开辟了中国自制纱、布的内地销路，那么，资本主义对中国的商品倾销，就将变成是值得欢迎的事。而中国资产阶级后来发动的多次抵货运动，就将变得不可理解。实际上，事情恰好相反，就中国资本主义的发生和发展而言，外国商品在中国市场的扩充，只能说明中国资本主义的不发展，而不能说明中国资本主义的发展。

洋纱、洋布乃至洋铁、洋油、洋针、洋染料、洋火柴等一系列洋货的进口，它们的市场，尽管是在中国，却不能直接看成是中国资本主义的国内市场。当中国开始建设棉纺织工厂之时，机制纱、布市场（土纱、土布市场不在内），已分别处在英、印棉纱和英、美棉布的控制之下。一直到19世纪90年代的下半期，长江七口所销国产棉纱，平均只占各口输入棉纱的13.6%，而华北四口则仅占6.3%，其余的86.4%和93.7%，均为洋纱所独占。② 华南市场也同样没有中国机制纱布立足之余地。上海织布局开工以后，曾经试图打开华南市场，然而1892年不过以棉布数匹试销福州，即"不旋踵而复运回申"，连一匹都销不出去。③ 开平煤矿开办以后近10年，才开始在临近的天津市场上排除进口洋煤的竞争。但在全国范围内，国产煤炭却始终敌不过洋煤的压力。在天津进口洋煤几乎绝迹的80年代末期，全国洋煤进口却由26.8万吨猛增至37万

---

①　严中平，上引书，第94页。
②　以上系1894—1898年5年平均数字，根据历年《关册》计算，转见严中平，上引书，第145页。
③　《关册》，1892年，福州，第75页。

吨。① 中国资本主义工业的两个主要部门的情况尚且如此，其他发展更加微弱的工业部门，其处境之恶劣，就可以想见了。正如中国生丝出口市场是在外国资本主义控制之下一样，洋货在中国的市场，也是在外国势力控制之下，把它的扩大等同于中国资本主义国内市场的扩大，这实际上是抹煞了入侵者和被入侵者的界限，否定了半殖民地社会和资本主义社会中资本主义现代企业产生的条件的原则区别。

不错，外国资本主义商品的入侵，对中国原来的自给自足的经济，起了分解的作用。毛泽东同志曾经指出过：外国资本主义的入侵，一方面破坏了中国自给自足的自然经济的基础，破坏了城市的手工业和农民的家庭手工业；另一方面，则促进了中国城乡商品经济的发展。自然经济的破坏，给资本主义造成商品市场，而大量农民和手工业者的破产，又给资本主义造成了劳动力市场。② 这当然是完全正确的。我们需要做的工作，是对此作出正确的估计。

上面我们提到，有的著作是从洋纱、洋布的进口来进行论证的，我们就不妨先对此稍作分析。首先，我们可以拿中国和印度进行比较。在1853年，也就是鸦片战争结束以后的第10年，英国输华棉纱、棉布总值为140万英镑，而同一时期，印度每年消费英国纱、布总值达到570万英镑。③ 将近30年以后（1881），英国输华棉制品总值为800多万英镑，而输至印度的，则上升为

① 根据历年《关册》的统计；并参阅姚贤镐《中国近代对外贸易史资料》，中华书局1962年版，第1605页。

② 毛泽东：《中国革命和中国共产党》，《毛泽东选集》第2卷，人民出版社1964年版，第620—621页。

③ 参阅严中平《英国资产阶级纺织利益集团与两次鸦片战争史料》，载《经济研究》1955年第1—2期。

2300 万英镑。① 印度市场对英国的重要性，仍然大大超过中国市场。事实上，即使到了 90 年代中期，当进口洋纱、洋布控制了中国机制纱、布的市场时，洋纱、洋布的绝对量，相对土纱土布的数量而言，仍然是微小的。以 1893—1894 年而言，洋纱，年进口在 100 万担左右，洋布进口比较多一些，年约 1300 万匹左右。然而，即使是棉布，相对于土布的销量而言，也是微不足道的。根据研究这个问题的专家估计，在鸦片战争前的嘉庆时期，江苏松江一府的棉布上市量，约在 2500 万匹至 3000 万匹之间。② 这个估计，也许高了一点，但人们至少可以据此判断：19 世纪 90 年代洋布的进口量，不及前此百年松江一府棉布的上市量。

上面我们还提到，有的著作从洋纱、洋布所替代手工纺织业者的劳动量，以之论证手工纺织业所受到的破坏和手工业者遭到的破产，给资本主义的产生造成了客观的条件和可能。我们说那种论证是很艰苦的。然而即使根据原著者自己也认为"很不科学"的换算方法，加以计算，即使到了 19 世纪的 90 年代，进口洋纱、洋布所能取代的手工纺纱和手工织布的劳动者加在一起，也不过 200 多万人。③ 在一个农民和手工业者加起来达到几亿人口的国家中，这样一个数字，也不能说是"很庞大"。因此，逻辑的结论应该是：一直到 19 世纪的 90 年代，我们还不能过分夸大外国资本主义的入侵对中国自然经济的破坏作用。

这一点，在现在晚出的某些中国近代经济史的著作中，已

---

① Commercial Reports，1881 年，九江，第 55 页。
② 参阅吴承明《明代国内市场和商人资本》，载《经济研究所集刊》第 5 集。
③ 参阅严中平上引书，第 94 页。

经被注意到： "不能夸大这种扫荡的规模和程度，不能认为在这一阶段，中国的小农业与小手工业相结合的经济结构就普遍地、彻底地分解了"， "外国资本主义侵略势力不可能一下子到达所有地区，总还会给我国手工业留下一些市场"。我国手工业还有 "一点回旋的余地"①。这种判断，当然是正确的。但是，这意味着什么呢？这是不是意味着中国的资本主义国内市场就有广阔的 "回旋余地" 呢？不是的。恰恰相反，资本主义国内市场的形成是以对小生产者和小私有者进行无情的扫荡为前提的。这一点入侵的外国资本主义在 19 世纪还不能做到，在外国资本主义入侵以后产生的中国资本主义，更不能做到。②

这就是为什么中国出现了资本主义现代企业，但是并没有进入资本主义社会而是陷入了半殖民地、半封建社会的原因，或者说原因之一。

三　关于原始积累

我们依次看一看原始积累的问题。

原始积累，如果单纯地理解为资本主义积累以前对小生产者进行暴风雨式的掠夺，像 15 世纪末开始的英国圈地运动那样，在中国，的确难以找到与之平行的原始积累过程。但是，如果把原始积累理解为资本主义前史时期创造资本关系的过程，亦即 "劳动者和他的劳动条件的所有权分离的过程"③，那么，这个过

① 王方中：《中国近代经济史稿》，北京出版社 1982 年版，第 235—236 页。
② 一直到本世纪 30 年代中期，全国棉布产量中，手工织布产量，按码计算，仍占 73％，这就是证明。参阅严中平《中国棉纺织史稿》，第 311 页。
③ 马克思：《资本论》，《马克思恩格斯全集》第 23 卷，第 783 页。

程，在鸦片战争前的中国封建社会中，实际上是存在的。① 中国的特点，即在于这个过程还没有完结，即社会的生活资料和生产资料之转化为资本和直接生产者之转化为雇佣工人，还没有达到创造资本关系所要求的程度时，外国资本主义就拦腰插了进来，打乱了这一过程的程序。中国资产阶级不是（或主要不是）来自手工工场老板或商人包买主，而是（或主要是）来自官僚地主和包括洋行买办在内的商人；中国第一代产业工人也没有完全"摆脱行会的控制"，没有完全从"行会束缚下解放出来"。其所以如此，根本原因，就在这里。

关于中国现代产业工人的特点，这也是一个很值得认真研究的课题。全面地研究这个问题，不是本文所能负担的任务。这里仅从中国资本主义的产生和入侵的外国资本主义的关系这个角度，提供一个值得研究的论点，供大家批评讨论。

我们还是从一两件具体的事实谈起。

早在 19 世纪 60 年代末期，受雇于牛庄的外国榨油厂的中国工人，就开始有了罢工的行动。1869 年一年之中，刚刚开工不满一年的怡和洋行榨油厂，便发生了两次工人罢工。这些工人原来都是组织在行会中的手工榨坊的劳动者，罢工使得油厂的外国老板远至山东登州觅雇"从来没有到过牛庄"的人前来替补罢工工人的工作。② 在第一次罢工发生的时候，油厂的老板就抱怨这都"多多少少受到原来雇佣他们的〔手工榨油作坊〕老板的影响"③。而手工油坊之所以"竭尽全力阻止"外国油厂雇佣这些

---

① 请参看拙作《再论中国资本主义和资产阶级的产生》，载《历史研究》1983年第 5 期。

② S. R. Brown, Cake and Oil: Technology Transfer and Chinese Soybean Processing（打印稿），1860—1895. pp. 8—13.

③ Brown，上引文，第 12 页。

工人，则是由于外国油厂威胁手工油坊的存在。同样，油厂老板之所以从遥远的登州去雇从来没有到过牛庄的人，看来也是要摆脱本地手工油坊老板对工人的影响。工厂中的劳资冲突，反映了外国资本主义工厂和中国封建制度下的手工作坊的矛盾，反映了外国资本主义和中国封建行会的矛盾。这是出现在19世纪60年代中国这个半殖民地、半封建的土地上所特有的现象。

这种特有的现象，至少一直延续到19世纪的终了。从1899年的一份对上海外国纱厂进行的调查报告中[①]，人们可以看到，这些纱厂中的中国工人"都组织在行帮之中。每个行帮都服从某个头目或头领的管辖，他们〔指工人〕通常通过这个人〔指头领〕才能找到工作。他们看他的眼色行事，把自己的工钱偷偷地分出一部分交给他。他们实际上把他看作是自己的老板，他们服从他的命令，在他的指挥下，举行罢工或者要求增加工资"。这种现象，既表现了中国工人和外国资本家的斗争，同时又体现了外国资本主义和中国封建行会势力的矛盾。

至于行帮的浓厚地方色彩对工人团结的影响，那一直延续到20世纪。发生在1902年和1911年上海船厂工人的罢工斗争，由于工人中间分为对立的广东帮和宁波帮，就没有能够采取始终一致的行动，影响了罢工斗争所应发挥的力量。[②]

半封建、半殖民地条件下产生的中国工人阶级的特点，当然远远不止这一点。但是，就在我们所考察的有限的角度内，人们已经可以看出问题的复杂程度。

---

① C. Denby, jr, Cotton Spinning at Shanghai, 载 The Forum, 1899年9月。
② Herald, 1902年5月28日，第1069页；1911年9月23日，第753—754页。

如果说，半封建半殖民地社会中产生的中国第一代产业工人的身上，还没有完全摆脱封建行会的影响，那么，半殖民地半封建社会中产生的中国资产阶级，在和封建势力发生联系的同时，则突出地表现了和入侵的外国资本主义发生错综复杂的联系。

在中国资产阶级产生的舞台上，主角不是资本主义前史时期的手工工场主或商人包买主，而是封建社会的主要剥削者官僚、地主和商人。这是事实。然而，真正站在舞台的前列的，也不是他们。不是地主，不是官僚，不是封建社会原有的各式商人，而是作为外国资本主义侵华工具的洋行买办。如果说，洋行买办也是商人，那么，他是半殖民地上生长的特殊商人。洋行买办和中国近代企业的密切联系，这是中国资本主义产生的一个突出的特点。

所谓站在舞台的前列，就是说，在这一场活动中，他是先行者。为了充分证明这一点，我们不妨就工、矿、交通运输、金融保险和海外贸易等逐行逐业作比较详细的考察。

首先，我们考察工业部门。

在船舶机器修造业中，最先进行活动的可以说，不是洋行的买办，就是和洋行有过密切接触的人物。在最早的船舶修造中心之一的广州，最先仿造外国轮船的是和外国洋行早有接触的十三行商人。[①] 在另一个船舶修造中心的上海，最早一家船厂——甘章船厂的创办者，是大英火轮公司的买办。[②] 80 年代上海三家规模较大的船厂——均昌、虹口和广德昌，它们的老板，一个是曾

---

① 参阅拙作《中国资本主义现代企业的产生过程》，载《中国经济史研究》1986 年第 2 期。

② E. J. Eitel, Europe in China, The History of Hongkong from Begining to the year 1882, 1895. p. 414.

任英商公正轮船公司的买办李松云①，一个是和上海洋商有密切交往的张子标②，另一个是在 70 年代就充当外商耶松船厂领班的何德顺。③ 另有三家较小的船舶机器厂，也和洋行关系密切。其中恒昌机器厂为外商祥生船厂的一名副脑和老公茂洋行的一名领班合开，家兴和合昌两厂，一个专为一家洋行修造进口袜机的配件，一个接受一家外国轮船公司垫借的款项，专修这家公司的轮船。④

　　在缫丝工业中，出现在广东的中国最早的缫丝工业，虽然是以华侨商人首开其端，但是在缫丝工业重要中心的上海和无锡，却是来自洋行买办和买办商人的发动。上海的第一家商办丝厂——公和永，是一个和洋行关系密切的湖州丝商黄宗宪（佐卿）创办的。⑤ 而首次租办英商公平丝厂的人，也是一些洋行的"伙友"⑥。无锡第一家缫丝厂的创设，也是出自一个有洋行买办经历的茧行老板周舜卿的发动。⑦ 同样，在北方缫丝工业中心的烟台，第一个改组外国洋行所属一家丝厂的人，就是英国怡和洋行的买办唐茂枝。⑧ 而著名的买办徐润就是改组以后的股东之一。⑨

---

　　① Herald，1882 年 10 月 18 日，第 421 页；《申报》，1883 年 5 月 23 日。

　　② A. Wright, Twentieth Century Impressions of Hongkong, Shanghai and other Treaty Ports of China, 1908. p. 532.

　　③ 《申报》，1879 年 11 月 11 日。

　　④ 沙为众：《从一个行业看资本家的剥削起家》，见《光明日报》1965 年 4 月 15 日；参阅《上海民族机器工业》，中华书局 1979 年版，第 55、91 页。

　　⑤ Herald，1902 年 7 月 16 日，第 131 页。

　　⑥ 《申报》1882 年 2 月 5 日、1885 年 3 月 20 日、1887 年 12 月 22 日。

　　⑦ 钱钟汉：《周舜卿》，见《工商经济史料丛刊》第 4 辑，文史资料出版社 1987 年版，第 105—110 页。

　　⑧ 《申报》1883 年 7 月 25 日、1887 年 12 月 3 日。

　　⑨ 徐润：《徐愚斋自叙年谱》（以下简称《徐润年谱》），第 73 页。

　　在棉纺织工业中，中国第一家棉纺织厂——上海织布局的资本，最初大部分来自买办。在创办人彭汝琮所罗致的帮办、会办中，有三人（郑观应、卓培芳、唐汝霖）已确知其为买办。[①] 而彭汝琮本人则和怡和洋行颇有瓜葛[②]，他上李鸿章的 8 条办厂章程和 24 条节略，都是从一个外国商人那里抄得来的。[③] 上海织布局以后很长一段时间在郑观应主持之下，这已为人所熟知，用不着多说。

　　除了这几项主要工业以外，在其他工业部门中，买办的投资，也多处于首创的地位。如上海第一家碾米厂——源昌的创办者，是怡和洋行买办祝大椿。[④] 第一家面粉厂——裕泰恒的创办者，是协隆洋行买办陈可良。[⑤] 第一家玻璃厂——中国玻璃公司的创办者，是上面提到的怡和买办唐茂枝。[⑥] 第一家造纸厂——上海机器造纸总局的主持人，是禅臣洋行买办曹子俊。[⑦] 而最早的轧花厂和火柴厂——棉利和燮昌的创办者，是和洋行交往密切的商人丁玉墀和叶澄衷。[⑧] 在上海以外的地区中，也可以看到同样的事例。如在香港第一家华商糖厂——利远糖厂中，就有徐润的投资。[⑨] 天津第一家火柴厂——天津自来火公司和第一家硝皮

　　① 参阅拙作《从上海机器织布局看洋务运动和资本主义发展关系问题》，载《新建设》1963 年第 8 期。

　　② E. LeFevour, Western Enterprise in Late Ching China, 1970. p. 42.

　　③ Commercial Reports, 1878 年，上海，第 29 页。

　　④ A. Wright，上引书，第 548 页。

　　⑤ 《申报》1882 年 9 月 11 日、1884 年 1 月 1 日；A. Wright，上引书，第 548—550 页。

　　⑥ 《申报》1882 年 8 月 2 日。

　　⑦ 《申报》1882 年 8 月 12 日、1892 年 3 月 22 日、1892 年 9 月 4 日。

　　⑧ 《申报》1891 年 12 月 16 日；叶贻鉴：《澄衷府君行状》，见《叶公澄衷荣哀录》。

　　⑨ 《徐润年谱》，第 82 页。

厂——北洋织绒硝皮厂的主要创办人，是汇丰银行买办吴懋鼎。[①]

在煤矿业中，买办的投资，也占相当大的比重。规模最大的开平煤矿，早在李鸿章派唐廷枢正式开办以前，就曾经有一批天津的买办打算集资开采。[②]唐廷枢主办开平煤矿以后，依靠的力量，仍然是买办的投资。他的哥哥买办唐茂枝在上海拥有"巨大的势力"，由于唐茂枝的"努力奔走"，吸引了一批"港粤殷商"的资本[③]，其中就有徐润、郑观应以及"在夷人处作伙"的吴南皋等人的投资。[④]而徐润一人的股份，即达 15 万两。[⑤]至于唐廷枢的家族，则"拥有最大数量的开平股份"[⑥]。比开平还要早一年开办的池州煤矿，先后由两个买办进行开采。一是汉口宝顺洋行的买办杨德[⑦]，一个就是在开平附有股本的徐润。[⑧]徐润投资煤矿，看来还不止这两家，根据他自己的记述：在开平、池州以外，他至少还在盛宣怀经办的金州煤矿中，投下了 5 万两资本。[⑨]

在金属矿中，买办的投资，也十分活跃。在最早开办的铜

①　屠仁守：《屠光禄奏疏》第 3 卷，1922 年版，第 34—38 页；O. D. Rasmussen, Tientsin, 1925 年版，第 268 页；吴焕之：《关于我父吴调卿事迹的回忆》，全国政协《文史资料选辑》，第 49 辑。

②　North China Daily News（以下简称 Daily News），1884 年 11 月 17 日，第 480 页。

③　Herald, 1897 年 9 月 3 日，第 460 页；《新报》1878 年 3 月 14 日。

④　静吾、仲丁编：《吴煦档案中的太平天国史料选辑》，1958 年版，第 71 页；李鸿章：《李文忠公全书》（以下简称《李鸿章集》）第 42 卷，奏稿，1905—1908 年版，第 27 页。

⑤　《徐润年谱》，第 82 页。

⑥　E. Carlson, The Kaiping Mines, 1957. p. 39.

⑦　China Maritime Customs, Decennial Reports on Trade（以下简称 Decennial Reports），1882—1891 年，芜湖，第 268 页；Daily News, 1883 年 1 月 10 日。

⑧　同上，另参阅《益闻录》，光绪十八年四月四日；《徐润年谱》，第 82 页。

⑨　《徐润年谱》，第 82 页。

矿——平泉铜矿中，有徐润的投资。① 最早开办的银矿——承平银矿中，有唐廷枢和轮船买办李文耀的投资。② 广东境内第一座银矿——天华银矿，先由买办商人何献墀创办，后转手于唐廷枢、徐润。③ 安徽省内第一家铜矿——池州铜矿，则为和徐润争夺池州煤矿的买办杨德所首创。④ 而徐润在上述铜矿之外，又主持建平金矿达 6 年之久。⑤

在交通运输业中，轮船运输业是买办投资活动最集中的部门。早在中国第一个官督商办的民用企业——轮船招商局成立以前，航运业中就有过买办和买办商人的活动。最早在上海设立船厂的广东籍买办甘章，就是民间轮船运输业的最先涉足者。他在招商局成立之前 6 年（1866）就备置轮船一艘，航行华南口岸。⑥ 大约与此同时，另一广东籍买办、上面多次提到的唐廷枢也打算集股 10 万元，租船两艘，往来港沪。⑦ 而在长江酝酿轮运的 1868 年顷，前面提到的那一个"曾在夷人处作伙"的吴南皋，也曾向曾国藩递过"购办轮船，试行漕运"的禀帖。⑧ 招商局成立以后，买办的投资，很快地占了重要的地位。在唐廷枢、徐润接手以后的 10 年间，招商局两次增加资本，在 200 万两资本中，徐润一人占 48 万两⑨，唐廷枢至少有 8 万两⑩，而且还把

① 《徐润年谱》，第 82 页。
② 《沪报》1885 年 6 月 15 日；《申报》1885 年 6 月 16 日。
③ 《徐润年谱》，第 47 页。
④ 《申报》1891 年 7 月 8 日、1893 年 8 月 9 日；Herald, 1893 年 8 月 18 日，第 248 页。
⑤ 《徐润年谱》，第 92 页；孙毓棠编，上引书，第 1150 页。
⑥ 《汇报》1874 年 10 月 16 日；Daily News, 1866 年 4 月 24 日，第 1601 页。
⑦ 《洋务运动》（六），第 124 页。
⑧ 丁日昌：《抚吴公牍》第 13 卷，1877 年版，第 1 页。
⑨ 《徐润年谱》，第 37 页。
⑩ 《徐润年谱》，第 40 页；参阅《沪报》1885 年 12 月 3 日。

原来附入怡和洋行的南浔号轮船"随带入局经营"①。在徐、唐以外，还有一批买办参加了投资，如重要股东刘绍宗、陈树棠，都是洋行买办。其中陈树棠一人，就有股份10万两。②而围绕在徐润周围的人投下的资本，不下五六十万两。③估计其中大部分都是买办的投资。

70年代以后，洋行买办在轮船招商局以外的活动，也十分活跃。当1877年美商旗昌轮船公司将全部船产转让给轮船招商局之时，公司中一部分买办不愿归附招商局，集资另外组织了一个宁波轮船公司，然存在不过一年，即行停业。④80年代以降，买办创办轮船公司的活动，在上海有怡和买办祝大椿之购买轮船航行新加坡、日本⑤，在汕头先后有怡和、太古两家洋行买办之分别组织小轮公司。⑥他们的活动，也都没有得到发展的机会。但是，他们企图挤进航运业的脚步声，人们是可以听得出来的。

航运以外的交通运输业中，买办的投资也处于领先的地位。中国第一条铁路——开平煤矿附设的唐胥铁路，是由唐廷枢发动和主办的。当铁路和矿局分离，成立开平铁路公司之时，主持人之一，又是上面提到的"曾在夷人处作伙"的吴南皋。⑦中国第一个电讯企业——中国电报局，总办是盛宣怀，但资本却主要来

---

① 《教会新报》1873年6月28日。

② 《申报》1887年10月7日。

③ 《徐润年谱》，第86页。

④ Herald，1878年3月21日；American Neptune，1957年7月，第228—229页。

⑤ A. Wright，上引书，第548页。

⑥ 《洋务运动》（六），第122页；严中平等编：《中国近代经济史统计资料选辑》，科学出版社1955年版，第223页。

⑦ 《李鸿章集》第2卷，海军函稿，第2、18页。

自郑观应所代表的势力。因为郑观应是电报总局的重心上海分局的总办，而包括总办、会办在内的"上海分局的经理"，全是"电报局的主要股东"①。

　　在金融、保险和海外贸易业中，买办的投资活动，十分活跃。其中和航运发生密切关系的保险业，是买办投资的一个重点。早在1868年，当一个英国商人来到四川重庆向当地中国商人介绍欧洲保险公司时，中国商人之中，有人就愿意出银3万两进行举办，表现了"极大的兴奋"②。中国人自办的第一家保险公司——由徐润、唐廷枢主办的保险招商局以及以后的仁济和保险公司，资本主要都是来自买办。它们的重要股东，除了徐、唐以及上述刘绍宗、陈树棠以外，还有麦加利银行的买办韦华国、柯化威洋行的买办郑廷江和汇丰银行的买办唐国泰等人。③ 创办人徐润一人在仁济和的投资，即达15万两，占公司全部资本15％。④ 在仁济以外，还有4家商办保险公司。其中安泰公司的发起者是一批"和澳洲以及旧金山的贸易有联系的最有势力的中国商人"⑤。这个公司的董事，有前面提到的广东籍买办甘章，它的经理是上面也提到的买办商人何献墀。⑥ 常安、万安和上海火烛保险公司的主要投资者，和安泰的发起人，几乎是一流角色。例如上海火烛的首董是怡和的买办唐茂枝，经理是高易洋行的买

　　① Herald，1882年4月22日，第421页。
　　② G. C. Allen等，Western Enterprises in Far Eastern Economic Development，1954年版，第120页。
　　③ 《申报》1875年11月5日；《沪报》1889年3月30日；《万国公报》1878年1月5日、1883年1月20日。
　　④ 《徐润年谱》，第82页。
　　⑤ Daily News，1877年3月14日，第239页。
　　⑥ The Chronicle and Directory for China，Japan and The Philipine（以下简称Chronicle），1880年，第205页；《沪报》1886年5月2日。

办李秋坪。[①] 而常安的经理和董事名单，和安泰几乎无法区别。[②]

在金融和海外贸易的领域中，70 年代以后，也出现了中国人设立新式企业的计划。这些计划都没有成为事实，但买办在其中的活动，仍然清晰可见。以唐廷枢为例，中国第一家新式银行——荣康银号和第一家海外贸易公司——宏远公司的筹设，都是出自唐廷枢的发起[③]，而计划中的出资者，也多是唐廷枢原籍所在的广东商人。

买办之投资资本主义现代企业，这是中国特殊的历史条件下发生的事物，而不是买办有什么发展中国民族资本主义的愿望。在半殖民地半封建土壤上产生的买办，他的活动，首先是服从主子的需要，而不是独立发展中国的资本主义。他在直接投资资本主义现代企业的同时，又往往从事代表最落后的生产关系的活动。怡和洋行买办唐廷枢是中国新式银行的首创者，但是他又曾极力怂恿他的主子接办一家代表典型高利贷业的当铺，而他自己也参与其中。[④] 如果把洋行买办扩大为所有为洋行进行贸易服务的工具，扩大为所有利用为洋行服务求得最大榨取的中介人，人们就可以更清楚地看到这一点。他们不但利用洋行的资金对中国的小生产者进行高利贷的剥削，而且千方百计维持小生产者的分散、落后的生产方法，以便于他们的榨取。出现在台湾为洋行收购蔗糖的中介人的活动中，就典型地表明了这一点。作为中介人的糖坊老板，千方百计维持落后的生产方法。糖坊的生产工具，一直到 19 世纪 80 年代后期，仍然是"两盘磨石，一头水牛"，

---

① Daily News，1882 年 11 月 14 日，第 466 页。

② Chronicle，1880 年，第 205—206 页。

③ 《申报》1876 年 3 月 18 日、1876 年 4 月 3 日、1881 年 4 月 29 日；参阅郑观应《盛世危言后编》第 8 卷，1920 年版，第 1 页。

④ 刘广京：《唐廷枢之买办时代》，载《清华学报》1961 年 6 月号。

一根甘蔗要榨三次，过程缓慢而出汁率低。如果使用当时先进资本主义国家使用的榨糖机器，不但一次榨完，蔗汁反而增加30％。① 然而，为洋行收购蔗糖的糖坊老板却"顽固地坚持使用这种既粗糙，又费时的老办法——两盘磨石，一头水牛"②。因为这种方法，便利他对分散的蔗农的榨取，使他能在榨糖季节用这种简单的榨糖工具轮流到一家一户的蔗农那里，一方面就地进行压榨，一方面就地分取蔗汁，作为对他的高利贷的偿还手段。③ 而这种简单的工具，对榨取蔗汁，虽然效率不高，但在榨取蔗农的血汗方面，却是最有效的。在封建的高利贷重压之下，蔗农根本没有能力使用现代化的机器生产。即使有这种机会，也会受到作为外国资本主义爪牙的中间商人而兼糖坊老板的反对。因为"这等于绝了中介人的生路"④。

蔗糖贸易中的中间商人如此，其他贸易中的中间商人，也是如此。例如，茶叶贸易中的中间商人，对于采用外国"行之有效的烘焙及拣茶的机器，可能会嗤之以鼻，他们墨守陈规，只关心尽快地把茶叶送往市场"⑤。一般"办茶者，多以用新法式为戒"⑥。

买办在中国资本主义现代企业的活动中，得风气之先，这是没有疑问的；同样，买办的企业投资活动，在他的全部经济活动中，不占重要的地位，这也是毫无疑问的。徐润是投资工矿交通企业的活跃人物，但是，在他的全部财产中，工矿交通企业的投

① Commercial Reports, 1888 年，台湾，第 3 页。
② Commercial Reports, 1886 年，台湾，第 4 页。
③ Commercial Reports, 1888 年，台湾，第 3 页。
④ Commercial Reports, 1888 年，台湾，第 3 页。
⑤ Herald, 1887 年 10 月 27 日，第 446 页。
⑥ 《盛世危言后编》第 7 卷，第 30 页。

资不过24％，而房地产和典当的投资达到76％，仅地产一项投资，就超过了他在所有工矿交通企业上的投资的总和。[①] 他投机地产失败，其他企业也随之消歇。房地产投机、高利贷剥削以及各种各样的投机活动，这才是买办的真正安身立命之所。

其次，在半殖民地土壤上产生的买办，在他独立创办新式企业的同时，又不忘情于他的主子的故旧。唐廷枢离开怡和洋行以后，在他主持招商局和开平煤矿的过程中，都曾向他旧日的主子怡和洋行进行过借款，以周济他所主持的企业。而1885年开平煤矿的借款，甚至以怡和洋行接管开平矿局的经营管理全权为条件。[②] 许多买办在创办独立的企业的同时，又向洋行企业投附大量资金。所有这些都说明买办之不忘故旧。

但是，所有这些，也不应该妨碍我们对洋行买办在中国资本主义现代企业产生中所起的作用的研究。对于中国资本主义产生的历史条件而言，我认为，这也是一个需要认真加以探讨的课题。因为买办的这种投资活动，在某种程度上，同样规定着中国资本主义日后发展的道路。

（原载《历史研究》1984年第2期）

---

① 《徐润年谱》，第34、82页。
② LeFevour，上引书，第79页。

中国资本主义产生时期企业中的官商关系

研究中国资本主义发生时期出现的洋务派官督商办形式的企业，是研究中国资本主义发生和发展的一个重要方面。我在《论中国资本主义两个部分的产生》一文中[①]，从官督商办企业发展前途的角度，作了一点初步的分析。显然，这个分析，不能替代官督商办企业的全面论证。本文打算从另一个方面作一点补充。如果说，前文的结论是：洋务派的官督商办企业有发展为官僚资本和民族资本的两个前途；那么，本文的结论是：插手现代企业的洋务派官僚，并不能承担发展中国资本主义的历史任务。

一 论"官为维持"

中国资本主义现代企业的产生，除了个别的为官办以外，基本上采取了商办和官督商办两种形式，而官督商办，占有举足轻重的地位。官督商办是洋务派官僚集团插手新式企业的主要形

---

① 《近代史研究》1983 年第 3 期。

式。所谓官督商办，根据李鸿章在筹办第一个官督商办企业——轮船招商局时所作的说明，乃是"由官总其大纲，察其利病"，而听商"自立条议"①，亦即他后来所说的"商为承办"，"官为维持"②。既然"商为承办"，不用说，企业的资本必须由商筹集；而"官为维持"，则必须在企业的经营上由官给予一定的好处。商出资本，因而"自立条议"；官有权势，因而"总其大纲"。拆穿了，一个要利用对方的资金，一个要利用对方的权势。

那么，官通过一些什么途径而能"总其大纲"，亦即掌握企业的控制权呢？

第一是垫借官款。企业由官款筹办到垫借官款，这是由完全官办到官督商办在资本筹集方面的一个过渡。因此，官督商办企业虽然规定"商为承办"，但是在开办的时候，很多仍由官方垫借全部或一部分的开办费用。轮船招商局最初就从官方领借练饷20万串③，作为"设局商本"，其后又屡借官款至190余万两④；上海电报局的开办，经费亦先于北洋军饷内筹垫，然后"仿照轮船局章程，招集商股，分年摊还"⑤。漠河金矿开办之初，虽然打算全招商股，但实际上商股招徕不足1/6，其余也靠官方垫借或代借。⑥ 有些企业，虽然由商款开办，但在经营过程中，不断需要官款接济。贵州青谿铁厂经营五年先后借拨公款19.2万

---

① 李鸿章：《李文忠公全书》（以下简称《李鸿章集》），1905—1908 年版，《译署函稿》第 1 卷，第 40 页。

② 《李鸿章集》第 30 卷，奏稿，第 31 页。

③ 《海防档》（甲），《购买船炮》（三），第 919 页；《李鸿章集》第 20 卷，奏稿，第 33 页。

④ 《招商局第六届账略》，见《新报》1879 年 9 月 18 日。

⑤ 《李鸿章集》第 38 卷，奏稿，第 16 页。

⑥ 《矿务档》第 7 册，第 4486 页；中国史学会主编：《洋务运动》（七），上海人民出版社 1961 年版，第 318—319 页。

两。① 开平煤矿和上海织布局开办以后，也经常借用官款弥补收支差额。1880 年开平煤矿发生资金周转困难，李鸿章便从天津机器局和海防支应局拨借 3 万两以应急需。② 上海织布局被焚以后结欠官款 26 万余两。③

除了官款以外，洋务派官僚也直接投资于这些企业。由李鸿章奏办的轮船招商局，就有他的私人股份在内。④ 当招商局收买旗昌轮船公司时，盛宣怀就曾透露李鸿章有附股的意图。⑤ 而在左宗棠庇护下的利国驿煤矿，在当时的报纸上，就曾经传说有他自己的投资。⑥ 至于督办企业的官方人物，如电报局的盛宣怀，织布局的龚寿图、杨宗瀚等，投资更不在少数。督办企业的官僚再直接投资企业，这是在政治权力之外，又加上一重经济权力。而官府垫款与官僚投资，对官之控制企业而言，方式不同，作用是一样的。

在政府垫款以外，洋务派官僚还利用国家的权力，对它所控制的企业，给以专利或营业特权以及减免税收、津贴、缓息等方面的优惠待遇，以达到控制的目的。

在洋务派控制下的几个重要产业部门——航运、电报、纺织、煤铁等，几乎无一例外地存在专利或营业特权方面的规定。上海织布局在筹办过程中的 1882 年，即从李鸿章那里获得专利

　　① 户部档案抄本：光绪十六年八月三日，潘蔚奏折，经济研究所藏。

　　② 《开平矿务创办章程案据汇编》，1896 年版，第 54、57 页。

　　③ 《新辑时务汇通》第 83 卷，第 9—10 页，转见孙毓棠编《中国近代工业史资料》，科学出版社 1957 年版，第 1074 页。

　　④ 《清查整理招商局委员会报告书》（以下简称《报告书》）下册，1928 年版，第 18 页。

　　⑤ 《盛宣怀档案》，转见汪熙《论晚清的官督商办》，《历史学》1979 年第 1 期，第 102 页。

　　⑥ North China Herald（以下简称 Herald），1882 年 9 月 23 日，第 311 页。

十年的待遇，招商局和电报局的成立，也存在排他性的专利。至于开平和官办的基隆等煤矿的开采，则不但不准另立公司，甚至连矿区原有的手工窑户也要受到封禁。

至于营业特权，这也是官督商办企业的一个特点。如招商局从开办之日起，就享有承运漕粮的特权，以后又享有承运各省官物的特权。这种经营特权所得的收入，实际上是一种变相津贴。[①]

在减免税收上，洋务派官僚控制下的企业，也能依靠国家的政治权力，得到若干特殊待遇。例如，从最早的官办兴国和基隆煤矿到官督商办的开平煤矿，都曾经根据沈葆桢和李鸿章等人的奏请，将煤觔出口税由每吨 0.672 两减为 0.1 两，较手工产煤所纳税率降低了 85％以上。[②]上海织布局成立以后，在郑观应的争取下，也得到一些优惠条件。它所生产的布匹，如在上海销售，免纳税捐，自口岸分销内地，除纳 5％的正税以外，更不纳其他厘税。[③]轮船招商局在成立之初，即议定"载运各商载货，请照洋商例，免纳筹防、落地等捐"[④]。当其在 80 年代中期经营发生困难之时，又曾经通过李鸿章得到运漕回空载货免税二成和其他减免税负的特殊待遇。[⑤]至于电报局，则电杆木材和进口的电讯器材，也享受免纳进口税和厘金的特权。[⑥]

<hr />

① 汪熙上引文，《历史学》1979 年第 1 期，第 100 页。

② 参阅同治十三年十二月十五日，沈葆桢：《台煤减税片》，见《沈文肃公政书》第 5 卷，1880 年版，第 17—18 页；光绪三年三月十七日，总理衙门：《广济煤出口减税折》，见《光绪政要》，实业一；光绪七年四月二十三日，李鸿章：《请减出口煤税片》，见《李鸿章集》第 40 卷，奏稿，第 44—45 页。

③ 《李鸿章集》第 43 卷，奏稿，第 44 页。

④ 《海防档》（甲），《购买船炮》（三），第 915 页。

⑤ 《申报》1887 年 2 月 28 日。

⑥ 汪熙上引文，《历史学》1979 年第 1 期，第 100 页。

　　在津贴、缓息、免息等方面，轮船招商局和中国电报局提供了最典型的事例。轮船招商局从一开始就在漕运水脚上得到政府的巨额津贴。最初清政府给招商局的漕运运费为每石0.561两①，这个数目，大大超过了当时轮运的实际运费。1886年清政府曾经打算降低0.15两，据说招商局的收入即将因此减少10万两左右。② 电报局招商集股之日，商人即以"线短报稀、取资有限"，要求非官为津贴不可。单是津沪巡费津贴，每年即由军饷内开支1.1万两，其后线路扩展至广东，又加津贴2万两。③ 在缓息免息方面，招商局所借官款，即曾多次延缓还本付息期限。1877年局方以太古轮船公司跌价竞争，亏耗过甚，请求缓息3年④，1887年又请求将结欠官款77万余两，暂缓拨还。⑤ 至于电报局在改官督商办之时，即明白规定，所有分期缴还官本，"免其计息"⑥。

　　从表象看，所有这些优惠的确近于由上而下地发展民族资本主义的措施。然而这只是表象。洋务派官僚表面上扶植了资本主义现代企业，实质上却阻碍了中国资本主义的正常发展。这些企业的性质是资本主义的，但是它的产生，都是为了巩固封建统治，它不仅是企图挽救清王朝的洋务运动的一个组成部分，而且它的产生的直接目的，还在于解救洋务运动面临的困境。

　　这些企业有的是在所谓"海防"的目的下兴办的。铁路是

　　① 《李鸿章集》第36卷，第33页。
　　② 《申报》1887年3月5日，参阅A. Feuerwerker, China's Early Industrialization, 1985年，第169页。
　　③ 《洋务运动》（六），第337、339—341页。
　　④ 《海防档》（甲），《购买船炮》（三），第976—977页；《申报》1887年3月1日。
　　⑤ 《申报》1887年3月1日；《沪报》1889年4月12日。
　　⑥ 《洋务运动》（六），第337页。

"海防要工"[1]，电报为"防务必需之物"[2]。它们在洋务派官僚的心目中，是"自强之要图"，是洋务运动的重要组成部分。

有的企业是在"筹饷"的目的下兴办的。煤铁各矿的开采，最初就是怀着这样的目的。早在 1874 年，李鸿章的筹议海防的奏折中，就要求在"南省滨江近海等处"，多开煤铁各矿，一个重要的目的，就是"榷其余利，并可养船、练兵"[3]。洋务派官僚最初兴办磁州、基隆两矿，即着眼于接济军需。[4] 兴国煤矿的筹办，着眼点也在煤矿之余利，可充防饷。[5] 同样，青谿铁厂的开办，目的既在"拨供邻省海防之需"，又在"藉补〔本省〕饷项之穷"[6]。煤铁以外的金属矿，也同样有筹饷的目的在内。如漠河金矿的目的，就在于利用开矿的盈利，报充军饷。[7] 至于有些铜、铅等矿（如云南铜矿等）的开采，则直接为了鼓铸铜钱，它和政府财政，更是须臾不可分离的了。

还有一些企业，是为了应付军火工业的需要而开办的。基隆和开平等煤矿、青谿和汉阳等铁厂的先后产生，除了筹饷以外，一个主要的目的，还是为了解决军火工业煤、铁原料的供应。而平泉铜矿、承平银矿和淄川铅矿的开办，则是为了应付各机器局制造枪炮子弹的需要。招商局的产生，除了满足漕运的需要以外，解救军火工业的困境，也是一个主要原因。因为当时两个最大的军火工厂——马尾船政局和江南制造局，由于靡费过甚，正遭到各方的攻击。洋务派官僚企图利用招商局租用这两个工厂所

---

[1]　宓汝成编：《中国近代铁路史资料》第 1 册，中华书局 1963 年版，第 131 页。

[2]　《洋务运动》（六），第 336 页。

[3]　《洋务运动》（一），第 51 页。

[4]　孙毓棠编，上引书，第 567 页。

[5]　《洋务运动》（七），第 109 页。

[6]　《洋务运动》（七），第 170 页。

[7]　《李鸿章集》第 61 卷，奏稿，第 45 页；《矿务档》第 7 册，第 4359 页。

造的轮船，为军火工业寻找出路，以摆脱困境。[①]

目标规定着发展的方向。

当津沪电线初设之时，"自南至北，所经之地，绝少商贾码头"，而"丝茶荟萃之区"，反"无支线可通"。其所以如此，则是"电报原为军务、洋务缓急备用"[②]，至于商业方面的需求，当然得不到洋务派官僚的优先考虑。

在铁路的修建上，也出现同样的情况。当津沽铁路竣工之日，在继续扩展线路的问题上，官僚与官僚和官僚与商人之间，曾经发生过激烈的争论。洋务派官僚从"海防"观点出发，要求继续修建天津至山海关一线，商人则以这一线"地滨大海"，"路僻人稀，生意不旺"，主张修建天津至通州一线。这个主张虽然得到李鸿章的同意，但却又遭到另一批官僚的反对。而李鸿章的赞成，也只是贪图承修津通路的商人对海军饷需的捐助，以至修建计划在各派官僚的矛盾中迁延不决，终于停顿。[③]

现在很多人说：从军用向民用的转向，是洋务派从图强向求富的转化。如今我们看到，所谓向求富的转向，实际在很大程度上仍是图强的继续。如果照现在有些人所说，图强是封建统治阶级的自救活动，而求富则有发展资本主义的要求，那么，如今我们也看到，洋务派之转向民用工业，也不是或主要不是说明洋务派官僚有了发展资本主义的主观要求。

当然，洋务派官僚究竟扶植了一些企业，对于这种扶植，也要有一个比较全面的看法。

现在，我们就来看一看所谓优惠待遇。

---

①　《海防档》（甲），《购买船炮》（三），第912页；参阅邵循正《洋务运动和资本主义发展关系问题》，《新建设》1963年3月号。

②　《洋务运动》（六），第337页。

③　参阅宓汝成编，上引书，第142—178页。

优惠待遇是洋务派官僚对官督商办企业的给予。有予必有求，有一方的优惠就必有另一方的报效。

轮船招商局是洋务派控制下享受优惠待遇最多的官督商办企业，然而，从招商局开办之日起，几乎每年都要从营业收入中提出所谓赈捐和筹防捐交给清朝政府，作为报效，而且报效的数额不断增加。在 70 年代末期每年的捐款不过 1 万余两，如 1878 年为 1.8 万余两，1879 年为 1.5 万余两。[①] 到了 90 年代以后，数额成倍增加。1890 年一年之中，除了捐助浙江赈款 2 万两以外，还在李鸿章的直接要求下，从公积金中提银 10 万两，指定作为赈济的预备款项。[②] 1894 年报效的名目，又有所增加，单是为慈禧做寿，招商局就一次报效了 5.5 万余两。[③] 等到中日战争爆发，户部又以筹集军费为名，向招商局勒借规银 41 万两，当时招商局也缺乏现款，只得从天津等地吸收存款凑数筹付。[④]

同样，有漕运上的优惠，就有军运上的报效。从招商局开办之日起，军运就成为招商局运输业务的一大负担。举其大者，有 1874 年至 1875 年的台湾军运和烟台军运，1881 年的山海关军运，1882 年的朝鲜军运以及 1883 年的广州军运。[⑤] 这些

---

① 《申报》1878 年 10 月 3 月、1879 年 9 月 18 日。

② 《申报》1891 年 5 月 11 日；《李鸿章集》第 11 卷，电稿，第 54 页；《交通史·航政篇》，1935 年版，第 274 页。

③ 《报告书》（下），第 45 页。

④ 同上。

⑤ 台湾、烟台军运参阅《李鸿章集》第 11 卷，朋僚函稿，第 9 页；第 15 卷，第 21 页；《洋务运动》（六），第 60 页；山海关军运参阅 Herald，1881 年 11 月 1 日，第 452 页；朝鲜军运参阅 Herald，1882 年 9 月 1 日，第 237 页；广州军运参阅 Herald，1883 年 8 月 31 日，第 247 页、1883 年 11 月 28 日，第 604 页。

军运都是低价的临时征发，能"照定数或七、八折或五、六折，从减核收"，已属万幸，如果"希图厚利"，只能"自取愆尤"①。

有垫支，就有动用。单是李鸿章在1880和1882两年之间为购买外国军舰和贷款给朝鲜政府而动用的招商局的漕运收入和局款，原定150万两，超过了1882年局欠官款的总额。② 至于招商局对洋务派所控制的其他企业（如开平、池州等煤矿和上海、华盛等纱厂）的"接济"，则更是司空见惯。所有这些企业，在洋务派官僚看来，无非都是他们的私产，资金的互相挪用与接济，都是事理之常。

发生在招商局的一切，在其他官督商办企业中，也得到了充分的反映。

在电报局，一方面局方虽然领取了官的津贴，另一方面，所有军机处，总理衙门以及各省督抚和出使各国大臣来往的洋务、军务电报，均列为头等官报，不但优先寄发，而且永不领取报资，"以尽商人报效之忱"③。

在煤矿和金属矿中，开平煤矿除了所产煤觔照章纳税并尽先供应官局需要以外，还有额外的报效④；唐山细棉土厂所产洋灰，不但"先尽军械所官用"，而且还要"按九折核算"。⑤ 云南铜矿在云南矿务局的控制下，所有产品几乎全部由官厅低价收购，"民间数十年不见商铜"⑥。漠河金矿在开办时即规定每年盈

---

① 《洋务运动》（六），第73页。

② 《申报》1882年10月15日；Feuerwerker，上引书，第158—159页。

③ 《洋务运动》（六），第337页。

④ Herald，1894年4月6日，第505页。

⑤ 南开大学经济研究所编：《启新洋灰公司史料》，三联书店1963年版，第24页。

⑥ 孙毓棠编，上引书，第710—711页。

余以 3/10 提交黑龙江将军衙门报充军饷[①]，其后又提高至 5/12。[②] 从金矿开办以迄 1895 年报效累计为 85 万余两，沉重的报效有时甚至侵及金矿的公积金。[③]

在纺织工业中，人们都知道上海织布局是李鸿章特别关注的一个企业。它在专利、减税和政府垫款方面所得到的"优惠"，上面已经谈到。这里应该指出的是：专利和减税两项特殊待遇，是出自负责局务的郑观应的要求，而且他的这个要求也没有得到完全的满足。按照郑观应的原意，生产专利应"酌给十五年或十年之限"，产品运销内地应照"洋货已进口之例"完纳 2.5% 的子口税，"概免抽厘"[④]。到了李鸿章那里，专利定为 10 年，税率改为 5% 的正税。[⑤] 也就是专利只从郑观应的最低要求，而抽税则倍于是。至于政府垫款，当上海织布局焚毁之日，在商股只能以所剩地基物料折算时，所有官款都要以后新设纱厂出纱一包、捐银 1 两扫数摊还。而这种异乎寻常的办法，还是出自政府"格外体恤商艰"，商人应"感激格外施恩，永无涯涘"[⑥]！

在各项优惠待遇之中，专利是很重要的一项。不能单纯地把专利说成是对民营企业的排斥；例如上海织布局最初的 10 年专利，出自筹办布局的郑观应，他的主张，至少有防止外商竞争的一面。[⑦] 把它说成是纯粹的垄断，甚至是官僚资本的垄断，这是

---

① 孙毓棠编，上引书，第 729 页。

② 《矿务档》（七），第 4569、4573、4610 页。

③ 同上。

④ 《洋务运动》（七），第 485 页。

⑤ 《李鸿章集》第 43 卷，奏稿，第 44 页。

⑥ 《新辑时务汇通》，第 83 卷，第 9—10 页；转见孙毓棠编，上引书，第 1075 页。

⑦ 参阅拙作《再论中国资本主义和资产阶级的产生》，《历史研究》1983 年第 5 期。

讲不过去的。但是认为洋务派一点也没有垄断，一点也没有排斥民营企业的存在，这也是不符合事实的。轮船招商局成立以后，在它的航线范围以内，除了受制于外国轮船公司以外，其他中国轮船公司，事实上是无法存在的。"所谓'招商'者也，倒成为他们从事沿海贸易与航运的最大障碍。"① 不但民营的轮船公司无法立足，甚至半官方性质的航运机构，也受到招商局的排挤。台湾商务局航运计划之受阻于招商局，就是一个例子。这个在台湾巡抚刘铭传主持之下的商务局，曾经在1887年计划订购轮船两艘，分别航行长江和华北口岸。但是这个计划，却受到以航行长江和北方口岸为主的轮船招商局的阻挠。"招商局的保护者们反对这两只船到北方贸易，认为〔这是〕对招商局商场的侵犯。"② 有些同志连这点也不承认，他们声称"李鸿章对台湾的航运业是支持的"，理由是他在"1888年曾饬令马建忠提拨轮船招商局资金向台湾商务局主持的轮船公司投资二万两"，从而表明他"也无意使轮船招商局垄断北洋航运"③。李鸿章对垄断航运的态度，赞成还是反对，当然还可以研究。但是就此一事而言，这些同志立论的根据，看来是站不住的。④ 就在所谓投资台湾商务局轮船公司的同时，轮船招商局对一个航行长沙汉口的湖南小轮公司也有过投资附股的企图，而其所以要附入股份，并不是表示支持，相反，是

① Herald, 1879年4月15日，第349—350页；转见汪熙《从轮船招商局看洋务派经济活动的历史作用》，《历史研究》1963年第2期，第68页。

② 《洋务运动》（八），第442页；参阅上引汪熙文，《历史研究》1963年第2期，第68页。

③ 胡滨、李时岳：《李鸿章和轮船招商局》，《历史研究》1982年第4期，第54页。

④ 参阅本文附记。

利用附股作为兼并的手段。[①] 可见，这种附股是不怀好意的。80年代中期郭嵩焘为湖南行走内河轮船受阻说过这样一句话："十年以前，阻难在士绅；十年以来，阻难专在官。"这里的"官"，看来就是指轮船招商局。[②] 湖南小轮公司为了不落入招商局的掌握，长期停留在筹办阶段而不得开业[③]；台湾商务局的轮船公司，虽然开业了，但也把自己的航线缩短，改航香港、汕头、厦门一线。[④]

当然，洋务派官僚并没有能够控制新式产业的各个部门，也就是说，官督商办企业，并不是所有资本主义企业产生的惟一形式，在官督商办之外，还有纯粹商办的企业，它们在某些产业部门中，甚至占主导的地位。但是官督商办企业之不出现于哪一个部门，并不足以证明那一部门中纯粹商办企业能够得到充分的发展。事情往往是与此相反的。

缫丝工业就是一个例证。在中国资本主义的发生时期，洋务派官僚的势力还没有伸进这一个部门中来。在当时全国丝业中心之一——广东珠江三角洲，首先出现了商办的缫丝工厂。但是，甚至在这些丝厂事实上存在了将近十年的漫长过程中，它们的合法地位，还没有得到官方的承认。当80年代初期南海县一带丝厂受到手工丝织业行会势力的攻击时，广东的地方官府却以丝厂未经"禀明立案"为由，将所有丝厂"永远勒停"，要各厂厂主

---

① 《招商局档案》，转见聂宝璋《19世纪中国近代航运业发展史的几个问题》，《南开经济研究所季刊》1982年第4期，第61页。

② 郭嵩焘：《养知书屋遗集》第3卷，第18页。

③ 聂宝璋，上引文，第61页。

④ Herald, 1891年1月30日，第112页。类似事件在甲午以后亦有发生。1897年盛宣怀即曾企图以添股办法将民营之戴生昌轮船公司合为招商局之内河小轮船公司，以"戴商不肯"而罢，即是一例。参阅《盛宣怀未刊信稿》，1960年版，第37页。

将机器变卖，具结"永不复开"①。使得一部分丝厂被迫迁往澳门，以求外国殖民主义者的保护。

广东地区以外的缫丝工业，特别是上海地区的缫丝工业，也许是由于它适应了外国侵略者的需要，洋务派官僚在这里没有进行干预。但是，只要出现机会，他们就要利用。山东烟台地区的缫丝工业，最足以说明这种情况。这个地区惟一的一家缫丝厂——烟台缫丝局，原来是由一批洋行买办经营的。当其转入官僚盛宣怀之手以后，所用机器不准民间仿效。②从此烟台不再成为新式缫丝工业的基地。

不仅如此，洋务派官僚还采用各种方式，对民间企业进行榨取。以"开辟地利"自命的张之洞，在他担任两广总督期间，对广东金、银、铜、铁、锡、铅各矿，自己不能一口吞下，就以招徕商办为名，企图全部纳入自己的掌握。他口口声声要"保全商本"，但却规定对所有商办矿场，不但要课以重税，而且连官方驻厂征税委员的薪给，也要由商人全部奉送。③云南民间经营的铜矿，在云南矿务局的控制下，所有产品，几乎全部由官厅低价收买。1888年矿务督办唐炯重订章程，规定嗣后民间每出铜百斤，"官买七十六斤外，准以十斤通商"，下余十四斤，却全部作为课铜。④这就是说，商民为了取得10％的产品自由运销权，必须把14％的产品白送给政府。然而，它在督办唐炯的口中，却被说成是"宽准通商"，是"民有余利"的宽大措施。⑤

① 徐赓陛：《不自慊斋漫存》第6卷，转见孙毓棠编，上引书，第964页。
② 王元綎：《野蚕录》第3卷，农业出版社1962年版，第94页。
③ 《沪报》1889年6月5日。
④ 盛康编：《皇朝经世文续编》第57卷，第43页，转见孙毓棠编，上引书，第711页。
⑤ 同上。

70 年代后期，在上海的一家报纸上，当谈到中国新式企业的投资时，出现了这样两则评论：一是"这里有许多私人资本在寻找出路，但是当一个打算进行的计划刚刚落实，政府的爪子就抓住不放，必至发起人破产而后已。这种恐惧心理，就把所有的出路都否定了"①。一是"在中国拥有巨资而有才干的人数以百计，他们都极愿把这些钱投到矿场、电报和所有能使他们富有并对国家有利的公共工程上面去，但是他们却又不得不尽一切办法隐蔽他们的财富，装成一付穷样子，否则满大人就会把他们最后的一文钱攫括以去"②。这种评论，在当时的舆论中是相当流行的。

应该怎样评价洋务派对中国资本主义的产生所起的作用呢？可不可以说，洋务派既扶植了中国的资本主义企业，同时又摧残了中国的资本主义企业呢？看起来，这似乎是一个比较全面的看法。但是，这里一个是表象，一个是本质。如果由表及里，我认为，这个似乎全面的看法，实际上是一个折衷的看法。正确的提法恐怕应该是：插手现代企业的洋务派官僚并不能承担发展中国资本主义的历史任务。

当然，洋务派官僚究竟不能完全堵塞中国民族资本发生和发展的道路。正如李鸿章自己在 1865 年所预料的，"数十年后，中国富农大贾必有仿照洋机器制作以自求利益者，官法无从为之区处"③。形势的发展比预料的迅速得多。洋务派官僚固然要捕捉这一势不可禁的形势，利用"官督商办"来为自己的阶级利益服务，新兴的资产阶级也幻想利用官督商办的形式，以求发展自

---

① Herald，1876 年 9 月 23 日。
② Herald，1878 年 10 月 3 日。
③ 《洋务运动》（四），第 14 页。

己。究竟他们是怎样结合起来的，又是怎样发生矛盾，这是下面我们所要分析的主题。

二　论"商为承办"

在"官商联络"① 的官督商办企业中，实际上存在多种力量的结合。这种结合同时又体现了官督商办企业中官商的矛盾和斗争。既有相互利用，当然也就产生相互矛盾。

第一种力量自然是"总其大纲"的官僚。轮船招商局是由朱其昂首创而"引为己任"的，但在改组之前，天津道丁寿昌、津海关道陈钦是它名义上的主持者，通过他们请准借领 2000 万串公款，作为设局商本。② 开平煤矿是由唐廷枢一手创办的，但李鸿章以"事体重大"，关系地方交涉又派了天津道丁寿昌（已卸任）和津海关道黎兆棠会同督办，"以一事权"③。电报局由官办转为官督商办之时，有郑观应、经元善、谢家福等人作为商董，但总理大权的是代表官方的盛宣怀。④ 开平铁路扩修至天津，由附属矿局改为独立的中国铁路公司时，除了原来的铁路总办和开平矿局总办以外，又由海军衙门添派一名由北洋差委的福建布政使沈保靖和天津海关道周馥为督办大员，"督率官商"，负"一切维持保护"之责。⑤ 上海织布局在彭汝琮倡办失败之后，历届接办人员之中，都有官方代表。在郑观应等人接办之时，局方即禀明郑观应"专管商务"，而由"八闽殷宦"之龚寿图、龚彝图兄

---

① 《洋务运动》（六），第 9 页。
② 同上书，第 6 页。
③ 孙毓棠编，上引书，第 628 页。
④ 《洋务运动》（六），第 339 页。
⑤ 宓汝成编，上引书，第 134 页。

弟先后"专管官务"①。企业而有官务，并且有以官的身份来管理这些官务的人，这在当时的官督商办企业中，几乎是没有例外的。

这些管理官务的人，有的也负责招股工作，甚至自己也参加投资。如盛宣怀之于电报局，龚彝图兄弟之于织布局。但是，整个地看，单纯依靠这一班官场人物的力量，事情还是办不起来的，对招徕商股，更缺乏足够的号召力量。上海织布局在彭汝琮筹办之前，李鸿章即曾根据天津海关道黎兆棠的建议，令魏纶先到上海会集商人筹办。由于魏纶先是一个官场人物，虽然他"会计最精，商情最熟"而且又得到大官僚李鸿章和郭嵩焘的支持，但是他的计划，却仍然得不到商人的积极支持而宣告流产。②

不但和商界缺少接触的官僚，没有具备招集商股的实际能力，就是以商业起家的人，对于"出头承办"洋务派官僚企业的能力，也有高下之分，并不完全一样。轮船招商局的筹办，就是一个例子。最先筹办招商局的朱其昂，是一个承办海运十有余年的沙船世家，他在筹划招商局时，既得到李鸿章的全力支持，又表现出以"身家作抵"、"引为己任"的勇气。③ 但是，他虽广为张罗，招徕的商股，却极为有限，以至不出一年，招商局便面临"股份甚少，恐致决裂"的危机。④ 只是在李鸿章先后罗致了怡和买办唐廷枢和宝顺买办徐润以及郑观应等人入局以后，招徕资本的工作才比较顺利地展开。

以起用买办的力量而扭转官督商办企业在招徕商股方面的困境者，并不只限于轮船招商局。在其他各业中，也存在同样的情

---

① 孙毓棠编，上引书，第1057页。
② 《洋务运动》（七），第457页。
③ 《洋务运动》（六），第87页。
④ 同上书，第89页。

况。筹办多年一再停顿的上海织布局，一当"久居沪上，熟谙洋务商情"的郑观应、经元善等人入局任事之后，商股裹足不前的情况，立刻发生变化。入股股份很快超过了所需招募的数额。①电报局由官办改为官督商办以后，在郑观应、经元善等人的实际主持下，招股工作，进行得非常顺利。据说，电报局的股票在市场上一度"不胫而走"，股票市价在招股之后一个月内，就出现了15％的升水，"已挂号而不得票者"大有人在。② 同样，开平煤矿一开始便在买办唐廷枢主持之下，它的招股工作进行就比较顺利。而前此的磁州、兴国等官矿，原来也准备在官款之外，再向民间招集资本，结果都是一无所得。

人所共知，买办和买办商人在官督商办企业产生以前就曾借助洋行的力量，开始了新式企业的活动。洋务派官僚利用买办上层分子的势力，作为招徕商人资本的桥梁，这在他们看来，是"顺商情而张国体"③。这些在官督商办企业中属于总办或总董地位的人物，在官僚面前，是商的代表；在商人面前则又像是官的代表。他们身居商界，但是进入官督商办企业，又是出于官的札委。他们是联络官商关系的纽带，是官督商办这种形式的企业中的一支不可缺少的重要力量。

官督商办企业中买办与洋务派官僚的结合，在若干方面，似乎增加了企业中商的权力。开平煤矿在唐廷枢主办之时，一开始就申明"此局虽系官督商办，究竟煤铁仍由商人销售，似宜仍照买卖常规"。在他所拟的《招商章程》中，规定"所有各厂司事必须于商股之中选充"并"请免添派委员"，"除去文案、书差名

① 《申报》1880年11月16日、1882年5月26日；Herald，1881年12月6日，第596页；经元善：《居易初集》第2卷，1901年版，第38页。

② 《申报》1882年5月9日。

③ 《洋务运动》（六），第5页。

目"①。而前身为官办的荆门煤矿，在1879年招商集股之时，只规定商股得派员驻局监察，却"不准干预局中公事"②。从两者的对比中，人们不难看出，开平矿的招商章程，在较大的程度上，反映了祛除官方干预的意图。轮船招商局在进行改组，由唐廷枢、徐润、郑观应等人主持以后，也出现了同样的情况。特别是在郑观应入局以后，他极力主张经营管理应按公司成例，"由众股东公举董事、总协理"，总协理不但负责局中一切商务，就是属于官务的漕运，"虽有海运委员总理，本公司亦当委一熟悉米色、公正无私之员，随同海运总理稽查"③。同样，改组以后的上海织布局，在郑观应、经元善等人的主持下，也特别强调织布局的商办性质，极力芟除"官场浮华习气"。他们一方面"仿照西法，由股份人公举""熟悉商情"的人为董事④，一方面还将"所招股本户名银数及收款存放何庄，每月清单布告大众"⑤。所有这些保障商股权力的措施，无疑地是为了取得商股的信任，便于商股的招徕。

这种祛除官方干预和保障商股权益的措施，在招徕商股方面，也发生了实际的作用。

如上所述，轮船招商局在唐廷枢、徐润主持之下，招募股本就比较顺利。1882年郑观应入局以后，即将资本扩充一倍，由100万两一次增加为200万两，不到一年，便如数招齐，而且还拒绝了一些在足额后继续要求入股的人。⑥ 出现这种情况，固然

①　参阅孙毓棠编，上引书，第629页。
②　《申报》1879年6月30日；参阅《湖北开采煤铁总局，荆门矿务总局》（以下简称《湖北矿务》），上海人民出版社1981年版，第416页。
③　《洋务运动》（六），第113页。
④　孙毓棠编，上引书，第1047页。
⑤　《居易初集》第2卷，第36页。
⑥　《申报》1883年9月5日；《报告书》下册，第33页。

与 80 年代初期中国资本主义股票市场的短期繁荣有关，但具体
到招商局，则还有它自己的特殊原因。原来在这个时候，代表官
方的几个人物、都已先后离开招商局，其中朱其昂早已病死；朱
其诏、盛宣怀被李鸿章调去做官，无法兼理局务；继朱其昂专理
漕务的叶廷眷，则在 1879 年乞假离局。因此，总揽局务的大权
全部由唐廷枢、徐润和郑观应这一班人掌握。当招商局第二次招
满资本 100 万两时，就曾经有人指出："这是由于中国商人对这
个企业渐有信心的原故。只要官僚控制着企业，这些商人总是存
有戒心的。现在官老爷们有的离职了，有的不参与管理了，商人
们才敢投资入股。"① 人们都知道，在两次增资中，买办徐润发
挥了很大的作用，除了自己先后附股 48 万两以外，他"招徕各
亲友之入股者，亦不下五六十万两"②，占据商局资本总额一半
以上。

上海织布局的招股情形，亦复如此。在郑观应等人入局以
前，织布局在代表官方的戴景冯、吴仲耆、龚寿图等人的主持
下，招股工作根本无法进行。在郑观应等人入局以后，招股工作
也变得非常顺利。最初他们怕商股不来，除了缩减招股定额以
外，还打算仿照轮船招商局先例，要求官方酌拨公款接应。不料
招股公告发出不到一个月，入股者即大大超过定额。原来他们借
口"非禀承宪示请拨官款，不足以昭郑重"，要求官款接应，这
时却以"历来官局易招物议，若承领官款，则属目尤难"为辞，
转而拒绝官款了。③

应该看到，这些保障商股权力的措施，只是在一定的程度

---

① Herald，1881 年 10 月 4 日；转见汪熙前引文，《历史研究》1963 年第 2 期，第 80 页。
② 徐润：《徐愚斋自叙年谱》，第 86 页。
③ 《洋务运动》（七），第 486 页。

上，使商人对官督商办企业的信心有所增加，并没有完全消除商股停滞不前的情况。开平煤矿虽然一开始就在唐廷枢主持之下，而且对保障商股也作了一些具体规定，但是在招徕商股方面，最初却并不成功。当1878年首次招股时，一般商人对它还抱着观望的态度。因此，计划招募的80万两资本，只招足1/4。[①] 1887年中国铁路公司在天津公开招股时，"尽管在招股章程中保证，公司总办和经理的行动不受官府影响，保证公司纯然是商业性企业，但却没有人认股，实际上没有一个人附股"[②]。轮船招商局，在唐廷枢、徐润主持之下，招徕资本虽然比以前顺利一些，但也并不理想。第一次资本100万两，经历了8年的时光才募足。在盛宣怀、朱其诏等官方人物离局以前，一般商人都"不愿承购轮船招商局的股票"[③]。可以看出，那些在招商章程中立下的祛除官方干预的条款，并不足以完全消除一般商人对官督商办企业的疑惧。

另一方面，这些有限度的保障商权的措施，却引起了视企业如衙门的官方人物的反感。上海织布局在郑观应、经元善等人入局以后所实行的一套争取商股的办法，遭到了总理官务的龚寿图等人的严重反对。双方的冲突延续了很长一个时间，最后还是以经元善去职而结束，而留下来的郑观应，虽然担任了商务总办，但与官总龚寿图也经常处在矛盾的状态中。[④]

总起来看，在实际掌握官督商办企业的经营大权的人物中，虽然也存在着保障商股激发商权的力量，但是实际的效果看来是微小的。特别是80年代中期以后，几个大的官督商办企业，如

---

① 《开平矿务创办章程案据汇编》，1896年版，第24页。
② Herald，1887年4月29日，第458页；转见宓汝成前引书，第135页。
③ Herald，1878年2月14日，第152页；转见孙毓棠编，上引书，第635页。
④ 《居易初集》第2卷，第36—38页。

招商局、织布局等，先后落入官僚盛宣怀、杨宗瀚等人之手以后，官僚的势力有了明显的增长。一般商股在企业中更是处于无权的地位。正如 1887 年在轮船招商局有过投资的天津商人们所说的："局中有着他们的资产，但处理这些资产，则从未征询过他们的意见，他们对局中事务已无发言权。"[1] 当 1882 年郑观应被委为招商局帮办之时，他就担心"官督商办之局，权操在上"，官商维系，难以久远。[2] 从郑观应所处的阶级地位看来，这是颇有远见的忧虑。

然而，对官督商办企业中的一般商股说来，这并不是仅有的忧虑。作为官督商办企业中的官商纽带，如唐廷枢、徐润这一班人物，并不能代表一般商股，特别是中小商股的利益。开平煤矿在唐廷枢主持之下，虽然规定："所有各厂司事，必须于商股之中选充"，但接着又规定：只有认股 1 万两的大股东，方"准派一人到局司事"[3]。至于由官僚盛宣怀以及接近官方的李金镛主持下的荆门煤矿，甚至派一名不准干预局中公事的驻局监察，也只限于"满足百股"的大股东，"其余零股，均不得派人驻局。"[4] 总而言之，一般中小股东，是没有过问企业经营管理的权力的。在唐、徐等人上台以后，买办和买办商人的势力，掌握了招商局的大权。总局和主要分局的商董，大部分都是买办。各分局、船、栈总管之缺，"向归总办分派，非唐即徐"[5]。"执事者，尽系粤人，它省外府者未闻有一人与于其内。"[6] 这种排斥

① Herald, 1887 年 4 月 29 日，第 458 页；转见宓汝成前引书，第 135 页。
② 《洋务运动》（六），第 110 页。
③ 孙毓棠编，上引书，第 630 页。
④ 《湖北矿务》，第 416 页。按李金镛主持的漠河金矿，也有同样的规定。参阅孙毓棠编，上引书，第 729 页。
⑤ 《洋务运动》（六），第 125 页。
⑥ 《申报》1875 年 3 月 31 日。

中小商股的少数人把持，便利了他们一己营私舞弊的活动，使得企业的发展受到严重的挫折。轮船招商局之受累于徐润、唐廷枢，本身就是最好的证明。而郑观应在上海织布局利用职权，进行投机活动，使织布局的筹建工作一再宕延，连他自己也不得不承认："措置失当，咎无可辞。"①

在这种情形之下，企图借官督商办的方式以求自身发展的一般商股，自然难以实现他们的希望。上海织布局从筹建到开工，经过12年的漫长岁月，其间不但没有发过一次股息，而且连股本也一再被经营者侵蚀损耗。郑观应在局时如此，他离职以后，继任的龚彝图、龚寿图兄弟以添股整顿为名，一次将旧股打了一个七折，而无力添股的中小股东，则只能并旧股三股换新股一股，承担了加倍的损失。② 龚氏兄弟接手以后，不到两年，又发生了亏空，以至有人要"邀集股东诸君"，"与其理算，以顾众商血本"③。轮船招商局在徐润、唐廷枢等人的主持下，虽然一再扩充资本，但仍不免负债累累。其后在政府债款之外，又接受了大宗的洋债。等到徐、唐等人离局以后，局务由盛宣怀一人把持。他通过各种投机取巧的办法，掌握了招商局的大部分股权，实际上把它变成了自己的私产。开平煤矿是惟一经营比较成功的官督商办企业，然在最初10年间，一般商股也没有分到一文股息。而在金属矿中，有的甚至还没有正式开办就已经把商股消耗得干干净净。（如鹤峰铜矿等）。漠河金矿是仅有的能获利的一个官督商办金矿，但它的全部盈利中，"各股友余利"只占50％，其余一半由所谓"员司花红"和"黑龙江军饷"瓜分。④ 至于铁

---

① 《洋务运动》（七），第490页。
② 孙毓棠编，上引书，第1058页。
③ 《申报》1890年11月1日。
④ 孙毓棠编，上引书，第739页。

路、电报，原来就在国家严格控制之下，要"保证〔商人〕所投资金不被剥夺，并让他们取得对企业应有的管理权"，更是难以指望了。[①]

由此可见，在官督商办企业中存在的官商矛盾中，洋务派官僚居于矛盾的主要方面。然而，即使这样，官督商办仍然不失为中国资本主义发生的一种形式。在半殖民地、半封建社会中产生的民族资本主义和民族资产阶级，从第一天起就缺乏独立发展的力量。它总是在入侵的外国势力和国内居于统治地位的势力两者之间，选择依靠其中的一个，尽管这种依靠并不能给它带来实际的出路。这是中国民族资本主义和民族资产阶级先天软弱性的具体表现，也是中国资本主义有所发展而又不能充分发展的根本原因。关于这一方面的情况，我在《试论中国资产阶级的产生》[②]以及其他有关的论文中，已经略有涉及，这里就不重复了。

附　记

关于台湾商务局与轮船招商局之间的关系，我在 60 年代初从西文方面搜集到一些材料。十年动乱期间散失。现在经过努力，重新找到其中的两则。节译如下，以供读者参考。此外，在《李鸿章集》中，也有一则与此有关的函件，该件曾为樊百川同志所引用，见其所著《中国轮船航运业的兴起》一书（1985 年四川人民出版社版）。兹一并录出。又近代史研究所张伯昭同志最近来信指出本文中若干史实不尽恰当确切之处，多所匡正。作者获益甚多，附此志感。

---

① Herald, 1887 年 4 月 29 日，第 458 页；转见宓汝成、上引书，第 135 页。
② 《中国社会科学》1981 年第 5 期。

现将上述三则材料补列于下：

一　台湾巡抚刘铭传复直隶总督李鸿章函

（译自《北华捷报》1887 年 9 月 10 日，第 288—289 页）

光绪十三年六月二十二日尊处来函，内开：据轮船招商局局董盛、马、沈道① 具呈：招商局前会办张前道鸿禄最近来沪，与某外商② 签订协议，订购快轮两艘，一艘航行华北各口，一艘航行长江。现拟租用怡和洋行码头，以备两轮到沪停泊。具呈人还获知：张前道在其中拥有大量股份，并邀集商人入股，以获取厚利相号召。假为公众谋福利之名，行与轮船招商局争利之实。此事经具呈人详查，证据确凿。

轮船招商局奉旨开办于十余年前，创业维艰，历尽沧桑渐除积弊，近两年来始稍有转机。然内外负债已属不少。偿债有责，既不能失信于远人，更不能有亏于国库。而偿债之方，惟轮船水脚是赖。然目前船多货少，以轮船水脚偿还债款，已岌岌不可维持。而张前道在招商局之外，复行招股购轮，势必引起激烈争竞，造成水脚下跌，双方蒙受损失。

轮船招商局与怡和、太古两行订有协议，禁止所有其他中外轮船公司航行长江和华北各口，为此降低运价，亦必联合行动。因此，数年以来，中外人士均未敢购置浅水快轮，插手此间航运。

窃以为招商局之所以创办，在于挽回外商侵夺之利权。然如

----

① 盛宣怀、马建忠、沈能虎。

② 系美最时洋行（Messrs. Melchers & .Co.），参阅《北华捷报》1889 年 7 月 6 日，第 4 页。

我国人自相争伐于内，招商局固蒙受损失，更难清偿所借官款，而我之所失，又不能为台湾当局所得，必致两败俱伤。

当光绪八年间，甬商叶澄衷呈请设立广运局，彼时即以与招商局争衡，未获批准。其时张前道尚在招商局任事，必有所闻。今张前道出局，乃重演叶君故技，其用心显在倾覆招商局，树立一己势力，不能不令人怵目惊心。

具呈人反复思维深惧台湾巡抚不悉内情，为其所蔽。故特请宪台知会台湾巡抚，务使商务局所购轮船，只限航行福建、广东两省港口，不得侵入长江或天津一线，以与招商局抗争，使双方均受其害。敬请查核，并候复示。

对尊处来函，已就此作如下批复：

据具呈：革道张鸿禄由台来沪，并自外商购进快轮二艘，航行长江和华北各口，进而商请怡和洋行出租上海码头，供其使用。假提倡公益之名，行与招商局争利之实。据查，光绪八年间，叶澄衷等商曾请建置轮船，设立广运局。当时即以招商局重在挽回利权，并已与外商签约在先，加以阻禁。目前招商局资力未充，所借外债、户部官款以及各省协济款项，均未归还，追呼甚急。惟一偿还外债之方，端赖轮船专利。该局创业维艰，守成不易，理应曲予维持，断不允华商与之争竞。

张革道原曾协理局务，乃因经营无方，予以开革。现经整顿，局务渐有起色。官款清偿与资本更张，均寄厚望。对此该革道不思悔过自新，安分守己，反图另筹资本，购置轮船，阑入长江及北方各埠，侵夺招商局生意，蓄意损害，其卑劣用心，至不可问。决不准行。

且招商局与怡和太古，订有齐价合同，无论中外轮船加入竞争，三公司必联合一致降低运费，以为抵制。是该革道之计划，不独增招商局之损失，即台湾当局，亦必受其牵累。不智孰甚。

为此，本督将即通知台湾刘巡抚，请其立示该革道：所购两轮，只许在台湾、福建、广东各之间航行贸易，非得本督批准，不得阑入长江及北方口岸，以免与招商局竞争，两败俱伤。本督将同时通告南洋曾大臣①，并另示上海、天津及其他各口关道，一体查照。并望尊处酌情处理见复。

据此，本院函复如下：

台湾贸易之发展，久为朝廷所关注。该岛远离大陆海岸，并已另建行省。因此建立内地与各口之联系，以发展岛上居民文化，实属必需。修建快轮航行各口，亦有此意在内，固非止于赢利。而招商局盛道等呈请：不许台湾快轮进入长江、天津，令人愕然，盖商旅之中，以一人而独揽众口贸易，中外法律均无先例。且在天津及长江沿岸各开放口岸中，所有外国船只，均可自由进出贸易，何以台湾快轮独被禁止航行，具呈人谓招商局之设立，在于争回洋商夺去之利权，然则何以独不许台湾商务局参与争洋商之利？无论台湾轮船之地位如何，阻禁其进入长江、天津，均于法理无据。况招商局与怡和、太古，订有齐价合同，即令有所损失，亦必中外均摊，非独招商局一家独任。且长江线上，除三家公司以外，尚有不在协议之麦边公司轮船，航行其间，各国野鸡船亦终年航行不断。该道对此何以不加阻禁，而独以阻禁中国商人为务？似此外国商人始有独占贸易之权，与政府推进中国繁荣之宗旨大相迳庭。虽然尊处前曾禁止叶商设立广运局，但该局并非奉旨开办，因此不能与官商合办之台湾商务局相提并论，其义至明。

至张鸿禄个人与盛道等，原属同僚，彼此互相猜忌，同遭诘责，不能由张一人独任其咎。敝处之所以委任者，乃因其熟悉商

---

① 曾国荃。

情，为可用之材。彼不似马建忠一味取媚外人，不顾名誉。至于租用怡和码头，招商局正可自求适应之道，不应坐待外人独揽生意。该道等事先并未禀报本院，以求妥协各方，乃擅自具呈尊处，企图维护一己专利假公济私，驯至使中国沦为外人傀儡，可耻孰甚。

本院现已具奏，委派候补道杨宗瀚为台湾商务局总办。深望尊处对此两大航运企业，一视同仁。并示盛道与杨道就此进行妥议，日后台湾轮船航行长江、天津，亦可使用招商局码头，并按常例缴纳租费，俾两公司通力合作，利权不致外溢。有关条例，应予拟定呈报。

除通报南洋大臣外，相应函复，即希查照。

二 英国驻淡水代领事班德瑞（F.S.A.Bourne）商务报告
（译自《英领报告》1888 年，淡水口，第 2 页）

台湾巡抚刘铭传接受轮船招商局前会办的建议，成立台湾商局，从英国置办轮船二艘，抵达台湾。这是本年航运业的一件大事。商务局的目的，据说是在开发本岛资源，但创建者的真正意图，可能是同轮船招商局以及与之联盟的两家英国公司进行竞争，以期分享长江和上海、天津一线的客货运输业务。轮船招商局有李鸿章为后台，完全有力量破坏他们的计划。因此双方达成协议，由轮船招商局接收两艘轮船。双方的安排拖延了几个月。在这段期间内，由台湾巡抚临时移作非营业性运输之用。这两艘在英国建造、成本达五万九千两的轮船，并没有很好地实现预期的目的。事实上它根本不能进行任何有利可图的营业，除非不惜任何工本。因此，可以认为台湾商务局已经破产。它的失败只是中国人无力从事股份企业的许多事例中的一个例证。关于这一点，本报以后还将继续加以论述。

三　李鸿章致盛宣怀、马建忠电，光绪十四年八月二十一日
（录自《李鸿章集》第 10 卷，电稿，第 23 页）

省帅① 二十电：杨② 电台船③ 不能合，举叶成忠代办。小村④ 恐有碍商务大局，劝将台船照原价让归商局，⑤ 以免将来争斗。鄙意台湾造船原为通内地声气，非为同商局争利，今走天津，专为谋利，全失本意，已许小村议让。

（原载《历史研究》1985 年第 4 期，原题目为
《洋务派不能承担发展中国资本主义的历史任务》）

---

　① 　刘铭传，字省三。
　② 　杨宗瀚。
　③ 　台湾商务局。
　④ 　邵友濂，字小村。时任台湾布政司。
　⑤ 　轮船招商局。

中国近代社会、近代资产阶级和资产阶级革命*

　　孙中山领导的中国革命的历史意义，作为一个学术问题进行探讨，海外学者直到现在还存在不同的看法。在大陆学术界中，对于这一革命的资产阶级民主革命性质，似乎早已取得一致的意见。但是在问题的分析上，也存在着差别。本文是在前人研究的基础上，就这个问题提出自己的一点粗浅见解，对当前学术界存在的分歧，贡献一点刍荛之见。

　　对于这个问题的研究，个人认为应该有三个层次。一是中国的近代社会，一是中国的近代资产阶级，一是中国的资产阶级革命。要研究中国资产阶级革命，必先研究中国的近代资产阶级，而要研究中国的近代资产阶级，又必先研究中国近代社会。这是一个合乎历史唯物主义的逻辑层次。

　　以下就按这三个层次的先后顺序，略陈己见。

---

　　* 本文系为纪念孙中山诞辰 120 周年而作。

一　中国近代社会

近代中国社会是一个半殖民地半封建社会，这是一个在概念上没有争议然而在认识上并不一致的命题。在有关中国近代社会性质的著作中，半殖民地的性质的阐述，还比较容易取得一致。但是对于半封建的涵义的解释，实际上存在着重大的分歧。远的不说，姑举最近一例。

中国近代史专家李时岳同志在 80 年代初，提出了一个值得重视的见解，他在 1981 年和 1984 年发表的文章中，两次指出这一见解的重要性，即："近代中国社会的发展，实际上存在着两个而不是一个趋向：一是从独立国家变为半殖民地（半独立）并向殖民地演化的趋向，一是从封建社会变为半封建（半资本主义）并向资本主义演化的趋向。""前者是个向下沉沦的趋向，后者是个向上发展的趋向。"所谓"陷入半殖民地半封建深渊"的提法，在作者看来，是不能成立的。因为它没有注意到"在这个整体运动中还存在着向上发展的因素"[①]。根据作者的论证，人们可以得出这样的结论，那就是：中国近代社会，既可以说是半殖民地半封建，也可以说是半殖民地半资本主义。因为半封建＝半资本主义。

一个社会在它的历史发展的某一阶段上，可以处在一种社会形态向另一种社会形态转变的过渡时期。在世界历史上，16 世纪以后的英国，就是这样一种情况。那里"封建特征与资本主义

---

① 以上引自李时岳：《中国近代史主要线索及其标志之我见》，载《历史研究》1984 年第 2 期。参见李时岳《近代中国社会的演化和辛亥革命》，载《纪念辛亥革命七十周年学术讨论会论文集》上册，中华书局 1983 年版。

特征错综交杂在一起，形成一个既非封建又非资本主义的整个社会"①。它是处在 1540—1640 年第一次产业革命和 1760 年以后第二次产业革命的间隙期。② 封建经济开始趋于分解，资本主义还没有完全确立。把它称之为半封建半资本主义，也许还讲得过去。但是，把半资本主义的概念应用于 1840 年以后的中国，至少有两个方面值得研究。

一是新的资本主义的产生。近代中国出现了资本主义，这是不容否认的。鸦片战争以后，中国不再是一个完整的封建社会，出现了代表新生产力的资本主义经济。但是，最先在中国出现的资本主义现代企业，是从哪里来的呢？它是从入侵中国的外国资本主义中开始的。它是先于中国资本主义现代企业的产生而存在的。外国在华的第一家修造船舶的工厂——广州柯拜船坞，成立于 1845 年，先于中国自制轮船的江南制造局 20 年。外国在中国内河的第一家轮船公司——旗昌轮船公司，成立于 1862 年，先于中国轮船招商局 10 年。外国在华的第一条铁路——上海吴淞铁路，建成于 1876 年，先于中国自建的唐胥铁路 5 年。而国外在华的第一家银行——丽如银行，1845 年即始设分行于广州，先于中国通商银行 52 年。外国在华最早的保险公司，可以上溯到鸦片战争以前的于仁、谏当两保险行，先于中国的保险招商局，都在 40 年以上。③

外国资本主义企业不但在时间上先于中国资本主义企业而产

---

① A. L. Morton（莫尔顿）：A People's History of England（《人民的英国史》），1979 年版，第 165 页，译文据谢琏造等人译本，三联书店 1958 年版，第 130 页，略有改动。

② 同上书，第 165 页，中译本，第 129 页。

③ 以上参阅拙著《十九世纪西方资本主义对中国的经济侵略》，人民出版社 1983 年版，各页。

生，而且在实力上也优于中国资本主义企业而存在。在许多工业、交通和金融部门中，外国资本占有压倒的优势。在 20 世纪30 年代的上半期，外国资本控制的企业，占有中国生铁产量的95％以上，机械采煤量的 65％以上，发电量的 55％以上。棉布产量中外厂所占最高达到 65％。卷烟产量中外厂所占最高达到58％。① 而且外国工厂的生产，又是带有垄断性的大规模生产。如美商上海电力公司的发电量，相当全国各华厂发电量的总和，英商颐中烟草公司的产量，超过所有华商烟厂的产量。② 当中国商办船厂制造第一艘轮船的时刻，国外船厂至少已经出厂 56 艘大小轮船；当外国船厂已经开始制造载重两千吨轮船的时刻，中国商办船厂制造最大的轮船，不过 115 吨。③ 同样，在 20 世纪30 年代的交通运输业中，外国资本也占很大的比重。30 年代中期，中国铁路由外国直接经营和间接控制的，分别为 47％和44％；航行长江的三大外国轮船公司——怡和、太古和日清——所支配的船舶吨位，为中国轮船招商局的 3.5 倍。④ 在金融业中，外国在华银行，拥有雄厚的资本和可以运用的资金。20 世纪之初，外国银元和外商银行发行的纸币，估计约在 14 亿元以上，超过了中国银元、银辅币、铜元、制钱和中国钞票流通量的总和。⑤ 20 世纪 30 年代中期，所有外国银行的资本，包括总行在外国和设在中国的在内，折合成当时的中国货币，共达 12 亿元，相当于中国银行资本的 3.3 倍。⑥ 作为可以运用的资金的存

---

① 以上根据严中平等编：《中国近代经济史统计资料选辑》，科学出版社 1955 年版，第 124、128、130—131 页。

② 同上书，第 113 页。

③ 参阅拙著《十九世纪外国资本主义对中国的经济侵略》，第 293 页。

④ 严中平等编：《中国近代经济史统计资料选辑》，第 190、248 页。

⑤ 千家驹、郭彦岗：《中国货币发展简史和表解》，1982 年版，第 99 页。

⑥ 巫宝三主编：《中国国民所得》上册，中华书局 1947 年版，第 111 页。

款，仅17家主要外国银行就达到14.1亿元①，而当时25家中国主要民营银行的存款额为13.6亿元②，后者反居前者之下。外国银行还经手对中国的贷款，在中国政府的全部外债中，占有最主要的份额，具有左右中国资本市场的力量。而中国对外贸易的金融周转，早期完全掌握在外国银行手中，直到20世纪30年代，还占有90%。③由于外国银行的雄厚实力，包括外汇、金银市场在内的上海金融市场的控制权，实际上是操纵在以汇丰银行为首的外国银行手中。

对比之下，中国资本主义现代企业的发展，就非常微弱。一直到20世纪30年代，它在整个国民经济中仍然不占主导的地位。以资本主义的主要部分现代工业而言，它在30年代所达到的水平，仍然是很有限的。包括所有雇工在30人以上、使用机器的小厂在内，全国新式工厂，一共不过3100余家，产值只相当手工业的1/4。在整个国民经济中，所占比重不足10%。④也就是说，不计算外国在华资本，单纯计算本国自有的资本，中国至多只有10%的资本主义，还谈不上是半资本主义。

这样一种单纯根据计量的提法，也许是荒谬的。我们决没有拿10%的资本主义替代半资本主义的提法的意思。我们的意思只是说：谈到中国境内的资本主义，不区别外国资本和中国资本，把它们笼统称之为中国资本主义，固然是不恰当的，但是在谈到中国本国的资本主义时，不结合外国在中国的资本主义，加

---

①　根据日本东亚研究所调查，参阅《诸外国之对支投资》第一编，1942年版，第2页。原单位为美元，按当时汇价换算。

②　据中国人民银行上海市分行金融研究室整理：《金城银行史料》，上海人民出版社1983年版，第348页。

③　G. C. Allen 等，Western Enterprises in Far Eastern Economic Development，1954年版，第110页；杉村广藏：《列国对支投资概要》，1943年版，第78页。

④　巫宝三主编：《中国国民所得》上册，第12、64—66页。

以考察，恐怕也未必恰当。而一当两者结合起来加以考察，那么，这样一种资本主义的格局，显然不能代表中国"向上发展的因素"。相反，它正是中国"陷入半殖民地半封建深渊"的一个标志，是中国资本主义之所以区别于正常的资本主义的重要标志之一。

另一个需要研究的方面是原有封建经济的变化。封建经济中资本主义成分的出现，主要是农村中富农所代表的经济关系。鸦片战争以后、特别是甲午战争以后，伴随着通商口岸的增设、内河轮运的扩大、铁路的兴建、新式工业的兴起以及出口贸易的增长，中国农产品的国内外市场和农产品的商品化有一定程度的扩大。伴随着农产品商品化和商业性农业的扩大，是封建经济与商品经济联系的加强、农民两极分化的加剧和富农经济的增长。这是一个全国性的现象。到了 20 世纪，全国富农户数约占全国总农户的 6%。[①]

但是，中国的富农经营，一般规模很小。经营的方式也很落后。他虽然也租进土地，但他占有的耕地面积，一般大于他所经营的面积。很多富农把土地分散租给贫农耕种，收取苛重的地租，并且通过商业高利贷剥削贫苦农民。中国富农虽然也雇用工人，但存在于他们之间的雇佣关系，并不纯粹是资本主义的雇佣关系。很多雇工遭受高利贷的剥削和封建宗法关系的束缚。总起来看，中国富农经济，带有很大的封建性。它是在封建轨道上行进的富农经济。它很容易向地主经济倒退而难于走向资本主义农场发展的道路。与此同时，入侵的资本、帝国主义，也不是来促进中国农村的资本主义化。它的经济侵略，一方面部分地分解了中国的自然经济，一方面又尽量保持资本主义前期的一切剥削形

[①]　何均：《旧中国农村中的几种经济关系》，载《近代史研究》1983 年第 2 期。

式，以便利其榨取广大的中国农民。以为帝国主义的经济侵略促进了中国农业资本主义的发展，甚至说中国农村经济已经半资本主义化，这是不符合事实的。整个中国近代农村经济，仍然是一个"向下沉沦"的局面。

总起来说，近代中国封建社会向半殖民地半封建社会的转变，这是历史的沉沦，不是时代的进步。半殖民地半封建，这是一个不可分割的整体。中国这一东方巨人的近代苦难，也是一个完整的历程，当他的一只脚踏进半殖民地社会，另一只脚必然进入半封建社会，而不是什么半资本主义社会。用半殖民地半资本主义的提法取代半殖民地半封建的提法，以之为中国近代社会定性，那既没有如实地反映近代中国的历史现实，也不能正确指明明日中国的发展方向。君临近代中国的，不是取代封建主义的中国资本主义，而是在封建主义之外，又加上入侵中国的外国资本帝国主义。帝国主义和封建主义是"同官斯土"的。[①] 中国人民只有推翻压在身上的帝国主义、封建主义以及后来作为帝国主义附庸出现的官僚资本主义，才能得到彻底的自由和解放，才能有真正的光明远大前途。只有充分理解这一点，我们才能真正认识到：孙中山提出的民族革命、政治革命和社会革命、亦即后来的民族、民权、民生三大主义的光辉思想，出现在80年前的中国，具有多么伟大的历史意义。

***

① 这是19世纪80年代中国上海道台给英国驻上海总领事的信中的一句话。原话是："本道与贵总领事同官斯土"。这句话反映了当时中国统治者和外国侵略者的关系，反映了整个近代中国的现实。见《字林沪报》，1884年7月9日。另一位上海县太爷来得更爽快，他在给上峰的一份呈报中径直地说："上海是由外国人和中国人联合统治的。"见 North China Herald（《北华捷报》）1899年7月31日，第231页。

二　中国近代资产阶级

　　中国近代社会的特点规定着中国近代资本主义和资产阶级产生的特点，规定着中国资产阶级的特点。

　　关于半殖民地半封建社会条件下，中国资本主义的产生，学术界也有不同的意见。早在 60 年代的前半期，中国近代经济史专家樊百川同志和清史学者戴逸同志就发表了两种不同的看法。樊百川同志认为："19 世纪中叶以前，中国手工业在封建主义制度下的发展产生了资本主义的萌芽，但并没有成长为资本主义的工场手工业。"外国资本主义的入侵，使中国手工业中发生的资本主义萌芽，"失掉了生长的基础，从而也就失去了成长为资本主义工场手工业和由此过渡到大机器工业的可能"。中国的资本主义大机器工业，是"由于外国机器工业的刺激，一部分从封建势力控制下的官办军事工业逐步演变而来，一部分在托庇于外国资本主义势力之下而逐渐发展起来的"。"而它的独立发展的正常道路，则从此被永远截断。"①

　　和樊百川同志相对，戴逸同志认为："中国封建社会末期社会经济和手工业生产所达到的水平，是中国近代机器工业由以产生的出发点和内在根据。离开了这个出发点和内在根据，近代机器工业的出现就会成为不可理解的事情。外国的侵略可以改变中国经济发展进程的方向和速度，但是不可能一刀斩断这个进程。中国近代机器工业某些特点的形成，可以而且必须从以往经济发

---

　　①　樊百川：《中国手工业在外国资本主义侵入后的遭遇和命运》，原载《历史研究》，1962 年第 3 期。1985 年收入黄逸平编：《中国近代经济史论文选》时（上海人民出版社 1985 年版），作者作了个别订正。

展的情况找到解释。"①

戴逸同志的提法,是比较委婉而含蓄的。他说:"外国的侵略可以改变中国经济发展进程的方向,"但不能"斩断这个进程"。究竟"改变进程的方向"和"斩断这个进程"这两个概念是怎样区别的?或者说:"进程"的内容,究竟指的是什么?人们是不容易弄清楚的。他说:"中国近代机器工业某些特点的形成可以而且必须从以往经济发展的情况找到解释",这些特点中,包括不包括中国资本主义机器工业本身产生的特点?这也是不很明确的。

在这个问题上,另一位经济史专家吴承明同志的意见,就明确多了。他说:"在中国,也有些同志认为,明清以来的资本主义萌芽,由于帝国主义的入侵,中断了。鸦片战争后近代工业的建立是另起炉灶,与原来的资本主义萌芽并无继承和发展关系。这可称为'中断论'。而中断论也自然导致外铄论。"②

什么是外铄论?吴承明同志说:"外铄论和移植论,都是一种无视事物发展内因的纯外因论。他们否定中国封建社会内部的任何能动因素。这种反历史、反辩证法的观点是完全错误的,但绝非是孤立的。"③

吴承明同志的论点是针对中国的托派所宣传的"理论"。托派的错误,在于否定中国近代社会的半殖民地半封建性质,在于

---

① 戴逸:《中国近代工业和旧式手工业的关系》,《人民日报》1965 年 8 月 20
日。

② 吴承明:《中国资本主义的萌芽概论》,载吴著:《中国资本主义与国内市
场》,中国社会科学出版社 1985 年版,第 178 页。

③ 同上书,第 176 页。

把帝国主义的入侵说成是使中国"发展到资本主义国家"的推动力量，在于取消了反帝反封建的中国民主革命的任务，从根本上否定了中国共产党领导的中国革命的道路。这和我们现在的讨论，完全是两回事情。

承认帝国主义的入侵，使封建主义的中国成为半殖民地的中国而不是资本主义的中国，这是根据中国内部条件、运用马克思主义的理论于中国的实际所得的结论。同样，承认在半殖民地半封建社会条件下产生的中国资本主义不可能像资本主义国家那样通过手工业——工场手工业——大机器工业而产生，也是运用马克思主义理论于中国内部社会条件所作的分析。这里并没有违反历史，也没有违反辩证法，更非什么外铄论。相反，一方面承认中国近代以进入半殖民地半封建社会而开始，另一方面，却又把半殖民地半封建社会条件下中国资本主义的产生，说得和正常的资本主义一模一样，这倒是有些近于孤立的比附。中国资本主义的产生，不是或主要不是由手工业——工场手工业——大机器工业而来，而主要是由一部分和手工业没有联系的官僚、地主和商人对新式工业的创办而来。这不是什么外铄论，这是中国历史的必然。封建地主官僚和包括一部分依附外国势力的买办在内的商人之成为中国资本主义现代企业的创建者，这一客观事实在一定程度上规定着中国民族资本主义得不到真正的发展，规定着中国民族资产阶级的软弱。

半殖民地半封建社会中资产阶级力量的软弱，这是已有的一致结论。然而观察的角度，却可以多种多样。老一辈史学家黎澍同志在分析辛亥革命中革命党人何以不能保持政权的时候，引用马克思反复强调过的一个观点，即"资产阶级实行统治的经济条件，没有充分成熟。"这是完全恰当的。资产阶级缺乏实行统治的经济条件，这正是资产阶级软弱的表现。黎澍同志接着从以下

三个方面展开论证：第一，从资本主义企业的量数看，截至
1911年，中国还只有近代厂矿企业562家，资本1.32亿余元。
"比照我国的土地人口及庞大而又原始的封建农业经济来看，仍
不能不认为数量甚微"。第二，从资产阶级的贡赋在国家财政收
入中所占的比重来看，情况也是如此。作为清末资产阶级的主要
贡赋——厘金在1910年清政府的财政预算中所占的份额最多不
过9.43%。第三，从资产阶级在全国人口中的比重看，1908年
全国有商会组织262处，包括会董、议董在内，全体会员估计有
7784人，不及当时成年男子人口的万分之一。"为数实在太
少。"①

　　中国资产阶级数量上不够壮大，这是事实。从以上三个方面
进行论证，似乎也能给人以中国资产阶级之所以软弱的答案。但
是，把这些数字所反映的状况和正常的资本主义国家比较，人们
又会得出相反的印象。就拿商会组织来说，英国的商会最早出现
于19世纪初叶。例如最早的伯明翰和曼彻斯特商会，分别成立
于1813年和1820年②，其他的城市，还要更晚一些。如果说，
中国在辛亥革命之前三年，已有商会组织262处，那么，英国的
资产阶级商会组织，却出现在资产阶级革命一百多年之后。黎澍
同志以中国资产阶级的人口还占不到全国成年男子人口的万分之
一，证明"他们的作用终不能不因数量太少而受限制"。然而，
在18世纪的英国，这种限制也是有目共睹的。"在1803年制定
的一个18世纪英国名人表里，人们找不到一个工厂主或发明家

----

　　① 黎澍：《辛亥革命几个问题的再认识》，原载《中国社会科学》1981年第5
期。收入《纪念辛亥革命七十周年学术讨论会论文集》时作了修改补充。

　　② J. H. Clapham（克拉潘），An Economic History of Modern Britain（《现代英
国经济史》上卷），姚曾廙译，商务印书馆1964年版，第387页。

的名字。"① 相反，中国清末各地商会的纷纷出现，恰恰被许多学者"看作是中国资产阶级已经形成为一支独立的阶级队伍的重要标志"②。其次，再拿工厂的设立来看。如果说，在辛亥革命以前，中国自办的现代工厂，已经有了将近40年的历史，那么，在英国资产阶级革命的时候，英国的现代工厂，还没有开始启动。一直到100多年以后的1785年，蒸汽机才第一次用来发动纺纱机。③ 如果说，中国在辛亥革命之时，已有现代工矿企业562家，那么，沙俄在改革之后5年（1866），使用蒸汽机的工厂，还只有307家。④ 可见，无论是同先进的英国或者落后的沙俄比较，中国的资产阶级，还是略胜一筹的。至于工商税收的数额，我们可以拿中国的情形和日本比较。日本在明治维新以后十年，商工税收仍只占国家全部税收的3.1%。土地税仍占80.5%。⑤ 则辛亥革命时期中国资产阶级对财政的贡献，相当于日本的三倍以上，应该说这个数目是不算小的。

这种孤立的、机械的比较，也许并不能否定黎澍同志的论证。但是，有一点大概可以肯定，中国资产阶级之所以软弱，除了黎澍同志的论证以外，还应该加上一条重要的补充，那就是中国资本主义和资产阶级产生的历史环境。这一点黎澍同志事实上

---

① P. Mantoux, La Revolution Industrielle au XVIII. Siele（〔法〕保尔·芒图著，杨人楩等译《十八世纪产业革命》），商务印书馆1983年版，第322页。

② 章开沅：《就辛亥革命性质答台北学者》，载《近代史研究》1983年第1期。并参阅《纪念辛亥革命七十周年学术讨论会论文集》中章开沅、丁日初、皮明庥、邱捷等同志的论文。

③ 莫尔顿，上引书，中文版，第275页。

④ 梁士琴科：《苏联国民经济史》，李延栋等译本，人民出版社1954年版，第128页。

⑤ 野吕荣太郎：《日本资本主义发展史》，张廷铮译本，1953年版，第155页；参阅T. C. Smith, Political Change and Industrial Development in Japan: Government Enterprise, 1955年版，第69页。

也注意到。他说："中国的资产阶级很少是由于手工工场主发展起来的，而主要是由官僚、买办、地主和商人转化来的。这些人转化为资产阶级，长久地保持着他们原来所从属的那个阶级或阶层的思想和心理特征。而且即在经济上也没有割断同封建经济的联系。"事实上，中国的资产阶级，从它产生的第一天起，也未能割断它同帝国主义经济的联系。在这方面，辛亥革命史专家章开沅同志有一个比较全面的论证。他指出："辛亥革命一个极其重要的特点，就是它发生在欧美和日本等国家已经进入垄断资本主义的时代。工业迅速发展的帝国主义不仅是外界的客观存在，而且已经侵入中国达半个世纪以上，并且无可避免地刺激了中国资本主义的发展。因此，中国资本主义可以直接从国外引进机器设备，不必重复西欧经由工场手工业阶段然后再进入产业革命那样的历史常规。但是，问题还有另外一面。自从19世纪中叶以来，中国已经逐渐丧失独立和主权，沦为半殖民地，帝国主义以封建主义为支柱奴役中国，严重地阻碍和摧残刚刚有所发展的中国资本主义。在这样的社会环境里，由于与封建主义有千丝万缕的联系，并且在资金、设备、技术以至市场等方面受外国资本控制，中国资本主义和资产阶级较诸西欧前辈更为稚弱。辛亥革命就是在这样不成熟的经济、阶级基础上发生的，而它面临的敌人——帝国主义与封建主义的反动联盟却又较诸西欧封建势力更为强大和根深蒂固，因此它难以取得如同英、法资产阶级革命那样辉煌的成就。"① 应该说，半殖民地上的中国资本主义，不但"不必"、而且不可能像西欧那样有一个手工业——工场手工业——大机器工业的真正产业革命，因此中国的资产阶级才"较诸西欧前辈更为稚弱"。"半殖民地的政治和经济的主要特点之

_____

① 章开沅，引上文。

一，就是民族资产阶级的软弱性。"[1]

这里正见出孙中山的伟大。他的伟大就在于在这样一种环境中，他能高举民族、民权、民生三大主义的旗帜，坚持真正的资产阶级民主革命。他的悲剧也在于此：中国的资产阶级是那样的软弱，以至于他所领导的革命，不可能取得彻底的成功，更不要说有英、法资产阶级革命那样辉煌的成就。

三　中国的资产阶级革命

孙中山领导的中国革命的性质，这是当前中国海峡两岸学者意见分歧的焦点。不久以前，在华中学者章开沅同志和台北学者张玉法先生的讨论中，这个问题，得到全面的展开。分歧的实质是：一方认为它是资产阶级民主革命，另一方认为不是资产阶级革命而是全民革命。

持全民革命见解的张玉法先生，他所持的一个重要理由是："研究辛亥革命的性质究竟为何时，必须要对当时中国社会中资产阶级人口究竟有多少比例？辛亥革命是不是由资产阶级所发起？又有多少资产阶级参加了辛亥革命等问题，先要做正确的厘清。"[2] 确定一个革命运动的性质，这一点当然必须考虑到。17世纪的英国资产阶级革命中，作为战斗主力的骑兵，"是从自由农和比较富裕的工匠中吸收来的"[3]。在中国，以前有人调查兴中会成员的成分，现在也还有人试图调查在同盟会与辛亥革命时期武汉的革命家中，有哪些是资本家，调查资产阶级的成员对这

---

①　毛泽东：《论反对日本帝国主义的策略》，《毛泽东选集》合订本，人民出版社1964年版，第142页。

②　台北《中国时报》，1982年4月4日，转见章开沅，上引文。

③　莫尔顿，上引书，第240—241页，中译本，第192页。

场革命的态度以及对湖北新军的成分进行研究等等，这种工作，只要通过正确的分析，对说明孙中山领导的革命的 性质，都是有价值的。

章开沅同志突出辛亥革命的历史使命。革命的性质，决定于革命者所肩负的社会任务，他是为了哪个阶级的社会利益。这个观点我认为是必须坚持的。张玉法先生说："参加辛亥革命的人，可以说是来自各个阶级，革命的许多领导者甚至还是出身贫寒之家，而且当时革命即或得到资本家的经费支持，但这也绝不是为了资产阶级的利益。"参加者"来自各个阶级"，也就是说，参加到革命阵营中来的，有各种不同成分的人，这并不是中国的资产阶级革命所独有的现象。英国、法国以及许多国家的资产阶级革命、亦莫不皆然，这是人所共知的。至于所谓"不是为了资产阶级的利益"，那就需要对"阶级的利益"作科学的理解。辛亥革命之所以说是资产阶级革命，乃是因为"历史客观进程所提出的重要课题，就是反对帝国主义和封建主义，谋求中国的独立、进步和富强"。而在当时的历史条件下，"解决这个课题的最先进的方案就是建立资产阶级共和国和发展民族资本主义"①。这当然是中国资产阶级的阶级利益所在。但是它也符合张玉法先生所坚持的全民利益，这也是毫无疑问的。

的确，孙中山自己也说过，他的革命是"平民革命"②。他甚至在组织革命的资产阶级政党同盟会时，还不承认中国有资本家，认为"中国现在资本家还没有出世"③。这一点也不奇怪。章开沅同志说："正如法国大革命时期一些最伟大的革命家那样，

---

①　章开沅，上引文。

②　《民报周年纪念大会上的演说》，《孙中山选集》，人民出版社 1981 年版，第 83 页。

③　同上书，第 85 页。

孙中山和他的战友也是真心诚意为祖国和民族的利益而奋斗的，他们在主观上都是以整个民族即'全民'的代表自居。"主观上是如此，客观上更是如此。因为在当时的历史条件下，孙中山的革命纲领，就是指导整个中华民族前进的纲领，就是最符合中国全民利益的纲领。

从这一点看，中国海峡两岸学者之间，并没有任何分歧，在这一点上，大家有着共同的语言。

张玉法先生还说："中共史学家经常强调孙中山先生是'社会主义革命的先驱者'，如果此说确实被中共史学家承认的话，那么中山先生便是社会主义趋向的一位革命家，而不是资本主义趋向的革命家，此为中共史学家自相矛盾之处。"断言中共史学家强调孙中山是"社会主义革命的先驱者"，这当然是一种误解。对孙中山先生，中国共产党和包括史学家在内的中国人民历来都把他看作民主革命的先行者，并没有说他是社会主义革命的先驱。但是，孙中山40年的革命实践，使他晚年的革命思想，有一个大的飞跃，"使革命的三民主义同中国共产党的最低纲领——新民主主义在若干原则上达到基本上的一致"[1]。这种三民主义，"和中国共产党在民主革命阶段中的政纲，即其最低纲领，基本上相同"[2]。张玉法先生所指摘的，如果是这一点，那不但不是"中共史学家自相矛盾之处"，却正是孙中山作为中国近代一位杰出的革命先行者的伟大之处。

众所周知，孙中山的革命思想有一个形成和发展的过程。在1894年上书李鸿章之前，他所能提出的，"还只是一种资产阶级

---

[1]　宋庆龄：《回忆孙中山》，《宋庆龄选集》，人民出版社1966年版。

[2]　毛泽东：《新民主主义论》，《毛泽东选集》合订本，人民出版社1964年版，第686页。

的地方自治的思想"①。这在 1890 年他给洋务派的一位重要官员郑藻如的信中，反映得非常清晰。在那封信里，他毛遂自荐，"欲以平时所学，小以试之一邑"，而所试的东西，则是奖励蚕桑、禁戒鸦片和提倡教育三大项。在此以前，他还上书给香山知县李征庸，请求对他在自己家乡翠亨村发起修路之举，给予支持。② 应该说，这时的孙中山，还只是要求在一定范围内，实行社会改良。研究孙中山思想的专家金冲及和胡绳武两同志都认为"这种思想，在封建社会里，自然有着叛逆性，可是并没有带着鲜明的革命性"③。两位专家的后一句话，当然是完全正确的。至于前一句所说的"叛逆性"，至少在致郑藻如的信中，并不是那么鲜明的。由上书给李征庸、郑藻如到上书给李鸿章，受书者在全国的影响扩大了，但孙中山的社会改良思想，基本上没有变化。正如编纂《孙中山全集》的学者黄彦同志所说：这几年中，"孙中山要求统治者采纳他的主张以实行社会改良的范围是逐步扩大的，起初着眼于改良乡政，继而在一县作试验，成功后逐步推广到各地，再就是给李鸿章设计一个改造中国的总蓝图，以备清朝当局在全国范围内施行。而当这一切努力成为泡影时，他就抛弃了对清朝统治者的幻想，决意走向革命"④。

当改良的幻想宣告破灭之后，孙中山不仅自觉地顺应时代潮流不断前进，由社会改良走向社会革命，而且在革命的过程中，也是"适乎世界之潮流，合乎人群之需要"，走在同时代人的前

---

① 金冲及、胡绳武：《论孙中山革命思想的形成和兴中会的成立》，《历史研究》1960 年第 5 期。

② 参阅黄彦《介绍孙中山〈致郑藻如书〉》，载《历史研究》1980 年第 6 期。

③ 金冲及、胡绳武：上引文。

④ 黄彦，上引文。当然，孙中山思想的发展过程，并非是一条直线，还大有讨论和研究的余地。

面。由兴中会的《盟书》到同盟会的《总章》，二者之间所表现出来的前进足迹，这是人所共见的。把同盟会《总章》中的"驱除鞑虏、恢复中华、创立民国、平均地权"和同时期的光复会的誓辞"光复汉族、还我河山、以身许国、功成身退"相比较，虽然彼此"宗旨并不相悖"，但二者之间，不仅在范围上有广狭之差别①，而且在目标上也有高下之悬殊。

这是孙中山革命思想和革命实践的伟大之处。他虽然没有超出他所处的时代给予他的限制，但他总是站在时代的最前列。正是由于他所领导的革命，是发生在欧美和日本等国家已经进入矛盾尖锐的垄断资本主义的时代，他已经从西方国家经验中看到资本主义的不良后果。他在 1905 年就提出警告："近时志士舌敝唇枯，惟企强中国以比欧美。然而欧美强富，其民实困，视大同盟罢工与无政府党、社会党之日炽，社会革命其将不远。"② 辛亥革命后，他又说："今日共和告成，措施自由，产业勃兴，盖可预卜。然不可不防一种流弊，则资本家将乘此以出是也。"③ 虽然他提出的预防办法，并不能消弥资本主义的祸害，但这仍不失为在历史提供给他的特定舞台上，把革命活动发挥到了极致。他的晚年由旧三民主义向新三民主义的转变，是当时中国资产阶级民主革命所可达到的最高峰。分析这一思想的升华，最初发自资产阶级改良主义的地方自治，丝毫无损于孙中山在中国近代革命史上的崇高地位，丝毫无损于他在中国全体人民中的光辉形象。

---

① 金冲及、胡绳武：《同盟会与光复会关系考实》，载《纪念辛亥革命七十周年学术讨论会论文集》上册。

② 《〈民报〉发刊词》，1905 年 10 月 20 日，《孙中山选集》，人民出版社 1956 年版，第 76 页。

③ 《在南京同盟会员饯别会上的演说》，1912 年 4 月 1 日。《孙中山选集》，第 97—98 页。

相反，人们从这里可以清晰地听到时代的足音。孙中山在不断前进，中国也在不断前进。正如老一辈史学家刘大年同志所指出："洋务运动没有给中国找到出路，所以有维新运动。同样地，维新运动也没有给中国找到出路，所以有辛亥革命。"① 在辛亥革命之前，中国正处在山雨欲来的大变革浪潮中。各种势力，风起云涌。泥沙俱下，鱼龙混杂。有不断的融合，也有不断的分化。正因为洋务运动没有给中国找到出路，所以洋务运动中可以分化出维新运动中的改良主义者。正因为维新运动同样也没有给中国找到出路，所以君主立宪的维新运动中也可以分化出推翻清朝的民主革命派。这一切，对中国资产阶级革命的研究说来，都是要求人们重新正视的问题。

（原载《历史研究》1986 年第 6 期）

---

① 刘大年：《孙中山——伟大的爱国主义者和民主主义者》，《近代史研究》1981 年第 3 期。

近代中国资本主义的发展和不发展

　　李时岳同志在《历史研究》1988 年第 1 期发表的《关于"半殖民地半封建"的几点思考》，对我前此在这个问题上的一点商榷意见① 展开了进一步的讨论。我对自己的很不成熟的看法能够得到及时的反应感到欢欣和鼓舞。这种真诚的学术讨论给了我一个反思的机会。因此，我想再进一步申述我的想法，请李时岳同志指教。

一

　　李时岳同志说："半殖民地半封建"对中国近代社会的性质而言，是一个"非常非常基本的概念"。"弄清这个根本性的概念"，关系到"中国近代史的发展趋向"和"基本线索"的把握。我是完全同意这一论断的。这个问题，应该提到这样的高度。

　　半殖民地半封建社会发展的趋向是什么，它贯串着一个什么样的基本线索？这是首先需要明确的。根据我所理解到的李时岳

---

　　① 《历史研究》1986 年第 6 期。

同志的意见，108 年的中国近代历史，有两个发展趋向或反映这个趋向的线索："反映半殖民地化趋向的线索是帝国主义的侵略"；"反映半资本主义化趋向的线索是为资本主义开辟道路的各种斗争"[①]。他又说："我赞成基本上用阶级斗争的表现为线索，不过，必须紧密地联系社会经济的变动进行考察。"[②] 这里所说的"社会经济的变动"，根据我的理解，主要是指中国资本主义的发生和发展。李时岳同志的这个看法，比单纯以阶级斗争的表现为线索，自然是前进了一步。但是这样一个两分法，在我看来，仍然是有缺陷的，因为它没有能够说明中国近代社会发展的总的趋向，没有指出一个总的线索，也就是没有明确提出贯串108 年中国近代史的中心红线。

李时岳同志说：中国近代史有向下沉沦的一面，这就是帝国主义的侵略，但又有上升的一面，这就是中国资本主义的发展。不言而喻，在封建社会中新生的资本主义，代表着先进的生产关系，促进了生产力的发展，它是历史的进步。但是具体到中国，却不能满足于一般的理论原则，需要进一步联系中国历史环境，作出分析和论证。出现在近代中国土地上的资本主义，是一个什么样的局面呢？概括地说，它是已经进入垄断阶段的外国资本主义在整个中国资本主义经济中的优势和统治，是官僚资本主义，也就是"买办的封建的国家垄断资本主义"在本国的优势和统治，是先天不足、后天失调的中国民族资本主义的未老先衰。先天不足，指的是：它的发生，不是中国封建社会内部资本主义萌芽的直接发展；后天失调，指的是：在它的发展过程中，经常承受着外国资本主义和国内封建主义、官僚资本主义的压力；未老

---

① 《历史研究》1984 年第 2 期。

② 同上。

先衰，指的是：它有所发展，但又不能顺利地、充分地发展。中国民族资本主义的发展和不发展，这才是贯穿于中国近代历史的一条主线。如果把和帝国主义、国内封建主义、官僚资本主义处于对立地位的民族资本主义看作是中国资本主义，那么中国近代历史的一条主线，或者说基本线索，就是中国资本主义的发展和不发展。

"半殖民地半封建"这个提法之所以科学和准确，就在于它既看到资本主义发展的一面，又看到资本主义不发展的一面。而为李时岳同志鉴定为"缺乏鲜明性"和"胡乱配搭"的其他提法，如"半独立半资本主义"、"半殖民地半资本主义"或"半独立半封建"等等，都不能恰当地表达中国近代史上的这一主线。李时岳同志说："半殖民地半封建，突出了反帝反封建的革命任务"，这是完全正确的，我愿意补充的是：革命任务的规定，离不开贯串中国近代历史的这条主线。

如果这个总的前提能够得到大家的同意，那么李时岳同志文章中的一些异议，就比较容易解释。① 例如李时岳同志引用了毛泽东同志的话："帝国主义列强侵略中国，在一方面促使中国封建社会解体，促使中国发生了资本主义因素"，然后发问道："封建社会解体，发生了资本主义，说明社会的进步，难道还有什么疑义吗？"如果不是这样，"几代人为资本主义前途而进行的艰苦奋斗，岂不毫无意义"？这样的提问，如果从资本主义发展的理想这一方面看，当然是有道理的，但是如果从中国资本主义的发展和不发展的现实看，那就未必尽然。这里面实际上是两个不同的问题：一个是对资本主义的抽象的评价，一个是对半殖民地半封建的近代中国社会的评价。撇开中国近代社会的历史不谈，抽

———————
① 以下引文，均据《历史研究》1988 年第 1 期，不一一注明。

象的资本主义当然要比封建主义进步，从封建社会到资本主义社会，当然是历史的进步，是上升而不是沉沦。但是一旦结合中国近代的历史实际，结合中国资本主义发生和发展的历史环境，结合中国资本主义有所发展而又不能真正发展的历史过程，局面就和前者完全不同。这里丝毫没有否定"几代人为资本主义前途而进行的艰苦奋斗"的意思。相反，指出中国历史的沉沦，正是要说明在近代中国发展资本主义的理想是多么艰辛而难以实现，正是要人们记取几代人为资本主义前途进行艰苦奋斗而又不能如愿以偿的可歌可泣。

　　帝国主义和封建主义在中国的联合统治，这是中国资本主义的发展和不发展的根本原因。尽管西方资本主义的入侵，促使中国封建社会有一定程度的解体，促使中国发生了资本主义因素，但是这个变化，没有达到否定这个联合统治的程度，这应该是大家都承认的事实。我说：君临近代中国的，"是在封建主义之外，又加上入侵中国的外国资本、帝国主义"。无非就是这个意思。对于这一点，李时岳同志又有异议。我曾引过一个世纪以前一家报纸上登载的上海道台给英国驻上海总领事的一封信，信中说了"本道与贵总领事同官斯土"这样一句话，我认为可以用来反映中国封建政权与外国侵略者的关系。李时岳同志表示不能同意，认为这是把"同官斯土"读成"共管斯土"，是没有根据的引申。为了符合李时岳同志所要求的严格的科学精神，我愿意放弃这个比拟，不强作引申。但是放弃这个比拟，不等于放弃帝国主义和中国封建政权在近代中国的联合统治这一论点。因为不须加以引申的直白，在近代中国的历史文献中，是所在多有的。还是引用一条报纸上的记载吧：1899 年 7 月 31 日上海的一张外文报纸上，登载了当时的上海县太爷给上峰的一封信，信的开头就直白地说："上海是由外国人和中国人联合统治的（Shanghai is jointly governed by foreigners and by Chinese)。"① 我想，对解除李时岳同志的疑惑而言，这就够了。

其实，我并没有别的意思。我之所以要着重指明君临近代中国的，不是取代封建主义的中国资本主义（事实上也没有能取代），而是在封建主义之外，又加上入侵中国的外国资本、帝国主义，只是要强调近代中国资本主义之所以发展和不发展。也就是强调李时岳同志所指陈的近代中国虽然有了资本主义，但何以"没有进入资本主义社会"的原因。在这里，我和李时岳同志的意见，并没有出入。这是我们共同承认的历史现实。

帝国主义和封建主义是"同官斯土"，这只是一个形象性的比喻；近代中国的一只脚踏进半殖民地社会，另一只脚必然进入半封建社会，这也只是一个形象性的比喻。李时岳同志声言要拿出"事实基础"来，这是合理的要求。我想，一部中国近代经济史，就是最好的"事实基础"。认真地研究这一事实基础，是中国的近代史研究工作者、特别是中国近代经济史研究工作者面临的严肃任务。只要我们认真地完成了这一任务，整个中国近代史的沉沦局面，就会清晰地呈现在人们的面前。

李时岳同志诘问道：半殖民地半封建是历史的沉沦，"中国社会前进的力量在哪里"。"'历史的沉沦'何所底止？漫漫长夜宁有尽头"？这是不难解答的。"中华民族到了最危险的时候，每个人被迫着发出最后的吼声"，还有什么言辞能比庄严的国歌，更好地概括近代中国历史的沉沦和前进力量之所来自吗？

漫漫长夜是有尽头的。中国未来的发展方向也是明确的。推翻帝国主义和封建主义在中国的统治，这就是方向。"半殖民地

---

① North China Herald, 1899 年 7 月 31 日，第 231 页。

半封建"的提法，明白无误地指明了这个方向，而半殖民地半资本主义的提法，恰恰模糊了这个方向。

二

中国资本主义的发展和不发展，这是贯穿中国近代史全过程的一条主线，也是在中国近代史上出现的资本主义的全部命运。对于这一个概括的命题，需要作必要的说明和解释。

首先，应该明确指出：中国的资本主义现代企业，在将近百年的风雨经历中，是有过有所发展的一面的。从19世纪70年代出现的第一批现代企业起，到1927年国民党的统治开始以前的半个多世纪中，中国人先后设立了3000多个工矿、交通和现代金融企业。[①] 其间在本世纪初收回利权的运动中和第一次世界大战结束前后，还形成了两个小小的高潮。到国民党政府统治中期的1933年，散布全国的资本主义现代企业，单是工业一项，合乎当时国民党的工厂法的大小工厂，为数在3000以上。[②] 完全可以断言，没有一定的发展，不可能出现这种局面。

但是在中国资本主义的风雨经历中，又有备受压抑不能发展的一面。而且在发展与不发展的交织中，不发展的一面处于全过程的主导地位。中国资本主义现代企业发展到国民党统治中期的1933年，是一个什么样的局面呢？这里举两个宏观方面的统计：一是中国现代工业生产，除去外国在华工业的产值，只占国民生产的6%；一是现代矿业生产，连土法生产在内，一共只占国民

---

① 根据杜恂诚同志的统计。见杜著：《民族资本主义与旧中国政府（1840—1937)》，上海社会科学出版社1991年版，统计附录。

② 巫宝三主编：《中国国民所得》上册，第二部第三章，第一表，中华书局1947年版。

生产的 1.2%，其中绝大多数又是在外国资本控制之下。① 这几乎是令人难以置信的。中国资本主义的历程之所以如此坎坷，根源来自它所由以产生的社会条件。中国的资本主义现代企业不是在中国固有的资本主义萌芽充分发展的基础上产生，而主要是在外国资本主义入侵中国的影响下出现的。中国的资本主义商业也不是中国原有的商业资本的进一步发展，而是在为外国洋行贸易服务的基础上重新编制的。中国的现代银行资本，无论是中国原有的旧式钱庄本身的转向，或是新式银行的组成，都不是出自中国产业资本自身发展的要求，都不是从属于本国的产业资本、以产业资本的运动为基础。这是一条不正常的道路，是外国资本主义入侵中国的后果。西方资本主义的入侵，促进了中国资本主义的产生，最终又制约了中国资本主义的发展。这正是半殖民地半封建的特征，而不是半殖民地半资本主义的特征。

当然，中国资本主义在各个阶段的状况各不相同，应作具体分析。对中国资本主义的发展和不发展，不能作绝对的、一刀切式的理解。比如，在国民党统治的 1935 年，毛泽东同志就曾说过：当时的民族工商业陷入"破产半破产的境遇"②。这是针对当时民族资产阶级投向国民党的动摇性而发，带有很大的策略性。因此，不能简单地从字面上作绝对的理解。不能据此断言：在国民党上台之后，所有的工商企业，不是破产就是半破产。作这样的理解既不符合事实，也不符合毛泽东同志的原意。但是，能不能据此就反过来断言这个时候的民族工商业就有一个顺利的发展环境呢？这个时候的民族工业就有了蓬勃的发展呢？是不是

① 巫宝三主编：《中国国民所得》上册，第一部第二章；第二部第三章。
② 毛泽东：《论反对日本帝国主义的策略》，《毛泽东选集》合订本，人民出版社 1964 年版，第 140 页。

可以像有的研究者那样对如实地反映情况、如实地说明那个时候的民族工业没有真正发展的机会，就指摘为"传统见解"而加以忽视呢？① 当然不能这样。

的确，所谓"传统见解"的研究基础"是意外地脆弱"的。我们不讳言"研究的贫乏"。现在也有许多学者在加强这方面的研究，他们的结论无论是修改传统的看法，或者是加强传统的看法，只要是通过认真的研究，都是值得欢迎的。在统计资料极端缺乏的条件下，在没有立论的统计数据以前，是不是可以倾听一下当时民族工商业者的呼声，作为我们立论的一个旁证呢？我看这不失为论证之一道。人们现在经常提到中国现代工业中坚中的中坚——棉纺织业中的荣家系统，把它作为发展型的民族工业典型看待。应该承认，在民族资本现代工业中，荣家企业的发展是比较突出的。但是，在国民党统治的前10年中，它是不是就有一个非常顺利的发展环境呢？不妨听听当事人自己的话。这里有1934年6月12日荣宗敬写的一封私人信，信上说："弟经营纺织业三十余年，困难未有甚于今日者。外厂竞争，外货倾销，农村破产，纱销呆滞，而所担负之统税、利息两项，年在千万以上。现状如斯，何能持久？"② 这不是凭空捏造的，其中包括很多对当事人说来是非常惨痛的事实。在种种惨痛事实的教训面前，整个纱业资本家的代言人开始提出这样的问题："究竟中国纱厂业的致命伤是什么？"他们自己回答道："痛痛快快的说，中国纱厂业的惟一致命伤，在于帝国主义对中国的压迫。""中国纱

---

① 参阅《中国近代经济史研究资料》(3)，上海社会科学院出版社1985年版，第102页。

② 《申总函稿汇登》，转见《荣家企业史料》上册，上海人民出版社1962年版，第412页。

厂一业的复兴与繁荣，必然在现状变化以后。"① 纱厂资本家通过亲身的经历而吐出的苦水，我们今天有什么理由把它擦得一干二净，不露痕迹呢？

　　帝国主义的压迫，这是 20 世纪 30 年代中国民族资本家的亲身感受，不需要别人的任何附加。应该附加指出的是，这种感受，实际上不限于 20 世纪的 30 年代，也超出了民族资本家的范围。这里同样可以举两个例子：一个发生在中国资本主义还处在初步发展阶段的 20 世纪初期，官僚兼资本家盛宣怀在清王朝行将覆灭的 1909 年，就曾对外国在华设立卷烟厂的问题，结合自己的经历，说过这样一段话："前三年宣怀曾纠集华股赴部注册购机，在沪设厂。乃为英美公司跌价倾轧，尽数亏折。并闻华商大小 20 余厂，无不亏累停止。盖英美烟草公司资本甚巨，不惜重资招摇垄断。""喧宾夺主，莫此为甚。"② 另一发生在国民党在大陆的统治行将结束的 1947 年，上海著名的青帮首领、当时顶着上海通商银行董事长招牌的杜月笙，在这家银行成立 50 周年的时候，结合银行的历史说过这样一段话："洋商势力渐由通商口岸而伸入内地，华商降为代理行，经手取佣而已。"③ 说话的这两个人，都不存在丑化统治阶级和帝国主义的问题，难道我们今天的认识水平还要落在这些人的认识以下吗？

　　总而言之，在半殖民地半封建的社会中，要想中国资本主义有一个顺利发展的环境，这是不可能的。中国资本主义有所发展而又不能充分发展，在发展与不发展之间，不发展又是事物的主流，这个结论不是单纯用"传统见解"四个字就能够加以勾

---

① 《申报月刊》第 4 卷，1935 年 2 月第 2 期，《我国纱厂业的致命伤在哪里？》。
② 《盛宣怀未刊信稿》，1960 年版，第 188 页。
③ 中国通商银行：《五十年来之中国经济》，中国通商银行 1947 年印，第 33 页。

销的。

李时岳同志说："半殖民地地位确立和半封建社会形成后的中国，革命的主要任务仍然是推翻帝国主义和封建主义的统治。"这是完全正确的。他接着又说："在半封建的条件下资产阶级的力量不断增强，特别是无产阶级的力量迅速发展起来，从而为埋葬帝国主义和封建主义的统治提供了可能，并在无产阶级及其政党的领导下，通过曲折的斗争，终于取得了人民革命的伟大胜利，宣告半封建社会的终结，同时结束了灾难深重的中国近代史。"这基本上也是正确的，需要补充的只有一点，即对资产阶级力量的判断，从中国资本主义有所发展看，资产阶级力量是在不断增强的；从资本主义不发展这个主流看，整个民族资产阶级的力量又是软弱的。必如此才能正确地引出在无产阶级及其政党的领导下取得人民革命胜利的必然性。

三

李时岳同志讨论的重点，不仅止于中国近代史的发展趋向和基本线索，而是在于对中国近代史的架构、体系和分期问题，提出自己的构想。他的农民战争、洋务运动、维新运动和资产阶级革命四个阶梯论[①]，就是最终的结晶。我没有力量谈论李时岳同志提出的全部问题，但是对于洋务运动和中国近代社会发展趋向的联系问题，我想谈一点补充意见。

李时岳同志说："因为中国资本主义生产方式是从西方移植的，所以在开始阶段不能不依靠地主阶级改革派的借法自强运动——洋务运动，从而在封建主义密闭的殿堂中为资本主义打开

---

① 《历史研究》1984 年第 2 期。

缺口。"① "没有洋务派的积极倡导和经营，在古老的中国要出现近代工矿企业、近代电讯交通、近代科技教育，不知要推迟多少年，而且很难保不会出现'权操诸人'的'不变亦变'的局面。"②

这里首先碰到一个问题：为什么中国资本主义生产方式是从西方移植的就非得由地主阶级改革派带头为资本主义打开缺口呢？没有洋务派，中国资本主义现代企业的出现，就要推迟多少年吗？这些问题，既需要理论上的说明，也需要事实上的依据。

然而，历史却不是这样。真实的历史是：除了铁路和矿场以外③，中国资本主义现代企业在各个经济部门中的产生，有一个共同的现象，即以商人为主体的民间活动，先于以洋务派官僚为主体的官场活动。

在资本主义现代工业中，凡是有洋务派官僚活动的地方，这种情形，几乎无一例外。例如，在船舶修造业中，广东十三行商人和其他商人的活动，先于洋务派官办军用工业之修造轮船10—20 年。④ 缫丝业中，华侨商人陈启沅首创的继昌隆丝偈的出现，先于张之洞的湖北缫丝局的成立 20 年以上，先于浙江巡抚梅启照的机器缫丝的酝酿亦几及 10 年。⑤ 在棉纺织业中，上海买办商人的活动，先于李鸿章主持的上海织布局的筹办，也将近20 年。⑥ 至于纺纱的准备工序——轧花，1873 年广东民间就有

---

① 《历史研究》1984 年第 2 期。

② 同上。

③ 军用工业和公共工程（如河道、港口之疏濬），不容许私人资本活动，也应除外。

④ Chinese Repository，1847 年 2 月，第 104 页。

⑤ 《万国公报》，1879 年 1 月 11 日。

⑥ 《新报》，1878 年 8 月 6 日，1879 年 2 月 27 日。

人开始筹划①，而筹备 10 多年的上海织布局，到 1880 年才计划购买轧花机器。② 纺织业中惟一的一个例外是毛纺织。在中国首先出现的现代毛纺织厂，是陕甘总督左宗棠创办的兰州织呢局。在此以前，我们还没有看到民间的活动。而民间商人之所以未能开风气之先，毛纺织在地理条件方面的限制，恐怕是一个主要的原因。

同样，在交通运输业中，民间的活动，也先于洋务派官僚。十三行商人在轮运方面的活动，先于轮船招商局几近 30 年。③ 买办郭甘章和唐廷枢等人的活动，也先于此近 10 年。④ 在电讯方面，华侨商人何献墀和王承荣等人的活动，也都在洋务派着手之先。⑤

在金融、保险和海外贸易中，情况同样如此。广州看银师和洋行买办以及汕头转运行在金融方面的活动，先于盛宣怀的中国通商银行的成立 20—30 年。⑥ 保险公司的出现虽然始自轮船招商局之保险招商局，但商人之跃跃欲试，则早有所闻。60 年代后期，在尚未对外开放的重庆，本地商人就对英国的保险业表现了极大的兴趣，愿意集资仿效。⑦ 至于广东商人在这方面的活动，则又先于此者 20 年之久。⑧ 在海外贸易中，60 年代末期，

---

① 《申报》1878 年 12 月 14 日。

② 《申报》1880 年 10 月 13 日至 15 日，参见孙毓棠《中国近代工业史资料》，第 1044 页。

③ Chinese Repository, 1847 年 2 月，第 104 页。

④ 《汇报》1874 年 10 月 16 日，《洋务运动》第 6 册，1961 年版，第 124 页。

⑤ 《海防档》丁，电线（二），第 306—307 页。

⑥ Overland Trade Reports, 1861 年 10 月 31 日，第 10 页；China Imperial Maritime Customs, Trade Reports, 1874 年，汕头，第 207—208 页。

⑦ T. T. Cooper, Travels of a Pioneer of Commerce. 1871 年版，第 128 页。

⑧ 《汇报》1874 年 7 月 4 日。

中国商人已经开始尝试在海外组织公司，经营对外贸易。[1] 70 年代中期，华侨商人又进一步组织远洋轮船公司，航行华南至新加坡一线，经营海外贸易。而到 1874 年底，上海至少有一起华商贩运丝茶于英国。[2] 这一活动，先于轮船招商局开辟海外航线以贩运茶至美国者至少有 4 年光阴。

涉及土地权益的矿山开采和铁路修建，的确最先是由洋务派官僚一手包办的，前此未见民间商人的独立活动。但是如果算上中国商人依附外国人侵者而进行的活动，则在此以前，也早已开始。[3] 一般地说，中国商人之附股外商企业，又早于中国商人之自办企业，而这二者之间，并没有绝对不可逾越的鸿沟。

不仅如此，在洋务派未及插手的部门中，也不乏民间的活动。例如，当洋务派民用企业还没有上马的 60 年代末期，在中国古老的农业部门中，民间采用西洋机器进行"垦辟之事"，已经开始有所试探。[4] 1869 年，天津就有"中国富贵多人"，购取外国"耕种、簸春、刈禾等诸般造作，便捷异常"[5]。当然他们并没有，也不可能进一步兴办资本主义农场，但即使如此，也不能不承认这是开风气之先。

由此可见，对于中国资本主义现代企业的产生，如果需要判断它的最先发动者，那么，这个主角，也轮不到洋务派官僚的头上。如果这也算一项桂冠，那么，在洋务派官僚集团形成以前即已在通商口岸崭露头角的带有资本主义倾向的商人，可以说是当

---

[1]　North China Daily News. 1869 年 2 月 4 日，第 6795 页。

[2]　《汇报》，1874 年 12 月 4 日。

[3]　参阅拙著《十九世纪西方资本主义对中国的经济侵略》，人民出版社 1983 年版，第 508—509、425 页。

[4]　《申报》，1887 年 3 月 27 日。

[5]　《上海新报》1869 年 10 月 19 日；《教会新报》2 卷 55 号，1869 年 10 月 2 日。

之无愧。他们主要不是封建社会内部的旧式商人，更谈不上是封建地主阶级改革派，而是和入侵的外国资本主义发生联系的新式商人。他们在中国近代史上，是最先接触资本主义并且具有资本主义实践的人物。

李时岳同志以洋务派官办、官督商办企业，在中国资本主义现代企业产生时期占据主导地位的事实，证明洋务派在发展中国资本主义方面的积极作用。官督商办企业是中国资本主义现代企业产生的主要形式，这是不可否认的。但这和评价洋务派的作用，不能加以等同。事实上，商人在入股官督商办企业之前或同时，还附股外国洋行在中国通商口岸的众多企业。这两方面的投资活动，实质上是新生的中国资产阶级在两大势力之间寻求发展自己的道路。也就是说：既要借外国洋行为护符，又要靠洋务官僚为庇护。而官督商办形式最终遭到舆论的谴责和投资者的唾弃，说明洋务派并不能成为扶助中国资本主义发展的积极力量。相反，为李时岳同志所引证的纯粹商办企业之所以居于劣势，则正说明洋务派的官督商办对民间企业的巨大阻力。官督商办企业虽然是中国资本主义产生的主要途径，但洋务派并不能承担发展中国资本主义的历史任务。这是半殖民地半封建社会中资本主义产生的辩证法。在中国资本主义发展和不发展的辩证过程中，洋务派官僚不是站在促使中国资本主义走向发展的一面。

四

对洋务派的评价，我和李时岳同志有相一致之处，就是必须具体分析，实事求是，不能采取一笔抹煞的态度。

官督商办作为中国资本主义企业产生的主要形式，既有它的历史必然，又有它的历史局限。商既要借重官的维持，又要摆脱官的约束，这是中国资本主义现代企业发生和发展过程中的现实矛盾。中国资本主义要求发展，这个矛盾必须解决。官督商办势必发生变化。

这个变化过程是清晰可辨的。由李鸿章到盛宣怀意味着变化的开始。

在盛宣怀以前，李鸿章也好，张之洞也好，他们在其所领导的企业中，都是以行政长官的身份出现的。具体主持这些企业业务的人，如轮船招商局的徐润、唐廷枢，汉阳铁厂的蔡锡勇等等，都是他们的行政下级。他们并不直接主持企业的具体业务，但是他们对企业的变动、更张，通过行政手段，却掌握了最高的权力。李鸿章在轮船招商局等企业中，充分发挥了他的北洋大臣身份的遥领作用，这是人所共知的。张之洞的表现，可以说更加明显。他办织布厂，厂子跟着他的任上转。他任两广总督，厂子就设在广州；他调任湖广总督，厂子也跟着迁移到武昌。他在湖广总督任上，继织布局之后，又设纺织官局。最初是官商合办，后来改归官办，最后又改为招商租办，都是他说了算。显然，李鸿章、张之洞手中的一系列企业，不管是官办，还是官督商办或官商合办，主要是为了官，至少首先是为了官。正如张之洞所说："招商"是为了"助官"[1]。谁要是说招商以后，官"无干涉把持之权"，则"深为骇异"[2]。

和李鸿章、张之洞比较，盛宣怀有一个突出不同之处，就是他心目中的企业，是一个相对独立于官的经济实体。尽管这个

① 张之洞：《张文襄公全集》，第35卷，第19—20页，参阅孙毓棠，上引书，第942页。

② 张之洞：《张文襄公全集》，第195卷，第23—25页；参阅宓汝成《中国近代铁路史资料》，中华书局1963年版，第1048页。

"独立"，并不是真正为了商之独立于官，而是为了他自己更顺手地参与其中，更有利于他自己对企业的控制。但无论如何，从办企业这一点看，他的思想境界，比李鸿章、张之洞前进了一步。由盛宣怀一手筹备、主持的中国通商银行，就是一个例子。在1896年请设银行的奏折中，他说："议者谓国家银行，当全发帑本，简界大官，通行钞票，由部造发，如英法等国财赋皆出入于银行，是户部之外府也。然中外风气不同，部钞殷鉴未远，执官府之制度，运贸易之经纶，恐窒碍滋多，流弊斯集。"① 他不赞成"执官府之制度，运贸易之经纶"，不赞成把银行当作"户部之外府"，当然并不表明他赞成真正的商办。他不赞成的，是李鸿章、张之洞那一类官僚单纯在政治上的遥控，而要换上像他这种类型的官僚在经济上的参与。官的控制还是要的，但不单是行政上的"干涉把持"，而更多的是经济上的董理掌握。因此，如果说李鸿章、张之洞之于他们的企业，只有官的一重身份，那么，盛宣怀在他的企业面前，就有官与商的两重身份。尽管他是以官、商两重身份来加强自己在企业中的权力，达到更加有效地控制企业的目的，但是，从中国现代企业的资本主义经营这个角度看，企业的领导权由李鸿章、张之洞一代过渡到盛宣怀一代，即由纯粹的官僚手中过渡到官商一体的人物手中，这是一个重要而积极的变化。

当然，盛宣怀在中国通商银行也好，在他主持的其他一系列的企业中也好，如果说他具有"官"与"商"的两重身份，那么，"官"的身份，仍然是第一位的。当中国通商银行成立之初，他就说："银行者，商家之事。商不信，则力不合，力不合，则事不成。欲慎始而图终，必积小以成大。"然而笔锋一转，下文

---

① 盛宣怀：《愚斋存稿》第1卷，1939年版，第14页。

却是："拟请简派大臣，遴选各省公正殷实之绅商，举为总董，号召华商。"① 总董并非股东选举，而由大臣遴选；大臣又非由总董中产生，而由皇上简派，而这个皇上简派的大臣，又显然非他莫属。这就表明，在中国通商银行中，"官"仍然是盛宣怀的第一位身份。通商银行距完全商办的企业，当然还有一段相当的距离。然而，在整个资本主义企业中，进一步的变化终究是要发生的。变化的第一步，是"商"的身份由第二位向第一位的转变。典型的例子，可以举出两个，一个是南方的张謇，一个是北方的周学熙。

关于张謇在企业中的身份和他所创办的第一个企业——大生纱厂的性质，在新近出版的一部张謇的传记中，有很恰当的评述。对于在创办大生纱厂时张謇在企业中的身份，传记中写道："作为最高当权者（总理）的张謇，严格说起来，最初还不算名符其实的资本家，而是'介官商之间，兼官商之任，通官商之邮'的过渡性人物——开明士绅"。"他的初期身份具有明显的两重性。作为商务局总理，他分明是官府的代表。可是作为大生纱厂的厂主，他在实际上却更多地也是更自觉地代表着商股的利益。"② 对于大生纱厂，传记中写道："大生纱厂早期的资金当中，官股要占一半以上，看来很像是官府控制的官商合办企业。可是，官股在大生纱厂里面并没有实际掌权的代理人。张謇虽然有商务局总理身份，但在大生正式开工前夕已经辞职。他虽然在外面经常向官府求援，但在企业内部则始终依靠民间商人经营管理。因此，官股除到期领取'官利'和分红外，在企业内部别无其他特权，这就使大生纱厂从一开始便具

① 盛宣怀：《愚斋存稿》第 1 卷，1939 年版，第 14 页。
② 章开沅：《开拓者的足迹——张謇传稿》，中华书局 1986 年版，第 68 页。

有明显的商办企业独立经营的性质"，"确定了企业的私人资本主义性质"①。

　　可以看出：张謇和他的向往，较之盛宣怀已经前进了一大步。他在企业中的身份，已经"商"先于"官"。可以举一个明显的对比：盛宣怀创办通商银行，所有招股事宜，都由他一手筹划。这和张謇之于大生纱厂是相同的。奇怪的是，他做了事，却不愿自己出名。他两次致电王文韶、张之洞，一则曰：银行筹议事务，"拟以八董出名，宣勿与焉"②。再则曰："至八董招股五百万，只说在鄂面议，不提宣奏。"③ 一再不要提自己，他之所以这样做作，可能有来自张之洞方面的原因。但这和他要保留他的"官"的第一位身份不能没有一点关联。这和张謇为大生纱厂集资而大声呼号，是一个鲜明的对照。

　　和张謇比较，周学熙似乎更接近于盛宣怀。他和盛宣怀一样，在投资工业的同时，并没有放弃做官。不像张謇那样弃官办工厂。他和官场的关系，例如他和袁世凯的关系，也是上下级之间的关系，而不是官绅之间的关系。也就是说，更加类似盛宣怀和李鸿章、张之洞之间的关系，而不像张謇与张之洞、刘坤一之间的关系。他最初涉足的两大企业——滦州煤矿和启新洋灰公司中，商股大多是与他关系密切的官场中人，而不像张謇的大生纱厂那样，是熟悉行情的南通和上海的一群商界人物。为什么说他在企业中的身份是"商"居第一位而"官"反居第二位呢？这主要反映在他对企业的经营上，更有类于张謇。在他最初创办的这两个企业中，滦州煤矿是开平煤矿以外的新创之业，启新洋灰公

　　① 章开沅：《开拓者的足迹——张謇传稿》，第68页。
　　② 《愚斋存稿》第99卷，第27页。
　　③ 《愚斋存稿》第90卷，第19页，按此电系转述翁同龢的意见，但显然与盛意吻合。

司是恢复原属开平的细棉土厂的旧业。两者都是为了与落入英国帝国主义手中的开平煤矿相对抗。他为这两个企业的实现，在夺回唐山细棉土厂的产权①和厘定滦州煤矿的矿界②中，作出了重大的努力。这是判别他以何者居第一位的关键。他的滦州煤矿，后来虽然沦入开平之手，但启新洋灰公司却得到了发展。和张謇的大生纱厂在中国的资本主义企业中，取得了同等的地位。

　　当然，张謇和周学熙的创业，也还不是完全的商办企业。他们虽然不再像盛宣怀那样动辄打出"奉旨"遵办的招牌，但是他们的身份地位，仍然为他们的企业赢得各种各样的特权。张謇设了大生纱厂以后，商部准许20年内、百里之间，不得有第二厂之设立。③1904年有一家纱厂想在海门设一分厂，即被张謇指斥为"利令智昏，无理取闹"而加以阻止。④周学熙的启新洋灰公司，在创办之初，即取得清政府的特许："他人不得在邻近仿办此项相类营业"，"发现有洋灰原料产地，启新有优先购买办厂的权利"⑤，"亦不准另行设立洋灰制造公司"⑥。这种特权，是当时以及后来的纯粹商办企业所不能轻易享受到的。

　　然而，这对中国资本主义的发展，不能不是一道樊篱。当时间进入了20世纪，特别是进入民国以后，中国的资产阶级也发出了产业革命的呼声："建设我新社会以竞胜争存，而所谓产业

①　《启新洋灰公司史料》，三联书店1963年版，第27—35页。
②　魏子初：《帝国主义与开滦煤矿》，神州国光社1954年版，第101—125页。
③　张謇：《张季子九录》第6卷，实业录，中华书局1931年版，第7页。
④　同上书，实业录，第7页。
⑤　《启新洋灰公司史料》，第195页，参阅《北洋公牍类纂续编》，第19卷，第48—51页。
⑥　《支那经济报告书》46号，1910年，第42页。

革命者，今也其时矣。"① 在中国资本主义现代企业的舞台上，代表私人资本的民间资本家，成了引人注目的主角。荣宗敬兄弟的申新纱厂、简照南兄弟的南洋兄弟烟草公司这一类型的企业，成了中国资本主义企业的主体。当然，这里也包括了大生和启新，它们在这个大的潮流中，本身也发生了变化。

由此可见，只要不割断历史，中国资本主义的发展轨迹是清晰可辨的。如果这一点得到承认，那么，在研究中国资本主义发展史的问题上，不但要承认荣宗敬、简照南这一类民族资本家的地位，也应该承认张謇、周学熙的地位，还应该承认盛宣怀的地位。因为他们各有优于前人之处。即使是李鸿章、张之洞这些洋务派官僚，他们固然不能承担发展中国资本主义的历史任务，但是和顽固不化的保守派官僚比起来，也有高下优劣之分。把阻碍中国资本主义的发展完全归罪于洋务派，这是违背历史的。不仅如此，把李鸿章、张之洞以及盛宣怀乃至张謇、周学熙创办的企业都说成是和民族资本主义对立的官僚资本主义的产物，看来也是难以符合事实的。换上下面这样一个看法，也许比较合乎实际，即：它们都是近代中国的资本主义企业，是半殖民地半封建社会条件下产生的中国资本主义企业。如果把中国的民族资本主义规定为外国资本主义在中国的对立物，那么在这个广泛的涵义下，它们就是在半殖民地半封建社会中产生的第一代民族资本现代企业。中国的民族资本主义就是在这样一个特定的环境中产生的，它身上不能不带有这个时代的污渍。把中国民族资本主义打扮得干干净净，纯粹而又纯粹，看来不是历史。"金无足赤"这四个字，既可以应用之于中国近代资产阶级人物的评价，也是可

---

① 1912 年工业建设会发起趣旨，《民声日报》，1912 年 2 月 28 日，转见汪敬虞编《中国近代工业史资料》，第 862 页。

以应用于中国近代资本主义企业的评价的。重要的是，它是近代中国的黄金。

　　写到这里，也许离题太远了。但是我和李时岳同志在看法上的距离也许到此可以缩短了。我希望如此，不知时岳同志以为如何。

（原载《历史研究》，1988 年第 5 期）

论中国近代经济史的中心线索

　　中国近代经济史的中心线索问题，是一个既有历史意义又有现实意义的研究课题。它对正确理解近代中国社会性质和当前建设具有中国特色的社会主义的实际，都有密切的联系。本文就这个问题提出作者的一点初步看法，很不成熟，希望得到理论界的批评指正。

一

　　贯穿中国近代经济史的中心线索，个人认为，缩成一句话，就是中国资本主义的发展和不发展。

　　鸦片战争以后至中华人民共和国成立以前的中国社会，是一个半殖民地半封建的社会。这是当前学术界的共识，没有分歧。但是半殖民地半封建社会发展的趋向是什么？它贯穿着一个什么样的中心线索？则所见各有不同。从20世纪50年代开始的中国近代史的历史分期问题的讨论中，在这个问题上引出了一个值得重视的成果。那就是首次提出：在讨论中国近代史的中心线索时，中国资本主义的产生和发展，应该放在重要的位置上。到目前为止，这个论点的最完整的表述是：半殖民地半封建的中国近代史，存在着两个发展的趋向，或者说反映这两种趋向的线索。"反映半殖民地化趋向的线索是帝国主义的侵略"，"反映半资本主义化〔按即指半封建——引者〕趋向的线索是为资本主义开辟道路的各种斗争"。因此，"近代中国社会的发展，实际上存在着两个而不是一个趋向：一是从独立国家变为半殖民地（半独立）并向殖民地演化的趋向，一是从封建社会变为半封建（半资本主义）并向资本主义演化的趋向"。"前者是个向下沉沦的趋向，后者是个向上发展的趋向"①。

这个中心线索的提法，是在原来的研究基础上大大前进一步的突破。但是这个提法本身，还不能认为是最完善的概括。它把半殖民地半封建这个统一体割裂开来，把帝国主义的侵略同中国封建社会的变化对立起来，形成一个下沉一个上升的两个运动实体，因而没有能够说明中国近代社会发展的总的趋向，没有指出一个总的线索，也就是没有明确贯穿整个中国近代历史的中心主线。事实上，帝国主义的侵略，既造成了中国的半殖民地化，又造成了中国的半封建化。近代中国"为资本主义开辟道路的各种斗争"，既包括反对封建主义势力的斗争，也包括反对入侵中国的外国资本主义和帝国主义势力的斗争。尽管西方资本主义的入侵，给中国资本主义的产生造成了某些客观的条件，但它并没有为中国资本主义开辟发展的道路。相反，外国资本帝国主义在中国的存在，这是阻碍中国资本主义发展诸因素中的重要一环。中国内部的封建主义势力是中国资本主义发展的严重障碍，入侵的外国资本主义，最终也是中国资本主义发展的阻碍力量。

---

① 李时岳：《中国近代史主要线索及其标志之我见》，见《历史研究》，1984年第2期。

　　不过，撇开这一点不论，这个新的提法却有其值得充分肯定之处。它比起以前一般地以阶级斗争为中国近代史的基本线索的传统观念，无疑地是一个巨大的变化。它不仅在原有的基础上前进了一大步，而且对研究对象的本质，有了新的审定；对观察问题的视野，有了新的定向。因为它第一次把规定中国近代社会发展的主旋律——资本主义的发生和发展，放在中国近代史主体构思的重要位置上。这样，中国近代史的研究，就不可避免地面临着带有根本性的重新塑造。举例而言：出现在第二次鸦片战争以后的北京宫廷政变，是中国近代史上一项具有深远影响的事件。然而，它的历史意义，现在却可以有不同的审定。从传统的以阶级斗争为中心线索的角度看，这一次事件，很自然地被说成是中外反革命势力的进一步勾结，外国反对太平天国的反革命活动从隐蔽的暗害变为公开的对抗。从以中国资本主义的发生和发展为中心线索的角度看，则它又包含着以"洋"代"夷"观念的转化，从而引导洋务事业的发轫，资产阶级改良思想的冒头。它的后果是：封建的封闭体被打开了缺口，中国向近代化迈出了一小步。辛酉政变如此，甲午战争、戊戌变法、辛亥革命，亦莫不如此。新的审定和定向如何，暂且不论，但它是新的，这无可否认。

　　把资本主义的发展作为中国近代史的中心线索，这是一个符合本质的提法，至少，在中国近代经济史研究的领域内，这是一个富有指导意义的提法。但是，单纯地提资本主义的发展，则又没有概括事物本质的全部。一个完全符合中国近代社会本质的提法，我以为，这个中心线索应该是中国资本主义的发展和不发展。我们的审视点，应该放在这样一个高度，即通过中国资本主义的发展和不发展，研究中国近代经济的半殖民地性和半封建性，研究中国近代经济的内在症结和它的历史走向。

　　不言而喻，在封建社会中新生的资本主义，代表着先进的生产关系，促进了生产力的发展。它是历史的进步，一般说，它应该只有发展的一面。但是，具体到近代的中国，我们就不能满足于一般的理论原则，需要进一步联系中国的历史环境，联系中国资本主义产生的历史条件，作出分析和论证。

　　出现在近代中国土地上的资本主义是一种什么样的局面呢？概括地说，它是已经进入垄断阶段的外国资本主义在整个中国资本主义经济中的优势和统治，是官僚资本主义，亦即"买办的封建的国家垄断资本主义"在本国的优势和统治，是先天不足、后天失调的中国民族资本主义的未老先衰。先天不足，指的是：它的产生，不是封建社会内部资本主义生产关系成熟的直接临盆；后天失调，指的是：在它的发展过程中，经常承受着外国资本主义、帝国主义和国内封建主义、官僚资本主义的压力；未老先衰，指的是：它有所发展，但又不能顺利和充分地发展。中国民族资本主义的发展和不发展，这才是贯穿于中国近代历史的一条主线。如果把和帝国主义、国内封建主义以及官僚资本主义处于对立地位的民族资本主义看作是中国资本主义，那么，中国近代历史的一条主线，或者说，中心线索，就是中国资本主义的发展和不发展。这个局面的形成，是中国外部条件和内部因素交相作用的结果，这是不言自明的。

　　中国资本主义的产生，不是来自中国封建社会内部新生力量对旧的生产关系的突破，而是来自外国资本主义势力入侵的冲击，是出自中国原来的正常发展过程的中断，这是造成中国资本主义的发展和不发展的决定性因素。中国资本主义生产领域中的工矿企业如此，流通领域中的商业、金融，亦复如此。关于中国近代新式工矿企业的产生问题，我以前略有涉及。它不是或主要不是中国封建社会原有手工业中资本主义萌芽的进一步发展和直接转化，这方面我以前作过一些阐述，这里不再重复。① 同样，属于流通过程中的中国近代的资本主义商业和金融企业，也蒙上深浅不同的时代烙印。整个说来，中国新式商业和金融企业的产生，都不是出自中国产业资本自身发展的要求，都不是从属于中国的产业资本，以中国产业资本的运动为基础。中国封建社会原有的旧式商业和金融企业，在外国资本主义入侵中国以后，有一部分发生了一些变化，卷入了入侵中国的资本主义流通体系。通商口岸为数众多的钱庄，就是一个比较明显的例子。它介入了外国洋行对中国的进出口贸易，形成了中国对外贸易的金融周转中的重要一环。但是，即使如此，在整个 19 世纪，通商口岸的钱庄，也没有真正形成资本主义的金融企业，它和资本主义金融企业的一个根本不同的地方，就在于它还不是中国产业资本自身发展的结果，它还不是以产业资本的运动为基础的。如果说，它的性质在起变化，那只是由于它与包括外国银行和洋行在内的外国资本的联系加深而引起。在这种条件支配之下，中国的钱庄虽然还谈不上从属于中国的产业资本，但却可以说，它最终不能不从属于外国的产业资本。也就是说，它通过对外国在华商业资本和金融资本的从属，间接从属于外国的产业资本。如果说，外国银行和洋行分食外国产业资本从中国掠夺得来的利润，那么中国的钱庄至少有一部分是分食外国银行和洋行吞食以后的残羹。同样，通商口岸的新式商业，在不同的程度上，也是作为外国在华商业资本的补充而存在。它从属于外国产业资本的需要，分润外国产业资本的剥削。这些都是只有在半殖民地的条件下才出现的一种不正常的情况。中国的资本主义就是产生在这样一个欧风美雨侵袭的土壤之上，正是由于产生中国资本主义的土壤，是处在

---

① 参阅《近代史研究》，1983 年第 3 期，《历史研究》，1983 年第 5 期。

外国资本主义风雨侵袭的条件下，所以中国资本主义在它以后的发展过程中，才会结出为中国社会所独有的苦涩的果实。

由此可见，研究中国的近代经济，必须通过中国资本主义的发展和不发展，而研究中国资本主义的发展和不发展，又必须通过中国资本主义产生的历史条件。如果说，中国资本主义的发展和不发展，是探索中国近代经济史的中心线索，那么，中国资本主义产生的历史条件，就是探索中国资本主义发展和不发展的中心线索。这就要求我们有一个广角镜。也就是说，作为历史的中心线索，局限于资本主义发展和不发展的过程本身是不够的，我们的视野应该放在面临外国资本主义入侵的整个中国封建社会向资本主义过渡的无准备状态上。

二

在现有的中国近代经济史的著作中，谈到中国资本主义发生的历史条件，几乎无一例外地都从商品市场、劳动力市场和货币财富的积累（有的直称为原始积累）三个方面进行分析。这三方面的研究，为讨论正常的资本主义的产生所必需。但是，对半殖民地、半封建社会中资本主义的产生而言，直接地、简单地比照资本主义社会的条件，并不一定能够收到理论联系实际的效果。当然这并不是说不要研究商品市场、劳动力市场等等，而是说要结合中国社会的具体历史条件，不能从概念出发。[①] 因为中国封建社会中生产力的发展，还没有达到足以分解封建经济结构以前，西方资本主义国家就闯了进来，把资本主义生产方式，包括新的生产力在内，直接引进中国。这是正常的资本主义国度中所

---

① 参阅《历史研究》1984 年第 2 期拙稿。

不曾出现的。

在中国有文字的历史上，出现过使用人力、畜力乃至风力、水力作为动力来源的记载。但是，使用人工动力来源进行生产，这是在鸦片战争、五口通商以后，也就是在中国进入半殖民地、半封建社会之后才出现的新事物。新的生产工具的使用，不是出自中国封建社会内部手工业生产力的自然发展，而是来自入侵的外国资本主义的技术引进，这是毋庸讳言的客观事实。西方技术的引进，这是引进封建的生产关系所不能容纳的一种新的社会生产力。从某种意义上讲，新的生产技术的引进，是中国资本主义产生的决定性条件。

正由于此，正因为中国资本主义的产生，不是中国本身经济条件自然发展的结果，这就对中国资本主义的发展直接引发了两个值得注意的现象：概括地说，就是点与面的不协调，形成点上的发展与面上的不发展并存的局面。

从点上看，在中国资本主义现代工业最初产生的19世纪70年代，西方资本主义国家在中国建立的现代工业，已经差不多有30年的历史。通商口岸的外国工厂，至少已有70多家。其中有后来称霸上海的大型造船工业——祥生和耶松两家造船厂，并且都已设立了5年以上。至于垄断华南造船工业的香港黄埔船坞公司，则已存在10年之久。这些船厂，不但制造了不少轮船和机器，而且引进了大量的造船设备和技术人员。[①] 在交通运输等方面，外国资本主义的活动，也属于领先的地位。中国境内的第一条铁路，是1876年英国资本修建的上海吴淞铁路，航行长江的第一家轮船公司，是1862年成立，由美国资本经营的旗昌轮船公司，而首先开辟川江航运的轮船，是1898年属于英国资本立

---

① 参阅《经济研究》1965年第5、6两期拙稿。

德洋行的利川号。至于上海、天津南北两大通商口岸港口航道的
疏通，则无一不在外国资本势力控制之下。甚至在农垦方面，使
用机器的最初尝试，也出自外国势力的牵引，而耕作的试验，也
只限于口岸。① 所有这些活动，从技术的角度看，都是引进封建
的生产关系所不能容纳的新的社会生产力。对中国资本主义的产
生，都有刺激的作用。我们还可以举出一个一向受人忽视然而却
发人深思的事实，那就是对中国封建社会中延续了一千多年的严
重约束妇女生产力的发挥所进行的挑战——宣传天足的活动，也
是首先为通商口岸的西方人士所发起。它先于中国人在 19 世纪
末所发起的不缠足活动，至少有 20 年之久。② 妇女缠足的解放，
这是中国传统社会的一大变革，也是历史上劳动生产力的一次大
解放，这是毫无疑问的。③

新的生产力的引进，不能不在中国产生反应。中国在亦步亦
趋。如果说，中国自制的第一艘轮船，是在外国在华船厂制造第
一艘轮船的 20 年以后，那么，中国的第一家大型轮船公司，却
在外国轮船公司进入长江的第 10 年，便已继之而起。1876 年中
国的第一大口岸上海，出现了第一条外国资本经营的铁路，5 年
以后，中国资本经营的铁路，就开始运行于第二大口岸天津附近
的开平。19 世纪 40 年代初，中国输入西方的机器，已经见于记
录，而中国人最早自制自用的机器，出现在 70 年代初珠江三角
洲的缫丝业中。时间虽然落后了 30 年，却值得后人的铭记。甚

---

① 《上海新报》，1869 年 10 月 19 日；《教会新报》，1869 年 10 月 2 日；《申
报》，1887 年 3 月 27 日。

② North China Herald，1897 年 12 月 7 日，第 1092 页；1899 年 9 月 18 日，第
569 页。

③ 据有的学者研究，中国妇女缠足，北方多于南方，因此，当新工业开始时
期，工厂中用女工者，南方多于北方。参阅 H. S. Levy, Chinese Footbinding, 1966
年版，第 54 页。

至在变动迟缓的农业中，也出现了某些亦步亦趋的现象。19 世纪 60 年代末，出现在中国的北方口岸天津，一方面有西方人士对农业机械的输入，一方面就有中国的殷富"大户"的观光购买。① 90 年代初，出现在山东和湖北的口岸，一方面有民间商人主动向英国商人提出购买小麦碾轧机的要求②，一方面有官方鼓励向美国引进美棉良种的谕示。③ 90 年代末，新的渴望扩展到了皇亲贵族聚居的辇下。当中国人获得了西方人工降雨的信息时，一向求龙王爷保护农业生产的中国封建朝廷，也破天荒地第一次动了撇开龙王的念头。当 1898 年的春旱在北京附近蔓延时，顺天府尹就开始打这个主意。在他得知用炸药在空中爆炸可以引起造雨之后，他不顾费用昂贵，仍然坚定地说："行。我们的皇上会不惜一切，一定要让老天爷下雨。我一定下指示给军队向空中开炮。"④

可以说，进入 20 世纪，中国人对新生产力的渴望，也一若大旱之年，渴望云霓。

在这种亦步亦趋的形势下，中国的资本主义工商企业，也经历过有所发展的一面。从 19 世纪 70 年代出现第一批现代企业起，到 1927 年国民党统治开始以前的半个多世纪中，中国人先后设立了 3000 多个工、矿、交通、运输和现代金融企业。⑤ 其间在本世纪初收回利权的运动中和第一次世界大战结束前后，还

---

① 《上海新报》，1869 年 10 月 19 日；《教会新报》，1869 年 10 月 2 日。这里的"机械"，可能仍是改良的手工农具。

② Great Britain Foreign Office: Diplomatic and Consular Reports on Trade and Finance, China, 1893 年，芝罘，第 4 页。这里的碾轧机，可能也是改良的手工碾轧工具。

③ 张之洞：《张文襄公全集》，第 99 卷，公牍 14，1928 年版，第 25—26 页。

④ North China Herald, 1898 年 6 月 6 日，第 976 页。

⑤ 根据上海社会科学院经济研究所杜恂诚同志的统计（未发表）。

形成了两个小小的高潮。到国民党政府统治中期的 1933 年，分布全国的资本主义现代企业，单是工业一项，合乎当时国民党的工厂法标准的大小工厂，为数在 3000 以上。[①] 完全可以断言，没有一定的发展，不可能出现这种局面。促进了这种发展的人，都在不同程度上促进了中国的生产力。他们都是那个时代先进的中国人，在中国近代经济的发展中，各有他们相应的地位。

　　但是事物有另外的一面。中国资本主义产生的历史条件，规定着中国资本主义既有所发展而又不能充分发展。中国资本主义现代企业发展到国民党统治中期的 1933 年，究竟是一个什么样的局面呢？这里不妨举几个宏观的统计，进行一番比较。一是中国现代工业生产，除去外国在华工业的产值，只占国民生产总值的 6％；一是现代矿业生产，加上土法生产在内一共只占国民生产总值的 1.2％，其中绝大多数又是在外国资本控制之下。[②] 和当时世界主要资本主义国家比较，中国的工业生产，只相当英国的 1/50，德国的 1/64，而与美国比较，则只有它的 1/162。[③] 差距如此，几乎是令人难以想象的。完全可以断言，在中国资本主义的发展和不发展中，不发展是主导的一面。

　　因此，从面上看，中国资本主义的发展，并不能形成一股潮流，更没有形成一个全国范围的覆盖面。而这个覆盖面的缺乏，首先表现在人口和生产占压倒比例的农业上面。在这个领域内，明显地缺乏变革的动力。

　　农业中资本主义的出现，最主要的，不外封建租佃关系的转

[①] 根据巫宝三主编：《中国国民所得》上册，第二部第三章，第一表，1947 年版。

[②] 根据巫宝三，上引书，第一部第二章，第二部第三章。

[③] 参阅 The Royal Economic Scoiety, The Economic Journal, 1946 年 9 月，第 428 页。中国工业生产只限于民族工业之生产。

变和资本主义雇佣关系的产生两个方面。具体地说，就是资本主义农场的出现。

近代中国是否出现过资本主义农场呢？应该说，从 20 世纪初年开始，中国不少地方已经传来了举办农场的讯息。到 1912年止，全国出现的各种农牧垦殖公司，达到 171 家，已缴资本据说有 630 多万元。① 不管它们开垦的土地在全国耕地中所占的比重如何，如果中国近代史上，真正有过 171 家拥资 600 多万元的资本主义农场，那也算得是中国农业中的一个重大的变化。但是，事实并非如此。

在这些垦殖公司中，江苏南通大生纱厂厂主张謇创办的通海垦牧公司，被认为是一个比较成形的资本主义农场。这个公司在1901 年就以资本 14 万元、土地 12 万余亩的态势出现在苏北的南通海门。在筹办的时候，公司的组织者就标榜"成集公司用机器耕种"，但却不靠雇工经营，而明示"召佃开垦"。等到实际开办时，"机器耕种"，成为纸上空文②，"召佃开垦"，却全部付诸实现。1908 年前后，公司土地的承佃者，已达 1300 多户，丁口6500 余人。公司与承佃者之间，基本上仍是收租与纳佃的关系。地租额仍"与一般地区相差无几"。"佃户名义虽应得六成而实际上辛苦一年所得，却只有两三成"。这就是说，以资本主义企业形式出现的通海垦牧公司，它"内部的生产关系，基本上是封建租佃制"③。它仍然是在旧有的生产力基础上，维持落后的租佃关系。

张謇的通海垦牧公司，是为解决大生纱厂的原料棉花供应而

① 《第一次农商统计表》，1914 年版，第 200—206 页。

② 在清末申请创办的 51 家垦殖公司中，共有 3 家提到购办新式农具，而且也多停留在纸上。参阅李文治编《中国近代农业史资料》，1957 年版，第 694—696 页。

③ 章开沅：《开拓者的足迹》，1986 年版，第 126—132 页。

筹办的。如果说，这种公司的主人还兼具地主和资本家的双重身份，公司本身还多少从属纱厂经营的资本主义体系，那么，在已知的 171 家垦殖公司中，绝大部分连这种双重关系也没有。它们的主人，只是单纯地招佃垦荒，坐享租额，基本上仍是封建地主。即便雇工，数量是极其有限的。

因此，中国近代农业中的雇佣劳动，实际上主要存在于农业中占有相当比重的富农经营和经营地主的土地上。从量的方面观察，这两部分的雇佣劳动，到了 20 世纪 30 年代，大体上占农业人口的 9%—11%。[1] 和鸦片战争以前比较，农业中的雇佣劳动，无论是绝对的数量或相对的比例，都会有一定程度的增长，这是可以肯定的。

然而，单纯根据雇佣劳动的绝对的或相对的增长，并不能完全说明问题。重要的，而且是决定性的，是雇佣劳动性质的判断。如所周知，资本主义的雇佣劳动，"是自由劳动以及这种自由劳动同货币相交换，以便再生产货币并增值其价值"的雇佣劳动。[2] 存在于近代中国的农业雇佣劳动，一般说来，都没有完全充分具备这个条件，而在相当一部分的农业雇佣劳动中，则完全不能满足这个条件。

首先，中国封建社会中长期存在的、受封建土地制度、高利贷以及宗法关系束缚的不自由的雇佣关系，在近代的中国农村，仍然有大量的残存。出现在明清封建社会农业雇佣劳动中的"典当雇工"、"年限女婿"等等"界在奴雇之间"的雇佣，一直到 20 世纪的 30 年代，仍然散处全国各处，或名实俱存，或名异而实存。至于近似租佃关系的分益雇佣制，更以各种不同的名目杂

---

①　陈正谟：《各省农工雇佣习惯及需供状况》，1935 年版，第 58 页。
②　《马克思恩格斯全集》第 46 卷上，人民出版社 1979 年版，第 470 页。

出其中。所有这些形式各异的封建雇佣，和资本主义的雇佣劳动，完全属于两个不同的范畴。它们在全体农业雇佣中所占的比重，虽然没有确切的统计，不能任意夸大，以偏概全，但从明清之际以迄于近代，它们能以不同程度地保存下来，这是事实。①至于在近代中国农村中占多数的一般农业雇工，实际上也不能完全符合资本主义雇佣劳动的条件。完全依靠出卖劳力为生的雇农，无论在农户中还是在农业雇佣劳动者中，都是少数。而所谓"半自由的雇佣劳动"②，即一方面耕种自有或租来的土地，一方面以多余的劳力出卖，在全国各地带有相当的普遍性。这种小农之大量加入雇佣行列，冲淡了农业雇工劳动的资本主义色彩。③

总而言之，近代中国农村中的经营地主和富农经营，都不能说是资本主义的经营。经营地主固不足论，即便是富农经营，也谈不上是资本主义的经济。中国近代的富农，经营规模，一般都很小。经营的方式，也非常落后。富农虽然也租进土地，但占有的耕地面积，一般大于他所经营的面积。很多富农把土地分散租给贫农耕种，收取地租的苛重，不下于地主，并且通过商业高利贷，剥削贫苦农民。因此，中国的富农，带有很大的封建性。它是在封建轨道上行进的富农经济，很容易向地主经济倒退，而难于走向资本主义农场发展的道路。一句话。中国农村中的地主经济，并没有让位于富农经济。而不占主导地位的富农，基本上和

---

① 参阅陈廷煊《近代中国农业雇佣关系的封建性》，《中国经济史研究》，1987年第3期；章有义：《中国农业资本主义萌芽史料问题琐议》，见上引杂志1987年第4期。

② 余霖：《中国农业生产关系底检讨》，见《中国农村》，第1卷第5期，1935年。

③ 参阅刘克祥《二十世纪二三十年代中国农业雇佣劳动数量研究》，见《中国经济史研究》，1988年第3期。

地主经济站在一条线上。

其次，被称为"汪洋大海"的中国近代手工业，在它的发展道路上，也充满着复杂的矛盾。一方面，整个手工业的变动，呈现着衰落和挣扎以图发展相间的趋势，基本上是一个停滞的局面。另一方面，相对于大机器工业而言，手工业又始终占有优势。一直到 20 世纪 30 年代的 1933 年，中国手工业的总产值，占包括大机器工业在内的全体工业生产总值的 72%。棉纱、棉布、生丝、丝绸、夏布、茶叶、食糖、豆油、棉油、花生油、纸张、陶瓷等 12 种主要工业产品的总生产中，手工业生产所占的比重，占 3/4 以上的有 10 种，占 90% 以上的也有 5 种。[①] 中国资本主义经历了将近整整一个世纪，手工业的地位，相对于大机器工业而言，仍然居于优势。

中国资本主义的产生，当然有破坏手工业的一面。它也破坏农业和农村家庭手工业的结合。但是，在破坏的同时，农业与手工业更加结合的一面，在近代的中国，又经常出现在人们的面前。一直到 20 世纪 30 年代，反映自然经济占统治地位的经济结构，在农业与手工业的结合中，（例如在河北农村的手工棉纺织业中），仍然占有很大的分量。[②] 中国的资本主义大机器工业，也打击原有的手工业。拿棉纺织工业来说，机纱的出现，曾使广泛的家庭手纺业受到前所未有的打击。但是，与此同时，它又成为手工织布业的新原料，使手工织布不但没有在机织棉布的面前立即败退，反而得到一度的兴盛和繁荣。不仅如此，不仅手工业依赖大机器工业而得以幸存，大机器工业有时也依赖手工业而维

---

① 根据《中国国民所得》下册，附录三计算得出。

② 参阅张世文《定县农村工业调查》，1936 年版，第 426 页。关于自然经济的涵义，目前学术界尚有争论。这里所指，是广义的自然经济。

持暂时的发展。在中国传统手工织布业的重镇江苏南通建立起来的大生纱厂，就是主要依靠供应土布业所需的棉纱而存在和发展。土布业繁荣，它也繁荣；土布业停滞，它也停滞。两者的关系，是真正的"一荣俱荣"、"一损俱损"①。显然，这既可以说是发展中的共存，又可以说是两者都得不到发展的并存。这是中国资本主义发展和不发展的又一标志。

最后需要着重研究的，是贯穿整个流通领域的国内市场的考察。

国内市场的问题，从中国资本主义发展和不发展的角度进行考察，范围十分广泛。它既包括市场结构、商品结构和价格结构的问题，也包括商业资本和商业资产阶级的组成问题。这是一难度较大而迄今相对说来仍然很少投入研究力量的研究课题。当然，这方面的问题，现在已经比以前引起较多的注意。有不少学者已在这个领域中进行了开创性的研究，取得了有效的成果，并且在重大问题上得出了比较一致的结论。这就是"中国还远不是一个商品经济发达的国家"②。特别是在"农业生产领域中，自然经济始终占有优势"。即使到了 20 世纪 20 年代以至 30 年代，农村的市场经济，也不占主要地位。③ 由于流通领域的数量分析，材料上有一定的困难，这些结论所根据的统计材料，也许还有待进一步的审定，但是作为研究国内市场容量的一个蠡测，已有的研究，仍然能够提供一定的基础。例如，根据海关的埠际贸易统计，可以从一个侧面，在一定范围内推测工农业产品的国内

① 林刚：《试论大生纱厂的市场基础》，《历史研究》1985 年第 4 期。

② 吴承明：《我国半殖民地半封建国内市场》，《历史研究》1984 年第 2 期。参见《中国资本主义与国内市场》，第 268 页。

③ 徐新吾：《近代中国自然经济加深分解与解体的过程》，参见《中国经济史研究》1988 年第 1 期。

贸易量；通过厘金的征收数量则又可以从另一个侧面在另一种范围内推测国内的工农业产品的国内流通量。由于用以推算的根据，即埠际贸易统计和厘金征收统计，是比较可靠的，所以这样的推算，尽管仍有估计的成分，但比任意的匡算，多少要科学一点。当然，我们仍寄希望于更精密的研究，而且我们相信，只要肯花更多更艰巨的劳动，我们定能有所突破，取得进展。不过仅就目前已有的研究来看，上述学者的结论，仍有一定的根据。单就统计比较精确的海关埠际贸易而言，1936 年全国40 个大小海关的国内贸易总值为 11.8 亿余元[①]，这个数字，当然不能代表整个国内市场的商品流通量，但是和当年的进出口贸易总值 16.4 亿元加以对照，我们完全能够作出这样的推测：中国国内市场的容量，和一个 4 亿人口的大国是不相称的。

在整个 19 世纪以至 20 世纪初，中国国内市场的条件，处于极端落后的状态。由内地到通商口岸，有时不过数百里乃至不足百里的运费，常常高于出口商品万里海运的运费。[②] 蚌埠小麦由铁路运至上海，每担运费 0.95 元（由水路运至上海，运费更高至 2 元），而澳洲小麦运至上海，每担不过 0.45—0.50 元。[③]长沙大米运至上海，每担运费 0.952 元，而西贡大米运至上海，每担不过 0.451 元。[④] 这些都是 20 世纪 30 年代中期依旧存在的状况。而在此以前，形势自然还要更加严峻。1926 年

---

① 韩启桐：《中国埠际贸易统计，1936—1940 年》，中国科学院 1951 年版，参阅吴承明，上引文。

② Great Britain Foreign Office：Commercial Reports from Her Majesty's Consuls in China，1879 年，芜湖，第 278 页；1880 年，芜湖，第 140 页。

③ 上海商业储蓄银行调查部：《小麦及面粉》，1936 年版，第 52 页。

④ 《国际贸易导报》第 8 卷第 6 期，1936 年 6 月，第 52 页。

怡和洋行一位代办说：英美烟草公司从济南运烟叶到青岛，不过数百里的距离，运费却比美国烟叶运到中国还要贵！[①] 其他可以类推。

当然，造成这种离奇的状况，除了运费以外，税捐也是一个重要的因素。这个时候，口岸至内地商品的运费和捐税之和，常常几乎全部吞没了发货的价值。[②] 全国最大通商口岸，交通最便利的上海，周围百里之区，粮食价格可以低于上海1/3。[③] 至于货币的不统一，信息的不灵通，交易方式的原始，层次的繁复，在在阻塞国内市场的容量。可以设想，如果中国资本主义有一个顺利发展的环境，中国的国内市场，在经历了近百年的欧风美雨之后，是不会出现这种封闭落后的局面的。

由此可见，中国资本主义的发展和不发展，既有历史进程上的同时出现，即有所发展而又不能充分发展的同时出现；又有点面之间的并存，即城乡之间以及经济部门和领域之间的发展和不发展的并存。而在诸多部门和领域之中，占国民经济绝大比重的农业和城乡广泛存在的商业，也就是在生产和流通领域中反映中国封建势力严重存在的方面，亦即资本主义不发展的方面，需要我们付出更多的努力，对之进行深入的研究。而这些方面，特别是流通领域的方面，恰恰是过去的研究中相对薄弱的环节。这对当前中国近代经济史研究的需要而言，是亟待充实的。

三

中国资本主义的发展和不发展，这是中国近代经济史研究的

---

① North China Herald, 1926 年 10 月 23 日，第 152 页。

② North China Herald, 1899 年 6 月 19 日，第 1129 页。

③ North China Herald, 1901 年 1 月 9 日，第 51 页。

重要课题。毫无疑问，它又是研究当前现实经济所必须重视的一个课题。这就是说，以中国资本主义的发展不发展贯穿整个中国近代史，不但能够提高我们对过去历史的理解，也能启迪我们对当前现实的反思。

我国当前正处在全面改革的洪流中。在这个伟大的关键时刻，坚持社会主义这一点是明确的、不可动摇的。但同样明确的是：我国现在还处在社会主义的初级阶段；同样不可动摇的是：我们建设的社会主义，是具有中国特色的社会主义。这是根据我国的国情和具体的历史条件提出来的科学认识和正确方针。作为一个经济史工作者，这里我结合本文的主体思想，试谈一点自己的理解。

近代中国资本主义的发展和不发展，给我们的社会沉积下来一个严重的问题，就是生产力水平的极度低下，远远落后于发达的资本主义国家。我们在上面提到，中国的现代工业生产，在20世纪的30年代，只相当于英国的1/50，德国的1/64，美国的1/162。一个960万平方公里和4亿人口的大国，工业生产不及人口或国土比它小得多的资本主义国家的零头，这当然证明了旧时代中国的贫穷与落后。但是，百年的沉积遗留给我们的一个沉重的包袱，却是中国社会生产力的低下，也就是中国劳动生产率或者说单位劳动产出率的低下。和美、英、德这些资本主义发达的国家相比，30年代中期，我们一个产业工人在同一单位劳动时间的产出，只相当于他们的产业工人的1/9（英、德）乃至1/19（美国）。[①] 劳动生产率的低下，投入对产出比例的低下，这是旧时代中国人民贫困的主要指示。在国民党统治的30年代中期，中国的国民收入平均每人只合当时的美金12元，仅及美

---

①　The Royal Economic Society：The Economic Journal, 1946年9月，第433页。

国平均每人收入的1/26。[①] 劳动生产率的低下，即使在今天，仍然是构成改善中国人民生活的瓶颈。我们的社会总生产，现在年年都有大幅度的增长，某些工农业产品的产量，已经居于世界的前列。但是我们人民的生活水平，仍然仅足维持温饱，连小康的标准也一时难以达到。根本的原因，就在于劳动生产率的低下。我们的社会总生产增加了，但分到每一个人的产品，却依然有限。

提高生产力，发展生产力，这是中国共产党的最终目标。我们昨天进行的革命，推翻旧的社会制度，是为发展新的生产力准备条件；今天我们进行改革，也是为了发展生产力，为提高生产力创造条件。不同的是：昨天的问题是不废除旧的社会制度，就不能发展生产力，今天的问题是不发展生产力，就不能进入新的社会制度。为什么我们现在提社会主义初级阶段？就是因为用生产力的尺度衡量，我们的社会还没有达到社会主义的标准。生产力状况是制约社会主义社会从一个阶段向另一个阶段演进的最重要因素。这就决定了我们必须经历一个相当长的社会主义初级阶段。我们现在之所以倾全力进行各项改革，中心就是一个：提高社会生产水平。坚持生产力标准与坚持社会主义标准是统一的。我们不但要以生产力的标准衡量我们现在的工作，判断它的是非得失，而且要以生产力的标准衡量我们过去的工作，总结它的是非得失。可以这样说：这既是马克思主义的理论，又是中国历史的必然。这是历史给我们规定的道路。

其次，中国的现阶段之所以规定为社会主义初级阶段，还在于中国不是在资本主义充分发展的基础上建设社会主义，而是在经济文化不发达、资本主义没有充分发展的基础上建设社会主义

---

① 巫宝三主编：《中国国民所得》上册，1947年版，第13页。

的。这就给我们的社会主义建设带来了一系列的特点，要求我们在社会主义条件下完成本来应该在资本主义社会完成的任务。我们的改革，不能指望超越发展社会生产力所必须经历的过程。在这方面，发展商品经济就是一个例子。

商品经济是社会生产力发展到一定阶段就必然出现的经济现象。它可以和不同性质的社会经济相联系，并不是资本主义所独有的经济范畴。它的发展是和生产力的发展密切联系在一起的。生产上从简单攫取经济向手工工具生产和大机器生产的演进，交换也有无交换向产品交换和商品交换的演进。交换的深度、广度和方式，由生产的发展程度和结构所决定。当然，这样讲，并不是说只有到资本主义大机器生产的阶段才有商品经济的出现，但商品经济只有在资本主义大机器生产条件下才得充分的发展，这是不可否认的。所谓商品经济的充分发展，不但带有社会性的特点，而且还有组织性的特点。它不但有商品市场、金融市场、资本市场、技术市场以及信息市场、期货市场等等不同的市场类型和组织，而且必须有保证市场交易、维护市场秩序、促进市场发展的一系列的规范和制度。这只有在资本主义高度发达的国家才能达到比较完善的程度。

在资本主义有所发展而又不能充分发展的旧中国，商品经济的运行机制，虽然有不同程度的存在，但发展的不健全、不完备，这是有目共睹的。因此，我们现在发展社会主义的商品经济，除了在观念上要彻底打破那种认为利用市场调节就是搞资本主义的传统偏见以外，还要在组织上建立市场经济所必需的一套完备的市场规范和制度。如果说，对商品经济的偏见和商品意识的缺乏，还只是与我们所经历的旧社会有若明若暗的联系，那么，商品经济的规范和制度的不完备，市场机构与组织的不健全，就是昨天的中国给我们今天发展有计划的商品经济的一个负担。这是不深入研究近代中国资本主义的发展和不发展就不能有深刻的体会和认识的。

最后，在当前的经济改革中，对于全民所有制以外的其他经济成分，包括个体经济和私营经济在内，都要继续鼓励它们的发展。也就是说，在我们建设社会主义30多年以后，我们仍然承认私营经济一定程度的发展，有利于促进生产和生产力的发挥，仍然承认它是公有制经济必要的和有益的补充。包括个体经济和私营经济在内的全民所有制以外的其他经济成分的发展，不是太多而是还很不够。这个结论的取得，有多方面的根据。从历史的角度看，指出以下两点应该是不违背事实的。

第一，中国资本主义的发展和不发展，使得遭受西方资本主义冲击百年之久的旧中国，仍然是一个个体经济占主导地位的国家。广大农民是个体经营，手工业和商业也是以个体经营为主。汪洋大海，实际上并不限于手工业。他们的广泛存在，不但不能在一个早上把他们从我们的经济生活中统统取消，而且为了更好地满足人民多方面的生活需求，还必须借助于发挥他们的力量。充分发挥个体经济的作用，在现阶段，这是一条正确的方针。

第二，旧中国资本主义的发展和不发展，又使得旧时代中国资本主义所代表的生产力，在中国经历了30多年的社会主义建设的今天，仍然有发挥作用的余地。脱胎于半殖民地半封建社会的社会主义中国，它在发展经济上所面临的障碍，主要是封建主义而不是资本主义。造成这种障碍的根本原因，不是苦于资本主义经济的发展，而是苦于它的不发展。当然这样说，并不意味着我们要恢复资本主义。我们一方面承认私营经济是存在雇佣劳动关系的经济成分；另一方面，又要着重指出：当前的私营经济，是处在社会主义条件之下，它必然同占优势的公有制经济相联系，并受公有制经济的巨大影响，接受社会主义国家对它的引导、监督和管理。尽管如此，在全民所有制之外，存在雇佣劳动关系的私营经济，在社会主义初级阶段中，不但有它的存在空间，而且还有它的发展余地。这是符合中国本身的历史条件规定，也是符合马克思主义的理论规定的。因为"无论哪一个社会形态，在它们所能容纳的全部生产力发挥出来以前，是决不会灭亡的"①。

不仅如此，在落后国家建设社会主义的过程中，在一定的条件下，资本主义反而"能成为社会主义的帮手"。列宁在执行新经济政策时说过："我们应该利用资本主义作为小生产和社会主义之间的中间环节，作为提高生产力的手段、道路、方法和方式。"② 允许资本主义在一定范围内的存在和发展，"不但是不可避免的，而且是经济上必要的"③。对比沙俄更加落后的近代中国而言，这是不可回避的现实。

从中国自身的历史条件出发，运用马克思主义于中国的实际，我们所建设的社会主义就必然是具有中国特色的社会主义。的确，"在中国这样落后的东方大国中建设社会主义，是马克思主义发展史上的新课题。我们面对的情况，既不是马克思主义创始人设想的在资本主义高度发展的基础上建设社会主义，也不完全相同于其他社会主义国家。照搬书本不行，照搬外国也不行，必须从国情出发，把马克思主义基本原理同中国实际结合起来，在实践中开辟有中国特色的社会主义道路"④。"清醒地认识基本

---

① 马克思：《政治经济学批判·序言》，《马克思恩格斯选集》第2卷，人民出版社1972年版，第83页。

② 《列宁全集》第32卷，人民出版社1958年版，第342、346页。

③ 毛泽东：《在中国共产党第七届中央委员会第二次全体会议上的报告》，《毛泽东选集》合订本，人民出版社1964年版，第1433页。

④ 赵紫阳：《沿着有中国特色的社会主义道路前进》，1987年10月25日在中国共产党第十三次全国代表大会上的报告。

国情"，包括认识旧中国资本主义的发展和不发展在内，这是中国经济史工作者义不容辞的研究任务，也是经济研究工作者为更好地面对现实而应该给予关心的研究课题。

（原载《中国经济史研究》1989 年第 2 期）

中国近代经济史中心线索
问题的再思考

拙作《论中国近代经济史的中心线索》在本刊发表以后，得到了王方中等 13 位学者的热心评论。各种不同的意见，对我都是有益的。我都怀着感谢的心情认真加以考虑。通过自己的反复思考，觉得在几个比较重要的问题上，还应该明确一下自己的意见。

这个问题，事实上在我脑中盘桓了近 30 年。这一思想的最初萌芽，是受到老一辈经济史学家严中平同志的启发。60 年代初，当他主持中国近代经济史的集体编写时，严中平同志就在编写组内提出了资本主义的发展和不发展是中国近代经济史的核心问题，应该作为贯穿中国近代经济史的一条红线。这一思想和提法，当时在组内和组外，都进行了长时间的讨论。那时编写工作还没有真正开始，讨论是比较悬空的，没有能取得一致的意见，后来也就搁下了。但我自己在这个问题面前并没有停下来，30 年间，有过反反复复的思考。最近两三年来，由于参加了学术界关于中国近代史中心线索问题的讨论，自己在这一问题上的看法，才逐渐得到明确而趋于具体化。应该感谢这个提法的先驱者和当前讨论的参加者对我进行思考的启发和推动。个人的思考是没有完结之日的，讨论的启发力量也是无穷尽的。因此，对面临未尽解决的问题，我总是抱着思考再思考的态度，对同志们的批评指教，我总是怀着感谢的心情。希望讨论能深入下去。

以下就几个主要问题，谈谈我现在的看法。

一

首先是中国近代社会的性质问题。

中国近代半殖民地半封建社会是一个上升的社会还是一个沉沦的社会，这是研究中国近代经济史中心线索的前提。关于这个问题，现在学术界实际上有三种意见：一种意见认为半殖民地半封建社会是一个走下坡路的社会，即所谓沉沦观。另一种意见认为半殖民地半封建社会有走下坡路的一面，同时又有走上坡路的一面，即沉沦与上升并存观。还有一种意见认为这个社会是一个走上坡路的社会，这可以称之为上升观。

我的看法基本上属于第一种意见。我之所以持这种看法，主要是从政治的角度来理解的。当然，我也从经济的角度上考虑，但是局限于经济是不够的，必须把视野扩大到政治领域。我认为：近代中国之所以是一个半殖民地半封建的国家，而不是一个半殖民地半资本主义的国家，根据是：近代中国是受入侵的帝国主义和国内的封建主义的联合统治，而不是受外国帝国主义和中国资本主义的联合统治。半殖民地半封建的国家之所以是一个向下沉沦走下坡路的国家，而不是一方面走下坡路、另一方面走上坡路的国家，更不是一个整个社会都在走上坡路的国家，原因是：起着领导的决定的作用的两个主要矛盾——帝国主义和中华民族的矛盾、封建主义和人民大众的矛盾中，帝国主义和封建主义是矛盾的主要方面。中国资产阶级领导的革命，目的就是要解决这个矛盾，扭转这个方向，使中国由下坡路转向上坡路，但是没有成功。

沉沦、上升并存观注意到中国近代资本主义发展的一面，但是没有勾画出近代中国社会的一个总的发展趋向，变成了一只脚走下坡路、一只脚爬上坡路的低度可行状态。上升观虽然勾画出了一个总的发展趋向，但是它却与近代中国的实际历程，不相符合。如果从鸦片战争到全国解放的整个中国近代时期都处于上升的阶段，那么，1927 年以后的历史，就将无法予以正确的解释。因为那时共产党领导的苏区和解放区，已经先后出现。中国境内同时存在国统区和解放区两个截然不同、然而却都处于上升阶段的社会，那么，十年革命战争和三年解放战争的历史动因，显然统统得不到正确的答案。

不同意沉沦观论者的一个主要论点，是认为沉沦观把近代中国的历史说成一片漆黑，毫无希望；是认为沉沦观无视于中国现代化的历史进程，无视于新的资本主义生产关系和资产阶级力量的兴起。这显然是一个误解。[①] 如果我们辩证地看问题，事实就与此相反。正是由于中国近代社会的沉沦，所以才有代表历史前进方向的新兴力量在艰难中的奋起；正是由于中国的资本主义是在一个沉沦的社会中诞生，所以新兴的资产阶级才面临着奋起的艰难。如果中国已经是一个上升的社会，那么，包括资产阶级和

---

① 我们注意到，最近有的学者对洋务派与中国近代工业化的关系，作了积极的评价，但也承认中国半殖民地半封建社会的沉沦。新近有一篇文章认为李鸿章"开创了中国近代工业化的先河"，"抉择了中国近代工业化的道路"，奠定了中国近代工业化的基础。但同时也承认李鸿章"始终未能完成由封建地主阶级向资产阶级的转化，也未能阻止中国半殖民地半封建社会的沉沦"。指出这一点，也许有助于"沉沦观不可取"论者的思考。

无产阶级在内的新兴力量的反帝反封建的斗争目标，也就失去了历史的根据。指出中国近代历史的沉沦，正是要说明在近代中国发展资本主义的理想是多么艰辛而难以实现，正是要人们记取几代人为资本主义前途进行艰苦奋斗而又不能如愿以偿，必须另选途径的历史必然。

中国资本主义的发展和不发展，正是从这一论证中得出的合理结论。中国资本主义有所发展而又不能充分发展，更不能由此而进入资本主义社会。把这一主线作为中国近代经济史的中心线索，我认为这是符合历史发展本身的规定的。

二

把资本主义的发展作为中国近代经济史的中心线索，看来大多数学者还是能同意的。不能取得一致意见的地方，是在提法上。我同意的提法是"资本主义的发展和不发展"，与之相对的提法有"资本主义经济的发展"，有"资本主义的缓慢发展"，当然可能还有其他。

提法的不同，有一部分原因来自对中心线索的理解。在我的心目中，中心线索就像一支糖葫芦棍，是贯穿事物整体的一条主线。通过这条主线能更紧密地联结主体的各个部分，更好地认识主体。一部历史，通史也好，专史也好，有没有中心线索，形象地说，就看它是像一串糖葫芦，还是一口袋土豆。从这一点看，我们现在所讨论的中心线索，就不止是单纯中国资本主义本身发展状况的描述，如中国资本主义的缓慢发展、微弱发展、初步发展、进一步发展等等，而应该提到理论的范畴中来，提高到质的分析的水平上。资本主义的发展和不发展这个提法，我个人认为基本上符合这个要求。在我的设想中，这样一个提法，要着重解决两个问题，即提发展时要着重分析和研究它是怎样发展的；提不发展时要着重分析和研究它为什么不能发展。这两个问题比较好地解决了，我们对半殖民地半封建社会的认识，就会有一个比较高的观察点。因此，把中国资本主义的发展和不发展作为中心线索，我们需要观察的，决不是只限于资本主义的发展状况本身。我们的视野不是缩小了，而是更加开阔。

章开沅同志提出了一个主线与主体的概念，他指出："中国资本主义的发展和不发展与农业经济的状况具有千丝万缕的密切联系。如果对农业经济不作深入论析，就谈不上是一部完整的中国近代经济史，而且也很难更为全面、深入地说明中国资本主义的发展变化。"这是一个极为正确的见解。回答中国资本主义为什么不能发展，这是一个重要的入手之处。

鸦片战争以后一百年间，中国农村经济的确发生了一些变化。农产商品化的程度有所增长，租佃关系的形式和农业雇佣劳动的性质，也有所变化。商品经济和资本主义似乎在向农村渗透。但是，有两点基本事实是铁定的。那就是土地的阶级分配结构和地租的剥削率，在鸦片战争前后的二百年间，基本上没有变化。保存至今的 18 世纪前期直隶获鹿县 91 甲的土地占有资料，表明当时当地的地权分配结构，和 20 世纪 30 年代农村不少地方的地权分配结构，有惊人的一致性。这一点，已经受到中外许多专家学者的注意。地租剥削量虽然没有全面的数字，但"绅士田产，率皆佃户分种，岁取其半"；"耕力所取偿，或勿与输于人者钧"①。这两句有代表性的话，一则泛指清代初期，一则见之于清朝覆亡之际。这就是说，中国农村封建经济的根基，二百年间，丝毫未动。在这种条件之下，企图近代中国也像日本明治时

---

① 见运甓（黄侃）：《哀贫民》，载《民报》第 17 期。着重点为引者所加。

期那样，从农业产出中吸取资金作为资本主义现代化起飞的动力，那只是一个幻想。以现代产业的原始积累求之植根于封建土地制度的国民收入分配结构，等于缘木求鱼。

由此可见，以资本主义的发展和不发展为中国近代经济史的中心线索，正是要求把视线投向"长期滞留于封建结构的农业经济"，这不仅因为广大农村是工业品的市场，是工业所需原料和劳动力的供给者，而且具有决定意义的一着，农业生产是原始积累的最终来源。

资本主义的发展和不发展这条主线的提出，不仅要求我们把目光投向广泛的经济基础，而且要投向各种层次的上层建筑。在这一点上，中国和日本也是不相同的。在日本，正如章开沅同志引述张謇所发的感慨：那里殖产兴业，"国家以全力图之，何所不可"。中国则反过来，中国的近代产业，如果有一个殖兴的机会，那往往是国家无力图之或无全力图之之后。举一例以明之：以前人们常说，中国民族资本主义企业在民初之所以获得一个发展的机会，是由于第一次世界大战中帝国主义势力在中国的暂时撤退。这当然不失为一个原因。但是现在根据国内外许多学者的研究表明，"1895—1927年中央政府的控制削弱，私人资本主义倒有一定的发展"[①]。而当国民党政府在大陆统治的后期、官僚资本极度膨胀之时，民族资本主义企业，相对国民党统治前期的30年代而言，可以说是陷入了前所未有的困境。

---

① 这是杜恂诚同志研究的结论。国外学者中，美国的小柯拜尔（Coble, Parks M., Jr）在1980年和李达文（Edmond Lee）在1987年都提出了类似的意见。参阅小柯拜尔《上海资本家与国民政府，1927—1937》（The Shanghai Capitalists and the Nationalist Goverment, 1927—1937），1980年版，第20页；李达文：《条约口岸的政治、投资与经济发展》，见章开沅、朱英主编：《对外经济关系与中国近代化》，华中师范大学出版社1990年版，第592页。

　　由此可见，不但在中国资本为什么不能发展的问题上，而且在资本主义怎样才能得到一些发展的问题上，都有同样的因素在起作用，需要一个同样的广角镜。

　　这里顺便谈一下对发展和不发展的理解问题。我的确这样认为：在中国资本主义发展和不发展的过程中，不发展是主导的一面。许多学者不同意这样的看法，许多研究证明中国资本主义工业在本世纪20年代有较明显的发展，在抗日战争前夕，达到了前所未有的水平。这些都是事实，这些研究都如实地反映了客观实际。然而，所有这些，都不足以改变我的原有看法。且不说发展与不发展的交替情况如何，将近百年的发展最后所达到的水平如何，一个关键性的问题是：判断中国资本主义的发展和不发展，同样不能局限于资本主义现代企业的发展本身，它同样需要一个正对全国经济的广角镜。在这方面，现有的研究是远远不够的，我们期待更多更好的研究成果。

三

　　一部具有比较理想的中心线索的历史，不但是一部正确的历史，而且是一部丰富的历史。它不仅像一串糖葫芦，而且更像一根藤上的葡萄串。说它像葡萄串，指的是：葡萄串上的葡萄，大小不同，色泽各异，疏密有间，错落有致。如果说糖葫芦串上的葫芦，是机械的排列，那么葡萄串上的葡萄，就是有机的构架。

　　以资本主义的发展和不发展为中心线索，有希望为中国近代经济史提供一个像葡萄串似的构架。这是因为：这个中心线索不但有内在的逻辑联系，而且可以带动一系列问题的重新研究，在研究中，可以出现各种各样的观点，对于一部中国近代经济史的撰写，有充分发挥论断、研证的广阔场地，至少在目前阶段是如此。

所谓内在的逻辑联系，指的是中国资本主义产生的历史条件、存在的时代环境对它的发展和不发展的历史规定性。

中国资本主义的产生，不是来自封建社会内部新生力量对旧的生产关系的突破，不是封建社会内部资本主义生产关系成熟的直接临盆，而是来自外国资本主义势力入侵的冲击，是出自中国原来的正常发展过程的中断。这是现在多数学者比较一致的看法。中国的现代资本主义工业，主要不是中国封建社会原有手工业中资本主义萌芽的进一步发展和直接转化，而是新的生产力从外国的移植。中国的资本主义商业和金融业的产生，主要也都不是出自中国产业资本自身发展的要求，都不是从属于中国的产业资本、以中国产业资本的运动为基础。（这一点下面还要专门谈到）即使是"所谓新式农垦企业"，根据有的学者的研究，也"不是从农村内部生长出来的，并非农村经济发展的结果，而是从外部移植或嫁接到农村机体上的"①。所有这些，概括地说，就是中国资本主义的先天不足。

至于中国资本主义存在的时代环境，根据我的认识：出现在近代中国土地上的资本主义所面临的环境，是已经进入垄断阶段的外国资本主义在整个中国资本主义经济中的优势和统治，是以封建皇帝、军阀官僚集团为首的封建主义势力在中国城乡的继续统治，其后又是官僚资本主义、亦即"买办的、封建的国家垄断资本主义"在本国的优势和统治。在民族资本主义的发展过程中，经常承受着外国资本主义、帝国主义和国内封建主义、官僚资本主义的压力。概括地说，就是中国资本主义的后天失调。②

---

① 参阅《中国经济史研究》1989 年第 2 期，第 80 页。
② 产生的历史条件和存在的时代环境，当然互有联系，但时间上有先后，有的同志把产生的历史条件当作存在的时代环境，并且认为是我的看法，这当然是误解。

由此可见，中国资本主义的发展和不发展，不但有主线与主体间的内在联系，而且有发展前途与历史条件之间的内在联系，也就是说，有历史的规定性。

其次，这条中心线索，还可以带动许多问题的重新研究，势必引起更广泛的辩论和思考。它会使许多问题的讨论，提到理论的高度，从而有助于丰富中国近代经济史的涵量和内容。形象地说，就是在这株葡萄串上，有比较悦目赏心的葡萄。

现在只就几个已经成为学术界争论焦点的问题，作为例示，略加解析。

第一是上面提到的中国资本主义现代工业的产生问题。在那里，我们提出了一种论点，但是，也有另外一种意见，它认为中国近代的民族资本主义企业，是中国封建社会资本主义萌芽的转化，有手工业→工场手工业→大机器工业三阶段的存在，不能一概而言中断论。

在五口通商、外国资本主义势力入侵中国以后，新兴的资本主义工业的某些部门中，的确可以看到由手工工场向大机器工业转化的现象。但是，撇开量的问题不论，在这些转化中，人们同样可以看这样三种现象：首先，直接转化为大机器工厂的手工工场，它所用的生产工具乃至原材料，在相当多的工业部门中，也是来自国外的引进。火柴制造厂的最初产生，就是以手工工场的形式而出现的。这些手工工场，不但有的生产工具来自外国，而且化学药剂乃至柴梗盒片，也由国外输入。在手工烛皂、卷烟、轧花、织布以及针织等行业中，都出现过类似的情形。有的行业（如织布）这种情形，还极为普遍。存在于手工工场的这种情形，与机器生产工具向工厂的引进，实际上具有同样的性质。其次，作为向现代工厂转化的另一种手工工场，是伴随着对外贸易以及与之相关的沿海、内河航运的需要而产生的。这类手工工场，多半出现在出口加工和船舶修造之中。应该说，这里存在的转化，体现了外国资本主义入侵的间接影响，与中国封建社会的资本主义萌芽同样没有关系。第三，当然还有一些转化，不属于上述两种类型。但不管哪一种，都有一个共同现象。那就是，所有这些转化，几乎都是在大机器工业早已产生的19世纪末乃至20世纪初出现的。按照一位经济史学者的意见：作为小商品生产同大机器工业之间的中间环节——资本主义工场手工业阶段，不是发生在大机器工业之前，而是产生在大机器工业之后，这是一个错乱离奇的倒挂。① 把这三点总起来，就可以看出：这种转化和正常资本主义社会中的工业三阶段进程，存在着不同的性质。正如另一位经济史学者所说：企图从中国封建社会的资本主义萌芽中寻找近代工厂的雏形，那"是个对象错误的努力"②。

由于正常发展过程的中断，所以在中国整个近代时期，尽管出现了大机器工业，尽管它有一定的发展，但中国原有的手工业，却大面积地处于落后的状态，而在整个工业生产中，它又依然占有压倒的比重。一直到20世纪30年代初，当大机器工业已经达到它的高峰时，手工业的总产值，仍占工业总产值的70%以上。很多工业部门甚至达到90%以上，这在正常发展的资本主义社会中，是不可想象的。弥漫于半殖民地半封建中国的经济版图中，的确是这样"一片凄凉"的景象。

第二是外国在华资本的作用问题。有一种意见认为：既然承认中国资本主义现代企业的产生是西方资本主义新生产力引进的结果，那就理所当然地应该承认外国资本主义的入侵对中国资本

---

① 樊百川：《中国手工业在外国资本主义侵入后的遭遇和命运》，载《历史研究》1962年第3期。

② 费维恺：《论二十世纪初年中国社会危机》，载《论清末民初中国社会》，复旦大学出版社1983年版，第112页。

主义的推动和促进作用，或者说，至少在前期以促进为主，后期才是以阻碍为主。许多学者还引用了马克思关于英国在印度的统治所起的作用，作为自己立论的根据。

一个社会的变化，归根结底，由社会内部的因素所决定。先进的资本主义对落后国家的入侵，的确体现了"西方资产阶级按照自己的面貌改造世界"。但对被入侵的国家来说，这究竟是一个外加的面貌。英国之于印度，的确提供了一个改造的样本。大英帝国在印度不但引进了"开发着社会化的机器生产"，而且引进了革新印度城市面貌的公用事业，引进了使印度摆脱孤立闭塞的海陆运输，引进了加强信息传播的自由报刊，引进了培养人材的现代教育，甚至训练了印度的自卫军队，瓦解了印度古老的种姓制度，创立了印度迫切需要的土地私有制度。总之，的确是一场最大的"社会变革"。但是，印度得到了什么？印度并没有得到自己的资本主义真正发展的机会。也就是说，新的经济力量并没有给印度带动整个社会生产基础的更新。与此相反，西方资本主义国家之进入日本，并没有能像英国在印度实行的那一套最大的"社会革命"，然而，日本人却较早地有了自己的资本主义的长足发展。在经济结构变革的过程中，真正起作用的，是本国社会中崛起的新的经济力量。这就证明了马克思下面这句话的真理性：一个被侵略国家人民的社会状况的根本改善，"不仅仅决定于生产力的发展，而且还决定于生产力是否归人民所有"①。中国人民，正如马克思所指的印度人民一样，是不能指望从西方资产阶级在他们中间播下的新的社会因素所结的果实的。那只是一枚苦果。

---

①　马克思：《不列颠在印度统治的未来结果》，《马克思恩格斯选集》第 2 卷，人民出版社 1972 年版，第 73 页。

至于说到在中国资本主义的发生时期，外国资本主义的促进作用是主要的，而在中国资本主义初步发展以后，阻碍作用就日益严重地显现出来。这个提法，也许是要突出西方资本主义的入侵给中国资本主义的产生所造成的客观条件。但是外国资本主义给中国资本主义提供的条件和施加的压力，又是同步进行的。近代中国数得过来的三个最大的资本主义企业，——交通运输业中的轮船招商局、矿业中的开平煤矿和钢铁冶炼业中的汉冶萍公司都吃过外国资本的苦头。其中开平和汉冶萍的厄运固然发生在20世纪初年中国资本初步发展以后，而轮船招商局从一开始就受到英美在华航业资本的排挤。洋商倾挤跌价，并力相敌，希图扼杀招商局于襁褓之中，"遂其垄断之心"，这是李鸿章亲口说的，人所共知。① 可见，即使就西方资本主义的客观作用而言，也没有必要作这样的区分。这不是绝对化，而是要求理论上的一贯。

马克思是伟大的。他在《不列颠在印度统治的未来结果》中，不是寄希望于大英帝国对印度社会的促进，而是寄希望于印度自己的复兴。他毫不犹豫地说："无论如何我们都可以满怀信心地期待，在多少是遥远的未来，这个巨大而诱人的国家将复兴起来。"马克思当年的期待是遥远的未来。它在中国的今天，已经成为眼前的现实。我们今天总要比当年马克思看得更清楚些才是正道。

第三是洋务派官督商办企业的作用和地位问题。在这个问题上，肯定的意见是占多数的意见，一个似乎很有说服力的意见是：既然中国的资本主义"是从西方移植过来的"，那么，"移植的任务便历史地落在封建统治阶级有识之士的肩上"，"从而在封

---

① 《李文忠公全集》，译署函稿，第7卷，第26页。

建主义密闭的殿堂中为资本主义打开缺口"。"没有洋务派的积极倡导和经营，在古老的中国要出现近代工矿企业、近代电讯交通、近代科技教育，不知要推迟多少年。"根据这一看法，洋务派在经济领域中的活动，无疑应该得到全面的肯定。

这种看法，应该说还没有找到理论和事实上的依据。实际的情况是：最先在中国进行资本主义企业活动的人，首先是最早和入侵的西方资本主义势力发生接触的通商口岸的商人，其中主要是洋行的买办。新近的研究证明，中国商业中的资本主义企业，最初可以说是从这些人物的活动中开始出现的。在近代工业领域中，他们的企业活动，很多也早于洋务派的民用企业乃至军用企业。有些领域，他们没有插手，不是不想，而是不能，是封建政权不准。军事工业、公共工程、铁路、矿山等等，都属于这一类，最初都是民间插手不得。有的民间一直不得插手，有的虽得插手而放手不得。① 事实上有些商人兴办并未明令禁止的企业，也是躲过封建政权的眼睛，才得以插手的。广东缫丝工厂最初之所以在农村中出现，躲过官府的干预，至少是一个原因。

洋务派的官督商办，是在这样一个条件下才得以出现的。由于相对新兴的商人而言，官府势力的强大，一些商人之插手资本主义，最初只有附股外国资本主义企业。而一些想脱离外国资本以发展自己的有资本主义倾向的商人，又不得不从官府势力的庇护中寻找出路。这是官督商办企业产生的历史条件，也是官督商办之所以成为中国资本主义企业所赖以出现的形式的历史必然。

洋务派在这个历史大潮中所扮演的角色，无疑地比逆潮流而

---

① 一直到清王朝覆灭的前一年，当商办铁路公司在各地风起云涌之时，清王朝还顽固坚持铁路为"国权"所有，民间铁路公司应为"官治公司"。

动的顽固派先进。在这一点上，说他们是封建统治阶级中的有识
之士，也是可以的。但是官督商办形式的资本主义的企业，在洋
务派倡导之下，并没有取得实际的成效，这是众所公认的事实。
这是洋务运动的破产在兴办实业上的反映，也带有历史的必然
性。从这个意义上讲，说洋务派不能承担发展中国资本主义的历
史任务，又是符合事实的，也就是说，在整个洋务运动时期，中
国资本主义内部，并没有形成共同抗击旧制度的一致力量。这至
少是一个比较合乎历史实际的尺度。

　　洋务派的官督商办，既是中国资本主义企业所赖以产生的主
要途径，洋务派本身又不能承担发展中国资本主义的重要任务。
这二者都是历史的必然。恰当地评价洋务派在这里的作用和地
位，二者缺一不可。

　　第四是官僚资本主义的问题。在这个问题上，目前学术界的
看法，有不同的地方，也有相同的地方。不同的地方是：一方承
认官僚资本主义的提法，另一方则倾向于不提官僚资本主义，而
提国家资本主义。相同的地方是：双方都认为自己的提法，都适
用于中国资本主义发生和发展的全过程。

　　这一分歧，看上去像是纯粹名词之争，实际上包括一个重大
的理论问题，这就是对半殖民地半封建国家中出现官僚资本主义
的认识和理解。官僚资本主义的正式提出，本来就是作为国家垄
断资本主义的代名词。[①] 而在政治经济学的范畴内，国家资本主
义也是资本主义发展到垄断阶段的产物。既然如此，中国的国家
垄断资本主义当初为什么不称国家资本主义而称官僚资本主义
呢？原因就在于这个国家垄断资本主义是出现在半殖民地半封建

----

　　① 毛泽东：《目前形势和我们的任务》，《毛泽东选集》合订本，人民出版社
1964年版，第1253页。

的土地上。它除了和国家政权结合在一起、具有垄断性以外，还具有买办性和封建性的特点。也就是说，代表官僚资本主义的政权是一个对外和帝国主义相结合、对内和国内封建主义相结合的大资产阶级掌握的政权。这种畸形的资本主义，是在国民党执政以后，确切一点说，是在它的后期、经济恶性膨胀的时刻形成的。国民党上台以后，政权的性质，有一个明显的变化。这个政权，已不是一个单纯的封建政权。它既代表封建阶级的利益，又代表大资产阶级的利益。这个时候，大、中、小资产阶级的分野，明显地表露了出来。代表大资产阶级利益的资本主义，发展成为与中等资产阶级的民族资本主义相对立的地步，最后发展成为压迫民族资本主义的官僚资本主义。而在此以前，无论是洋务派官僚还是北洋军阀，他们的政权，基本上还是一个封建政权，他们的企业活动，不管是洋务派官僚的积极兴办、或是北洋军阀的不积极兴办，都提不上官僚资本主义的日程表。

中国在资本主义不发展的条件下出现了带有垄断性质的官僚资本主义，这是半殖民地半封建条件下中国资本主义畸形发展的变态产物。这不是一般的国家资本主义所能概括它的全部内容的。

第五是买办阶级的问题。 与中国资本主义的产生相联系，最近几年来，买办阶级的问题得到较多的研究，有相当大的进展。但是，在一些理论问题上，依我看来，还有值得加以研究之处。

出现在近代中国的买办阶级，究竟是一个进步的阶级，还是一个反动的阶级，这是近几年来学术界中经常议论的一个问题。现在论坛上出现了这样一种看法：中国近代社会中的买办阶级，并不是一个反动的阶级，而是"处于上升的阶段"的阶级，是一个"富有生命力"的阶级。"它对中国资本主义发生和发展的进步作用是应该得到承认和尊重的"。买办阶级中不但出现了中国第一代的"实业家"，而且出现了"先进的中国人和爱国知识分子"。他们"起到了中国近代化的生力军"的作用。

如果把买办阶级等同于洋行买办，那的确有几分像。早期的洋行买办中，的确出现了像唐廷枢、徐润那样的实业家，也出现了像容闳、郑观应那样的先进的中国人和爱国知识分子，他们的确起到了中国近代化的生力军的作用。问题在于能否这样等同起来。

关于买办阶级的理论根据，现在大家都是遵循毛泽东同志的原则分析。毛泽东同志通过新民主主义革命的实践，对中国资产阶级的划分，一贯按照大、中、小的原则。而近代中国的买办阶级实际上是大资产阶级的同义语。其所以称大资产阶级为买办阶级，是因为这个阶级带有浓厚的买办性。即它"完全是国际资产阶级的附庸"[①]，是"直接为帝国主义服务并为它们所豢养的阶级"[②]。洋行买办，作为一个整体，当然也是直接为帝国主义服务并为它们所豢养，但买办阶级不能简单地等同于洋行买办，从理论上讲，这是明白无误的。

如所周知，一个阶级不能转化为另一个阶级，但阶级中的个别分子是可以转化的。道理很简单，"单独的个人并不'总是'以他所从属的阶级为转移"[③]。即使把所有的洋行买办统统划入买办阶级，单个洋行买办，也和其他阶级的单独的个人一样，是可以转化为另一阶级的成员的。就这些单个的洋行买办而言，这都是一种进步的表现。但所有这些，并不能改变买办阶级作为反动阶级的客观现实，这又是没有疑问的。

---

① 毛泽东：《中国社会各阶级的分析》，《毛泽东选集》合订本，人民出版社1964年版，第3页。

② 毛泽东：《〈共产党人〉发刊词》，《毛泽东选集》合订本，人民出版社1964年版，第598页。

③ 《马克思恩格斯选集》第1卷，人民出版社1972年版，第183页。

因此，从这里引出的正确结论，决不是"买办阶级是一个进步的阶级"这个命题的成立。洋行买办投资于现代资本主义企业，向民族资本家的转化，这只能说明中国民族资本主义产生道路的曲折，只能说明中国民族资本主义的产生所面临的环境的特殊。这样一种曲折的道路和特殊的环境，只能规定着中国民族资本主义的发展和不发展，规定着中国民族资产阶级的革命和革命的软弱性，却得不出买办阶级是一个进步阶级的结论。

第六是中国近代商业资本的问题。这个问题，实质上是如何对待近代中国流通领域中的资本主义问题。由于过去的研究中在这方面下的力量相对不足，因此，这里存在的分歧，不但没有很好地解决，而且甚至没有展开充分的讨论。

分歧集中在商业资本的买办化问题上面。近代中国的商业资本，很容易和买办化挂起钩来。这是因为："帝国主义列强从中国的通商都市直至穷乡僻壤，造成了一个买办和商业高利贷的剥削网。"[①] 也就是说，中国近代的商业资本，有一部分在五口通商以后就纳入了外国资本运行的轨道。形象地说，是依附在外国资本的"皮"上。[②]

但是，中国近代商业中的资本主义又的确是从这一部分商业中开始出现的。许多学者的研究表明：和近代工业中的情况相同，原来依附洋行的买办和买办商人，有的在依附的同时，又独立发展自己的商业活动。这是一种带有倾向性的转化。显然，这种转化，不能视为买办化的进一步发展，而应该被看作是商业中民族资本主义的产生。

[①]　毛泽东：《中国革命和中国共产党》，《毛泽东选集》合订本，人民出版社1964 年版，第 623 页。

[②]　这是借用杜恂诚同志的比喻。参阅《历史研究》1987 年第 6 期。

　　还应该指出：帝国主义在造就中国城乡买办的和商业高利贷的剥削网的过程中，还有促进中国城乡商品经济的一面。作为二传手，那些卷入外国资本运行轨道的中国商业资本，既有把外国资本主义的剥削传到中国广大小生产者身上的一面，也有把商品经济由通商口岸扩大到内地广大城乡的一面。尽管在这里应该分清主次，掌握分寸，但是它不能完全受到忽视，这也是应该肯定的。

　　由此可见，不作具体分析，把凡是在对外贸易方面和外国洋行发生联系的行业，一律视之为买办化的行业，把某一行业在对外贸易方面和外国洋行进行的活动，一律视之为买办性的活动，这不一定是完全恰当的。

　　但是，也应该看到事物的另一面。正是由于中国近代商业中资本主义的最初形成是发生在和外国资本主义有密切联系、并且纳入外国资本运行轨道的这一部商业之中，这就不能不给中国商业中的资本主义打上深深的时代烙印。概括地说：中国新式商业的产生，不是出自中国产业资本自身发展的要求，它不从属于中国的产业资本，不是以中国产业资本的运动为基础。相反，它在不同程度上都是作为外国在华商业资本的补充而存在的。它从属于外国产业资本的需要，分润外国产业资本的剥削。这是只有在半殖民地的条件下才出现的一种不正常的状况。这种状况的存在，决定了中国近代的商业资本，不能不具有先天的软弱性。这和正常资本主义国家的商业资本是不可同日而语的。

　　这种情形，既贯穿于商品经营资本的活动中，也贯穿于货币经营资本的活动中。中国封建社会中长期存在的钱庄就是一个例子。五口通商以后，适应对外贸易的需要，它介入了口岸华洋商人交易中的资金调剂，形成了中国对外贸易的金融周转中的重要一环。它和资本主义金融企业的一个根本不同的地方，也在于它不是中国产业自身发展的结果。它也是不依附于本国的产业资本，而是通过对外国在华商业资本和金融资本的从属，间接从属于外国的产业资本。如果说，外国银行和洋行分食外国产业资本从中国掠夺得来的利润，那么，中国的钱庄的利润，至少有一部分也是分食外国银行和洋行吞食这一剩余以后的残羹。它和中国近代的商业资本，具有同样的个性。

　　包括商业资本在内的中国资本主义，就是产生在这样一个欧风美雨侵袭的土壤之上。正由于此，中国资本主义在它以后的发展中，才会结出为中国社会所独有的苦涩的果实。近代中国的产业资本，始终得不到长足的发展，而商业资本和金融资本，却往往能获得畸形发展的机会。在辛亥革命之后，当第一个共和国出现之时，中国国土上的工业资本，几乎只有单纯经营商品的商业资本的 1/7，甚至远远落后于单纯经营货币的钱业资本。[①] 这不是偶然的，这是半殖民地半封建这个特殊的土壤上长出的苦果中的一枚。

　　最后是关于近代中国农村经济的性质问题。农村经济，这是近代中国半殖民地半封建社会中保存着封建生产关系的主体。传统的估计是：在整个近代时期，中国农村人口中不到 10% 的地主富农占有约 70% 至 80% 的土地，地租剥削率占产量的 50% 乃至 50% 以上。这个估计，现在受到挑战。许多学者提出了异议，认为夸大了实际的情况。有的学者根据自己的估算，认为地主富农占地不是 70% 至 80%，而是 50% 至 60%。有的学者对 50% 以上的地租剥削率，不能接受，认为这样地主手中就有大量可以投放市场的余粮，而这又和"封建社会是自然经济、自给自足"的命题发生矛盾。

　　核实材料，辨明道理，这种求实的精神是值得称道的。特别

---

　　① 　参阅《中国经济史研究》1989 年第 4 期，第 76 页。

是旧中国没有遗留下多少可靠的普查材料，给今天的学者研究昨天的中国经济，造成了难以克服的困难。在这方面，农业经济尤其突出。且不说各地区之间的差异，有很大的悬殊，就是同一地区乃至同一乡村的调查，由于口径的不同，也会出现很大的差异。拿地权分配来说，同一地区的地权分配，包括不在地主和不包括不在地主，相差可达 20％乃至 70％。把不在地主的土地计算在内，他们占地 70％—80％，在许多地区又是可能存在的。[①]因此在核实材料方面作出新的努力，提供坚实可靠的举证，这种努力是艰巨而有益的，它会赢得人们的欢迎和敬佩。

对待统计材料，应该有严谨的态度，同样，对待理论原则，也应该有慎重的态度。

对土地集中的程度作出实事求是的审定，是否就可以使得近代中国封建地主经济制不存在了呢？显然不能作出这样的结论。就拿立论者的那个理论为例加以分析吧。很多学者的研究表明：封建经济不等于自然经济。从封建土地所有者与农民之间的经济关系来考察，封建经济与自然经济有着紧密的联系；但是，从封建经济单位的生产和消费的整个运行过程来考察，封建经济与商品经济也有着紧密的联系，而且可以说是本质的联系。[②] 这就是说，封建地主经济制和商品经济并不是不相容的，根本没有理由根据这种假定的不相容来否定地主经济制在中国的存在。执一以否定全盘，这种论证方法，也是不能成立的。

近代中国的地主经济制，这是客观的存在。某些局部发生了变化，这正是我们需要研究的地方。研究的结果，只会使我们对

----

①　参阅严中平等编《中国近代经济史统计资料选辑》，科学出版社 1955 年版，第 270—272 页。

②　魏金玉：《封建经济·自然经济·商业经济》，《中国经济史研究》1988 年第 2 期，第 4 页。

半殖民地半封建社会的性质和趋向，有更深入的了解，只会使近代中国农业中封建生产关系的内涵，更加丰富，而决不会否定近代中国农业中的封建生产关系。

以上七个问题，都是属于宏观性质的大问题。这里面涉及的理论问题，有很多是带有根本性的。要对这些问题作出明确的回答，每一个答案都应该写成一部专著。我这么匆忙地交出了自己的答卷，其不自量力是显而易见的。但是，这份答卷若有一丝一毫之可取，那就是：我的每一个答案，都力图贯穿我心目中的中心线索。我力图使自己的观点，前后一贯。如果这一点得到读者的认可，那么，不管他是不是同意我的观点，我都将引为精神上的莫大欣慰。

四

在这篇短文的最后，我想谈一点怎样使讨论进一步深化的意见。

我国学术界关于中心线索的讨论，很早就已开始。就我个人而言，只是近两三年来，才得以亲身经历。从 1986 年起，我有幸与李时岳同志作了几次共同的探讨，深受启发，因此也不断进行思考。我们之间的看法，的确有明显的分歧。但是这并不妨碍我个人对李时岳同志执着追求真理的精神，有极深的印象。在李时岳同志的一篇大作中①，有一句话是会令所有认真从事研究工作的人感到钦佩的，那就是他所说的："运用自己的头脑思索"。这其实是一种自然的生理现象，但是偏偏在我们当中，在我们这些名正言顺地从事脑力劳动的人当中，反而往往不容易做到。我

---

① 见《历史研究》，1989 年第 4 期。

们的历史研究者和理论工作者在经典著作和党的文献面前，容易养成一种不用自己的脑筋进行思索的习惯。这种惰性，以前较烈，现在也没有完全断根。远的且不论，就拿我们现在讨论的问题而言，不妨试举眼前一例：

不言而喻，旧中国资本主义的发展和不发展，和新中国走上社会主义的道路，有着内在的必然联系。西方资本主义国家入侵中国以后，前进的中国人民力图摆脱半殖民地的锁链开辟资本主义的发展道路。然而经历了将近百年的艰难奋斗，一系列的痛苦经验证明：这是一条走不通的道路。中国人民除了社会主义以外，没有别的选择。中国的近代历史，注定了社会主义是中国人民的惟一出路。已经走上社会主义道路的中国人民，如果不坚持社会主义而走回头路，那也只能是钻进一条死胡同。结果只能是："用劳动人民的血汗去重新培植和养肥一个资产阶级，在我国人口众多、社会生产力水平很低的情况下，只能使大多数人重新陷入极其贫困的状态。这种资本主义，只能是原始的、买办式的资本主义，只能意味着中国各族人民再度沦为外国资本和本国剥削阶级的双重奴隶。"① 对这一段话的理解，离开了对昨天中国社会的分析，离开中国近代百年史的研究，是不可能达到深刻的程度的。不妨以此对照一下同时出现的另一篇文章中的一段文字："中国今天如果搞资本主义私有制，由于生产力水平低、人口多、资源相对短缺等原因，不具有当年西方资本主义国家侵略、掠夺别国的条件，只有被人掠夺的可能，因此，只能从资本的原始积累起步，要退回到资本主义的二三百年前的'羊吃人'的时代。"这就不可想象了。中国今天如果搞资本主义，不是回

---

① 江泽民：《在庆祝中华人民共和国成立四十周年大会上的讲话》，1989 年 9 月 29 日。

到"原始的、买办式的资本主义"，而是回到"羊吃人"的时代；中国之所以会再度沦为外国资本的奴隶，之所以只有被掠夺的可能，只是由于中国不具备当年西方资本主义国家侵略、掠夺别国的条件。这是不可理解的。应该说，即使把原始的资本主义理解为资本主义的原始积累，中国也没有经历过"羊吃人"的时代。中国即使生产力水平不低，人口不多、资源相对不短缺，也得不出一定要侵略掠夺别国的结论。这种望文生义式的阐述，不但没有增强正确观点的说服力，反而令人产生迷惘。显然，在中国为什么不能走资本主义道路的问题上，文章作者并没有真正动脑筋。

前一阶段，在学术研究的众多领域中，一时涌现出许多新的观念，新的取向和新的思维定势。有一种为人们所能察觉到的倾向是：马克思主义的观点似乎是一种僵硬的传统理论，用马克思主义的观点观察事物似乎是一种陈旧的思维定势。这种倾向的形成，自然有很多原因，但是有一点，原因是不在持有这种倾向的人一方的，那就是宣传马克思主义观点的人，在马克思主义面前，并没有真正动脑筋进行思索。毫无疑问，在理论战线上，需要旗帜鲜明地宣传马克思主义。历史科学的研究，同样应该如此。但是，要真正做到这一点，首要的是：在马克思主义理论面前，肯动脑筋，肯用自己的头脑进行思索。要坚定不移地养成这种习惯，把马克思主义的理论用到自己的研究中来。果真做到这一点，许多遭到非难的传统理论，终有恢复光彩之一日。

李时岳同志在同一文中还说："我们的历史学远远跟不上时代的步伐"，原因是："我们对'历史定势'的'突破'，过于迟疑，过于缓慢。"因此，"它遭到社会的冷遇是不能怨天尤人的。"追求真理，不能因受到冷遇而怨天尤人。在这一点上，我和李时岳同志是一致的。我想进一步补充的是：只要我们在这个"历史定势"面前，用自己的脑筋认真思索，不论所得的结果如何，我们都不会遭到冷遇。我们现在正进行的讨论，也不失为一个小小的证明。在我们的讨论中，显然有两种意见存在。但是双方都得到热烈的参加，讨论很有生气，并未受到冷遇。

当然，这里有一个如何使这一有生气的讨论深入下去的问题。不深入下去，不但难以取得大体一致的共识，甚至保持讨论的活力也无以为继，这是不言而喻的。而要做到这一点，我以为，一个重要的途径，是设法把我们的讨论与正面的研究结合起来。我们讨论的问题，是一个宏观的、大面积的问题。拿上面提到的有争议的七个问题来说，正如上述，每一个问题的透彻研究，都可以构成一部专著的分量。无论哪一个问题，都有非常广泛的涉及面，不但有纵向的历史分析，而且有横向的比较研究。例如，我们在上面提到：西方资本主义国家入侵的影响，在亚洲的印度、日本和中国，就产生了不同的后果。日本成为亚洲的第一个资本主义国家，印度则变成了殖民地。中国和它们又都不相同，既未沦为殖民地，也没有上升为资本主义国家，而是走向半殖民地半封建的滑坡状态。为什么有这样不同的结局，不研究这三个国家的内部历史条件，是难以得出圆满的答案的。这就要求讨论的双方站起来在大面上直来直去之外，还需要坐下去，对每一个细部进行深入的正面研究。只有这样，才能不断给讨论注入新的活力，保持讨论不断取得新的进展，最终求得大体一致的共识。

正由于此，我在赞成双方继续进行大面上的、全局的、热烈而活跃的交叉对话之余，还寄希望于各方开展专门的、细部的、冷静而深入的正面研究。

我愿以自己的实践努力实现我自己的愿望。

（原载《中国经济史研究》1990 年第 2 期）

论近代中国的产业革命精神

在中国的近代史上不曾有过产业革命的记录。中国虽然经历了资产阶级的民主革命，推翻了继承长期封建统治的清王朝，但是中国仍然面临着外国资本、帝国主义的严重入侵，面临着国内封建主义势力的继续存在。半殖民地半封建的土地上，不具备进行产业革命的前提条件，在半封建半殖民地出土的资本主义，不可能开辟一个为资本主义充分发展作准备的产业革命的场所，不可能具有资本主义国家产业革命的经历。108 年的中国近代史，已经注定了这样一个客观的事实。

中国没有产业革命，但是近代中国充满着产业革命的精神，这也是一个客观的存在。中国的半殖民地半封建的地位，激发了中国独立发展民族资本主义的强烈愿望，激发了几代人为这个目标而进行的艰苦奋斗，激发了中国人民为实现祖国的现代化而进行的奋勇拼搏。一句话，激发了中国的产业革命精神。

产业革命的精髓，是先进的机器生产对落后的手工生产的取代，是社会生产力的大发展、大解放。产业革命代表整个一个变革时期，"一个工业部门生产方式的变革，必定引起其他部门生产方式的变革"。"工农业生产方式的革命，尤其使社会生产过程的一般条件即交通运输工具的革命成为必要。"①　中国没有经历产业革命，没有这样一个完整的过程。但是产业革命的精神，却有广泛的波及面。它不但表现在工业各部门之内，也表现在交通运输以及农业垦殖等一系列经济部门之中。

在资本主义世界，产业革命是继资产阶级革命的胜利而发生的。17—18 世纪，英、法、美等国资产阶级革命的胜利，给资本主义的发展扫清了道路。从 18 世纪中叶起，在欧美一些主要资本主义国家，先后发生了以机器生产代替手工业劳动、以机器大工业代替工场手工业的重大变革。以外国资本主义的入侵而开端的近代中国，情形与此不同。如果说孙中山领导的革命是中国资产阶级革命的开始，辛亥革命是中国资产阶级革命的第一个胜利，那么近代中国的产业革命精神，在此之前早已引发。这就是说，在封建中国的大门由于西方资本主义国家的叩击而被迫开放的条件下，随着资本主义新生产力的引进，直接激发了中国的产业革命精神。具体地说，从 19 世纪 70 年代开始，在由封建政权内部的洋务派所发动的现代企业的活动中，人们已经开始感到中国的产业革命的气氛之迎面而至。尽管洋务派官僚并不能承担发展中国资本主义的历史任务，但这并不能抹煞这些企业中为争取中国资本主义现代化而献身的人的动人事迹，不能抹煞这些先进人物的身上所葆有的产业革命精神。

这种精神，可以上溯到洋务派最先创立的官办军用工业中。在中国最早而规模较大的一家军工企业——福州船政局中，中国人自制轮船的情况，就是一个例证。

福建船政局建厂之初，就在聘用外国技术人员的同时，通过

① 马克思：《资本论》第 1 卷，《马克思恩格斯全集》第 23 卷，人民出版社1972 年版，第 421 页。

设置学堂和派遣留学生两重途径培养自己的技术力量。而中国人
自制轮船的试探，在开办不及十载的 1875 年便已开始发动。
1874 年船厂辞退了合同期满的洋匠，1875 年，前此派遣出国的
留学生吴德章等就"献所自绘五十匹马力船身机器图，禀请试
造"①。当时福州的一位洋税务司曾断言："欲学全功者，非数十
年难知奥妙，欲使中国素不识外国语言文字之幼童人等，期于 5
年中能造机器，能驶轮船，本税司深知徒靡巨款，终无成功。"②
然而，由吴德章等"独出心裁"试制之艺新号轮船，不但在不到
一年时间内就制成下水，而且检验结果，证实"船身坚固，轮机
灵捷"③。同时，应该指出：这艘被称为"船政学生学成放手自
制之始"的轮船，船身图式虽为吴德章等所测算，但测算船内轮
机、水缸等图，则出自一个并未出国的船政局学生汪乔年之手。
他之所以成功，得力于"当其肄业之时，半日在堂研习功课，半
日赴厂习制船机，曾经七年之久"④。

　　过了不到 8 年，中国人自制的第一艘巡洋舰，又在吴德章等
人设计制造之下获得成功。当时督办船政的黎兆棠说：这艘命名
为开济的巡海快船，"机件之繁重，马力之猛烈，皆闽厂创设以
来目所未睹"。其"制件之精良，算配之合法"悉皆吴德章等
"本外洋最新最上最便捷之法而损益之，尤为各船所不可及"⑤。
从 1869 年到 1907 年的 38 年间，福州船政局共造各种轮船 40

---

　　① 《船政奏议汇编》第 12 卷，第 16 页。转见林庆元：《福建船政局史稿》，福
建人民出版社 1986 年版，第 161 页。
　　② 《海防档》，乙，《福州船厂》（一），第 65 页。转见林庆元上引书，第 161
页。
　　③ 《船政奏议汇编》第 14 卷，第 1 页。转见林庆元上引书，第 162 页。
　　④ 光绪十三年五月十五日署理船政大臣裴荫森奏，见《洋务运动》（五），上海
人民出版社 1961 年版，第 367 页。
　　⑤ 《洋务运动》（五），第 267—268 页。

艘，其中有 15 艘是中国技术人员监督制造的。① 吴德章等人的成就，当然比不上英国产业革命中一大批生产工具的创造、发明和革新者那么杰出，但是他们的进取精神，应该说是并不逊色的。

在以后洋务派官督商办的某些民用企业中，人们也能察觉到同样情景的存在。作为一个整体而言，官督商办的企业并未取得令人满意的结果。但个别企业经营者的艰苦创业精神，的确称得上是一种要求产业革命的心态。在洋务派民用企业里面比较不为人所注意的漠河金矿中，这种精神充满了企业创建的全过程。

漠河金矿坐落在中国极北的黑龙江边陲，"地处荒僻，人迹罕通"，但因盛产金砂，成为强邻沙俄长期觊觎、久欲"设厂挖金"之处。中国兴办漠河金矿，固然是"内以立百年富庶之基"，同时也是"外以折强邻窥伺之渐"。"兴利"、"实边"，二者并举。然而"建置之难，则平地赤立；购运之远，则千里孤悬"。而"取金之硐，夏则积水，冬则层冰，凿险缒幽，艰难万状"②。主持这个金矿的李金镛，以一江南人士而远役遐荒，其备尝难苦之状，是可以想象的。他在漠河金矿虽然只有两年时间（1888—1890），但做了大量的工作，为漠河金矿后来的发展奠定了初步的基础，他却因此付出了自己的生命。最值得大书特书的，是他始终一贯的自力更生精神。他考虑到漠河地处边陲，生产和运输同等重要，两者都必须立足于自力更生。关于运输，他说：黑龙江的轮运对金厂特别重要，但是这条江上的运输已为俄国所独

---

① 《国风报》第 1 年第 14 期，1909 年 5 月 21 日。转见陈真编《中国近代工业史资料》第三辑，三联书店 1961 年版，第 144—145 页。

② 光绪十八年九月二十九日李鸿章奏，转见孙毓棠编《中国近代工业史资料》第一辑，科学出版社 1957 年版，第 738 页。

占。全厂"频年租用俄轮，种种受其挟制"，"终非久计"，应"赶即自备，庶几有恃无恐"①。他具体提出："商请吉林机器局代造小轮船两只，一上一下，专以拖带驳船为主。"②他主张采金机器必须购自外洋，"但定购之时，宜加详考，须求其至精至坚可适久用者，以免停工待修，虚靡贻误"③。考虑到运输困难，他甚至有开矿所用机器由吉林机器局就近制造的主张。④而这种主张，似乎得到实现，因为当时上海一家外国报纸说道：漠河金矿"所用机器非自外洋购来，而系矿厂附近之机器厂所制"⑤。他也主张聘用外国矿师，但考虑到金矿"僻在荒漠，须耐艰苦"，因此"宜择用西国矿师之肯耐劳者"，并要求"延订合同内，声明到厂后如无明效，不拘年限，即行辞换"⑥。他的所有这些措施，主要是根据漠河金矿的具体情况着眼，从自力更生的原则出发，不能视为守旧。他是极端热忱于新事物的汲取的，一直到"病殁差次"之时，他还在为修通电报、加速金矿同外界的信息传递而殚精竭虑，还在咨调电报学生在沪购置有关机器，加紧筹务。⑦

从20世纪开始，当中国资产阶级民主革命进入高潮之际，中国大地上的产业革命精神也展现出新的场面，突出地表现在铁道、航运等交通运输业和信息传递的电讯业中。被称为中国"铁

---

① 《为准直隶总督咨据漠河矿务李金镛禀造轮船扎机器局遵照由》，转见曲从规、赵矢元《漠河金矿与李金镛》，1982年洋务运动史学术讨论会论文。

② 《黑龙江金厂公司章程》，转见《洋务运动》（七），上海人民出版社1961年版，第323页。

③ 同上。

④ 曲从规、赵矢元上引文。

⑤ 《北华捷报》（North China Herald）1890年8月22日，第227页。

⑥ 《黑龙江金厂公司章程》，转见《洋务运动》（七），第322页。

⑦ 曲从规、赵矢元上引文。

路之父"的詹天佑和他所设计监修的第一条中国自建、"与他国无关"的京张铁路，就是这种精神的一个代表。

詹天佑为中国铁路事业的开拓而付出的心血和取得的成就，现在是世所公认的。35 年前大陆出版的一部詹天佑传记中，在描写詹天佑勘测铁道线路的情景时写道：1905 年詹天佑接任京张铁路总工程师以后，不但亲历初测之路线，而且"在复测当中，詹天佑又亲自率领工程人员，背着标杆、经纬仪在峭壁上定点制图。塞外常有狂风怒号，满天灰沙，一不小心，就有被卷入深谷的危险。但詹天佑不管在任何恶劣的条件下，始终坚持工作，并鼓励大家一起坚持工作。他为寻找一条好的线路，不仅多方搜求资料，而且亲自访问当地的农民征求意见。他常常骑着毛驴在小路上奔驰。白天翻山越岭，晚上还要伏在油灯下绘图计算。他在工作中总是想到：这是中国人自筑的第一条铁路，如果线路选不好，不只那些外国人必然讥笑，还要使中国工程师今后失掉信心。必须选好线路，认真完成它"[①]。

詹天佑"骑着毛驴在小路上奔驰"的情景，不但被中国人看到，也曾被外国人看到。当时住在北京的英国伦敦《泰晤士报》记者莫理循[②] 就亲眼看到过这一幅情景。但是这位记者是怎样观察的呢？他得到什么样的结论呢？同 30 年前那位洋税务司之于吴德章等人制造轮船一样，这位洋记者在 1905 年 5 月 25 日写的一篇通讯中说道：

"我已和金达[③] 同赴张家口对计划中的铁路线作了一次走马

---

① 徐盈、李希泌、徐启恒：《詹天佑》，中国青年出版社 1956 年版，第 32 页。

② 莫理循（G. E. Morrison）（1862—1920），澳大利亚人。1895—1912 年任泰晤士报驻远东记者，1897 年以后常驻北京。1912—1917 年任袁世凯政治顾问。

③ 金达（C. W. Kinder）（1852—1936），英国人。1880—1881 年为开平矿务局修建唐胥铁路，后任京山铁路总工程师。

看花式的勘察。"

"中国仅有的一位工程师是一个名叫詹〔天佑〕的广东人。他已被任命为这条铁路的总工程师。他从未做过独立的工作。而前此他在外国监督之下所进行的华北铁路工程，现在必须从头再来。我们在山口碰上了他和他的同伴。詹骑着一头骡子，两个助手骑着毛驴，苦力们则背着经纬仪和水平仪行进。他们显然不打算测量。他们的主要任务是让大批满载的货车免税通过厘卡，以便运销张家口，获取暴利。"① 在莫理循眼中，詹天佑不是在测量铁路，而是在走私!

"中国会修这条铁路的工程师还没有诞生呢。"这是包括金达在内的外国工程师对詹天佑的嘲笑。他们也认为："这是一条最有希望的铁路"，但是，"如果把这一项那么有价值的财产托付给中国人，那真是一件万分遗憾的事"②。然而，不过四年，他们的话便成了笑柄。还是那个莫理循，在 1909 年 12 月 6 日写的通讯报道中，就掌起自己的嘴巴来。他说道：

"所有的工程师都告诉我，这项工程是不错的。这是金达无意于着手的一项工程。因为它需要在崎岖的山峡中修建大量的涵洞。金达在他经手的铁路中，不曾修过一条隧道。所有的铁路，都是在平原上修建的。他以前一直认为中国人匆促上马是决不可能干好的。现在如果要在我的报告中有意地去抹煞对这条铁路的任何赞美之辞，我以为是不公正的。"③

---

① 1905 年 5 月 25 日莫理循致濮兰德（J. O. P. Bland），见骆惠敏（Lo Hui-min）编：《莫理循通讯集》（The Correspondence of G. E. Morrison）第 1 辑，1976 年版，第 306—307 页。

② 骆惠敏编，上引书，第 307 页。

③ 1909 年 12 月 6 日莫理循致吉尔乐（V. I. Chirol），见骆惠敏编，上引书，第 534 页。

外国人看来是气馁了。詹天佑却早就自豪地说：“中国已渐觉醒。”“现在全国各地都征求中国工程师，中国要用自己的资金来建筑自己的铁路。”① “我们已有很多要学习工程的人，这些人互相帮助，互相依靠，就什么都可以做得到。我们相信这条新路一定能够如期完成。”②

詹天佑的这段话，决非大言不惭。这条原来计划需时 6 年才能完工的铁路，在詹天佑和铁路工人的努力下，只用 4 年的时间（1905—1909），就提前大功告成，而且还节省了 28 万余两银子的工程费用。③ 这在中国筑路史上是罕见的。

詹天佑的行动，代表着一个潮流。几乎与此同时，一位并非工程师出身的华侨陈宜禧，凭着他“旅美操路矿业者垂四十余年”、“谙熟路工”的经验，怀着“叹祖国实业不兴”、“愤尔时吾国路权多握外人之手”的激情，立志要在他的故乡广东台山兴办第一条民营铁路。他打出“不收洋服、不借洋款、不雇洋工”的鲜明旗帜④，一身兼任“股款之招集、工程之建设、路线之展筑、公司之管理”的重任。⑤ 以 60 岁的高龄，“亲自带领勘测队进行选路工作”，“不仅亲临工地指导建筑工作，还常常拿着镐头和工人们一起干活”⑥。经历了 14 年（1906—1920）的艰苦奋

① 1906 年 10 月 24 日詹天佑致诺索布夫人（Mrs. M. D. Northrop），见吴相湘：《詹天佑是国人自筑铁路的先导》，载刘绍唐编：《传记文学》第 43 卷第 5 期，1983 年 11 月。

② 徐盈、李希泌、徐启恒，上引书，第 33 页。

③ 徐盈、李希泌、徐启恒，上引书，第 43 页；凌鸿勋：《詹天佑先生年谱》中国青年出版社 1961 年版，第 62—65 页。

④ 《新宁铁路股份簿》，转见林金枝、庄为玑编《近代华侨投资国内企业史资料选辑》（广东卷），福建人民出版社 1989 年版，第 430 页。

⑤ 《陈宜禧敬告新宁铁路股东及各界书》，转见林金枝、庄为玑，上引书，第 435 页。

⑥ 莫秀萍：《陈宜禧传略》，转见林金枝、庄为玑，上引书，第 472 页。

斗，并且克服了各种保守势力的阻挠，终于建成了一条全长 137
公里、有桥梁 215 座、涵洞 236 个的新宁铁路。①

　　建成以后的新宁铁路，曾经有一度的营业景气，对台山的社
会经济产生了显著的影响。② 但是好景不长，抗日战争期间，这
条铁路受到严重的破坏。等到战争结束，这里的铁路已荡然无
存，只剩下残缺的路基。但是，曾经屹立在台城火车站前的陈宜
禧铜像，和现在仍然站在青龙桥车站前的詹天佑铜像一样，同为
今天中国人民心中的一座丰碑。和詹天佑一样，他们的奋斗目
标，都是要使中国跻身于世界现代化国家的行列，具有浓厚产业
革命的精神。

　　轮船航运业中出现了同样的情景，突出地表现在长江上游的
川江航运中。几乎与京张铁路落成的同时，川江上出现了第一艘
中国人自己经营的轮船——象征着四川对外开通的"蜀通"号。
这是一艘吃水三呎的浅水轮船。它购自英国，组装完毕却是在上
海的江南船坞。③ 它的载重虽然不超过百吨④，却要在中国人的
手中试一试三峡中的急流恶浪。它于 1909 年 9 月 6 日由宜昌开
出，经过 8 天的航程，安全到达重庆，顺利地完成了穿过三峡的
处女航。⑤

　　首航川江的这条小轮船，是属于一家由四川士绅和商人组成

---

　　① 莫秀萍：《陈宜禧传略》，参阅林金枝《近代华侨投资国内企业概论》，厦门
大学出版社 1988 年版，第 173 页。

　　② 刘玉遵等：《华侨、新宁铁路与台山》，载《中山大学学报》1980 年第 4 期。

　　③ 《支那经济报告书》第 47 期，第 24—25 页，转见樊百川《中国轮船航运业
的兴起》，四川人民出版社 1985 年版，第 410 页。

　　④ "蜀通"号载重，一说为 80 吨，一说为 30 吨，均不超过百吨。参阅樊百川，
上引书，第 410 页；聂宝璋：《川江航权是怎样丧失的》，载《历史研究》1962 年第 5
期，第 144 页。

　　⑤ 《海关十年报告》1912—1921 年，第 1 卷，宜昌，第 261 页，参见聂宝璋上
引文，第 144 页。

的川江轮船公司的。这是一家在四川收回路矿权利的运动中诞生的华商公司。它打着官商合办的招牌，但在经营的过程中，却受到官府的阻挠。它虽然在草创时期得到四川总督赵尔丰的赞成，但却遭到湖广总督陈夔龙在营运过程中的反对，以至后来竟一度闹到"蜀通"轮船不准进入湖北的境地。① 创业艰难是可想而知的。尽管如此，"蜀通"号还是出了川江。不仅如此，通过"蜀通"的影响，此后数年，川江之上还陆续出现了众多的小轮船公司。当然它们的寿命，大都是短暂的。但川江轮船公司却顶住困难，存在了一段相当长的岁月。1919 年 4 月我国著名的科学家任鸿隽从海外回到故乡，坐的就是"蜀通"号轮船。他在船上还对这条陌生的小轮作过一番描写，抒发了自己对这条船的感情。在4 月 16 日的一封信中，他这样写道："这船是航川江商船的始祖。他的造法甚为稀奇。全船分为两只，一只单装汽机，一只单装客货。两只合并起来用绳缚住成一个'狼狈'形势。但是若在河中遇着大风，风水鼓荡，两只船一上一下，所生的剪力（Shearing force）可了不得，就有一寸来粗的麻绳，也可以震断。""因为蜀通轮船是四川人办的，坐船的也大半是四川人，所以我一上蜀通船，就有身入川境的感想。"② 这位科学家的见闻和感情都是真实的。"蜀通"号在订购之时，就附有一只拖船，它的载重，甚至超过了轮船本身。其所以如此，显然是为了减轻轮船的吃水，以适应峡江的航行。③ 这说明当年川江航行的原始状态，反映了航行条件的极端困难。就在任鸿隽乘坐的这趟船上，根据他的亲身体会："那船的簸动，

---

① 《交通史航政编》第 3 册，第 1253 页，转见樊百川，上引书，第 410 页。
② 民国 8 年 4 月 16 日，任鸿隽致胡适，见《胡适来往书信选》（上），中华书局 1979 年版，第 37—38 页。
③ 樊百川，上引书，第 410 页。

比在海船上遇风还要利害。"① 尽管这样，它却引发了这位爱国科学家的怀乡情感。

任鸿隽把"蜀通"号说成是航行川江商船的始祖，从一个角度看是事实，即它是中国自办商轮航行川江之始。从另一个角度看，则并非事实，因为在它第一次航行川江之前 10 年，英国的"利川"号轮船已经到过重庆②，而德国的轮船"瑞生"号，则在其后二年准备继"利川"而进入川江之时，沉没在宜昌上游之崆岭。③"利川"号航行的成功，在英国人的眼中，是"以文明的方式进入川江之始"④，可以提到"名垂史册"的高度。⑤ 而"瑞生"号的沉没，在德国人的眼中，则是"一个挺有希望的事业的可悲结局"⑥，是"一场明白无误"然而又是"极其伟大"的悲剧。⑦ 事情是实际存在的，看法却颠倒着。任鸿隽的提法，有把颠倒过去的看法再颠倒过来之效。人们从这里所感受到的，是弘扬中国企业的精神，也就是弘扬中国的产业革命精神。

在航运业中，还值得一提的是，海外华侨对祖国远洋航运的开辟。1915 年旅美华侨创立的中国邮船公司就是一个光辉的范例。这一年日本以侮辱的 21 条对中国进行要挟，旅美华侨纷纷奋起，以抵制日货表示反对。为了打破日本对太平洋航运的垄断，在同年 10 月集资创立了这家公司，先后购置万吨级轮船三艘，并以金煌的名字"中国"命名第一艘轮船。在整个第一次世界大战时期，取得了显著的业绩。虽然战后因剧烈的竞争和日本

① 民国 8 年 4 月 16 日，任鸿隽致胡适函。
② 《北华捷报》（North China Herald）1898 年 4 月 11 日，第 612—614 页。
③ 《北华捷报》1901 年 1 月 2 日，第 3—4 页。
④ 《北华捷报》1898 年 4 月 11 日，第 613 页。
⑤ 同上。
⑥ 《北华捷报》1901 年 1 月 9 日，第 63 页。
⑦ 同上。

的破坏而被迫停业，但它的短暂生命，在中国的航运史上，仍不失为可歌可泣的辉煌一页。[①]

在讯息传递的电报业中，中国人所表现的进取精神也异常突出。早在中国电报局正式成立之前的 1872 年，据说一个在法国研究电报技术多年的华侨，就从那里带回自制的汉字电报机器，准备在上海开办。[②] 这个计划虽然没有下文，但是在后来的中国电报局中，中国的留学生在电报技术的更新和标准化方面，起了很重要的作用。留美学生周万鹏就是其中比较出色的一位。1907年邮传部成立之际，周万鹏被派出席在葡萄牙举行的万国电约公会。会议期间他了解到西方各国的电报政策和技术规范，深感我国治理电政未谙约章，动辄为外人所牵制，于是在回国以后，着手编纂《万国电报通例》，使我国电政"底于统一"。1909 年，周万鹏任职电报总局兼上海分局总办时，发现各局仍用旧莫尔斯机收发电报，易于阻滞，乃全部改换成新创的韦斯敦机，从而使上海电报局趋向当时世界先进水平，推动了电报业的全面革新。[③]

电话业中，传出了同样的讯息。20 世纪之初，据说有人制留声筒，"以玻璃为盖，有钥司启闭，向管发声，闭之以钥，传诸千里，开筒侧耳，宛如晤对一堂"。还有人造德律风，"较西人所制，可远三倍"[④]。这些虽属传闻，缺乏具体依据，但从中可以察觉到：社会风尚，已不同于往昔。

---

① 张心澂：《中国现代交通史》，1931 年版，第 289 页。

② 《海防档》丁，电线（一），1975 年版，第 100、105 页；（二），第 306—307页。

③ 《宝山县再续志》第 14 卷，人物事略。转见沈其新《洋务运动时期留学生与中国近代实业》，载《中国近代经济史研究资料》（10），上海社会科学院出版社 1990年版。

④ 张通煜辑译：《世界进化史》下卷，1903 年版，第 68 页。

资本主义工业中焕发出来的产业革命精神也引人注目。作为例证，我们选取人们所熟知的三个企业——张謇的大生纱厂、简照南与简玉阶兄弟的南洋烟草公司和范旭东的久大与永利盐碱工业系统，它们都有艰难的创业历程，都有高度发挥生产力的业绩。久大开辟了中国制碱工业的新时代，获得了世界瞩目的成就，这是人所共知的。南洋大生的早期奋斗业绩，也为人所知晓。它们的历史，共同表现了中国近代产业革命的精神。没有必要描述它们的全部历史。表现他们之间的共同精神，只须各举一例。

创办久大、永利的范旭东，被人们公认有"一颗炎黄子孙的心"。如今保留在天津碱厂的档案中，有这样一段记载：1922年，当永利正在建厂的过程中，英国卜内门洋碱公司的经理李特立①曾当着范旭东的面说："碱对贵国确是重要，只可惜办早了一点，就条件来说，再候 30 年不晚。"面对这种奚落，范旭东的回答是："恨不早办 30 年，好在事在人为，今日急起直追，还不算晚。"②范旭东的话是有道理的：在此以前将近 20 年，创立于东北的长春天惠造碱实业公司就曾吃过卜内门碱料"早已畅销我国"造成公司"绝大阻碍"的苦头。③范旭东的话也是算数的：三年以后，当永利建成并成功出碱之时，卜内门的首脑又反过来要求"合作"，这时的范旭东则坚持公司章程："股东以享有中国国籍者为限"，将卜内门拒之于永利大门之外。④最终打破卜内

---

① 卜内门公司（Brunner, Mond and Co. Ld.）为 E. S. Little 所经办。李特立亦作李德立。

② 《永利厂史资料》(1)，第 48—53、110—126 页；转见《工商经济史料丛刊》第 2 辑，文史资料出版社 1983 年版，第 3—4 页。

③ 《长春天惠造碱实业公司概略》，见《劝业丛报》第 2 卷第 2 期。

④ 《工商经济史料丛刊》第 2 辑，第 4 页。

门独霸中国市场之局面。

这种精神，在南洋兄弟烟草公司的简玉阶身上，同样可以找到。

南洋烟草公司成立于 1905 年。它的成立，本身就有着抵制洋货、收回利权的历史烙印。① 成立以后，中经多次挫折，一直到第一次世界大战爆发以后，才慢慢立定脚跟。正当南洋蒸蒸日上之时，曾经企图多方遏制南洋于襁褓之中的英美烟公司，此时却变换手法，进一步妄图以"合办"的方式，兼并南洋。这一外来压力，在简照南、简玉阶兄弟之间，引起了尖锐的意见分歧。哥哥简照南认为英美烟草公司"势力之大，若与为敌，则我日日要左顾右盼，无异与恶虎争斗，稍一疏忽，即为吞噬。若与合并，则变为通家，如孩童之得有保姆护卫，时时可处于安乐地位也"②。弟弟简玉阶则坚决表示拒绝，一再表示："纵有若何好条件，亦不甘同外人合伙。倘大兄不以为然，弟惟退隐，无面目见人而已。"③ 简玉阶的意见占了上风，南洋免遭兼并，获得了一段空前的营业鼎盛时期。

这种精神，同样也见之于张謇在大生纱厂的创业阶段。张謇在封建文士耻于言商的清王朝治下，以"文章魁首"的状元之尊，为创办通州的第一个资本主义企业而全力奔走，这本身就具有明显的为振兴实业而献身的精神。《马关条约》开外国在中国内地设厂之禁，使他的这种精神受到极大的推动。他大声呼号："向来洋商不准于内地开机器厂，制造土货，设立行栈，此小民一线生机，历年总署及各省疆臣所力争勿予者。今通商新约一旦

① 清原：《简玉阶先生和他的事业》，转见陈真、姚洛合编《中国近代工业史资料》第一辑，三联书店 1957 年版，第 489 页。

② 1917 年 3 月 16 日简照南致简玉阶，见《南洋兄弟烟草公司史料》，上海人民出版社 1958 年版，第 113 页。

③ 简玉阶致简孔昭，见《南洋兄弟烟草公司史料》，第 111 页。

尽撤藩篱，喧宾夺主，西洋各国，援例尽沾。"① 日本"今更以我剥肤之痛，益彼富强之资，逐渐吞噬，计日可待"②。张謇之全力创办大生纱厂，即使还有其他种种原因，也不能抹煞这个基本的因素。

如所周知，张謇的实业活动，初期遇上了严重的困难，从大生筹办（1895）到开工（1899）的五年中，多次陷入筹措资金的困境，几乎到了"百计俱穷"、"一筹莫展"的境地。在走投无路的时候，他也曾用招洋股的办法，来威胁曾经支持他的两江总督刘坤一。然而他究竟没有这样做，终于挺了过来，作困兽之斗。这还是难能可贵的。把它归结为产业革命的精神，应该说："当之无愧。"

"产业革命今也其时"的气氛，也弥漫到相对沉寂的手工业中来。中国封建社会中手工业的资本主义萌芽，没有来得及为中国的机器大工业提供产生的条件，没有为大工业的产生提供适宜的土壤。但是在大工业已经产生的土壤上，却不妨出现手工业向机器大工业的转化。尽管它不是作为产业革命的一个发展阶段而存在，但它仍体现中国产业革命的要求。这种情形，在辛亥革命前后的20世纪初，尤其明显。这里只选取中国的传统两大著名手工业——以四川为中心的井盐和以苏南为主体的丝织，让它们来印证这种气氛的弥漫景象。

四川井盐采用蒸汽动力和机械开采的酝酿，在19世纪的90年代，就已经有人提到。③ 实际着手，是在义和团运动至辛亥革

---

① 《条陈立国自强疏》，见《张季子九录·政闻录》，参见章开沅《开拓者的足迹》（张謇传稿），中华书局1986年版，第48页。

② 《张謇致沈敬夫函札》（稿本），转见章开沅，上引书，第60页。

③ 《海关贸易报告册》（Returns of Trade and Trade Reports），重庆口，1891年，第68页。

命的 10 年间。而正式生效推广，则在辛亥革命之后，大约又经历了 10 年的光阴。

作为四川井盐重镇的自贡盐场，是蒸汽采卤机车诞生之地。走第一步的，却是一个经营花纱等生意的商人。他的名字叫欧阳显荣，从 1884 年起，就在内江经营花纱生意，并在重庆设有庄号。[①] 大约与此同时，他又曾在自流井办过盐井，深感"纯用牛力"汲卤的困难。1894 年，据说他曾经去过一趟武汉，在汉阳看见长江码头的货轮用起重机装卸货物，便产生了把起重机升降货物的原理，用于盐井汲卤的设想。随后通过同他人的合作，设计出一张汲卤机的草图，由汉阳周恒顺五金工厂试制。经过一年的时间，终于制成第一部汲卤机车。随后运到自流井试行运作，这时已是 1902 年前后。此后两年，对机器不断进行改进。据他自己说："此井推水较前用牛力推水者加强 10 倍。"但因机件易于损坏，经常发生故障，"终难获永久之利用"[②]。一直到 1904 年以后，才基本上解决了汲卤中的各种问题，机器应用于井盐生产才逐渐得到推广。到 1919 年止，整个自贡地区盐场中，使用蒸汽机车的盐井，共达 37 眼之多。[③]

手工丝织业向机器大工业的转化，在时间上比井盐业要晚一些。而且既有一个落后的手工工具→改良的手工工具→机器的完整过程，又有未经手工工场生产而直接进入机器生产的例证。

改良手工工具的引用，最先是日本式的手拉提花丝织机的引进。大约从 1912 年开始，这种织机先后出现在苏州、杭

---

① 张学君：《四川资本主义近代工业的产生和初步发展》，参阅《中国经济史研究》1988 年第 4 期，第 97 页。

② 自贡市档案馆 475 号案卷：《欧阳显荣呈文》，转见《四川井盐史论丛》，四川省社会科学院出版社 1985 年版，第 335—336 页。

③ 钟长永据林振翰：《川盐纪要》订正。见《四川井盐史论丛》，第 340 页。

州、湖州、盛泽。而电机的引用，则首先见之于 1915 年的上海。[①] 至于苏杭等地手工丝织业中由改良工具向机器的过渡，则迟至 20 世纪的 20 年代以后。苏州手工丝织业在正式引用改良手工工具之后 7 年，就进而引进电力织机。[②] 杭州的手工丝织业，在 1919—1926 年之间，也"由旧式木机，一变而为手拉铁木合制机，再变而为电机"[③]。稍后更扩大到湖州、宁波等处。[④]

半封建半殖民地中国的手工业，在 20 世纪之初，再现了 18 世纪世界资本主义产生时期手工与机器的对抗。四川井盐中第一部汲卤机车的出现，多数井户持反对的态度。最先试办机车推卤的欧阳显荣，甚至碰到"没有井户把盐井出租给他推汲"的尴尬处境。[⑤] 苏州第一家引用电力织机的苏经绸厂，也引起了传统手工业者的恐惧和反对，经常受到他们的"来厂滋扰"，以至厂主不得不请求地方当局的"保护"[⑥]。

正由于此，由手工向机器的转变，在 20 世纪初叶的中国，仍然是一个艰难的进程。欧阳显荣为了向手工井户证明机器生产的优势，不惜将他长期从事的花纱生意停下来，把营业权和房产加以变卖，三赴汉阳，聘请翻砂工，制造车盘、车床、车钻、车挂和双牙轮等部件，反复试验，通过同各种阻力和困难的斗争，终于成功地安装起第一部汲卤机车，为以后的推广打下了基

---

① 王翔：《中国传统丝织业走向近代化的历史过程》，参阅《中国经济史研究》1989 年第 3 期，第 86—87 页。

② 苏州档案馆藏档案资料，见王翔上引文，第 88 页。

③ 彭泽益编：《中国近代手工业史资料》第三卷，中华书局 1957 年版，第 73 页。

④ 王翔上引文，第 88 页。

⑤ 《四川井盐史论丛》，第 337 页。

⑥ 《苏经绸厂请求保护电机案卷》，见王翔上引文，第 88 页。

础。① 而苏州丝织业中采用机器生产的厂家，在变木机为拉机、电机，变土丝为厂丝、人造丝，变分散织造为集中生产三个方面，也作出了艰巨和富有成效的努力。"进行之神速，出品之精良，实有一日千里之势。"② 不能不承认，这也是一种产业革命的精神。

在变化最小、最少的农业中，人们也能察觉到这种精神的存在。因为和机器、蒸汽动力、电力的发明一样，新果实和新种子的发现和传播也是一种"惊人的创造"。

应该承认，在近代中国，农业中的"最陈旧和最不合理的经营"，并没有"被科学在工艺上的自觉应用"所代替，农业和手工业的"原始的家庭纽带"，也没有"被资本主义生产方式撕断"③。但是在资本主义现代企业向国民经济各个部门扩散的影响下，这个内里保持不变的最大经济部门的表层上，也出现了若干新的斑点。出现了新的生产力的躁动，在中国国土上第一次举行的全国规模的博览会——1910 年南洋劝业会的展览厅中，人们第一次看到了中国人自制的一种将点穴、撒种、施肥和覆土一次完成的播种机。④ 从全国范围看，最引人注目的，还是20 世纪初开始出现的新式垦殖企业。从 1901 年开始，在全国范围内，从东北到西南，掀起了一个设立垦殖公司的小高潮。到辛亥革命后的 1912 年止，全国各地设立的各种类型的农垦企业，在 170 家以上，申报的资本达 600 多万元。⑤

---

① 《四川井盐史论丛》，第 336—337 页。

② 《铁机丝织业同业公会呈请立案》，见王翔上引文，第 92 页。

③ 参阅《资本论》第 1 卷，第 551—552 页。

④ 商务印书馆编译所编：《南洋劝业会游记》，1910 年版，第 20 页。

⑤ 《农商部第一次农商统计表》，转见李文治《中国近代农业史资料》，三联书店 1957 年版，第 698 页。

这些农垦企业，绝大部分是徒具形式，既少自营，更少更新生产工具和技术。同资本主义农场还有很大的距离。但是，这些农场的出现，究竟是前所未有的，其中不能说没有一点资本主义的影响。这些企业的创办者，不少是接触过西方资本主义的人物。如1906年在海南岛创办中国第一家橡胶垦殖公司的何麟书，是一个曾经在英国殖民地马来亚橡胶园里做过工人、对橡胶树的培植管理积累了丰富经验的华侨。[①] 1907年在黑龙江成立的兴东公司，它的创办者也是一名久居海外的华侨。[②] 1916年在江苏宝山创设一家万只养鸡场的何拯华，则是一位曾经"留学毕业返国"的洋学生。[③] 有的农场的经营管理，也能吸收一点资本主义的经验。如1905年成立的浙江严州垦牧公司，其种植技术"悉仿日本新法"[④]。1906年在广东嘉应成立的自西公司，也声称"参用西法试种橙、橘、松、杉、梅、竹各种木植"[⑤]。而上述的兴东公司和张謇在1901年首创的通海垦牧公司，一个声称引进外国火犁，进行开垦[⑥]；一个更具体提出怎样"采用美国大农法"于棉麦的种植[⑦]。这些事实，客观上可能都有夸大之处，但它至少表现出创办者的主观意图，这是无可置疑的。

同在手工业中一样，在农垦业中，也存在着新旧势力的冲

① 林金枝：《近代华侨投资国内企业概论》，厦门大学出版社1988年版，第178页。

② 李文治，上引书，第696页。

③ 《宝山县续志》第6卷，实业志，转见毛德鸣《中国近代新式农垦企业初探》，《中国经济史研究》1989年第2期，第94页。

④ 《东方杂志》2年7期，转见毛德鸣上引文，第94页。

⑤ 《东方杂志》3年3期，转见李文治，上引书，第878页。

⑥ 李文治，上引书，第696页。

⑦ 《张季子九录》第2卷，实业录，第29—30页；参见毛德鸣上引文，第94页。

突。张謇创办通海垦牧公司，受到许多人的排抑和疑谤，这是众所周知的。同何麟书齐名的另一华侨梁炳农，1911 年在南京后湖创立了一个江宁富饶垦牧场，还没有正式开办，就受到了"湖民全体"的"聚集"反对，原因是农场成立以后，他们会"陡失生机"①。

这种先进同落后的冲突，甚至延续到 20 世纪 30 年代以后。福建华侨之投资农垦企业，集中在 30 年代的后期。然而蓬勃一时，又迅速衰落。其所以如此，一个重要的原因，"是遭受反对统治机构和地方封建势力的摧残"②。在遗留下来的旧时代官府档案中，如今还保留着大量的华侨为举办农场而请求地方官府给予保护的文件。这些只是"层层转呈"而没有下文的文件，就是这些农垦企业的命运的最好证明。

同在其他行业中一样，新式农垦业的兴起，也包含着创业者的艰苦努力和革新精神。被称为海南橡胶鼻祖的何麟书，在森林莽苍、蔓藤纠葛、荆棘丛生、山岚瘴气的海南岛上，开发这块沉睡的土地，的确饱含了无限辛酸。他胼手胝足，身体力行，不顾不服水土，吃住在山林，不顾身患重病，仍然坚持工作，艰苦备尝，终于垦出了 200 多亩胶园，为农场奠定了基础。③

他又是一个勇于探索、百折不回的革新者。他在海南岛引进橡胶，最初的方法是播种橡胶种子，但是一连三年，几次播种，全都失败，集来的股本付诸东流。在股东纷纷要求退股的情况

---

①　《时报》宣统三年三月卅日，转见小岛淑男《清朝末期南洋华侨在祖国的企业经营》（油印稿）。

②　林金枝、庄为玑：《近代华侨投资国内企业史资料选辑》（福建卷），福建人民出版社 1985 年版，第 199 页。

③　林金枝、庄为玑：《近代华侨投资国内企业史资料选辑》（广东卷），第 314 页。

下，何麟书毫不动摇。他变卖自己的产业，清偿旧股，重招新股，继续进行试验，精心培育，终于探索出一条从播种树种到移植树苗的成功办法。[①] 不到 10 年功夫，乳白色的胶汁，第一次在中国的土地上从橡胶树上流了下来。[②] 售价竟高于南洋产品之上。[③] 应该说，这种努力，不能不代表一种产业革命的精神。

的确，中国没有经历过资产阶级的产业革命。但是，新生的中国资产阶级，的确充满了产业革命的精神，充满了几代人为资本主义前途而进行的艰苦奋斗。

在中国近代史的最后几页中，中国资本主义的发展呈现出一副黯淡的前景。抗日战争的爆发，促使民族资本主义企业的大颠簸，抗战后期官僚资本的膨胀，又造成民族资本主义企业的大窒息。然而，即使经历这样大的磨难，面临着这样一个艰难痛苦的环境，中国的民族资本主义企业仍然有奋发图强的一面。激烈的动荡不安并没有阻止中国民族资本主义企业的积极进取。1937—1938 年的民族工业大西迁，在历史的石柱上刻下了不可磨灭的证明。它经历了人世间难以想象的艰难，也创造了历史上举世罕见的奇迹。一个亲身经历并主持民营厂矿内迁的人，在将近半个世纪以后写出那时的情景道：

"在连天炮火中，各厂职工们正在拼命抢拆机器的时候，敌机来了，伏在地上躲一躲，然后爬起来再拆，拆完马上扛走。看见前面伙伴被炸死了，喊声'嗳唷'，洒着眼泪把死尸抬到一边，咬着牙照旧工作。冷冰冰的机器，每每涂上了热腾腾的血。"白

---

①　林金枝、庄为玑：《近代华侨投资国内企业史资料选辑》（广东卷），第314页。

②　林金枝：《近代华侨投资国内企业概论》，第180页。

③　曾蹇主编：《海南岛志》，第285页。参阅台湾中央研究院近代史研究所编《近代中国农村经济史论文集》，1989年版，第498页。

天不能工作了，只好夜间工作，在巨大的厂房里，黯淡的灯光下常有许多黑影在闪动，锤凿轰轰的声响，打破了黑夜的沉寂。"[1]

承担物资运输的民生轮船公司总经理卢作孚说："这一年我们实在正如前线战士一样，在同敌人拼命。"[2] "国家对外的战争开始了，民生公司的任务，也就开始了。"[3]

"冷冰冰的机器，每每涂上了热腾腾的血。"这种只能出现在战场上的情景，如今出现在中国民族工业的大西迁中，这同样是可以惊天地而泣鬼神的。

内迁工厂，绝大多数表现出极大的热忱。在当时一家大型钢厂——上海大鑫钢铁工厂的申请内迁报告中，有这样一段文字：

"我国工业落后，无相当之炼钢厂。一旦大战开始，后方对于运输机件之修理补充，定有大感缺乏之虞。查商厂成立不过四年，对于火车上所需之钢铁材料，已经全国各铁路采用，坦克车配件亦经交辎学校试用。合宜即改制其他，亦能应军用上之需要。如飞机炸弹钢壳，亦曾代兵工署上海炼钢厂制造二千余枚。在此最后关头，深愿全厂已经训练之职工与齐全之设备为国家效力，担任运输机械方面钢铁材之供给。"它最后向"厂矿迁移审查委员会"呼吁道："寇深时危，敬请钧会迅赐示导，使民间实力得以保全，长期抵抗得以达到最后胜利之的。"[4]

人人都可以体察到这封信中，所洋溢的爱国热忱。它所表达的，正是要把新的生产力用到最需要的地方，用到最能发展自己

① 林继庸：《民营厂矿内迁纪略》，载《工商经济史料丛刊》第 2 辑，1983 年版。

② 《新世界》第 11 卷，第 4、5 期，1939 年 3 月。

③ 卢作孚：《一桩惨淡经营的事业——民生实业公司》，1943 年版（自印本）。

④ 中国第二历史档案馆：《抗战时期工厂内迁史料选辑》（一），载《民国档案》1987 年第 2 期。

的用武之地。这封信所代表的民族资本家的心愿，说到底仍然是
"产业革命"四个大字。

　　依靠这种精神的支持，中国的民族资本家，就是在这样艰难
的条件下，把至少是 452 家工厂总计 12 万多吨的物资从东南沿
海迁到内地。① 在整个抗战时期，他们继续发挥着这种精神。上
面那位工厂内迁的主持者林继庸在他的回忆录中写道：

　　"迁川的厂家们多来自上海，他们平素享用豪奢，自经迁移，
沿途备尝艰苦，已把原来的享受习惯改变过来，当老板的不坐汽
车了，步行三五十里路算不了一回事。天原厂主吴蕴初为了安装
电介槽子，七日七夜未脱工衣。建国造纸厂协理陈彭年，为了浇
造纸机的水泥地脚，两日夜未曾离开他的岗位。"② 而由香港内
迁重庆的女化学家丰云鹤和她的丈夫"在渝创办西南化学厂，所
有厂中设备，均由其夫妇胼手胝足自行设计。从肥皂的废液里提
炼甘油，供制造炸药之用。她又用麻纤维制成一种类似丝绵的物
料，取名"云丝"，供制衣被之用。他们的化验室，就是他们的
卧室，床前床后排满试验仪器、书籍、药品、半成品等。他们的
厨房里，也加装提炼药品的设备"③。

　　这是一种什么精神？"产业革命"的精神恐怕仍然是最好的
概括。

　　中国的资产阶级对产业革命寄托了浓厚的希望。在辛亥革命
成功之初，民国政府成立之日，中国的资产阶级团体就发出了产
业革命的呼声。一个名叫工业建设会的团体在南京民国政府成立
不久的 1912 年初就曾发出"建设我新社会以竞胜争存，而所谓

　　① 林继庸：上引文。
　　② 同上。
　　③ 林继庸：《民营厂矿内迁花絮》，载《工商经济史料丛刊》第 2 辑，文史资料
出版社 1983 年版。

产业革命者，今也其时矣"的欢呼。[①] 然而很快一切都成了泡影。中国的民族资产阶级从那时起奋斗了 36 年，经受 20 多年的风雨，最后又经历了长达 8 年的大颠簸，在抗日战争结束之际，他们在大后方建立起来的一点工业，却被当时的政府当局看成是"现存工厂无论在资金、设备、技术各方面，都根本不算工业"，面临着"不如任其倒闭"的可悲结局。[②] 它充分证明了中国资产阶级不可能实现自己的产业革命的希望。

是不是可以把产业革命的希望，寄托在中国的统治阶级的身上呢？

的确，同中国资产阶级梦想产业革命平行，中国的封建统治者，从慈禧到袁世凯，也摆出一副提倡产业革命的架势。亲手扼杀了资产阶级维新运动的慈禧，在签订了屈辱的《辛丑条约》之后，在中国政局日趋沉沦的时刻，为了维系这个失去生命力的王朝于不坠，发起了一场所谓推行新政的活动。从经济领域到政治领域，从振兴工商到刷新政事，推出了一系列的改革方案。而围绕着振兴工商这个中心，又有一系列相当完整的配套措施。从1903 年商部的设立开始到 1910 年清王朝终结之前夕为止，先后颁布的各项振兴工商的法令和措施，包括工农、路矿、航运、商事、金融等各个方面，总计将近 30 项之多。[③] 而在袁世凯的统治下，北洋政府所公布的有关发展实业的条例法令，单在1912—1916 年的 5 年中，就达 80 多项[④]，又超过了清王朝最后10 年的新政规模。

他们好像的确有振兴实业的要求了，他们的观念，似乎的确

---

① 1912 年工业建设会发起旨趣，见《民声日报》1912 年 2 月 28 日。
② 齐植璐：《抗战时期工矿内迁与官僚资本的掠夺》，载《工商经济史料丛刊》第 2 辑。
③ 根据作者所编：《清末新政措施表》（未发表）。
④ 根据作者所编：《民初新政措施表》（未发表）。

有些更新了。且不说袁世凯，单说慈禧吧。以前清王朝统治者一
直认为：修建铁路，既妨碍坟墓庐舍，又违反祖宗成法，坚决表
示禁拒。当19世纪70年代末，开平煤矿，拟建运煤铁路之时，
最初就因"机车直驶、震动东陵"而被"勒令禁驶"，使得煤矿
当局不得不暂以"驴马拖载，始得邀准"①。现在的确风气大变。
当慈禧太后从北京出走西安，又从西安回到北京以后，她的观念
大变了。不但对火车旅行赞不绝口，而且亲自下手谕，要修建一
条北京至西陵的铁路，供她个人乘坐。② 5年以前，内务府从节
省陵寝费用出发，也曾有过修建这条铁路的念头，然而却未能实
现。③ 现在慈禧一转念，"那些死抱着旧规不放的保守派的最后
疑虑，也就烟消云散了"④。不但如此，火车不但要修到死人的
宫殿，而且还要修到活人的宫殿。从北京向颐和园修上一条铁
路，专供慈禧消夏之需，也同时出现在慈禧的意念中。⑤ 接着又
有西直门到颐和园的电车计划⑥，还有摩托车的参加。为了这目
的，慈禧一口气订了23部。⑦ 这时的颐和园，已完全按西方模
式修葺一新。新建筑中完全采用外国的款式，膳房也采用西式操
作，厨师都练就一手外国的烹调技术。⑧ 使用的餐柜，是上海的
福利洋行⑨ 在欧洲技师亲自监督之下精心制造的。⑩ "家具装饰

---

① 宓汝成：《中国近代铁路史资料》第1册，中华书局1963年版，第121页。

② 《北华捷报》1903年9月4日，第486页。

③ 《北华捷报》1897年10月22日，第728页。

④ 《北华捷报》1903年9月4日，第486页。

⑤ 同上。

⑥ 《北华捷报》1903年11月6日，第964页。

⑦ 《北华捷报》1903年9月25日，第634页。

⑧ 《北华捷报》1902年9月17日，第570页。

⑨ 福利洋行（Messrs. Hall and Holtz）是一家历史悠久的外国家具公司。1888
年公司广告称："本公司置备了最新式的木材家具制造的机器，装饰与雕嵌都由外国
工程师监制。"（《北华捷报》1888年6月15日，第768页）

⑩ 《北华捷报》1903年9月4日，第482页。

以及生活中的许多小的享受方面的外国口味，很快地在一大批有影响的官员中风行开来。"① 统治阶级在这一方面几乎是全部现代化了。

但是，这离近代中国的国家现代化，该有多么遥远的距离啊！人们从这里看到的是：本体末用，已经到了末用的末流。西方技术的追求变成了慈禧个人享受的工具，统治阶级的走向和产业革命的要求，南辕北辙。

慈禧的王朝如此，那个复辟倒退的袁世凯王朝以及他身后一连串的军阀割据，更是把中国产业革命的希望彻底断送。

是不是可以把产业革命的希望寄托在入侵中国的外国资本主义的身上呢？

的确，入侵中国的外国资本主义，是近代中国出现的新生产力的引进者。从这一点上看，它的确似乎是中国产业革命要求的推动力量。西方国家当时在中国的活动者和后来记述他们这种活动的历史学家，从各方面肯定这一观点。他们很自然地把他们的一切活动都同中国的现代化直接挂起钩来，把他们的所作所为都同文明的西方对落后的东方的帮助，直接联系起来。改变中国的落后，包括产业革命的发动，只能指望西方的帮助。

然而，这一种论点，在中国人民中间是通不过的。不但在后来中国历史的客观研究者中间通不过，就是在当时中国民族资本企业的创业者当中，也是通不过的。在本文前面提到的几位中国近代企业的创业者当中，陈宜僖就首先通不过，他是"愤尔时吾国路权多握外人之手"才立意修建长达 137 公里的新宁铁路的。他的公司，毫不含糊地打出"不收洋股、不借洋款、不雇洋工"的鲜明旗帜。詹天佑那里也通不过。他在外国人奚落嘲笑的面

_____

① 《北华捷报》1903 年 9 月 4 日，第 486 页。

前，挺直腰板地宣称："中国要用自己的资金来修建自己的铁路。""我们已有很多要学习工程的人，这些人互相帮助互相依靠，就什么都可以做得到。"推而广之，范旭东、简玉阶兄弟、乃至绅士兼资本家的张謇，都通不过。因为他们的创业过程，也就是抵制外国资本主义压力的过程。事实上，陈宜禧的三不主义，在他所处的那个时代中，正是一个普遍的现象，是当时汹涌全国的收回利权运动的大潮中的一个浪花。①

"西方的帮助"，只是用来掩盖真相的一面轻纱。它是很容易揭穿的，在19—20世纪的转换期西方国家争夺中国路矿权益的高潮中，就曾经不断出现各国在自己划定的势力范围内，禁止中国民族资本企业使用机器生产。19世纪末德国在山东、20世纪初英国在山西，都先后禁止中国原有的民窑使用现代机器。他们表面上高喊中国矿业的现代化，私下都在等着看"从事开矿的本地人，不要多少时间，统统都给套住，没有活路"②。

所有这些事实，明白无误地证明：在饱受外国资本主义经济入侵而政治主权没有保障的条件下，外国在中国的势力，不是可以用来作为中国产业革命的依靠力量。西方的帮助是不能指望的。近代中国不可能出现真正的产业革命。近代中国产生了代表新的生产关系和生产力的资本主义生产方式，但是中国没有经历过产业革命，没有进入资本主义社会。出现了资本主义企业的中国，仍然是一个半封建半殖民地的社会，它仍是一个向下沉沦、没有发展前途的社会。

中国的沉沦，并不等于说中国不再奋起。恰恰相反，正是由

---

① 参阅宓汝成编《中国近代铁路史资料》，第967、1001—1002、1014页；汪敬虞编：《中国近代工业史资料》，科学出版社1957年版，第742—760页。

② 《北华捷报》，1907年7月12日，第69页。

于中国近代社会的沉沦，所以才有代表历史前进方向的新兴的资本主义力量在艰难中的奋起；正是由于中国的资本主义是在一个沉沦的社会中诞生，所以新兴的资产阶级才面临着奋起的艰难。产业革命之不能出现于近代中国，正说明在中国发展资本主义的理想是多么艰辛而难以实现，正是要人们记取几代人为资本主义的前途进行艰苦奋斗，而又不能如愿以偿，必须另觅途径的历史必然。

中国的无产阶级接受了这个时代的挑战。孙中山领导的旧民主主义革命失败了，中国共产党人、无产阶级革命家接过了革命的火炬，领导全国人民将旧民主主义革命转变为新民主主义革命，并且取得了成功。"资产阶级的民主主义让位给工人阶级领导的人民民主主义，资产阶级共和国让位给人民共和国。"[①]

中国仍然需要前进。完成了民主革命的新中国，在共产党的领导下，现在正在进行社会主义的建设，提出实现四个现代化的宏伟目标。这是在新的条件下继续实现中国资产阶级所不能实现的产业革命。在共产党的领导下，中国人民有力量完成中国的民主革命，也有信心实现中国的产业革命。

（原载《近代中国》，1991 年第 1 辑）

[①] 毛泽东：《论人民民主专政》，《毛泽东选集》合订本，人民出版社 1964 年版，第 1476 页。

抗日战争前中国的工业生产和就业

一　引言

　　我们在《中国国民所得（1933）》一书[①]的工业部分，对中国的工业生产和就业状况作出了估计。因为该书的英译本，尚在准备之中[②]，而人们对中国工业化程度的认识，仍然非常模糊，因此发表和分析我们研究的结果，或许是不无裨益的。在本文中，我们希望能说明中国工业生产的规模、劳动力的数量和构成、不同工业部门的相对重要性以及劳动生产率和工资薪金收入在净产值中所占的份额。凑巧的是，上述各点同罗思塔斯（L. Rostas）先生写的一篇有关英、德、美三国工业的论文[③]中

[①]　巫宝三（主编）、汪馥荪、章季闳、马黎元、南锺万、贝友林：《中国国民所得（1933）》，中央研究院社会研究所，1946 年中文版。（中文为中华书局印）

[②]　巫宝三先生后来在 1947 年发表了题为 China's National Income, 1933, 1936 and 1946 的英文小册子。——译注

[③]　罗思塔斯：《英、德、美三国的工业生产、生产率和分配 1935—1937》（Industrial Production, Productivity, and Distribution in Britain, Germany and the United States, 1935—1937），载《经济学季刊》（Economic Journal），1943 年 4 月。

所讨论的问题，互相一致。由此，我们把中国同上述三国进行比较，就有了基础。读者将会看到，比较的结果，是惊人的。

有三点必须从一开始就提出来。第一，这篇文章中的数字与书中的数字，不尽相同。这是因为，为了便于比较，我们作了若干调整，剔除了书中包括在工业内的公用事业，添补了书中未包括在工业内的钢铁冶炼企业。[①]第二，由于手工业在中国工业中的重要性，我们把工业区分为工厂和手工业两部分，以便考察它们相对的作用。不过，由于缺乏可资利用的数据，关于手工业的分析，还不能与工厂同步提出。因此，在发生困难的时候，我们就只好单独地分析工厂了。在我们的估计中，"工厂"的定义是根据中国工厂法所设立的雇工在30人以上的企业，而手工业包括所有其他企业、家庭附属工场和独立的手工业者。这样一来，当把中国的工厂生产与其他三国的工厂生产作比较的时候，前者似乎必然处于不利的地位。因为在那三个国家中，工厂的范围要宽广得多。英国的数据包括所有雇工在10人以上的企业，德国包括雇工5人及5人以上的企业，而美国则包括产值在5000美元以上的所有企业。可是如果以产值作比较的话，那么，中国工厂的数字反而包含了广阔得多的范围。中国雇工在30人或稍多一些的企业，产值很少达到5000美元，也很少能达到雇工10人的英国企业或雇工5人的德国企业所生产的那么多。最后，我们的数字是1933年的。这一年是中国经济萧条的一年。虽然我们对于生产的估计延伸到了1936年，但那些估计不会像1933年的那样准确。因此，必须注意到，当我们把中国1933年的数字与其他三国1935年或1936年的数字作比较的时候，中国的数字是会偏低一点的。

---

① 钢铁冶炼企业在书中列入矿业。——译注

二　工业生产的规模

表1　　　　　中国工业生产总表（1933）

	实数（中国货币：百万元）	%
国民总产值	31534①	100.00
工业总产值②		
工厂	1895	6.01
手工业	5628	17.85
合计	7523	23.86
国民净产值	20119③	100.00
工厂	378	1.88
手工业	1339	6.65
合计	1717	8.53

表2　　　　中、德、英、美四国工厂生产的规模指数

	中国	德国（1936）	英国（1935）	美国（1935）
总产值	100（1933）	2583	2425	7848
	100（1936）	1989	1904	6162
净产值	100（1933）	6433	5051	16179
	100（1936）	5018	3940	12620

注：货币换算率：1933 年中国货币 1 元＝0.0618 英镑；1936 年中国货币 1 元＝0.0599 英镑。

---

①　这个数字是全国所有商品和服务的生产部门收入的合计，但在有些部门中，如林业、商业、服务业以及交通运输业的一部分，它们的总产值无法获得，只将净产值包括在内。

②　不像其他生产部门那样以生产者价格计算，此处系以市场价格代替。

③　包括公共扣除 1.73 百万元。

从表1中我们可以看到，1933年中国工业的总产值虽然约占国民总产值的24%，但净产值却只占国民净产值的8.5%。工业总产值在国民总产值中的比例之所以比较大，部分地是因为两者的覆盖面不尽一致，但主要是归因于在整个工业中原料的使用占了很高的比例（在计算净产值时必须从总产值中减去）。净产值确实小得可怜，其中工厂的净产值更是如此，在国民净产值中只占1.9%。与此相反，手工业令人意想不到地在整个工业生产中占有压倒优势。在工业总产值中，工厂只占25%，手工业却占75%。[①]这些事实清楚地显示了中国的工业化仍处在幼稚的阶段。它的工厂生产在国民经济中处于可以被忽视的地位。当我们把中国的工业生产同其他三国比较时，这种幼稚的状态和被忽视的地位，就显得更为突出了。从表2中我们可以看到，美国工厂的净产值是中国1933年的162倍，1936年的126倍；德国工厂的净产值是中国1933年的64倍，1936年的50倍；英国工厂的净产值是中国1933年的50倍，1936年的39倍。这意味着，如果中国的工业同美国一样的规模和效率，那么中国工厂的净产值就可以提高到战前水平的126—162倍。由于中国人口远远多于美国的人口，所以，从理论上说，中国工业中就业的工人人数可以提高到超过美国的水平。由此推断，中国的工业净产值也可以提高到超过美国的水平。

三 工业就业的规模

上一节所得的结论可以通过工业就业状况的分析，作更充分的论证。表3显示了全部工业就业人数占全国总人口的2.6%，

---

① 原文计算有误，此处已予校正。——译注

而工厂工人仅占0.25%，手工业工人则占2.3%。拿工厂工人的
比例（0.25%）与德国的9.2%、英国的11.3%和美国的6.7%
比较，我们就又看到一个尖锐的对比。即使我们采取1936年中
国工厂工人数字，这个对比也不会有多大改变。从表4中，我们
可以看出，德国是中国1936年的31倍，英国是34倍，美国是
22倍。

表3　　　　　中国工业就业状况（1933）

	人数（千）	%
全国总人口	429494.1①	100.00
工业就业人口		
工厂	1076.4	0.25
手工业	10000.0	2.33
合计	11076.4	2.58
工厂就业人员		
操作工	763.0	0.18
领班	45.8	0.01
职员	115.0	0.03
其他	152.6	0.04

表4　　　中、德、英、美四国工厂生产中的就业规模

	中国 （1936）	德国 （1936）	英国 （1935）	美国 （1935）
工厂工人占全国人口的比例%	0.3	9.2	11.3	6.7
指数	100	3066	3433	2233

① 这个数字是1932—1933年的，见《中国年鉴》1935—1936年，人口章。

如果从事手工业的人们能够转而进入工厂工作，中国的状况肯定会好得多。从表3中，我们一眼就能看出，工厂工人在整个工业就业中，仅约占10％，而他们的净产值却如我们在上节所述，高达22％。如果中国工厂工人在总人口中的比例像美国一样高（且不说英国），那么，它的工厂工人数将是美国的3.4倍。如果它的生产规模与美国相等，则它的净产值就可提高到战前水平的400倍以上。

工厂就业人员包括操作工、领班职员和其他雇用人员。由于手工业本身的特点和统计数字的缺乏，我们还不能（像对工厂那样）将手工业中的就业人员细加分类。但是我们从表3中已经看到工厂里面（直接从事生产）的操作工人总数是微不足道的。为了进一步作比较，表5显示了四国工厂就业人员、办事员和技术人员（统称职员）同操作工人的比例，出人意料的是，这一比例在四个国家中相当近似。中国仅略高于英、美而低于德国。

表5　　　　　　中、德、英、美四国工厂劳动力构成

	中国（1933）	德国（1936）	英国（1935）	美国（1935）
职员/操作工人	15.1％	17.2％	15.0％	14.7％
指数	100	114	99	97

四　工业生产的结构

在中国工业生产和就业的总数中，各部门的相对重要性，从表6和表7中可以看出。这里有几点值得注意：第一，在所有14个工业部门中，只有机械、金属品制造、电器用具和化学工业等4个部门的工厂产值占主要地位。而在其他10个部门的产

表6 　　　　　　　**中国工业生产结构（1933）**

工业部门	净产值（中国币值：百万元）			工厂操作工	工厂数
	工厂	手工业	合计	（千人）	
木材	1	46	47	3	27
机械	22	4	26	38	236
金属和金属品	13	7	20	7	82
电气用具	6	1	7	6	63
船舶和交通工具	14	41	55	41	56
土石	20	54	74	24	120
化学	28	22	50	49	184
纺织	154	258	412	459	859
服用品	15	82	97	17	165
胶革	12	37	49	16	99
饮食烟草	67	702	769	72	547
造纸印刷	21	56	77	23	269
仪器	3	3	6	4	74
杂项	2	26	28	4	43
总计	378	1339	1717	763	2824

值中，手工业均占据压倒的优势地位。特别是在纺织品、服用品、饮食烟草和木材制造等重要工业部门中，工厂生产分别只占总额的37％、15％、9％和2％。这意味着在几乎所有的消费品工业中，手工业居于主导地位。其次，在整个工业中，消费品工业的优势也非常显著。纺织、服用品和饮食烟草业的产值加在一起，约占总产值的3/4，而在其他三国中，这三项之和，只占29％—37％。其必然的结果就是中国的生产资料工业在整个工业生产中所起的作用微不足道。金属和金属品制造、机械、船舶和交通工具加在一起，只约占总产值的6％，但在其他三国则高达

表7　　　中、德、英、美四国工业生产结构（%）

工业部门	净产值			德国 (1936)	英国 (1935)	美国 (1935)	雇工			
	中国 (1933)						中国① (1933)	德国 (1936)	英国 (1935)	美国 (1935)
	工厂	手工业	合计							
金属	7.9	0.5	2.1	18.9	12.4	14.3	3.8	17.9	13.0	15.2
机械、船舶和交通	6.6	3.5	4.1	21.4	21.0	18.3	8.3	19.4	21.4	16.1
化学	7.4	1.6	2.9	9.9	7.4	9.8	6.4	5.0	3.8	5.2
纺织	40.7	19.3	24.0	11.0	13.3	8.0	60.2	15.2	20.5	15.1
服用品	4.0	6.1	5.7	4.0	6.9	7.7	2.2	5.6	10.4	11.6
胶革	3.2	2.8	2.9	2.0	2.1	3.1	2.1	2.4	2.0	3.1
土石	5.3	4.0	4.3	6.7	4.5	3.2	3.2	9.5	4.8	3.2
制材	0.3	3.4	2.7	4.0	3.2	4.7	0.4	6.1	3.8	8.0
造纸印刷	5.6	4.2	4.5	5.7	9.5	11.8	3.0	6.4	7.9	7.5
饮食烟草	17.7	52.4	44.8	14.0	17.0	16.5	9.4	10.2	10.1	12.3
杂项	1.3	2.2	2.0	2.4	2.5	2.6	1.0	2.3	2.4	2.8
合计	100.0	100.0	100.0	100.0	100.0	100.0	100.0	100.0	100.0	100.0

32.6%（美国）以至40.3%（德国），这使我们能够看出中国资本积累所达到的低下程度。第三，工厂的操作工，集中在纺织工业中，其他各个工业部门的雇工数没有一个达到工厂雇工总数的10%，大多数的部门都低于5%，而纺织业一个部门却集中了雇工总数的60%。这部分地归因于纺织业产值在工业总产值中的居高地位，同时也归因于纺织业中（手工纺织业的大量存在）节省劳动的进程，不像在其他工业部门中那么明显。这一特征，在其他三国中，也有所表现，这从表7中可以看出来，当然，程度

① 只含工厂工人。

是不一样的。最后，在中国工厂总数中，纺织业也居于领先的地位，达到859家；其次是饮食烟草业，为547家；居第三位的是造纸印刷业，为269家。但是就每家工厂所雇用的操作工人数量而言，纺织业仅列第二，为534人；船舶和交通工具业居首，为732人[①]；化学工业居第三，为266人。全体工厂平均每家雇用的操作工人数是270人。

五　工厂的劳动生产率

根据以上所指出的全部事实，逻辑的结论只能是中国工业生产率的低下。表8把中国工厂工人的人均净产值，同其他三国作了一个比较。指数显示一个中国工人的生产只相当于一个德国工人或英国工人的1/9，一个美国工人的1/19。换言之，一个中国工人需要用19天才能生产出一个美国工人一天所生产的产值。这个差别是惊人的。但这还不是全部事实。当我们把一个美国工人的产值与一个中国手工业工人的产值进行比较时，其结果几乎是令人难以想象的。我们从中国工厂和手工业的净产值和就业人员的比例可知，工厂工人的人均产值是手工业工人的2.6倍。这样一个美国工人一天的工作将等于一个中国手工业工人50天的工作。当然，这样一个低生产率只是部分地归因于劳动的缺乏效率，另一部分，或许是主要的，应归因于资本投入的低下。显然，只要节省劳动的设施未被广泛地运用，劳动生产率必然是低下的。这种事实也为净产值在总产值中所占的比重反映出来。在德、英、美三国，这一比例约占40％—50％，而在中国，它只有20％，加工制造过程越是简单，净产值在总产值中所占的比

---

① 原文计算有误，此处已予校正。——译注

重就越低下。

表8　　　中、德、英、美四国工厂操作工人人均净产值

	中国（1936）	德国（1936）	英国（1935）	美国（1935）
英镑	31	294	264	595
指数	100	948	852	1929

六　工厂生产中的收入分配

在结束本文之际，让我们再通过计算工资在净产值中的比例，简要地讨论一下工厂生产的分配问题。所得的结果也能与罗思塔斯先生论文中的数字作一比较。表9清楚地显示了这一比例在中国是远远高于其他三国的。依照上文的分析，这是非常自然的。资本投入的规模越小，劳动力分配的份额就越大。但是劳动力的分配份额越大，并不意味着劳动力所得的报酬越高，相反，这意味着劳动力的较大投入，从而是劳动力报酬的较低偿付。从罗思塔斯先生论文的第10表中，我们也能看到，在1924—1938年间，英、德两国工人工资（在工厂净产值中）所占份额的长期变化，显示了一种下降的趋势。如果中国的工业化能够加速发展，则工资占净产值的份额将会自然减少，而工资水平将会提高。

表9　　　中、德、英、美四国工厂净产值中工资所占的份额

	中国（1933）	德国（1936）	英国（1935）	美国（1935）
％	65.1	32.0	44.3	39.4
指数	100.0	49.2	68.0	60.5

（杜恂诚译自1946年9月英国《经济学季刊》总第223期）

后　　记

《抗日战争前中国的工业生产和就业》（Industrial Production and Employment in Pre-war China），发表在 1946 年 9 月英国的《经济学季刊》（Economic Journal）第 223 期上面。54 年后的今天，在我的启蒙老师巫宝三先生逝世一周年之际，我怀着深切的思念，把这篇文章的译文，公诸海内，一方面表达我对恩师怀念之忱，同时也想就这篇论文的意义说几句话，谈一点自己的认识。

这篇论文是在巫先生主持的中国国民所得估计的基础上形成的。中国国民所得的研究，是巫先生在 20 世纪 30 年代末就立意着手进行的工作。这在当时国内是一项带有首创性的研究。它涉及到各业各部门的经济活动，工作量十分庞大。在当时完整的统计资料极端缺乏的条件下，不是短时期内一人之力所能完成。就在这个时候，我和其他四位来自大学的青年人，先后作为巫先生的助手，加入了这项工作的行列。历时两年半，于 1945 年底方告完成。1947 年 1 月以《中国国民所得：1933 年》之书名出版（以下简称《所得》）。就我个人而言，我在加入这项工作之前，对国民所得的概念和它的各种内涵知之甚少。至于实际进行估计，在方法的选择和资料的汇集方面，更是茫无头绪。我之所以能在规定的时期内，勉力完成这样一项对我说来十分艰巨的任务，首先是得力于巫先生的指导和教诲。在巫先生手下两年研究生的生活，对我说来，是极其宝贵的。它为我以后的研究工作打下了初步基础。巫先生对我的辛勤指导，是我终身不能忘怀的。

我在国民所得的估计工作中，担任制造业、也就是整个现代工业（工厂）和手工业所得的估计。在完成这一项工作的基础上，很自然地产生了对中国工业生产状况作进一步研究的意向。正好这个时候，我看到了英国《经济学季刊》1943 年 4 月号发表的罗思塔斯（L.Rostas）先生的论文：《英、德、美三国的工业生产、生产率和分配，1935—1937》，文章的内容与我的构想非常吻合，在很多方面可以进行比较。我把这一构想向巫先生作了汇报，得到巫先生的首肯和鼓励。随后他又亲自动手对我的初稿进行了大幅度的调整和改进，根据新的结构重新撰写第二稿。在这里可以看出，这篇论文的最后定稿，完全出自巫先生的设计和主撰，我至多只是一个资料的提供者。而且这些资料，也是在巫先生的指导下，通过两年多的实践，才得以积累起来的。然而文章发表之后，我才意外地发现巫先生把我也列为作者之一。这种奖掖后进的襟怀，也使我十分感动。

此外，这篇论文的翻译，是上海社会科学院经济研究所杜恂诚教授在十多年前应我的请求而进行的。杜恂诚教授在这方面是富有研究的专家。他在 1991 年出版的《民族资本主义与旧中国政府》（1840—1937），是这方面的一部成功著作。他的译文，忠实可信。在这里我对他的慷慨协助，也表示衷心的感谢。

下面就此谈一点个人的感想和认识。

在统计资料完备的现代国家中，体现国民所得概念的国民生产总值（GNP）和国内生产总值（GDP）的测算，已经是政府部门的一项经常性工作，并不是一定需要学术机构进行估计和研究的课题。然而，在有关的统计资料极端缺乏和凌乱的 20 世纪 30 年代的中国，国民所得的估计，却是一个十分棘手的难题。"巧妇难为无米之炊。"我们虽然不是巧妇，但无米之炊，的确是当时我们工作中经常受到的困扰。就我个人而言，则在此之外，还要加上经验的缺乏、根底的浅薄和研究的粗疏。因此，可以肯定，在《所得》一书中，工业生产方面的估计，问题会更多，缺点会更大，偏离实际会更远。虽然从20世纪50年代以后，我已不再继续这项研究，但个人对这一段工作之未能臻于理想，经常负疚在心。

写到这里，我要特别提到不久前出现在我面前一件可喜的事情。那是在1998年秋天，我接受了日本信州大学久保亨教授的一次访问。从他那里，我了解到日本有一些学者对民国年间中国经济的发展正在前人研究的基础上，进行更准确的计量。此后不久，我荣幸而高兴地收到他和东京学艺大学牧野文夫教授合作的一篇论文《中国工业生产额的推计：1933年》。这篇文章的主体内容，是对《所得》一书中的工厂和手工业部分、也就是我所承担的全部估计结果，进行了认真的评议和详尽的修订。可喜的是：作者的态度，既严肃而又诚挚，既毫无保留而又绝不武断。可以说，这是《所得》出版以来我所看到的评论中，最有分量、最细致、最好的一篇。诚挚表现在作者对《所得》工业部分评价的最大限度的肯定上，严肃则表现在作者对自己的修订工作的一丝不苟中。

首先，作者对《所得》中整个制造业生产的估计，作出了一个肯定成绩的总的评价。文中说：这个"估计是以刘大钧的《中国工业调查报告》为基础，同时又涉猎了其他多种统计资料以及日本人的调查，对《中国工业调查报告》遗漏的省区、手工业产值以及外资工厂和东北地区工厂的产值进行了估算和补充"。而"取得这个研究成果的时间，是在1940年代的中期，鉴于这一时代背景，不能不说是一项令人惊叹的成果"[①]。

接着，作者又就整个制造业中的工厂和手工业两部分，分别

[①] 日文本第5页，译文采自中国社科院经济研究所经济史研究室许檀先生的译本。以下引文均同此。多承许先生的慨允引用，谨在此表示感谢。

作出了如下的评论。对工厂部分，作者说："工厂产值的估算，使用的基础是《中国工业调查报告》中册第14表，并对其遗漏加以补充，即增加了《中国工业调查报告》中未予调整的辽宁、吉林、黑龙江、热河、甘肃、新疆、云南、贵州、宁夏、青海等省以及河北省的秦皇岛和昌黎一带的工厂，同时，对货币制造等行业也做了调查。此外，对纺织、火柴制造、烟草制造等几个行业，还利用税务署的统计进行了补充"。因此"对内地现代工厂产值的估算实际上已比《中国工业调查报告》的中册完备多了"①。

至于整个手工业产值的估算，作者认为这是全部"估算中一个最重要的贡献"。他"收集了大量零散的资料对手工业部门的产值进行了估计"。在此，作者坦率地承认："要对这个估计作全面的修订，是不可能的。"② 这是一种令人感动的诚挚态度。

同样令人感动的，是作者对自己的修订工作的一丝不苟。由于《所得》中华资工厂的产值，是以当时国内惟一的一项比较全面而准确的工业普查的成果《中国工业调查报告》手册为估计的基础，因此，作者在对《所得》中工厂产值的修订中，特别着重"对《中国工业调查报告》的数据，进行推敲"，为此，作者在全文中用了一半的篇幅对《中国工业调查报告》，分别设立"概要"、"讨论"和"修正"三个部分进行详尽的介绍和充分的讨论。从源头上"指出其中有问题的部分"③。然后再在这个基础上衡量《所得》中的得失，并对《所得》中的补充部分所用的方法和所得结果的准确程度，进行方方面面的检讨。这种不厌其烦

① 日文本，第19页。
② 日文本，第21页。
③ 日文本，第1页。

的入手方法，着实令人钦佩。然而作者并不满足于此。他们虽然最后得出了一组与《所得》中的估计不尽相同的数值，却又并不以为这就是最后的结果。他们在全文的结束语中郑重宣布："对本文的估算的再修正是必然的。"① 也就是说，它有待于进一步的印证。这种对学术研究的审慎态度，也是值得称道的。

当然，我们也愿意指出：作者对《所得》的检讨中，有些地方与事实是有所出入的。例如作者认为我们的估算中，"最大的问题是几乎未利用《中国工业调查报告》的下册，不单是对工厂产值的估算如此，即便对手工业部门产值的估算也基本未加利用"②。事实上，只要能利用，我们还是利用了的。例如在胶制品制造业中，手工业部分的产值，就是根据《报告》下册的调整数字加以估计的。③ 我们承认没有充分利用这一部分调查，但是，这并不是出于我们的疏忽，而是出自另外的考虑。这里就不多说了。

应该指出，重要的是：两位教授对于1933年中国工业产值这样地关注，对它的估算下了这样大的功夫，并不止于单纯的繁琐考订，而是为了说明一个富有理论和现实意义的问题。正如作者在文章的开头所得出的：他们"所关注的，主要是如何从总体上把握近现代中国经济的发展过程，特别是为探讨民国时期（1912—1949）中国工业的生产规模及其结构而进行的必要的基础工作"。这个工作之所以需要重新研究，其中的一个重要原因就是中国的学者"受半殖民地半封建社会理论的巨大影响，认为处于这种社会形态下，民国年间的中国经济很难得到发展"。这

---

① 日文本，第24页。
② 日文本，第20页。
③ 《所得》下册，第125页。

些学者"对民国年间的中国经济发展所达到的水平未能予以正确评价,对现代工业部门的发展估计偏低,这种倾向十分严重"①。由此可见,两位日本学者之所以下大力气重新估计1933年的中国工业生产,是要纠正这种"十分严重"的倾向。也就是说,带有纠偏的目的。

两位教授还说:"在大陆,为了论证共产党政治统治的必要性而进行的经济史研究和编制的统计,很难成为客观的学术研究"②。这一陈述,如果加上"某些时期"、"某些人"、"某些书"的定语,也许比较符合实际。两位教授的这篇论文,是专门讨论巫宝三先生的国民所得研究的。我在上面讲过,作为参加者之一,我在新中国成立以后,就终止了这一研究。而当初参加这一项工作时,我对中国近代社会的性质,并没有真正的认识和了解。我在进行估计工作之前以至整个过程之中,并没有想到我们要达到什么样的目的,更没有规定一个事先设想好了的目的。我和巫先生都是在看到估计的结果以后才动手写出后来发表在《经济学季刊》上面的那篇文章的。现在大家都可以看到,文章中在写到"一个中国工人需要用19天才能生产一个美国工人一天所生产的产值"时说道:"这个差别是惊人的。"惊人,这意味着我们原来也没有想到。事实还不止于此。因为这里的"惊人",是英文appalling的汉译,更准确的译文应该是"惊人到了可怕的程度"。这其实是我们当时的心态,这也就从一个角度证明:"民国年间的中国经济很难得到发展",是当时我们也不曾料到有如此严重的客观现实,而不是如两位教授所说的"是为了论证共产党政治统治的必要性"而有意进行不客观的研究和统计编制。

---

① 日文本,第1页。
② 同上。

　　当然，我这样说，并非认为我们的估计就完全符合客观现实，没有任何缺点。从我自己这方面看，我在协助巫宝三先生的国民所得估计工作以及在此以后的两年间（1947—1949）从事的中国工业生产指数试编工作中，都存在众多的缺失。我从开始研究到现在，已经经历了将近60年的漫长岁月。而且我早已离开了这项工作，对过去的缺失的订正，已力不从心。对我来说，这的确是一个终身的遗憾。正由于此，我对后来的学者在订正工作中所作的努力和贡献，总是怀着感激和喜悦的心情。因此，在"后记"之末，衷心地祝愿两位教授现在正在继续进行的巨大工程，能够取得跨越前人的优异成果。

汪敬虞（馥苏）谨记

（原载《经济研究》，2000年第1期并作订正）

中国资本主义现代企业产生的
地区研究一例[*]

——建省前后的台湾经济

本文所指的台湾建省前后，起自同治十三年（1874），终至光绪二十年（1894），也就是起自日本入侵台湾琅瑀以后，终至中日甲午战争以前。整整 20 年，台湾建省恰在这一段时间的中点。在这一段时期中，清廷一改过去对台的消极放任政策，开始重视台湾作为"七省门户"的地位。[①]这是人所共知的公认结论，用不着细说。台湾建省以前，钦差大臣沈葆桢和福建巡抚丁日昌都曾对台湾经济采取过一些措施。但为时甚短，成效不显。1885年台湾建省以后，第一任巡抚是著名的淮军将领刘铭传，他用了差不多 7 年的时间，在台湾进行了一系列的经济创新和改革，有不少的建树。毫无疑问，这是考察建省前后台湾经济的重点。现在请先陈述史实，然后就个人认识所及，略陈己见。

---

[*]　本文曾在 1986 年香港大学主办的"台湾历史国际学术会议"上宣读。

[①]　沈葆桢：《沈文肃公政书》第 5 卷（以下简称《沈集》），光绪六年刊，第 4 页。

一 史实

经济范围广泛，针对沈葆桢、丁日昌、刘铭传等人的活动，大体上可以归纳为四大类、十二项，即（Ⅰ）工矿类中的煤矿、石油矿和其他工业，（Ⅱ）交通运输类中的铁路、航运、电讯和邮政，（Ⅲ）贸易金融类中的出口专卖、港口建设和货币发行以及（Ⅳ）农垦田赋类中的开垦和清赋。现在按照这个顺序，逐一分述如下。

（一）工矿

1. 煤矿

1868 年福州船政局派监工法国人都逢（M. Dupont）前往台湾，了解台湾煤炭储藏和开采情况。[①] "据说福建当局苦于洋煤太贵，目前正在认真考虑使用机器进行采煤"[②]，以解决船政局燃料来源问题。

1875 年督办台湾海防钦差大臣沈葆桢请办台湾煤矿。通过海关总税务司赫德（R. Hart）雇用英国矿师翟萨（D. Tyzack）到台湾勘察，初步选定矿区。[③]

1876 年 6 月开始凿井。第一个煤井选定在基隆八斗，钻井

---

① China Imperial Maritime Customs, Reports on Trade at the Treaty Ports in China. (中国海关：《中国通商各口贸易报告》，以下简称《关册》），1869 年，淡水，第 163 页。

② Great Britain Foreign Office, Commercial Reports from Her Majesty's Consul in China. (英国外交部：《英国驻华领事商务报告》，以下简称《英领报告》），1872 年，淡水，第 204 页。

③ 《沈集》第 5 卷，第 71、80 页；J. K. Fairbank, The I. G. in Peking（费正清：《总税务司在北京》），1975 年版，第 182 页。

已深至 300 英尺以上。并自矿区至出海口修轻便铁道，以便运煤。[①]

1877 年开始出煤。日产 30 吨至 40 吨。[②] "据洋匠翟萨云：此煤成色与外国上等洋煤相垺，间有煤油涌出，其质坚亮且轻，能耐久烧，并少灰土。"[③]

1879 年产煤量增加，每周达 1000 吨，工人达 2000 人。[④]

1881 年煤产量达 54000 吨，销售量达 60000 吨[⑤]，出口量达 46178 吨[⑥]，均为历史上最高峰。

1884 年 7 月新任福建巡抚刘铭传到任。[⑦] 以基隆煤矿"阅时未久，流弊已深"，"每月煤局亏折本银八千内外"，拟加以整顿，并调曾经主持磁州煤矿之何维楷接办基隆煤矿，未成而中法台湾之战爆发。[⑧]

1884 年 8 月法军攻击基隆，刘铭传将基隆煤矿"机器移至山后，并将煤矿房屋一并烧毁"，以防其沦入法国人之手。[⑨]

1885 年中法战后，煤矿亟待恢复生产。商人张学熙禀请承办，因积水过深，张又无力购买机器，仅用人力开采，"数月亏

---

① 《关册》，1876 年，淡水，第 87—88 页；《英领报告》，1876 年，淡水与基隆，第 96—97 页。按此项小铁路仅长一英里，系用人力或兽力拉拽。参阅《西国近事汇编》第 2 卷，戊寅，第 32 页。

② 《关册》，1877 年，淡水，第 170 页。

③ 户部档案抄本，光绪三年福建巡抚丁日昌片。中国社会科学院经济研究所藏。

④ 《关册》，1879 年，淡水，第 281 页。

⑤ North China Herald（《北华捷报》）1882 年 1 月 17 日，第 74 页。

⑥ 孙毓棠：《中国近代工业史资料》第一辑，第 611 页。

⑦ 刘铭传：《刘壮肃公奏议》（以下简称《刘集》）第 3 卷，1906 年刊，第 2 页。1885 年台湾建省，刘改为台湾巡抚。

⑧ 《刘集》第 8 卷，第 1 页。

⑨ 《刘集》第 3 卷，第 7 页；《北华捷报》1884 年 8 月 22 日，第 202 页。

折本银数千两，力不能支"。次年冬禀请退办。①

1887 年商人张学熙退办后，刘铭传商同两江总督曾国荃、船政大臣裴荫森并台湾省各凑本银 2 万两，共 6 万两，另集商股 6 万两，接办基隆煤矿。"如有成效，再行广招商股，收回官本。"办理不及一年，"毫无利息"，又改为官办。派英国矿师玛体荪（H. C. Matheson）监督工程。②

1889 年官办以后，每月仍亏折银三四千两，刘铭传以经费支绌，又拟将基隆煤矿交英商范嘉士（Hankard）接办，为期 20 年，未获批准。③

1890 年范嘉士退出后，刘铭传又拟招华商接办，先派候选知县党凤岗接管，后派抚垦事务通政司副使林维源招商与官合办，官一商二，矿务由商经营，官不过问。此议不果行，仍由官办，而刘铭传亦遭议处。④ 此后矿务陷于半停顿状态。⑤

1893 年刘铭传去职后，本年台湾巡抚邵友濂又拟将基隆煤矿改为官商合办，商人方面并有外商公泰洋行（Wm. Hoffmann & . Co.）⑥，后以中日战争爆发，中止进行。

2. 石油矿

1877 年福建巡抚丁日昌拟开采台湾后垅油矿，调轮船招商局唐廷枢主持其事，并聘美国技师二人从事钻探开采。⑦

1878 年由于（1）石油运输问题不能解决，（2）钻探机发生

---

① 《刘集》第 8 卷，第 19 页。
② 同上。
③ 同上书，第 23 页。
④ 同上书，第 29—30 页。
⑤ 《北华捷报》1892 年 4 月 8 日，第 456 页。
⑥ 《北华捷报》1893 年 5 月 26 日，第 744 页。
⑦ 《关册》，1877 年，淡水，第 170 页；《英领报告》，1877 年，台湾，第 136 页。

问题，以及（3）外籍人员不适应当地水土，停止开采。^① 据说开工期间共采油 400 担。^②

1889 年台湾巡抚刘铭传拟将后垅石油矿连同基隆煤矿一并交与英商范嘉士独办 15 年，未成。^③

3．其他工业

1885 年台湾军火生产开始引进先进生产技术。本年巡抚刘铭传在台北设立机器局厂，由两广总督张之洞代购制造枪弹机器一付，7 月兴工建造厂房，次年 3 月完工。并拟继续建造各种炮弹大机器厂、汽炉房、打铁房，因"工程较大，未能同时并举"^④。1893 年火药局在巡抚邵友濂主持下部分开工。^⑤

1887 年刘铭传计划设立机器锯木厂，以充分利用当地丰富林业资源。后因主持无人，延期开办。^⑥ 1888 年机器锯木厂在一英国人主持之下开工，每天可为铁路提供 800 块枕木。^⑦

1888 年前台湾道刘璈主张利用台煤粉炭加工制造煤砖，未能有成。^⑧ 本年基隆商人自英国进口制砖机器一架，试行机器制造。1890 年末在基隆开工。^⑨

1893 年台湾蔗糖、樟脑两项出口大宗的生产，开始引进先

---

①　《关册》，1877 年，淡水，第 170 页；《北华捷报》1878 年 11 月 28 日，第 519 页。

②　《关册》，1878 年，淡水，第 221 页。

③　《刘集》第 8 卷，第 26—28 页。

④　《刘集》第 5 卷，第 18 页；《英领报告》，1888 年，淡水，第 4 页。

⑤　《英领报告》，1893 年，淡水，第 9 页；《北华捷报》1893 年 12 月 8 日，第 925 页。

⑥　《英领报告》，1887 年，淡水，第 4 页。

⑦　《英领报告》1888 年，淡水，第 4 页；Papers Relating to the Foreign Relation of the United States（《美国外交文件》），1888 年，第 329 页。

⑧　刘璈：《巡台退思录》，1957 年版，第 14—15 页。

⑨　《英领报告》，1888 年，淡水，第 4 页；《关册》，1890 年，淡水，第 321 页。

进生产技术。其中蔗糖生产引进西方铁磨，开始出现于台南地区①，与此同时，苗栗地区樟脑生产，也引进日本脑灶。② 但均未能推广。

1894 年台湾巡抚邵友濂拟在台北设造船厂，计划首先修造两艘小汽船，供缉私之用。③ 结果不详。

（二）交通运输

1. 铁路

1876 年福建巡抚丁日昌视察台湾，力主修筑横贯台湾南北之铁路，由高雄至台南入手④，以经费无着，未能实现。⑤

1878 年丁日昌去职，台湾巡道夏献纶复计划修建台南至高雄的铁路，也没有成功。⑥

1880 年刘铭传在任台湾巡抚前，也主张中国修筑铁路，认为"铁路之利于漕务、赈务、商务、矿务以及行旅厘捐者，不可殚述，而于用兵一道，尤为急不可缓之图"⑦。

1887 年 4 月刘铭传在台湾设西学堂，聘英国人胡圻森（W. D. F. Hutchison）担任教习。初为造就翻译人才。第二年"推广图算、测量、制造之学"，使"台地现办机器、制造、煤矿、

---

① 《英领报告》，1893 年，台南，第 4—5 页。
② J. W. Davidson, The Island of Formosa: Past and Present（大卫生：《台湾岛：过去和现在》），1903 年版，第 423—424 页；参阅林满红《茶、糖、樟脑业与晚清台湾》，1978 年版，第 37 页。
③ 《北华捷报》1894 年 4 月 6 日，第 505 页。
④ 中国史学会主编：《洋务运动》（二），1961 年版，第 346—353 页。
⑤ 《总税务司在北京》，第 252—253 页；李鸿章：《李文忠公全集》，第 17 卷，1905—1908 年刊，朋僚函稿，第 24 页；参阅吴铎《台湾铁路》，见《中国社会经济史集刊》第 6 卷第 1 期。
⑥ 《西国近事汇编》第 2 卷，戊寅，第 32 页。
⑦ 《刘集》第 2 卷，第 1 页。

铁路，将来亦不患任使无才"。学生中有刘铭传本人的子弟。①
1891年停办。②

1887年6月刘铭传着手修建台湾铁路，计划由基隆修至台南，全长600余里。经费估计为100万两，设铁路总局于台北，由候补知府李彤恩招商集股兴办。先修基隆淡水一段，本月开始兴工。1891年竣工，全长60里。③

1887年7月为筹集铁路资金，台湾铁路总局除招募商股外，还拟借用外资，先是通过德国礼和洋行（Carlwitz &. Co.）向华泰银行（Berliner Handelsgellshaft）借款50万两，因利息不协未成。继又改向英国汇丰银行（Hong Kong and Shanghai Banking Corporation）借贷，亦未成功。④

1888年台湾铁路商股观望不前。原拟招集商股100万两，仅得现银30余万两。刘铭传奏请改为官办，经费由福建协济银中暂行支用。⑤

1889年台湾铁路在经费困难情况下继续由淡水修向新竹。于1893年12月完工⑥，由基隆至新竹全长185里，有大小桥梁74座，沟渠568条，横跨淡水河桥梁长1520英尺。共用款1295960两。"工师多用粤人，如淡水铁桥则张家德所筑者。"⑦完工之年，铁路线北段第一次设置了电话系统。⑧

---

① 《刘集》第6卷，第15—16页；《英领报告》，1888年，淡水，第4—5页。
② 《英领报告》，1891年，淡水，第8页。
③ 《刘集》第5卷，第21页；连横：《台湾通史》，1946年版，第359—360页。
④ 《申报》1887年7月30日。
⑤ 《刘集》第5卷，第24—25页。
⑥ 《洋务运动》（六），第281页。
⑦ 连横，上引书，第360—361页；《英领报告》，1893年，淡水，第8页。
⑧ 《英领报告》，1893年，淡水，第8页。

1893 年台湾巡抚邵友濂以经费不支，奏请台湾铁路修至新竹，即行截止。①

2. 航运

1885 年巡抚刘铭传以"台湾面面皆海"，"往来通信断非轮船不行"。要求南北洋分拨快船三只、福建船政局拨货船二只到台备用。② 在此期间，刘曾先后在香港订制南通、北达、前美、如川四艘小轮，分发澎湖、安平、沪尾各海口，从事运输，兼通文报。③

1886 年刘铭传以调拨大轮，未能实现，开始着手自筹轮运事业。本年从上海某洋行租进威斯麦号轮船一艘，前后共租用 4 个月。后又以价银 38000 两购买英国轮船威利号一艘④，复自轮船招商局购进自富有、美富两轮，但因与南洋大臣曾国荃意见不一⑤，两船最后仍退还招商局。⑥

1887 年 4 月刘铭传派李彤恩、张鸿禄招致南洋华侨资本并在台北成立商务局，筹办轮运，资本定为 360000 两⑦（一作500000 元）⑧，南洋新加坡西贡等地闽商陈新泰、王广余等表示愿回籍合办。⑨

---

① 《德宗实录》，光绪十九年正月初六日。

② 《刘集》第 5 卷，第 7 页。

③ 同上书，第 10 页。

④ 同上书，第 8 页。

⑤ 台湾银行经济研究室：《台湾文献丛刊》第 110 种，《台湾海防档》，1961 年版，第 87—88 页。

⑥ 卞宝第：《卞制军奏议》第 10 卷，1894 年刊，第 4 页。

⑦ 《刘集》卷首，设防略叙五，第 3 页。

⑧ 据台湾海关临时调查委员会的报告，转见 Samuel C. Chu, Liu Ming-Ch'uan and Modernization of Taiwan（朱昌峻：《刘铭传和台湾现代化》），载 The Journal of Asian Studies（《亚洲研究学报》）1963 年 11 月号，参阅第 44—45 页。

⑨ 《刘集》第 5 卷，第 19 页。

1887 年 6 月刘铭传因基隆、沪尾并台南、澎湖等处炮台工程紧急，载运需船，自德国商人处购买旧轮船一艘，价银 26000 两，命名威定。①

1888 年台湾商务局通过美最时洋行（Messrs Melchers & . Co.）购得浅水快轮斯美号（Smith）和驾时号（Case）两船。② 航行上海、厦门、汕头、香港。③ 船长 250 英尺，宽 35 英尺，每小时行 15.5 海里，每船购价为 180000 两。④

1889 年威利、威定两轮先后沉没，斯美、驾时两轮亦因李彤恩病故改为官办，由海防经费项下陆续筹还商款。⑤

1890 年斯美、驾时两轮降低票价与航行福州、淡水之得忌利士公司（Douglas Lapraik & . Co.）的轮船进行竞争。⑥

1891 年刘铭传去职，"台湾商务总局裁撤，所有前置轮船一切事宜，改由南洋〔大臣〕核办"⑦。

1893 年商务局裁撤后，沪尾商户陈顺发拟以小轮船顺吉号航行台北、台南两府所属各口，搭载客货，巡抚邵友濂以轮船不得航行非通商口岸，不予批准。⑧

3．电讯

① 《刘集》第 5 卷，第 8 页。
② 《刘集》第 5 卷，第 9—10 页；《北华捷报》1889 年 7 月 6 日，第 4 页。
③ 《北华捷报》1891 年 1 月 30 日，第 112 页。
④ 《刘集》第 5 卷，第 9—10 页；参阅《杨宗瀚遗稿》中之《台湾商务局浅水快轮招股启》，上海图书馆藏。
⑤ 《刘集》第 5 卷，第 9—10 页。
⑥ 《申报》1890 年 4 月 12 日；参阅李祖基《论外国商业资本对台湾贸易的控制》，见《台湾研究集刊》1985 年第 3 期。
⑦ 招商局档案抄件，光绪二十四年六月初三日，盛宣怀咨会顾肇熙、郑观应。中国社会科学院经济研究所藏。
⑧ 《北华捷报》1893 年 8 月 11 日，第 211 页；《申报》1893 年 8 月 8 日。

1874年① 钦差大臣沈葆桢奏请设立台水陆电报。计由福州陆路至厦门，由厦门水路至台湾，福建境内由当局与丹麦大北公司（The Great Northern Co.）商办。② 后因沈调任两江总督，议遂中止。③

1877年福建巡抚丁日昌再次建议架设台湾电线。将丹麦大北公司架设的福州—厦门的线路，移往台湾架设，拟"先向旗后（高雄）造至府城（台南），再由府城造至鸡笼（基隆）"④。派轮船招商局唐廷枢"办理此事"⑤。先行开办高雄至台南一线⑥，是为台湾电线之始。

1886年台湾巡抚刘铭传筹办台湾电线。基隆—台南陆线由德商泰来洋行（Telge ＆.Co.）承办，价银30000两，台南—澎湖—厦门水线（后改为台北—福州）由英商怡和洋行（Jardine，Matheson ＆.Co.）承办。包括修理海底电线之飞捷号轮船在内，共价银220000两。两年后全部完工。统计水陆线共1400余里，水线房4所，报房8处。实际共支出287000两。⑦

1890年9月刘铭传在台北府开办电报学堂一所，训练电报人才。⑧

4. 邮政

---

① 亦作1871年。参阅《刘集》第5卷，第11页。

② 《洋务运动》（六），第325—326页。

③ 《刘集》第5卷，第11页。

④ 《洋务运动》（六），第334页；《英领报告》1877年，台湾，第135页。

⑤ 《申报》1877年3月3日。

⑥ 《洋务运动》（六），第334页；参阅潘君祥《我国最早自建电报线路考辨》，见《社会科学战线》1983年第2期。

⑦ 《刘集》第5卷，第11—13页。

⑧ 《关册》，1890年，淡水，第321页。

1874 年钦差大臣沈葆桢"奏请革新台湾邮政，改铺为站，站置站书一人为监督，跑兵四人为递送"①。未及实行而沈离台改任两江总督。

1888 年台湾巡抚刘铭传以沈葆桢的计划为基础，创立新的邮政制度，制定邮政章程，成立邮政总局，改原来的驿站为邮站，直接隶属于邮政局。邮局独立发行各种邮票，收取邮资。并特备南通号和飞捷号两船定期往来台湾与大陆之间，使邮路远达厦门、上海、泉州、广州、香港等地。②

1889 年由于经费不足，年终停办。从此"台湾邮票"成为稀世珍宝。③

(三) 贸易金融

1. 出口专卖

1861 年台湾樟脑商人（多为洋行买办）联合向道台缴纳巨款，请求将樟脑收归政府专卖，商人承包，限制外商垄断贸易。④ 1863 年在艋舺设脑馆，竹堑、后垅、大甲等处均设小馆，以理其事。⑤

---

① 台湾省文献委员会：《台湾省通志》卷首下，《大事记》，第 94—95 页；转见潘君祥《我国近代最早自主的新式邮政》，载《中国社会经济史研究》1983 年第 1 期。

② 台湾银行经济研究室：《台湾文献丛刊》第 276 种，《刘铭传抚台前后档案》第 2 册，参阅潘君祥，上引文。并参阅中国近代经济史资料丛刊编辑委员会主编：《中国海关与邮政》，附录。

③ 《英领报告》，1889 年，淡水，第 5 页。

④ North China Daily News（《字林西报》）1869 年 4 月 22 日，第 6019 页；《关册》，1867 年，淡水，第 77 页；参阅林满红，上引书，第 58 页；大卫生，上引书，第 402 页。

⑤ 连横，上引书，第 348 页。

1868 年[①] 清廷屈从英国要求，停止实行樟脑专卖。外国商人交纳子口税，即可至产地收购樟脑。[②]

1886 年台湾巡抚刘铭传恢复樟脑专卖，并将硫磺一并由政府收买，以开拓国外市场，增加财政收入。设全台脑磺总局加以管理，民间制出之樟脑、硫磺"归官收买出售，给照出口"，1891 年停止。[③]

1888 年刘铭传批准基隆凤山煤炭木材公司的申请，授予包办煤炭、木材出口特权。计划未能实现。[④]

2. 港口建设

1876 年福建巡抚丁日昌计划疏浚安平港口，使能容纳 400 吨以下船只进港停泊[⑤]，但未见实行。

1877 年继安平之后，疏浚打狗港口，也在计划之中，并拟订购挖泥机器，进行施工。但亦无结果。[⑥]

1885 年台湾巡抚刘铭传建设淡水商埠，以淡水城外之大稻埕为中心，建千秋、建昌二街。两年后设兴市公司，招苏松建筑工人构造市廛，修建码头，治大路，行马车，建立大稻埕铁桥。形成台北商业中心。[⑦]

---

① 亦作 1869 年（连横，上引书，第 348 页；林满红，上引书，第 158 页），非是。

② 《字林西报》1868 年 9 月 26 日，第 4595 页；《北华捷报》1870 年 11 月 22 日，第 372 页；大卫生，上引书，第 406 页。

③ 《刘集》第 8 卷，第 33 页；林满红，上引书，第 59 页；连横，上引书，第 344、348 页。

④ 《英领报告》，1888 年，淡水，第 3 页。

⑤ 《英领报告》，1876 年，台湾，第 87 页。

⑥ 《英领报告》，1877 年，台湾，第 135 页。

⑦ 连横，上引书，第 428 页；杨寿彬等：《杨藕舫行状》（原稿），上海图书馆藏。

1887 年台北府第一次安设电灯。①

1887 年刘铭传筹疏基隆港，以林维源为总办，测量港道，填平海岸以建车站。又自小基隆至鲎屿，新筑市廛，建埠头，以接车站。工程未竣，而刘解任去。②

3. 货币发行

1885 年台湾巡抚刘铭传拟令银号发行官方保证的纸币，未及实施而罢。③

1890 年刘铭传议筹自铸银币，设官银局于台北，向德国购入机器，先铸 1 角辅币，岁铸数 10 万元，南北通用。④ 但此计划并未实行，所需银币系托广东造币厂代铸。⑤

1893 年台湾巡抚邵友濂利用制弹药筒机铸造 5 分、1 角小银币，作为辅币发行。⑥

(四) 农垦田赋

1. 垦殖

1874 年钦差大臣沈葆桢奏请开垦台湾荒地，提出"刊林木"，"焚草莱"、"定壤则"、"招垦户"、"给牛种"、"教耕稼"等措施。⑦ 并请开豁内地民人渡台开垦旧禁，以广招徕。⑧

---

① 《英领报告》，1887 年，淡水，第 4 页；1888 年，淡水，第 4 页。
② 连横，上引书，第 365 页。
③ 周宪文：《台湾经济史》，1980 年版，第 373 页。
④ 连横，上引书，第 148 页；高贤治：《台湾三百年史》，1978 年版，第 100 页。
⑤ 《关册》，1890 年，淡水，第 321 页。
⑥ 《英领报告》，1893 年，淡水，第 9 页。
⑦ 《沈集》第 5 卷，第 2 页。
⑧ 《沈集》第 5 卷，第 16 页；《光绪朝东华录》，中华书局 1958 年版，总第 21 页。

1877 年福建巡抚丁日昌拟定台湾抚番章程 21 条，奏请在汕头、厦门等处设招垦局，招民前来开垦①，给予土地、房屋、牛只、农具②，三年之后，始征其租。③

1877 年丁日昌和台湾巡道夏献纶推广种茶。丁日昌由淡水运送茶苗 50 万株给南部农民试种。④ 夏献纶出示晓谕茶农，注意茶园种植，茶叶烘焙、包装，维持台茶之出口地位。⑤

1877 年丁日昌计划在台南引进咖啡种植，但无结果。⑥

1878 年台湾巡道通过英国领事自爪哇引进金鸡纳树种，移植台南高山地带。⑦

1885 年 11 月刘铭传请在台湾"扩疆招垦，广布耕民"⑧，随即设全台抚垦总局，以在籍士绅林维源为总办。下设分局十六处，由巡抚兼任抚垦大臣，对"生番"施以耕种之法。⑨

1887 年刘铭传开山拓展茶园，降低茶园税课，并拟引进印度、锡兰种茶、制茶技术，但未获成功。⑩

1888 年刘铭传自上海和广州引进优质蚕卵⑪，并派人赴江

---

① 《刘铭传抚台档案整辑录》，转见昌实强《丁日昌与自强运动》，1972 年版，第 291 页。

② 丁日昌：《抚闽奏稿》第 3 卷，转见昌实强，上引书，第 293 页。

③ 连横，上引书，第 309 页。

④ 《英领报告》，1877 年，台湾，第 136 页。

⑤ 《英领报告》，1877 年，淡水、基隆，第 146 页。

⑥ 《英领报告》，1877 年，台湾，第 136 页；《关册》，1890 年，淡水，第 321 页。

⑦ 《英领报告》，1878 年，台湾，第 139 页。

⑧ 《刘集》第 2 卷，第 26 页。

⑨ 台湾省文献委员会：《台湾史》，1984 年版，第 374—375 页。

⑩ 《英领报告》，1885 年，淡水、基隆，第 27 页；1890 年，淡水，第 3 页；China Imperial Maritime Customs, Tea 1888（中国海关：《访察茶叶情形文件》），1889 年版，第 91 页。参阅林满红，上引书，第 53 页。

⑪ 《英领报告》，1888 年，淡水，第 4 页。

浙、安徽各省,搜集桑蚕之种及其栽、饲之法,编印成书,以资推广。[①] 后又设蚕桑局,种桑于观音山麓。未及有成而铭传去任,其事遂止。[②]

2. 清赋

1886 年刘铭传设清赋总局,清丈土地,查明田亩,厘定田赋。通筹全局,另订赋章。以田亩之瘠腴,为赋则之增减。同时删去浮征名目,举地丁、粮耗等款,并入正供,并化谷价折征,提充正赋。是年八九月先后开办。[③]

1887 年议定赋则,按上、中、下、下下四等田园征收,并随征补水、平余。按户填给丈单,俾"官便升科,民资执业"[④]。

1888 年清赋基本完毕,本年起按新赋启征。[⑤]

二 评价

根据以上的史实,可以看出,这 20 年中,台湾经济经历了一个空前的变化。这里第一次出现了新式煤矿和铁路,出现了深达 300 英尺的煤井和长达 1520 英尺的铁路大桥。出现了第一盏电灯、第一台电话和第一枚邮票。出现了中国人自己经营并敢于和外国人竞争的轮船,出现了自己架设和自己独立使用的电线。出现了集中于一个矿区的数以千计的现代产业工人,出现了像张家德那样的自行设计铁路大桥的新型知识分子。

---

① 连横,上引书,第 436 页。
② 吴锡璜:《同安县志》第 36 卷,1929 年刊,第 5 页;连横,上引书,第 673 页;《英领报告》,1890 年,淡水,第 4 页。
③ 《刘集》第 7 卷,第 4—6、12 页。
④ 同上书,第 12 页。
⑤ 同上书,第 7 页。

在新式企业产生的过程中，台湾这片土地上，也出现了最初的民族资本。一些原来依附外国洋行、参与洋行贸易的买办和商人，开始把自己的资本转向民族工业。淡水宝顺洋行（Dent & Co.）买办李春生，最初只是"辅佐"洋行，"戆迁其间"。"既而自营其业"。刘铭传之创设淡水商埠，主要得力于李春生在资金上的支持。[①] 基隆煤矿后期，曾多次酝酿商办，其中商人方面最后一个"出头的人"，就是一名公泰洋行的买办。[②] 而最初企图接办煤矿的范嘉士，据说他的资本有不少是由买办提供的。[③] 商人资本不但多方投向台湾的新式企业，而且也面向大陆的新式企业，寻求出路。80 年代初上海织布局公开招股之日，在国内和海外 35 处代收股份的商号中，就有台湾洋药局王尔聘的台字号册在内。[④] 由此可见，资本之由流通过程转向生产过程；由依附外国洋行转向独立的民族工业，这是 20 年台湾经济发展过程中一个不难察觉的迹象。

经济上的变化，导致财政上的变化，导致政府税收结构上的明显变动。在此以前，台湾的财政收入主要来自农业，一直到 18 世纪中叶，田赋仍占政府总岁入的 75%，[⑤] 而在 1888—1894 年间，这个比例下降到 12%，来自贸易、商务、煤务以及电报、邮政等方面的收入，则上升到 52%。[⑥] 其中来自海关的税收，在 1882—1891 年的 10 年中，增加了 123%。[⑦]

① 《同安县志》第 36 卷，1929 年，第 5 页；连横，上引书，第 673 页。
② 《北华捷报》1893 年 5 月 26 日，第 744 页。
③ 《申报》1891 年 2 月 23 日。
④ 《申报》，《上海机器织布局启事》，1880 年 11 月 17 日。
⑤ 大卫生，上引书，第 276 页。
⑥ 据连横，上引书，第 168—169 页之数字计算。
⑦ British Parliamentary Papers：Summary of First Decennial Report of Chinese Maritime Customs 1894（英国国会文件：《中国海关第一个十年报告总结》，1894 年），第 19 页，系淡水关的统计。

　　在有些经济部门中，并没有出现上面所说的那样新鲜的事物，但变化的脚步声，仍然可以倾听得到。拿历来变化最不明显的农业而言，试举茶叶的经营为例，到1874年为止，"每年都有更多的土地种上茶树，人们随处都可看到：中国人拔掉他们的甘薯，在有些地方直至拔掉价值较少的蓝靛，改种茶树"①。60年代初期，"大稻埕四周的山坡上，几乎看不到一棵茶树"。到了70年代后期，"这些山坡上都种满了茶树，直至番界"，并且"向南拓至北纬24度，几达台湾中部"②。作为刘铭传在农业开垦方面的得力助手林维源，在1886—1888年的两年间，"垦辟新旧荒埔至七万余亩"，"台北沿山番地，种茶开田，已无旷土"③。他自己一家就种有茶树896447丛。④ "中国人在茶的种植方面表现了如此的勤奋"，以至茶叶出口出现了令人难以置信的增长。⑤ 在1871—1896年的25年中，当中国大陆茶叶的海外贸易下降了将近30％之时，台茶出口却猛增了将近12倍。⑥ 这里面当然有一份开垦的功劳。

　　这些变化，也反映到财政方面上。在进行农田开垦与清赋之后，不到两年，田赋由18万余两上升到67万余两，"比较旧额溢出银48万8千余两"⑦。刘铭传说："台湾自隶版图二百余年，此次举办清丈，事事草创，全省袤延千余里，未及两年，业经蒇事。隐匿者揭报，开垦者升科。"⑧ 应该说，这是实际情况。

---

　　① 《英领报告》，1874年，淡水、基隆，第112页。
　　② 《关册》，1878年，淡水，第211页。
　　③ 《刘集》第9卷，第18页。
　　④ 《农学报》第22册，《台湾茶业说》。
　　⑤ 《英领报告》，1880年，淡水，第199页。
　　⑥ 大卫生，上引书，第372页。
　　⑦ 《刘集》第7卷，第13页。
　　⑧ 同上书，第8页。

　　总之，这 20 年间，从基础到上层建筑，都经历了一系列巨大的变化。这是应该肯定的成绩。

　　但是，从另一方面看，这些变化中，又出现了许多令人难以置信的低速度和低质量，出现了几乎令人感到窒息的暗淡前景。出现了一堆"白象"①。

　　我们不妨作一些具体的分析。铁路、煤矿、电报、轮船，这是建省前后台湾的四项主要设施，我们就从这里入手。

　　1. 铁路：按照刘铭传的计划，台湾铁路原定自台北修至台南，计程 600 余里。然而从 1887 年 6 月兴工，到 1893 年 12 月停工，只修到距台北 125 里的新竹，加上由台北至基隆全长 60 里的一段，六年半的时间，共修路 185 里，平均每年不足 30 里，可以说是蜗牛式的速度。而铁路修建的费用，当初刘铭传的估算，全程 600 里为 100 万两。实行的结果，185 里的实际支出为 1295960 两，则又可以说是事倍功半。至于修建和营运过程中的失误，也有许多是十分惊人的，不能完全以"草创"为辞，一笔带过。台湾铁路所经之地，"坡陀参差，峦壑倚伏，曲直不定，高下靡常"，涵洞免不了从两端开凿，但无论如何，总不应该一高一下、一左一右，彼此不能衔接。而这种现象，的确就发生在这 185 里的铁路上。② 至于"站中不设信号机，亦无升降场"③，行车时刻不定，班次无常，更是司空见惯，视若无睹。而"车行到倾斜度稍为急速之处，旅客要下车帮忙推车子"，据说在当时曾定为制度。④

---

①　A. Hosie, On the Island of Formosa（谢立山：《记台湾岛》），1893 年版，第 4 页。

②　大卫生，上引书，第 247 页。参阅《英领报告》，1888 年，淡水，第 6 页。

③　连横，上引书，第 360 页。

④　江慕云：《为台湾说话》，1948 年版，第 104 页。

2. 煤矿：和台北铁路的年平均修建里程一样，基隆煤矿的年产量，也是小得难以置信的。从见煤的 1878 年到基本停产的 1893 年，15 年间，基隆煤矿的年产量，最高不过 54000 吨，比煤矿开办以前手工煤窑的产量还少 21000 吨。低的时候只有 5000—7000 吨。[①] 这个矿的工人，多的时候达到 2000 人，平时也在 1000 人的水平上。[②] 原定每日产煤定额为 200 吨[③]，但实际从来很少达到定额，低的时候，甚至只有 25 吨。[④] 也就是说，一个矿工一天只产几十斤煤炭。当时中国大陆上另一座新式煤矿——直隶开平煤矿在 80 年代末期（1889）的实际年产量，将近 250000 吨。[⑤] 它雇佣矿工 3000 人，而煤炭日产量达到八九百吨[⑥]，每工日产量约合 600 斤。这样一比较，就可以看出基隆煤矿采煤效率的低下。

这就造成煤矿经营亏损和工人收入低下同时并存的局面。在刘铭传接手以前，台湾道刘璈就指摘过基隆煤矿的积弊，表示要进行整顿。[⑦] 然而经过整顿，产量反而低落，亏折反而增加。到刘铭传接办之时，"每月煤局亏折本银八千内外"[⑧]。接办的刘铭传表示难以相信。然而他经手四年之后，"综核出入"，每月仍然亏折本银三四千两。[⑨] 另一方面，"十分苦难的挖煤手、铁木工

---

① 《英领报告》，1872 年，淡水，第 200 页；《关册》，1892 年，淡水，第 78 页。

② 《关册》，1881 年，淡水，第 5 页；《刘集》第 8 卷，第 31 页。

③ 《关册》，1877 年，淡水，第 170 页；1878 年，淡水，第 216 页。

④ 《关册》，1887 年，淡水，第 282 页。

⑤ E. C. Carlson, The Kaiping Mine（卡尔逊：《开平煤矿》），1971 年版，第 143 页。

⑥ 《北华捷报》1889 年 4 月 12 日，第 429 页。

⑦ 刘璈：《巡台退思录》，第 9—10 页。

⑧ 《刘集》第 8 卷，第 1 页。

⑨ 同上书，第 23 页。

以及小工的工资已经低到使矿厂官员们没有多少中饱的余地"①。基隆煤矿的生产最后每年只能维持五七千吨的水平，这是其来有自，需要认真查清它的原因的。

3. 电报：比起铁路和煤矿来，台湾电报是进展比较顺利的一项企业。包括水线和陆线在内的1400余里的电线。在两年之内，就已经全部敷架完毕，这是值得称道的。然而刘铭传在电线告成援案请奖的奏折中，声称陆线"线条线杆均须格外坚牢"，"现自开报之后，一律完固通行"；水线"既无虚糜，又无损失，工程稳固"②，则不可尽信。因为就在刘铭传向清廷奏报的同时，英国驻华领事向本国政府报告说：这条线路连续通报的时间，从来没有超过一个礼拜。造成这种麻烦的，有气候方面的原因，也有怠工方面的原因。③ 两个报告，截然相反。显然，收集情报的领事报告，比邀功请赏的巡抚奏折，要比较真实可靠。④

至于航运，除了买几艘浅水轮船以外，几乎没有其他设施可言。但是仍然有值得议论之处。在1886—1888年的三年中，刘铭传购买了威利、威定、斯美、驾时四艘轮船。威利、威定在接洽购买的时候，刘铭传就知道是旧船转让。但是刘铭传贪图便宜，说威利"载重行速"，"价值如此之廉"甚是难得；对威定则说它是减价出售，较"威利价值尤廉"，而这条船"起锚起货，机器俱全，运载料件，尤为便捷"，质量似乎比威利更好。⑤ 但是，言犹在耳，这两条船在1889年却先后沉没。⑥ 看来，吃亏

---

① 《英领报告》，1878年，淡水、基隆，第144页。

② 《刘集》第5卷，第13页。

③ 《英领报告》，1888年，台湾，第6页。

④ 当时一家英国在华的报纸说：在台湾，"一场大雨，电报就会不通，报务员经常离开他们的岗位。"可以印证。参阅《北华捷报》1888年3月30日，第350页。

⑤ 《刘集》第5卷，第8页。

⑥ 同上书，第9页。

的并不是卖主，而是受了蒙蔽的买主。至于斯美、驾时两船，刘铭传说是"购制"，经手人更明确地说是"托旗昌洋行在英国纽卡斯地方哈登黎司里船厂订购"的。① 这也许是吃一堑长一智吧。但是，外国人的报道却和经手人说的不一样。它们原来是英商美最时洋行经营的两艘轮船②，说是新的，恐怕也是冒充。总而言之，从订购轮船的全部事实看，主持的人，实际上被蒙在鼓里。至于贪污成风，每年亏空五六万③，更是传闻远近，尽人皆知。

由此可见，对于台湾建省前后清朝政府和地方当局所采取的一系列经济措施，需要作具体的分析。事实上，出现在台湾建省前后所有经济上的"革新"，在时间上正处在清末洋务运动发动之后。应该说，它是洋务运动的一个组成部分。只是由于台湾处于抗击外国侵略的特殊地位，因此，这些措施，有比较明显的对外针对性，从而有比较积极的意义和影响。但是，即使把这一点考虑在内，它仍然是行进在洋务运动的轨道上，运动于洋务运动体系之内。它不可能游离于整个大局之外而独立。它在对外和对内的关系上，有着与整个洋务运动基本相同的格调。尽管这里可能存在一些具体的、局部的和支节性的差异，但是，总的说来，台湾经济的"创业者"们，并没有给中国民族经济的独立发展，创立一个与之相适应的环境。"这个岛上所有采用西方股份公司模式的企业的失败"，在于缺乏一个"和他们现行的有所不同的社会组织"④。它们徒有股份公司之名，而无股份公司之实。他

---

① 《杨宗翰遗稿》，《台湾商务局浅水快轮招股启》，上海图书馆藏。

② 《北华捷报》1889 年 7 月 6 日，第 4 页。

③ 《德宗实录》，光绪十一年十月二十二日。参阅杨彦杰《清政府与台湾建省》，见《台湾研究集刊》1985 年第 3 期。

④ 《英领报告》，1888 年，淡水，第 5 页。

们和所有的洋务派官僚企业一样，并不能承担发展中国民族资本主义的历史任务。

　　为了印证这一点，我们不妨从几项具体措施方面作一点分析。

　　1．专卖与专利。上面提到，对台湾两项出口商品——樟脑和硫磺，台湾当局曾经两度实行政府专卖。第一次是1861年，当时还只限于樟脑，第二次是1886年，专卖范围由樟脑扩大到硫磺。第一次专卖实行了八年，第二次则仅实行四年。两次停止，都是屈从外国的压力。实行专卖，看起来是剪除外国人在中国对外贸易中的势力，有利于民族经济的发展。因为台湾在开埠以前，外国洋行已经在台湾取得樟脑经销的特权。洋行通过买办在樟脑产区的口岸，就地购买，就地运销出口，几乎垄断了樟脑贸易。[1] 这当然不利于中国商人对本国出口的经营。但是，专卖是不是就完全消除了这一弊端呢？没有。因为所谓政府专卖，实际上仍是由商人承包。而承包者之中，多数仍是外国商人。就拿第二次专卖而言，四年之中，由英商大和公司承包的，将近两年。[2] 有一年名义上由华人出面，实际上是德商公泰洋行承包。[3]

　　樟脑、硫磺的专卖，实际上是洋务运动中专利制度的一个组成部分。它是流通领域中的专利。这种制度，存在于流通领域中也好，存在于生产领域中也好，总的说来，是限制民族经济的成长。它在洋务派的官督商办企业中，得到体现，在台湾建省前后兴办的企业中，同样得到体现。基隆煤矿一开采，所有原来"民

---

　　①　大卫生，上引书，第400—401页。
　　②　《新竹文献会通迅》第005号，1953年8月20日；转见林满红，上引书，第59页。
　　③　《关册》，1890年，淡水，第319页；《台湾产业调查表》，1896年，第136页。转见林满红，上引书，第59页。

间集资开采"的煤矿，"概令封闭停工"①。这和开平煤矿对待民营煤矿的态度，是一模一样的。然而，基隆煤矿还要更进一步。1889年当官办经费支绌，刘铭传拟将其交英商范嘉士承办时，合同中却公然出现垄断性的条款，不但"离该矿三英里内，不准民人挖煤"，而且"二十年之内，全台非该商，不准添用机器挖煤"②。把20年的机器生产专利权，奉送给外国人的手中。取代中国手工生产的，不是中国的机器生产，而是外国在中国的机器生产。

台湾商务局管辖下的轮船航运，提供了另一幅可悲的情景。它与李鸿章、盛宣怀统治下的轮船招商局，有着不大不小的矛盾。③ 它曾试图进入怡和、太古和招商局共同把持的长江航线，也曾试图减费与他们争载，然而究以"资本不敌，两三月失利而去"④。商务局的船只，最后也归并于轮船招商局，随后又落入外国人手中。⑤ 也就是说，它们也尝到一点受压抑的苦头。然而，在台湾商务局裁撤之余，一家沪尾商户打算填补这一空白，"以小轮船航行台北台南两府所属各口，搭载客货"，却遭到巡抚邵友濂等人的拒绝。理由是非通商口岸，民间轮运船只，一概不得航行，以免引起外国轮船的侵入。⑥ 这又是借抵制外国的轮运反过头来压抑中国民间的轮运，与前者实属异曲同工。

2．官办与商办。和洋务派所兴办的企业一样，台湾的几家新式企业，也有官办、官督商办（即商人承办）或官商合办等多

① 《申报》1877年10月24日。
② 《刘集》第8卷，第24页。
③ 《北华捷报》1888年9月1日，第238页。
④ 《关册》，光绪十五年宁波口华洋贸易情形论略，第64页。
⑤ 招商局档案抄件，参阅《北华捷报》1897年7月2日，第39页。
⑥ 《北华捷报》1893年8月11日，第211页；《申报》1893年8月16日。

种形式。而其中所反映的问题，也和洋务派的多数企业并无二致。试以两项主要企业——煤矿和铁路为例：基隆煤矿最初似乎是完全官办，督办矿务大员的头衔是一个道台，矿在基隆而督办长期呆在海峡对岸的厦门，让一名代办代理他的职务。但是，"他既不在矿厂，他的代办便也告了假"。代办走开了，"代理代办的人也就走开了。结果是矿厂长期没有个负责人"。而"每个高级官员都可以派个私人代表，在矿厂任冗职"[①]。这个督办正是丁日昌、沈葆桢等人特地从船政局调来的广东题奏道叶文澜[②]，这也是许多洋务派企业中常常出现的局面。

在基隆煤矿的历史上，曾经有过四次短期商办或商办的酝酿。它们都是在官办维持不下去的时候出现的。然而，即使在这样的条件下，官在企业中的权，仍然不能有丝毫的触动。当1890年煤矿每月亏折银三四千两、经费支绌，不得不招商合办时，只是因为招商章程中有"一切煤务事宜，统归包商经理，官中免予过问"的辞句，就受到"太阿倒持，一至于此"的严厉指摘，不但官商合办之局立即取消，而且刘铭传也受到革职的处分。[③]

和基隆煤矿不一样，台北铁路是以商人承办而开始的。根据当初商定的章程，商人出工本100万两，"所有钢质铁路并火车、客车、货车以及一路桥梁，统归商人承办"。"车路造成之后，由官督办，由商经理。"所收货运脚价，以九成偿还商人所垫工本本利，一成归商人私分。客运票价，则作为铁路营运的开支用

①　《英领报告》，1878年，淡水、基隆，第144页。
②　丁日昌：《抚闽奏稿》第4卷；转见吕实强，上引书，第306页。参阅黄嘉谟《甲午战前之台湾煤务》，1961年版，第127页。
③　光绪十六年八月奕劻奏，见户部档案抄本，中国社会科学院经济研究所藏。参阅《光绪朝东华录》，总第2780页。

度。预定 7 年，归还全部本利。而在铁路修建过程中，"所有地价，请由官发"，筑路工程，"由官派勇帮同工程"，物料由"官轮代运，免算水脚"①。条件可以说是很优惠的。但是实际上，商情并不踊跃，过了一年多，商人仍在"观望不前"。结果还是全部用的官款，勉强修建了不到原定计划三分之一的里程。刘铭传把商股的观望，归结为官方委员的离任②，也就是说，督办无官，群龙无首。实际的原因，恐怕是恰恰相反。人们在招商章程中可以看到一个奇特的现象，那就是铁路营业以后，一切用度，皆归商人自行开支，惟独司事人等，"由官发给薪水"③。这就是说，司事人员是把企业当作衙门来坐的。在衙门作风盛行的铁路中，路员可以不按章收费。各站之间可以互相跌价竞争。整个铁路不但入不敷出，而且需要政府津贴养路经费。④ 这种企业，对商人而言，是缺乏真正的吸引力的。所有的病根都在"由官督办"上面，这是当时许多官督商办企业的经验所充分证明了的。

3. 财政与经济。洋务派创办新式工业，由军工发展到民用，也就是由他们所说的"图强"转到"求富"，是抱有发展经济的目的在内的。我们当然不能完全忽视这一点。但是，不指出另外一点，那也是不尽符合事实的。那就是：在经济与财政之间，洋务派的着眼点，更多的是放在财政上。摆脱财政上的困境，这是当务之急。在这一点上，台湾也概莫能外。

和全国一样，在这 20 年中，台湾的财政，也是罗掘俱穷，

① 《刘集》第 5 卷，第 21 页。
② 同上书，第 24 页。
③ 同上书，第 21 页。
④ 大卫生，上引书，第 251 页。参阅李国祁《中国早期的铁路经营》，1976 年版，第 188 页。

捉襟见肘。特别是在中法战争以后，清廷一面筹防，一面建省，两项支出，筹拨维艰。所入不敷所出，急待补救。在这种情况下，台湾的一切经济措施，尤不能不着眼于财政。基隆煤矿在中法战争中因煤井破坏而停产，在刘铭传头脑中的第一个反应是每月节省经费 8000 两[1]，这 8000 两正是沈葆桢官办基隆煤矿以来每月亏折之数。[2] 3 年以后，当基隆煤矿再度官办，每月仍亏银三四千两需要从政府经费中开支时，刘铭传又把煤矿的经营权，全盘出让给英国商人，为期 20 年之久。刘铭传这时又说："由该英商承办，不特官本可以收回，即以 20 年计之，可免漏卮百万。"[3] 这里的"漏卮"，并非喻利权之外溢，而恰恰是指官矿之亏损，其非致力于发展民族经济的长局，而着眼于弥补官府财政的应急之方，至为明显。

举一而反三。同样的考虑，程度不同地存在于其他各项措施之中。这里不妨以专卖和清赋为例，略作分析：

樟脑、硫磺专卖，如果着眼于限制外国洋行对这两项出口贸易的掠夺，意义有其积极的一面。但是台湾当局的着眼点，显然不在于此。他们想到的，首先是从专卖中捞取好处。当 1861 年实行第一次专卖时，政府从脑丁那里以每担价银 6 元收进，然后以 16 元卖给包商，坐收 10 元的巨额差价。第二次给脑丁的收购价格，虽然略有提高，但政府的专卖收入，每担仍在 3—9 元之间。[4] 只要能满足这一点，由谁承包，反倒是次要的考虑。专卖制度废除之日，洋行固然是最大的脑商，专卖制度两次建立之时，台湾政府也从未动摇洋行的承包地位。这里谈不上政府有意

①　《刘集》第 8 卷，第 15 页。
②　同上书，第 1 页。
③　同上书，第 23 页。
④　林满红，上引书，第 60 页。

识地去保护中国商人的利益的。

丈田清赋，是台湾当局在农业上的一项重大措施。据刘铭传说，这一项措施之所以必要，是由于过去长期存在的土地隐匿。[①] 而执行这一措施的效果，则是使"隐匿者揭报，开垦者升科"，田粮盈溢，而"民间供赋反比从前减轻"[②]。似乎既纾民力，又增国用，财政经济同时得到照顾。然而，这种估计，即使不能说是粉饰，至少是不够全面的。在清赋开始的当年，英国驻台湾的领事就直截了当地说："清赋当然意味着增赋"[③]。据说在台南打狗（今高雄），有一块很小的土地，清丈前只需缴 5 元的田赋，清丈后要缴 50 元。[④] 这就是说，台南新赋较旧赋增加了 9 倍。而据刘铭传自己的陈述，台南新赋至少轻于台北。因为他说，实行新赋的结果，"台南固大为轻减，即台北亦有减无增"[⑤]。"大为轻减"的地区尚且如此，只是"有减无增"地区的真实情况，也就可以想象得之了。

而且，即使我们肯定台湾的清赋是财政上的一项改革，这种改革，也是不彻底的。在清赋的过程中，刘铭传一再说：台湾属于开垦区，土地赋税一向低于内地。然而实际赋税较之内地，并未见减轻。其所以如此，皆因开垦之田，向由"绅民包揽"[⑥]。"绅士认垦收租，毫无资本，名为代完正供，其实并无完纳。"[⑦]

---

① 《刘集》第 7 卷，第 4 页："自道光初年报升之后，续垦田园，群相欺隐"。而在道光以前，也有人指出："欺隐之田，竟倍于报垦之数。"参阅《福建通志》第 2 册，台湾府，1960 年版，第 158 页。

② 《刘集》第 7 卷，第 8 页。

③ 《英领报告》，1886 年，台湾，第 7 页。参阅《英领报告》，1893 年，台南，第 5—6 页。

④ 林满红，上引书，第 57 页。

⑤ 《刘集》第 2 卷，第 24 页。

⑥ 《刘集》第 7 卷，第 1 页。

⑦ 《刘集》第 2 卷，第 24 页。

也就是说，包揽田产的垦首，只收田租，不纳田赋。垦首递禀承包，然后分给垦户，坐收垦户交付的大租。然后垦户再招佃耕种，再向佃户收取一次地租。这样一转手，政府田赋往往征收无着，而佃户却肩荷双重的地租负担。因此，最起码的改革办法，应该是直截了当地废除大租，取消双重地租。佃户交租，垦户纳赋。然而，就是这个最起码的要求，刘铭传也没有完全做到。他的办法却是"折中定议，就大租酌扣四成，贴业户（即垦户）完粮，余仍照纳"，仍让垦首坐享。[①] 这个折中的方案公布之后，据刘铭传说："绅民鼓舞，上下翕然。"[②] 这里的"绅民"，实际上指的是垦首和垦户，因为它照顾了他们双方的利益；而"上下"则是指政府与垦首、垦户之间，因为它既没有触动原有的租佃制度，又保证了政府的田赋收入。总而言之，它对这些租赋的最后承担者——佃农而言，是谈不上什么"鼓舞"和"翕然"的。

本文的评价部分，到此为止。是否恰当，有无偏颇，有待于专家的批评指正。不言而喻，本文的评价部分，主要的对象，是台湾的经济，不涉及人物的臧否。虽然对事物的评价，也会联系到人物，然而二者之间，既有原则的一致，又有具体的区别。原则一致的是：二者的评价，都不能脱离当时的历史环境和时代条件；具体区别的是：在相同的历史环境和时代条件下，一个人的活动，在各种不同的领域中，又可以达到各种不同的极限，有各种不同的表现。因此，本文所论，不可能也不应该替代对台湾建省活动的主要人物诸如沈葆桢、丁日昌和刘铭传等人的评价。他们各自在中国近代史上的地位，应该根据他们一生在各方面的言

---

① 《刘集》第 2 卷，第 24 页。

② 同上。

行，当然也应该同样放在当时的整个环境中，纵向地、同时也要横向地加以考察，然后才能得出相应的结论。

（原载《历史研究》1987 年第 5 期，
原题目为《建省前后的台湾经济》）

中国近代茶叶的对外贸易和制茶业中资本主义企业的产生

一　中国茶叶对外贸易的状况和变迁

茶叶与生丝是中国传统的两大出口商品。西方国家开辟中国茶叶的海外贸易，可以追溯到 16 世纪的初叶。早在 1517 年，当第一艘葡萄牙的船只到达中国之后，传说葡萄牙的海员最先将中国茶叶带回本国。① 到了 1588 年，葡萄牙的这一项活动，已经得到普遍的承认。② 17 世纪初叶，继葡萄牙人之后入侵东方的荷兰人，也开始将中国茶叶带回本国。具体年代，有的说在 1602年，有的说在 1610 年。③ 但这时中国的茶叶，还不适应西方人的口味，被称之为干草水（Hay Water）而不受欢迎。④ 从 1517

---

① W.H.Ukers, All About Tea, 第 1 卷, 1935 年版, 第 24 页; New Times 1983 年, 第 38 期, 第 27 页。

② 例如: M.E.Wilbur, The East India Company and the British Empire in the Far East, 1945 年版, 第 303 页。

③ 前说见 H.C.Sirr, China and the Chinese, 第 1 卷, 1849 年版, 第 365 页; 后说见 Ukers, 上引书, 第 1 卷, 第 23 页。

④ Wilbur, 上引书, 第 304 页。

年到 1610 年，将近一个世纪过去了，茶叶在西方仍然被看作是一种"稀罕的东西"①。

作为中国茶叶后来主要消纳者的英国，从 17 世纪中叶开始，也把注意力投向这一贸易的尝试。1637 年由科腾协会（Courteen Association）组织的船队到达广州，虽然开头扑了一个空，"连一盎司茶叶也没有买到"②，但是到了 1650 年，茶叶这个名目，已经开始出现在运到英国的东方货物中。不到 10 年（1658），伦敦首次出现推销茶叶的广告。③ 但是，这个时候英国进口的茶叶，并不是直接来自中国，而是由出口南洋华茶的转销。这种情形，一直延续到 17 世纪的 80 年代。1689 年由中国厦门出口的茶叶，才首次直接运往英国。④ 然而，终 17 世纪之世，英国销纳的华茶，为数仍极有限。现存的记载表明，这个世纪的最后一年（1699），英国进口华茶一共不过 160 担。⑤

进入 18 世纪以后，中国茶叶的海外贸易，开始发生重大的变化。英国东印度公司在 18 世纪的时候，由于和国内新兴的纺织工业集团利益的冲突，"被剥夺了从印度纺织品进口中赚钱的机会，于是就将它的整个生意转到中国茶叶的进口上来"。"靠胡椒哺育起来"的东印度公司，现在"又靠茶叶来喂养自己"⑥。1704 年，东印度公司派出一艘总吨位不过 350 吨的商船肯特号（Kent）来到广州，在装运回国的货物中，茶叶一项，就占去了

---

① New Times，1983 年第 38 期，第 27 页。

② H.B.Morse, The Chronicles of the East India Company Trading to China, 1635—1834，第 1 卷，1926 年版，第 31 页。

③ Wilbur，上引书，第 305 页。

④ Morse，上引书，第 1 卷，第 9 页。

⑤ 参阅本文附表 1。

⑥ M.Greenberg, British Trade and the Opening of China, 1800—1842，1951 年，第 2—3 页。

117吨，第一次成为广州出口贸易的主要商品。① 再过13年（1717），茶叶已经被公认取代生丝成为中国出口中的主要商品。② 茶叶贸易成了东印度公司最重要的垄断对象。整个18世纪，特别是在18世纪后期英国降低进口茶税以后，③ 华茶出口增长的速度，大大超过生丝。在18世纪最后30年中，中国生丝出口，基本上在原地踏步，而茶叶出口则增长了将近70％。④

进入19世纪，华茶海外贸易，仍然维持增长的势头。此时在广州的茶叶贸易中，出现了两种势力的兴起。在英国以外，美国成为华茶贸易的竞争者。美国不仅进口茶叶以供本国的需要，而且转运到欧洲，最后走私倒运英国，直接威胁英国的华茶贸易。⑤ 在英国内部，东印度公司以外的散商，也不顾公司的垄断，积极插手这块禁脔。1833年由散商经营的查顿混合茶（Jardine Tea Mixture）在英国已经成为风行的名牌货。⑥ 总的看来，一直到1836年前，华茶出口仍在继续增长。1835年华茶出口达到了25253000公斤，⑦ 超过了以往有统计数字的任何一年，这大概是鸦片战争前华茶海外贸易所达到的最高峰。

除了海上贸易以外，中国茶叶在北亚和西域的早期传播，可以上溯到公元8世纪初。中国茶叶还有一条以俄国为对象的陆上

---

① Morse, 上引书, 第1卷, 第136页。

② Morse, 上引书, 第1卷, 第158页。

③ 英国降低进口茶税，一般以1785年通过的减税法为始，实际上在此以前的1767—1773年和1779—1780年，曾两度减低茶税。参阅 E.H.Pritchard, The Crucial Years of Early Anglo-Chinese Relations, 1750—1800年, 1936年版, 第192—193页。

④ 参阅附表1及拙稿《中国近代生丝的对外贸易和缫丝业中资本主义企业的产生》附表1。

⑤ Morse, 上引书, 第4卷, 第115页。

⑥ Greenberg, 上引书, 第98—99页。

⑦ 参阅本文附表2。

贸易的渠道。

中国茶叶的陆上贸易，当然不始于俄国。但俄国是中国近代茶叶陆上贸易的主要国家。在 1689 年《中俄尼布楚条约》签订以前，中国茶叶就已经通过俄国使节的媒介，多次进入沙俄的宫廷。1640 年俄使瓦西里·斯达尔科夫从卡尔梅克汗廷返国，带回茶叶 200 袋，奉献沙皇，被认为是华茶入俄之始。[①]《尼布楚条约》签订以后，中国茶叶开始通过贸易渠道，经由蒙古、西伯利亚进入俄国。不过一直到进入 18 世纪之时，销俄茶叶，价格昂贵，销用仍仅限于宫廷。整个 18 世纪上半期，年销量不过 1 万普特，约合 36 万磅。[②] 进入下半期以后，形势有所改变，在1762—1785 年间，每年输俄茶叶，约为 29500 普特，即增加将近两倍。[③] 到了鸦片战争前夕，已经上升到三百四五十万公斤，超过了 360 万磅，[④] 相当 100 年以前的 10 倍。

鸦片战争以后，中国茶叶的出口，虽然仍能维持一个平稳而略有上升的局面，其中在 70 年代以前，上升还比较显著，例如，1870—1894 年茶叶出口只增加 36％，而 1830—1860 年，茶叶出口增加了 1.4 倍[⑤]，但是，由于印度、锡兰以及日本茶叶的竞争和排挤，中国茶叶在国际市场上的地位，发生了前所未有的变化。这一变化在 80 年代中期以后，愈来愈趋明显。

中国茶叶的输出，在 19 世纪 60 年代后期，主要的销场，仍

---

　　① J.F.Baddeley, Russia, Mongolia, China, 第 2 卷, 1919 年版, 第 118 页; 转见蔡鸿生《"商队茶"考释》,《历史研究》1982 年第 6 期。参阅 New Times, 1983 年第 38 期, 第 27 页。

　　② Ukers, 上引书, 第 2 卷, 第 96 页。

　　③ C.M.Foust, Muscovite and Mandarin, 1969 年版, 第 358 页。

　　④ 参阅本文附表 2。

　　⑤ 参阅姚贤镐《中国近代对外贸易史资料》, 中华书局 1962 年版, 第 527、1606 页。

然是英国。仅次于英国而居第二位的是美国。进入 70 年代以后，输出英国的华茶遭到印度、锡兰茶叶的排挤，进入美国的华茶则遇到日本茶叶的竞争。

英国殖民主义者试图在印度试种茶树，始于 18 世纪的末叶。[1] 当时统治印度的东印度公司，曾经不断收到在印度试种茶树的建议。但是，垄断华茶贸易的东印度公司，实际上无心及此。它一心只想从华茶贸易的垄断中，猎取最大的利润。1834 年东印度公司的贸易垄断权取消以后，这个建议才得到认真的考虑。但是当第一批茶树种下时，很少有人想到印度茶叶的出现，会影响到中国茶业的发展。一直到 50 年代初，印度茶叶的种植还只是停留在试验的阶段，"并没有想到要在短期内提供一项重要的输出品"[2]。从 1852 年起，英国的进口茶叶中，开始分列印度茶叶进口数字。这表明，印度茶叶已开始成为对英国的一项重要出口。尽管如此，这一年印茶对英国的出口，仍不过 23.2 万磅。[3] 而当时中国出口茶叶，将近 1 亿磅，单是广州一口岸运往英国的茶叶，就有 3560 多万磅。[4] 在英国市场上的印度茶叶，连中国茶叶的尾数都不到。但是，进入 70 年代以后，形势发生了变化。茶业在印度得到迅速的发展。资本主义的大茶园，成为印度的一项"有利的企业"[5]。1869 年英国进口的印度茶叶，第一次突破 1000 万磅的大关。[6] 20 年以后，华茶和印茶在英国市场

---

① Ukers，上引书，第 1 卷，第 134 页。

② Great Britain Foreign Office, Commercial Reports from Her Majesty's Consuls in China（以下简称 Commercial Reports），1875—1876 年，上海，第 27 页。

③ China Maritime Customs, Tea, 1888, 1889 年，第 116 页。

④ H.B.Morse, The International Relations of the Chinese Empire, 第 1 卷，1910 年版，第 366 页。

⑤ S.K.Bose, Capital and Labor in the India Tea Industry, 1954 年版，第 5 页。

⑥ Tea, 1888. p. 116.

上的形势，完全倒转过来。拿 1889—1892 年三年的平均数来看，英国市场上的印度茶叶，达到 1.55 亿磅，而中国茶叶则只有 7000 万磅①，几乎只相当印度茶叶的一个尾数。和 40 年前相比，两者恰好换了一个位置。"现在华茶在英国只是作为一种充数之物，如果茶商能够买到印度茶和锡兰茶，他们就不会要华茶。许多茶商承认他们现在已经不卖华茶，伦敦杂货店里已经买不到华茶。如果买主指名要买华茶，就把他们自称为华茶的茶叶卖给买主，实际上根本不是华茶。"②

锡兰植茶试验，也开始于 18 世纪末叶。它的发展，同样是在 19 世纪 70 年代以后。其规模虽不及印度，而发展的速度则有所超过。从 80 年代起，无论是茶叶的生产和出口，增长都相当迅速。在 1880—1887 年七年中，锡兰的茶园，由 13 个增加到 900 个。③ 而在 1886—1889 年四年中，当印度茶叶出口增加不到 50% 的时候，锡兰茶叶则增加了 4 倍。1886 年锡兰向英国出口的茶叶，不及印度的 1/10，1889 年则上升为 1/3。④ 就在这个时候，中国工夫茶对英输出的重要口岸福州的海关报告说："目前印度和锡兰茶在价格及质量上不仅已打垮福州的低级茶，而且还打垮一些高级茶，并很快地使福州茶日益丧失其最好的销场——英国及其殖民地"⑤。1886 年中国工夫茶对英国的出口为 98116464 磅，而印度、锡兰茶两种共不过 59874154 磅。到了

---

①　A.J. Sargent, Anlo-Chinese Commerce and Diplomacy, 1907 年版，第 217、271 页。

②　North China Herald（以下简称 Herald），1893 年 5 月 12 日，第 673 页。

③　《访察茶叶情形文件》，1889 年版，第 92 页。

④　China Maritime Customs, Reports on the Trade of China（以下简称 Trade Reports），1889 年，福州，第 287 页；同见 Commercial Reports，1889 年，福州，第 6 页。

⑤　Trade Reports, 1890 年，福州，第 295 页。

1889 年，印度、锡兰茶对英国的出口，上升到 106609835 磅，中国工夫茶却下降为 58161531 磅。[①] 正如当时一位英国商人所说："锡兰茶每年产如此之多，而印度茶产数仍然不减，则华茶在英国市面不能不退"，陷入"无人过问"的局面。[②]

日本茶叶之销售于美国，发生于 19 世纪 50—60 年代之交。在此以前，美国还不曾知道日本茶叶。60 年代中期，日本茶叶年出口量仍然只有 400 万磅，而且在这个数目之中，只有 2/5 是运往美国。从 1870—1871 年度起，日茶始以美国为主要销售对象。这一年运美日茶增至 1350 万磅。1874—1875 年度运美日茶，第一次超过了中国绿茶。这一年中国绿茶运美国 2000 万磅，而运美日茶则达 2250 万磅。从此以后，销美华茶的劣势地位，乃日趋明显。[③] 当然，从 60 年代中期到 90 年代中期的 30 年中，销美华茶的绝对数量，还是有所增加[④]，但是它在美国进口茶叶中所占的比重日趋下降，这也是不容否认的客观事实。

总起来看，在这一段时期中，从华茶的出口国看，英国销量大幅度下降，美国有小量增加，只是由于俄国的需要量有较大的增加，中国茶叶的总出口，才能维持一个相对稳定而略有上升的趋势。如果不是这样，如果没有俄国需要增加这样一个因素，中国茶叶的出口贸易就会面临一个更加衰败的局面[⑤]　（参阅下表）。

---

① Trade Reports，1889 年，福州，第 287 页。

② 《访察茶叶情形文件》，第 56 页。

③ 以上俱见 Trade Reports，1876 年，第 36—37 页。

④ 参阅姚贤镐，上引书，第 1204 页。

⑤ 当然，也应该看到，在 70 年代中期以前，俄国所需要的华茶，有一部分在英国购买。而在此以后，则逐渐转为直接向中国购运。英国作为华茶中转站的地位，由苏伊士运河的开通而削弱，这也是英国购买华茶减少，而俄国购买华茶增加的一个原因。

中国茶叶出口分国统计

单位：千担

年　别	英　国	美　国	俄　国	其他国家	合　计
1868	1012	194	13	322	1541
1895	251	311	917	387	1866

资料来源：据 Chinese Maritime Customs, Returns of Trade at the Treaty Ports in China, 1886、1895 年。表中除了俄国以外，美国和其他国家，仍能保持上升的局面，但到了 19 世纪末，中国茶叶在美国、欧陆以及澳洲等地的市场也为印度、锡兰茶所侵占。参阅 Herald, 1899 年 3 月 13 日，第 420—421 页。

　　中国茶叶在国际市场上受到印度、锡兰和日本茶叶的排挤，这是由于华茶的生产条件，无论是在生产过程本身或是在流通过程中，都处于劣势地位。

　　首先，从茶树的种植看。印度、锡兰和日本的茶园，都是以大规模经营的茶园为主。印度和锡兰，当时都是英国的殖民地，包括茶叶在内的种植园，是英国资本家投资的一个主要项目。19世纪 80 年代印度境内的大茶园，面积率以千英亩计。其中最大的三家：一是阿萨姆公司（Assam Company）的茶园，占地 7710英亩；二是印度土地抵押银行（Land Mortgage Bank of India）的茶园，占地 7600 英亩；三是约尔哈特公司（Jorehaut Company）的茶园，占地 4360 英亩。[1] 到 1895 年止，英人在印度的茶业投资，达到 3500 万英镑，茶园面积 637000 英亩，雇工 89 万人，茶叶产量 233500000 磅。[2] "控制着伦敦市场的，正是这些拥有充足的资本、改良的机器和专家监督的大茶园。"[3] 锡兰也

---

① The Finaneial News, 1887 年 4 月 21 日。Tea, 1888 年，第 151 页转载。

② Economist, Herald, 1897 年 5 月 28 日，第 948 页转载。

③ Herald, 1887 年 10 月 27 日，第 446 页。

是一样。80年代中，锡兰的茶园，多达135个，面积20余万英亩。平均每园占地1500英亩，产茶60万磅。^①至于日本，在90年代以前，经营茶园者已经是"辟地50余町之广、制额二万余斤之多"的"豪农富商"^②。而中国之茶叶生产者，则多是以种茶为副业的小农户，茶树零星散处，一户茶树，不过数十，至多数百株^③，产量不过数十，至多数百斤，^④和印度、锡兰乃至日本茶园的规模是无法比拟的。生产规模的大小，决定劳动效率的高低，这是不言自明的。中国只有"两三亩地的小农，是不能希望和它们竞争的。"^⑤

其次，从茶叶的加工制作看，印度、锡兰和日本的茶叶，在这个时期都先后实行了现代化的生产方法。印度茶叶生产方法的改进，在时间上居于领先的地位。从1872年威廉·杰克逊（William Jackson，1850—1915）首先在他的阿萨姆茶叶公司的茶园安上第一台茶叶压卷机（Tea Roller）起，机器制茶之取代手工，发展迅速。1877年另一个茶场主沙弥尔·戴维德逊（Samuel C. Davidson，1846—1921）在茶叶焙炒的技术上，又有所突破。他所发明的第一部西洛钩式焙炒机（Sirocco Air Heater），以热气焙炒取代了传统的炭炉炒茶，而他的制茶机工厂，也由7名工人的小作坊发展成为雇千人以上的大工厂。进入80年代以后，茶叶的压卷和焙炒，在原来的基础上又都有所改进。1887年杰克逊将原来的压卷机进一步提高为快速压卷机（Rapid Roller），其后"统治市场达20年之久"。而戴维德逊的

---

① 据《访察茶叶情形文件》，第56页和第92页之记述计算。
② 黄遵宪：《日本国志》第38卷，1890年刊，第9页。
③ Tea，1888年，第161页。
④ Commercial Reports，1875—1876年，上海，第27页。
⑤ Herald，1887年10月27日，第446页。

焙炒机，经过不断改进，最后发展成为上下通气式的西洛钩。①
除此以外，在茶叶的干燥、筛选、包装等方面，都不断有新的工
艺出现。由于这样一系列的改进和创新，生产力得到大大提高，
生产成本随之大幅度下降。以压卷一项而言，杰克逊所发明的压
卷机，由两个人照管一架机器的工作量，可抵188人乃至200人
手工操作的劳动量。原来手工压卷茶叶的成本，每磅为11便士，
而采用压卷机以后，成本下降为2.5—3便士。②高下悬殊，显
然可见。印度如此，锡兰、日本同样如此。他们起步虽然稍晚一
点，但进程同样是明显的。例如日本的炒茶技术，在1898年以
前，还沿用中国的手工方式，在此以后，改用新法，抛弃使用了
30多年从中国引进的手工炒茶的传统。③进入20世纪以后，日
本出口的茶叶中，已经有70％以上使用机器生产。④这又是以手
工业为主的中国茶叶制作所不能比拟的。

　　第三，从茶叶的销售方面看，印度、锡兰和日本的茶叶，有
便利的运输条件，有一套适应市场需要的办法。印度和锡兰有许
多茶园建有铁路，从装箱处所直通码头，茶叶可以廉价运至目的
地。⑤"中国政府对茶区和码头交通的改进，则毫无任何措施。"⑥
中国的茶农只好把茶叶背在背上或挑在肩头，步行到他"看来最
有希望的茶市上去"，一处的价格不能满意还得运到第二个地方

　　① 以上参阅 Ukers，上引书，第1卷，第157—159页；Herald，1897年10月
8日，第664页。
　　② Ukers，上引书，第158页；Herald，1898年4月25日，第692页。
　　③ Ukers，上引书，第1卷，第321页。
　　④ Ukers，上引书，第1卷，第318页。
　　⑤ Commercial Reports，1890年，汉口，第10页。
　　⑥ Herald，1897年10月8日，第666页。

去。①印度的茶业资本家对茶叶的产销，事先有精确的估计，能掌握市场的脉搏。中国的散处茶农，"一点也不知道外国消费者经常变化的嗜好"，购茶者也不知道茶叶的收获情况，供需双方，都"在黑暗中进行工作"②。

此外，还有许多优劣异势的地方。1890年，英国的一位驻华领事就列举了十一条所谓"中国种茶人"和"印度锡兰种茶人"所处条件的优劣对比。如中国利息高，没有低利借款的便利条件。"印度种茶人可以年利4％到5％借到款项，中国的种茶人则必须付出20％到30％的利息。"③中国的赋税重。"厘金和出口税常为国外卖价的30％，常为中国国内生产成本的100％，"印度和锡兰则"绝无厘金、入市税或出口税的征敛"④。如此等等，都是实际情况。

所有这些集中说明一点：资本主义条件下的大生产，超越于半殖民地，半封建社会条件下的个体小生产。生产的落后决定了贸易的落后。

二　中国茶叶生产中资本主义企业的产生

(一) 茶叶生产中的外国资本主义企业

近代中国茶叶生产中，有没有产生过资本主义的企业？有。但是，它首先是从外国资本中出现的。

在整个19世纪，茶叶占中国出口的第一位。甚至当出口茶叶开始受到印度、锡兰和日本茶叶的威胁，亦即70年代初期，它仍

---

①　Commercial Reports, 1875—1876年，上海，第27页。
②　Trade Reports, 1880年，第45—46页
③　Commercial Reports, 1890年，汉口，第9页。
④　同上。

占中国出口总值的一半以上。80 年代中期以后，中国茶叶在国际市场上受到更加激烈的排挤，出口迅速下降，但是一直到 90 年代中期，它的出口仍然领先于生丝而占出口总值的 1/4 左右。[①]

对于这样一项出口的大宗，西方侵略者自然不会放弃利用各种方式对它的生产进行参与和控制。在五口开关不久的 40 年代中期，经营茶叶出口的洋行，就曾利用买办深入茶区收购茶叶。[②] 50 年代以后，在某些茶区中进一步实行了垫款预购的办法。[③] 这些办法，除了便利外商对中国茶农的剥削以外，当然也包括改进茶叶的生产以适合他们的需要的目的在内。

从 60 年代起，西方侵略者开始进一步直接控制茶叶的加工制造。英美侵略者的目光，首先投向毗邻福建产茶区而清廷又比较放任的台湾。1862 年台北淡水开港不久，英国商人就不顾中国主权，企图在那里开辟茶园。[④] 其后 6 年（1868），多德洋行（Dodd &.Co.）径自在台北板桥设立一家精制毛茶的焙茶厂。[⑤] 80 年代末期，美国旗昌洋行也在距台北不远的大稻埕设立了一家机器焙茶厂。[⑥] 但是，所有这些活动，都没有取得侵略者所预期的效果。

---

① 严中平等编：《中国近代经济史统计资料选辑》，1955 年版，第 76 页；姚贤镐，上引书，第 1606 页。

② British Parliamentary Papers, Returns of Trade of Various Ports of China for the Years 1847 and 1848, pp. 61—62.

③ J. Scarth, Twelve years in China, 1860 年版，第 108 页；Robert Fortune：Three Years Wanderings in the Northern Provinces of China, 1935 年版，第 95—96 页。

④ Commercial Reports, 1877 年，淡水，第 146 页；T. W. Davidson, The Island of Formosa, Past and Present, , 1903 年版，第 373 页；吴锡璜等：《同安县志》第 36 卷，1929 年刊，第 5 页。

⑤ Ukers, 上引书，第 2 卷，第 230 页；Commercial Reports, 1871 年，淡水、基隆，第 135 页。

⑥ Papers Relating to the Foreign Relations of the United States, 1888 年，第 329 页。

在砖茶的制造方面，情形就完全不同。在这里，掌握了砖茶出口贸易的俄国商人，同时掌握了砖茶的加工制造。

中国对俄国的茶叶贸易，主要是通过陆路进行的。由中国的产茶区经张家口以至恰克图，是19世纪茶叶贸易的主要路线。一直到50年代终了，这一项贸易还没有完全落入俄国商人手中。1860年以前，专门运销俄国的砖茶，主要是由山西商人在湖北、湖南产茶区收购并压制包装，经由陆路运往恰克图。据说在50年代末期，张家口、恰克图一路还有中国茶商28家，经营茶叶出口贸易，"利息丰盛"[①]。俄国商人之参与和控制华茶对俄贸易，是从19世纪60年代初期开始的。1863年第一批俄国茶商进入当时的茶叶贸易中心汉口。1864年据说汉口已经有了9家俄国茶商。他们每逢春季就前往茶区，直接收购茶叶。[②] 不但很快地控制了茶叶贸易，并且进一步从事制造砖茶。1866年，所有经由天津到西伯利亚的砖茶就全部由俄国商人自制或在他们监督之下制造的。[③] 短短的时间内，"俄国人彻底改变了茶叶贸易的结构"，取得了从生产以至运销的全部控制权。[④]

70年代以前，所有砖茶的制造，都在收购茶叶的所在地，沿用着原有的手工生产的方式。[⑤] 当砖茶贸易进一步扩大时，他们逐渐把砖茶的生产中心由产区崇阳、羊楼峒一带向茶叶的集散中心汉口集中。[⑥] 与此同时，中国的砖茶生产，第一次出现了使

---

① 王彦威编：《清季外交史料》第23卷，1932年版，第10页。

② Commercial Reports，1864年，汉口，第121页。

③ Commercial Reports，1868年，天津，第165页。

④ G. C. Allen 等：Western Enterprise in Far Eastern Economic Development，1954年版，第58页。

⑤ Trade Reports，1865年，汉口，第40页；1877年，汉口，第14—15页。Allen，上引书，第59页。

⑥ 但产茶区的手工制茶，一直到90年代末期，仍然存在。参阅 Herald，1899年7月31日，第235—236页。

用动力的机器。

俄国商人在汉口设立机器砖茶工厂，是从 19 世纪 70 年代中期开始的。早期的记载呈现出许多矛盾：例如，1875 年汉口的英国领事报告说："这里有两家俄国商人经营的砖茶制造工厂，它们用蒸汽机器代替了本地人多年使用的粗笨的压机。"[①] 而在 1876、1877 年和 1878 年的海关报告中，先是说："最近两年内，有三家使用蒸汽机的茶厂已经迁移到汉口租界或其附近。"[②] 继而说："汉口现在有四家砖茶制造厂，其中只有两家使用蒸汽机。"[③] 最后又说：汉口有六家茶厂，其中有三家仍然使用手工制造。[④] 据说，此时在汽压机之外，水压力机又开始引用。[⑤] 可以看出，机器之取代手工，经历了一个相当长的过程。大抵在 70 年代至 80 年代之交，手压机才完全为汽压机所取代。[⑥] 80 年代后期，这些砖茶厂已完全垄断了出口砖茶的制造。它们使用最新式的机器，有自己的发电设备。工厂的高烟囱成为"租界里最引人注目的建筑"[⑦]。90 年代中期，又出现了一家新砖茶厂，连同原有的茶厂，共拥有砖茶压机 15 架，茶饼压机 7 架。日产茶砖 2700 担，茶饼 160 担。[⑧] 在茶叶旺季，每厂雇佣的苦力和木工，超过 8000 人。[⑨] 在整个 90 年代的 10 年中，共有价值 2640

---

①　Commercial Reports，1875 年，汉口，第 46 页。

②　Trade Reports，1876 年总论，第 64—65 页。

③　Trade Reports，1877 年，汉口，第 14—15 页。

④　Trade Reports，1878 年，汉口，第 42—44 页。

⑤　Ukers，上引书，第 2 卷，第 96 页；Trade Reports，1878 年，第 42 页。

⑥　Trade Reports，1879 年，汉口，第 269 页；1881 年，汉口，第 6 页。

⑦　Herald，1888 年 9 月 1 日，第 256 页。

⑧　China Maritime Customs, Decennial Reports on Trade（以下简称 Decennial Reports），1892—1901 年，汉口，第 304 页。原单位为筐，由作者换算为担。

⑨　Herald，1899 年 7 月 31 日，第 236 页。

多万两的茶砖和茶饼从这些茶厂中生产出来。①

立定脚跟以后的俄商机器砖茶厂，又从汉口向另外两个砖茶贸易中心——九江和福州扩展。

九江是江西茶叶的集散中心。从 60 年代末期起，俄国商人就已经注意到这个地区的砖茶输出潜力。1869 年夏天，汉口的一家俄国洋行曾派人进驻产茶中心的宁州，专门进行收购。第二年经由九江出口的砖茶就陡然比往年增加了二倍至三倍。② 1875 年在汉口设厂不久的新泰砖茶厂最先在九江开设了一家分厂。这一年九江砖茶出口，就由前一年的 93479 磅增加到 1909985 磅，而茶叶末儿的出口则大大减少。③ 两年以后（1877），另一家俄商大厂顺丰砖茶厂跟着由汉口入侵九江。④ 进入 20 世纪，据说九江已有茶厂三家。⑤ 大约最后进入汉口的一家俄商大茶厂阜昌，这时，也进入九江了。

福建是中国另一个产茶中心地区。其砖茶出口大约是从 70 年代初期开始的。1872 年汉口的俄商茶厂在福州设立的砖茶分厂，是福建出现的第一家外国茶厂。其后 4 年间，俄商更在产茶区的建宁、延平等地，从事设厂活动。到 1875 年底止，建宁有茶厂三家，福州、延平两地，各有茶厂两家，3 年之中，一共设了 7 家，一年以后（1876），又增至 9 家⑥。这些茶厂规模都比

① Decennial Reports, 1892—1901 年，汉口，第 304 页；A. Wright, Twentieth Century Impressions of Hong Kong, Shanghai and Other Treaty Ports of China, 1908 年版，第 694 页。

② Trade Reports, 1870 年，九江，第 31 页。

③ Commercial Reports, 1875 年，九江，第 61 页；Trade Reports, 1875 年，九江，第 112 页。

④ 据 Wright 上引书的记载推算，见该书第 716 页。

⑤ 藤户计太：《扬子江》，1901 年版，第 136 页。

⑥ 以上见 Trade Reports, 1875 年，福州，第 189—199 页；1876 年，福州，第 78 页。

较小，平均每厂年产量不过 6000 担①，不但不足与汉口茶厂相比，就是比起九江的茶厂，也要逊色得多。80 年代以后，福建砖茶的地位，日趋下降，这些小规模的砖茶厂也就随之陆续停业了。

从以上的情况看，19 世纪中国茶叶生产中的外国资本主义企业，主要限于砖茶的生产，而这一项企业，基本上为俄国商人所独占。

（二）茶叶生产中的中国资本主义企业

在外国资本主义企业以外，中国茶业中的本国资本主义企业，在整个 19 世纪，几乎还没有真正发动起来。但是不成功的试探，至少在 80 年代中国茶叶面临国际市场压迫的局面下，已经从官、商两个方面，开始有所行动。

和外国入侵者的活动若相合拍，中国官方的倡导，最早出现在建省前后的台湾。

茶、糖、樟脑是台湾传统的三大出口。台湾建省前后，台茶出口有显著的增加。在 1871—1896 年的 25 年中，当中国大陆茶叶的海外贸易下降了将近 30％之时，台茶出口却猛增了将近 12 倍。② 先后主持台湾政务的丁日昌、刘铭传等人，对台茶的鼓励，也不遗余力。1877 年福建巡抚丁日昌和台湾巡道夏献纶、1887 年台湾巡抚刘铭传在拓展茶园、推广茶种以及改进茶叶烘焙、包装技术等方面，都作出了一些努力。③但是成效很小。就

---

① Trade Reports, 1876 年，福州，第 78 页。

② Davidson, 上引书，第 372 页。

③ Commercial Reports, 1877 年，台湾，第 136 页；淡水、基隆，第 146 页；1885 年，淡水、基隆，第 27 页；1890 年，淡水，第 3 页；Tea, 1888 年，第 91 页。

现有的材料看，直到台湾沦陷于日本之手以前，我们还没有看到在茶叶加工方面出现过一家真正的资本主义企业。

甲午战争结束以后，中国茶叶在国际市场上的败退，更加引起朝野的关注。不少地方督抚大臣，也开始注意到引进外国制茶机器，进行新法生产，以与印度、锡兰茶叶竞争。1898年有人就说："近闻湖广总督张之洞在湖北集款八万金，置机制茶已肇端倪。"① 厂址选择在俄商曾经设厂生产的羊楼峒。② 又说："闻两江总督刘坤一曾饬皖南茶局向公信洋行购置四具［碾压机器］，每架九百金"③。总督以下的地方官，也不乏对机器制茶颇感兴趣的人士。1897年，福州出现了一家商办的福建焙茶公司，试图用机器生产，本地道台就曾亲临公司，并且示意："公司有任何需要援助之处，都可以从他那里得到。"④

然而所有这些，"均系一隅试办，无裨全局"。而且大都试而未办，流于纸上谈兵。⑤

来自下面的、以商人为主体的民间活动，事实上先于来自上面的、以地方督抚为代表的官府倡导。从我们现在所能掌握的材料看，这一活动至少在70年代初期就已经开始。1872年，当俄国商人刚刚进入福州进行设厂活动的时刻，中国商人也在那里开办了一家砖茶厂⑥。当俄国砖茶厂扩展到建宁以后的第3年

---

　　① 肖文昭：《茶丝条陈》，1898年刊，第5页，见中国社会科学院经济研究所藏《农事私议及其他三种》。参阅 Herald，1897年10月8日，第665页。

　　② Herald，1898年1月14日，第41页。参阅《官书局汇报》，光绪二十四年十月六日，第3页。

　　③ 肖文昭，上引书，第5页；参阅 Herald，1897年11月19日，第915页。

　　④ Herald，1897年4月30日，第761页；1897年9月17日，第541页。

　　⑤ 肖文昭，上引书，第5页。福建焙茶公司虽然成立，但不及两年即已停闭，参阅 Herald，1899年3月27日，第519页。

　　⑥ Trade Reports，1875年，福州，第189、190页。

(1876)，中国商人也在那里设立了自己的茶厂，和俄国人进行竞争。① 这些工厂，可能都还是手工生产，与此同时，长期在安徽祁门兴植茶树的贵溪人胡元龙，"因绿茶销售不旺，特考察制造红茶之法，首先筹集资本六万元，建设日顺茶厂，改制红茶"②。我们注意到这是一个后期的报道，是否确凿以及是否用机器生产有待进一步查考。80 年代以至 90 年代，中国商人兴办茶厂的消息不绝如缕。福建产茶区的建宁，在 90 年代初的 1891 年，又有人计划购买机器，建立一个机器焙茶厂，③ 这是在有文字记载中商办茶厂使用机器的最初报道。报道说这家茶厂系"租与建宁府种茶之家"④，而收费也"远比手工收费为低"，"因为许多茶农都买不起那样贵的机器，而又都渴望把茶焙制得比现在的好"⑤。6 年以后福州又成立了一家茶厂，用机器焙制，"茶叶非常漂亮"⑥，"获利甚厚"⑦。这就是上面提到福州焙茶公司。"虽然它的规模还很有限，但是即使这样，它也足以显示使用机器会得到多么奇妙的结果。"⑧

　　在浙江产茶区的温州，1893 年也初次成立了一家焙茶公司。紧接着在 1894 年又有一家公司设立，另有三家公司在筹备中。"这样在 1895 年的茶季中将有五家公司焙制绿茶出口。"⑨ 这些公司是否都采用机器生产，还很难确定。不过 1898 年有人说：

---

① Trade Reports，1876 年，福州，第 78 页。

② 《农商公报》1916 年第 20 期，政事栏，第 9 页。

③ Herald，1891 年 1 月 9 日，第 33 页。

④ 《益闻录》，光绪十六年十二月初五日。

⑤ Herald，1891 年 1 月 9 日，第 33 页。

⑥ Herald，1897 年 6 月 18 日，第 1092 页。

⑦ 肖文昭，上引书，第 2 页。

⑧ Herald，1897 年 6 月 18 日，第 1092 页。

⑨ Commercial Reports，1894 年，温州，第 3—5 页。

"温州茶事甚钝，近用机器焙茶，亦得善价。"① 还有人说："温州地方试用机器焙茶，知中国茶叶，若用新法制造，必能起色。"② 这里所说的"钝"，显然是指手工生产，而所谓"新法"，则明指机器生产。可见所说的如果都成为事实，这里就有一个由手工生产到机器生产的过程。

在外国商人最先引用机器制造砖茶的武汉，此时也有不少经营茶栈的中国商人，企图插足其中。例如从 60 年代就已涉足茶业的广东商人唐翘卿，在开办谦慎安茶栈数十年之后，"亦有用机器仿照印度之法"进行茶叶加工的尝试。③ 据说 1898 年初汉口出现的资本 6 万两的两湖茶叶公司，就是唐翘卿尝试的结果。④

所有以上的民间茶厂建厂活动，多数没有下文，比较能够确定其存在的，只有福州机器焙茶厂一家。

试图和外国商人"进行竞争"的中国茶厂的创设者，有许多人当初就是替外国洋行收购茶叶的买办，或者是和外国洋行有过密切交往的商人。唐翘卿就当过汇丰银行的买办和上海茶叶公所的董事⑤，和外国商人的关系极为密切。他的两湖茶叶公司的参加者，几乎全是买办。⑥ 最初在福州设立茶厂同俄国商人竞争的中国人，也是一家外国洋行的买办。⑦ 大抵开办茶厂的中国人，

---

① 肖文昭，上引书，第 2 页。参阅 Herald，1898 年 3 月 7 日，第 358 页。

② 《官书局汇报》，光绪二十四年十月六日，第 3 页。

③ 郑观应：《盛世危言后编》第 7 卷，1920 年版，第 28 页。参阅 Far Eastern Review，1918 年 1 月，第 3 页。

④ Herald，1898 年 3 月 7 日，第 58 页；《中外大事汇记》第 7 卷，商业汇，1898 年版，第 25 页。

⑤ 《中外大事汇记》第 7 卷，商业汇，1898 年版，第 25 页；徐润：《徐愚斋自叙年谱》，1972 年版，第 41 页。

⑥ Herald，1898 年 3 月 7 日，第 358 页。

⑦ Trade Reports，1875 年，福州，第 189—199 页。

十之八九来自中介茶叶出口的洋行买办或茶栈、茶行的老板。[①]
而茶栈、茶行的老板，本身又多兼有洋行买办的身份。[②] 他们在
设厂之前，原先就已为出口茶叶加工。上海在 19 世纪 50 年代就
有 "采买毛茶，在沪改制" 的 "土庄茶栈" 三四十家。[③] 九江在
60 年代初就 "已有十六七个商人在那里设立茶行为茶叶的输出
加工"[④]。80 年代初，增加到二三百家。[⑤] 汉口在 70 年代初从事
茶叶加工的茶行有二百多家。[⑥] 80 年代后期，台湾淡水茶庄共约
百家，"皆采买山内生茶自制装箱"。计 "出洋淡茶由华商制造装
箱者有五分之四"[⑦]。虽然他们 "墨守陈规，只关心尽快地把茶
叶送往市场"[⑧]。但是，他们在外商影响之下，进一步设厂制茶，
这是很自然的事。事实上，有些中国商人设立的茶厂，最初仍是
依靠外国洋行的力量。福州焙茶公司之引进制茶机器，有人说是
"福州商人至印度学习归，用机器制焙"[⑨]。实际上，最初引进机
器的是一家洋行；是这家洋行的老板，到印度锡兰跑了一趟；是
"他和他的朋友" 组织了这家公司。而 "几个有影响的〔中国〕
商人" 只是这个企业的参加者。[⑩] 同样，温州茶厂机器的引进
者，最初也是一家外国洋行，其所引进的机器，正是我们在上面
提到的印度西洛钩焙茶机。[⑪]

---

①　T.H.Chu, Tea Trade in Central China, 1936 年版，第 82—83 页。

②　T.H.Chu, 上引书，第 230—231 页。

③　彭泽益编：《中国近代手工业史资料》第一卷，1962 年版，第 488 页。

④　Commercial Reports, 1862 年，九江，第 51 页。

⑤　Trade Reports, 1882 年，九江，第 106 页。

⑥　Commercial Reports, 1874 年，汉口，第 2 页。

⑦　《访察茶叶情形文件》，第 64—65 页。

⑧　Herald, 1887 年 10 月 27 日，第 446 页。

⑨　肖文昭，上引书，第 2 页。

⑩　Herald, 1896 年 9 月 18 日，第 488 页。

⑪　Herald, 1897 年 10 月 8 日，第 664 页。

由此可见，中国通商口岸出现的一些中国茶厂，多数来自和外国洋行打交道的茶栈和茶行。他们有长期手工加工出口茶叶的传统。在机器制茶由外商茶厂引进之后，他们才紧接着插足其中，由手工生产向机器生产过渡。

不言而喻，这种过渡不能理解为封建主义向资本主义社会过渡中的手工业向机器工业的过渡。中国封建社会中广泛存在的农村手工茶叶加工，在鸦片战争以后，并没有发生什么变化，他们仍然维持原来的古老传统。湖北地区的砖茶生产，就是一个很好的例证。这里的砖茶制造者，一直采用手工压榨。在俄商进入以前，经营对俄砖茶贸易的山西商人，没有能够改变这种方法。[1]继山西商人之后的俄国商人，也没有能够改变。他们在砖茶收购中心羊楼峒等地设立的砖茶厂，仍然采用手工的生产方法。俄国人离开这里到汉口设立了机器砖茶厂以后，这里仍然长期维持原来的状态。有人说：设立在羊楼峒的砖茶厂，"其经营方式大都为临时性质，不利于购置新式设备"[2]。事实上，不是茶厂的临时性质，限制了新式设备的购置，而是手工茶户的力量，还不足以突破这个限制。

这种情形，在福建的砖茶制造中，可以看得更加明显。当俄国人试图在福建产茶区建宁设立机器茶厂时，那里原来手工制茶业者进行了激烈的反抗，最后他们赶走了外国侵略者，也限制了机器生产方法的引用。[3]

不仅如此，在鸦片战争以后的中国，不但作为茶叶加工的手工业，缺乏一个资本主义生长的土壤，而且作为茶叶种植的农

[1]　Ukers，上引书，第 1 卷，第 306 页。

[2]　Ukers，上引书，第 1 卷，第 306 页；参阅彭泽益，上引书，第　卷，第 101 页。

[3]　Trade Reports，1876 年，福州，第 78 页。

业，更是难以找到一块资本主义生长的土地。整个19世纪，中国茶叶的种植，基本上保留着分散的、一家一户的小生产。像印度那样占地以千英亩计，雇佣大量工人的资本主义茶园，近代中国是不存在的。19世纪不存在，即使在20世纪，从严格的意义上讲，也是不存在的。

当然在中国近代史上，很早就有过大茶园的信息。例如上面提到的安徽胡元龙，在"建设日顺茶厂"之前的19世纪50年代就"在贵溪开辟荒山5千余亩，兴植茶树"①。而80年代台湾林维源的茶园，据说就有茶树89万多丛。②但是胡元龙也好，林维源也好，他们的茶园内部，都不是资本主义的经营。1898年出现的两湖茶叶公司的第一部茶叶压卷机，计划安装在羊楼峒，但是没有听说他们在那里建立资本主义的茶园。③1915年中国历史上第一次出现了一个称得上是资本主义经营的江西宁茶振植公司。这是一个资本13万元占地1500亩的茶园。它"拥有若干茶叶制作工场，其中安装了一些新式的制茶机器"④。但是，茶园本身的茶叶，仍不足以供给茶叶加工工场的需要，它还必须向一家一户的小农设点收购茶叶，才能维持加工工场的全部运行。⑤也就是说，它还没有完全实现茶园经营的全部现代化。事实上，茶园的主持人单纯从商人的利益着眼，对茶园的现代化经营"格外忽视，"结果是茶叶的质量，日趋下降，公司的寿命，也不久长。开业以后，不到几年，这个字面上的资本主义农场，便陷于

---

① 《农商公报》1916年第20期，政事栏，第9页。

② 《农学报》第22册；转见彭泽益，上引书，第二卷，第109页。

③ Herald, 1898年3月7日，第358页。

④ T.H.Chu, 上引书，第58页；参阅 Far Eastern Review, 1918年1月，第3页。

⑤ T.H.Chu, 上引书，第58页。

瘫痪的状态。1932 年终于永久停业。[1] 可见，即使这样一些"一隅试办"的东西，也是不能长久维持的。[2]

如果说，中国近代的茶叶生产，曾经有过资本主义的经营，那么它所走的，也是一条独特的道路。中国既没有独立的资本主义大茶园，也没有独立的资本主义大茶厂。茶叶加工制造的承担者，一头是以经营农业为主的小茶户，一头是以经营商业为主的茶栈、茶行。他们的发展和萎缩，都和茶叶的贸易发生直接的联系。他们的命运，都掌握在主宰中国茶叶贸易的外国洋行手中。他们都没有力量突破这个格局。

三　中国茶业的现代化和外国资本主义的关系

但是，由此而产生两种不同的结论。

在西方侵略者看来，既然如此，那么"只有在产茶区输入欧洲的资本和经营方法，才能挽救这个国家的茶叶外销免于衰退。如果外国人能够自由进入这一国家，情况就一定会彻底改变"[3]。因此，要实现中国茶业的现代化，惟一办法，"应当是让外国商人自由地深入内地，并且采用最新的方法，制造供应市场的茶叶"[4]。

诚然，中国茶叶的竞争能力，在 19 世纪 70 年代以降，已经

---

[1]　T.H.Chu，上引书，第 58 页。

[2]　1915年以后，"企业家相继而起，竞集资金，组织茶社，广行种植"的消息，日有所闻（参阅《中外经济周刊》1925 年 11 月 7 日，第 137 号，第 41 页）。但多昙花一现，没有结果。例如 1917 年广东商人唐吉轩在江西修水发起一种茶公司，资本扩充至 50 万元，先以 7000 元购地播种，但是没有下文（参阅《农商公报》1917 年 2 月，第 31 期，选载栏，第 39 页）。

[3]　Commercial Reports，1875—1876 年，上海，第 28 页。

[4]　Herald，1887 年 10 月 27 日，第 446 页。

开始露出劣势的苗头。进入 80 年代以后，中国茶叶在伦敦市场上，无论质量和价格，都竞争不过印度和锡兰的茶叶。80 年代后期，中国次等的工夫茶在上海的离岸价格，已经高出印度和锡兰上等茶在加尔各答和锡兰港口的离岸价格。[①] 把上海到伦敦和加尔各答以及锡兰港口到伦敦的运费差价考虑在内，人们就可以想象到中国茶叶在伦敦市场上是处在怎样的劣势地位。同样，在工夫茶的另一重要出口口岸的福州，一担工夫茶的包装、运费和税捐支出，几乎相当它在伦敦售价的全部。[②] 这就是说，如果按照伦敦市场上的竞争价格出售，不但没有一文利润，连茶本也捞不回来。显然在这种情况之下，如果没有办法降低华茶的生产成本，降低华商的运销费用，只有放弃在英国市场上和印度、锡兰茶叶进行竞争的一切打算。

　　但是，这种情形决不是"让外国商人自由地深入内地，并且采用最新的方法制造供应市场的茶叶"就能改变的，恰恰相反，中国茶叶在国际市场上竞争能力的低下，中国茶叶生产成本的高昂，中国茶农处境的艰难和身受剥削的严重，正是外国商人"自由地深入内地"的结果。

　　中国茶农身受严重的剥削，这是中国茶业衰落，茶叶在国际市场上败退的根本原因。

　　在半殖民地、半封建社会的条件下，中国茶农所受的剥削是双重的。他们直接受剥削于贩运茶叶的中国茶商，又间接受剥削于出口茶叶的外国洋行。

　　中国茶商对茶农的剥削，又是多重的。他既向茶农收购茶叶，又多贷款给茶农周转生产。因此，他对茶农既有价格上的克

---

①　Commercial Reports, 1887 年，汉口，第 8 页。

②　Trade Reports, 1889 年，福州，第 87 页。

扣，又有利息上的盘剥。同时，在小农分散生产的条件下，茶农生产的茶叶最后到达洋行手中之时，往往要经过多次转手。所谓"摘者卖与制者，制者卖与转送者，转送者复卖与洋商"[①]，每多一次转手即多一层剥削。事实上，三次转手还是简化了的层次，因为在洋商与转送者的茶庄之间，还有一道中间商的茶栈[②]，因此转手的层次一般不是三级而是四级。在安徽、湖南茶区，茶农与茶商之间还有"行户"这样一个中间环节。行户的作用，是在背着茶农"夤缘茶商，预订价值，把持行市"[③]。商人给茶农的茶价，行户既明取佣金，又暗扣背手钱[④]，到得茶农手里，已经是七折八扣以后的剩余。湖南安化的茶农卖给茶商的茶叶，每百斤只能算作76斤，而所得茶价，每千文只能到手860文。其余都被行户、茶商拶削以去。[⑤] 80年代初期，一个居留中国茶区的海关官员自问自答道："卖茶的钱究竟落到谁的手里了？""大部分的利润是被中间商人囊括以去。""真正交到种植者手里的那一部分，每人所得不多。"[⑥] 单纯从中国茶农这方面讲，突出中间商人是可以的。因为正是由于小茶农的分散和落后，才会出现这样严重的中间盘剥。

　　但是，要说大部分利润都被中国的中间商人"囊括以去"，这就掩盖了事实的真象。因为在中国茶商的背后，还有一个控制着中国茶商的最大剥削者——掌握茶叶出口的外国洋行。究竟是谁囊括了大部分的利润，这个问题是要在中国茶商和外国洋行交

---

① 《访察茶叶情形文件》，第5页。原文"与"均讹为"于"字。
② T.H.Chu，上引书，第234页
③ 秦达章、何国祐：《霍山县志》第2卷，1904年版，第17—18页。
④ 湖南调查局：《湖南商事报告书》附录1，1911年版，第4页。
⑤ 同上。
⑥ Trade Reports，1883年，淡水，第262页。

往过程完全弄清以后，才能得到正确的回答。

中国茶叶出口市场之受制于洋商，销售价格之决定于洋行，这在 19 世纪八九十年代，是一个受到朝野上下普遍注意的现象。洋商"抑价压秤，多方挑剔"，出自 1885 年湖南巡抚卞宝第之口中①；"多方挑剔，故意折磨"，来自同年两江总督曾国荃的笔下。②湖广总督张之洞在 1892 年指责洋商"率多挑剔，故抑其价"③；两年后湖南巡抚吴大澂则诟病洋行"抑勒茶价，借端挑剔"④。封疆大吏，几乎众口一词。民间议论，更不必细说。

外国洋行究竟是怎样控制茶叶市场、决定茶叶价格的？这里有一篇 80 年代初期汉口茶商和外国洋行进行茶叶交易实况的报道。由于这篇报道出自一个"彻底了解这一贸易情况"的外国人的手笔，所以不妨径直抄录他的原话。他说："中国货主把茶叶运到汉口，他们委托广州经纪人出售茶叶，经纪人便把样品送到各家洋行，此时茶叶还在船上，外商洋行争购新茶的竞争是很激烈的。交易谈妥以后，广州经纪人便告知他的老板们。""成交以后，茶叶便立即运往购茶人的仓库，进行验收、过秤。大概按市价多给了一二两银子的狡猾的购茶人，这时便乘机为难，说茶叶与样品不符，因此必须扣除一两银子。茶贩虽然反对，但无法可施。因为如果他把茶叶运走，也不会有别人购买。先前急于争购茶叶的外商，现在却像工会会员一样坚定，他们对别人不要的茶叶，决不过问，这是对他们每个人都有帮助的一种制度。这位中国商人不得不依从扣价，然后是过秤。通过巧妙的手法，可以取得 5％、8％、10％乃至更高的秤扣。汉口海关承认 3％的秤耗，

---

①　卞宝第：《卞制军奏议》第 5 卷，1894 年版，第 46 页。

②　曾国荃：《曾忠襄公奏议》第 25 卷，1903 年版，第 47 页。

③　张之洞：《张文襄公奏稿》第 20 卷，1920 年版，第 27 页。

④　姚贤镐，上引书，第 976 页。

其他扣头还不在其内。因此，一个购茶商可能通过这样或那样的方式得到10％—15％的扣头。汉口没有代表中国茶贩的行会，茶贩急欲售茶回家，他所雇用的广州经纪人则更偏向外国人，而不向着他。由于这个制度（这是近年来实行和完备起来的），一个汉口购茶商在去年可以这样说，他运往英国的茶叶，账面上虽然亏损了6％，但仍留下了12％的利润，这是千真万确的。""除了这些欺骗行为以外，在所有包装和装船费用方面，还有很大的回扣。这些回扣，都为汉口购茶外商所攫取。在席包、力资等方面的回扣为20％—40％，但是，这些回扣可以认为是商会规定的收费标准的合法措施。"①

这就很清楚了。原来中国商人施之于茶农的一套，在某些方面又再现于外国洋行施之于中国商人一套之中。而且由于洋行有更"巧妙的手法"，有"更偏向"他们的中国经纪人，又有"近年来实行和完备起来"的"对他们每个人都有帮助的一种制度"，还有他们自己规定的"合法措施"，这就决定了他们在交易中的优势地位，决定了"囊括大部分利润"的人，是他们而不是中国的茶商。

外国洋行在茶叶交易上，当然是由于他们拥有优于华商的资本，是由于他们在资本上的优势地位。中国茶商之所以屈从外国洋行的抑价压秤，"急欲售茶回家"只是一个表面现象。问题的实质，是中国茶商"成本不充，难于周转"②，"借本谋利，货难久延"③。中国茶商也曾"不愿在外商提供的价格下卖茶。他们宁愿把茶在外国仓库中贮藏起来，而向外国商人借款，以茶叶为

① London and China Express，1882年9月1日，第939页。
② 卞宝第，上引书，第5卷，第46页。
③ 曾国荃，上引书，第25卷，第47页。

担保"。但是"每月支付二分至三分的利息",却是一个极其沉重的负担。①和上面那篇报道相隔不久的另一篇汉口的海关报告,更道出了此中真情。它说:"向茶农收茶转卖外商的中间商人,经常靠借来的钱经营",在贷款来源少、利息高、期限短的条件下,往往等不到茶市行情对他们有利的时候,借款就已经到期。因此"中国茶商处于易受外商压迫的不利地位,不得不卖茶偿债"②。事实上,在许多情况下,出口茶叶的洋行,就是中国茶商、有时甚至是中国茶农的贷款者,他们不但让中国茶商将其剥削转嫁于中国茶农,而且直接参与对中国茶农的剥削,用不着茶商转嫁。

所以,归根究底,这是由于中国分散和经营落后的小农所处的地位所决定的。处于分散、孤立和狭小状态的中国茶农,是洋商剥削和一切中间商人剥削的最后承担者。中间商人之得以剥削茶农,在于茶农之分散、狭小和孤立,洋商之得以剥削中间商人,也在于茶农之分散、狭小和孤立。维持小生产者的生产方式,以便于他们的榨取这一点上,外国洋行和他们的买办以及一切中间商人都是一致的。

试想,在这种情况之下,"让外国商人自由地深入内地,并且采用最新的方法,制造供应市场的茶叶",将会取得什么样的结果呢?不言而喻,这只能是有利于外国侵略者"采用最新的方法"剥削中国茶农,给中国茶农制造更大的贫困。中国茶业并不能顺利地实现现代化。

在半殖民地的条件下,西方的"最新的方法"并不能造福于中国的人民,这是中国人民通过长期的生活和斗争的经历所取得

---

① Commercial Reports, 1865 年,九江,第 2 页。
② Trade Reports, 1884 年,汉口,第 73 页。

的结论。只有在中国获得真正的独立、中国人民真正掌握自己命运的新条件下，中国才有可能充分利用现代世界上所有的“最新的方法”，发展包括茶业在内的一切实业。中国的经济，才有可能在充分对外开放的条件下，得到迅速的腾飞。这才是正确的结论。近代中国人民的革命历程，已经证实了这个结论，当前的中国现代化建设，将继续证实这个结论。

附表1　　　　中国茶叶出口统计*（1699－1833）

年　别	出口量（担）	年　别	出口量（担）
1699	160**	1785	232030
1739	14019**	1786	242096
1741	37745	1787	266895
1750	70842	1788	227880
1764	136979	1789	207580
1767	33009**	1790	184876
1771	176911	1791	142440
1772	171463	1792	180578
1774	135428	1793	188018
1775	125125	1794	211298
1776	163469	1795	156500
1777	150582	1796	258348
1778	127764	1797	229661
1779	120208	1798	171005
1780	159026	1799	215865
1781	119479	1800	296140
1783	235789	1801	264307
1784	194665	1802	281442

续表

年　别	出口量（担）	年　别	出口量（担）
1803	280696	1819	302578
1804	299535	1820	274636
1805	283836	1821	280571
1806	261371	1822	319018
1807	198968	1823	316943
1808	165521	1824	335779
1809	261551	1825	325171
1810	231387	1826	393843
1811	286774	1827	344782
1812	285703	1828	325558
1813	241961 ***	1829	326523
1814	258740	1830	307573
1815	382894	1831	345364
1816	277091 ***	1832	404320
1817	348531	1833	258301
1818	171297 ***		

＊　　系广州一口出口数字。

＊＊　仅英国东印度公司之出口，缺其他国家数字。

＊＊＊　仅东印度公司及港脚贸易两项，缺其他国家数字。

资料来源：H.B.Mores, The Chronicles of the East India Company Trading to China, 第1—5卷，1926—1929 年版，各页。

附表 2　　　　**中国茶叶出口分国统计（1821—1840）**　　单位：公斤

年　别	英	法	美	俄	合计*
1821	13820000	56000	2238000	?	16114000
1825	13206000	3000	4581000	?	17790000
1830	14354000	9000	3863000	?	18226000
1835	18725000	46000	6482000	?	25253000
1839	17172000	93000	4184000	3442000	24891000
1840	12610000	264000	9063000	3585000	25522000

*　系表上各项细数之和，并非中国茶叶出口总计。

资料来源：Jules Davids, American Diplomatic and Public Papers：The United States and China, Series 1, The Treaty System and The Taiping Rebellion 1842—1860, 第 18 卷, 1973 年版, 第 102 页。

（原载《近代史研究》1987 年第 6 期）

中国近代生丝的对外贸易和缫丝业中
资本主义企业的产生

一 中国近代生丝的对外贸易

中国生丝的流传世界，有千年以上的悠久历史。沟通中国陆路贸易和对外交流的"丝路"，在唐代便已闻名于当时的西域。生丝的海上贸易，色括东南亚、日本以至美洲和西欧，在很早已见诸文献记载。中日之间的生丝贸易，无论是合法的勘合贸易或非法的海盗贸易，在十五六世纪之交，便已相当频繁。17世纪以后，每年的贸易量，一般达到2000担的水平，最高到过3000担。① 从澳门开往长崎的商船，每船经常装载白丝500担至600担。② 西班牙殖民主义者占据菲律宾以后，通过西班牙商人每年运到美洲的中国生丝有的估计为3000担至5000担，有的估计为

---

① 这只是有记录的勘合贸易量。如果加上非法贸易，至少要翻一番。参阅 Lillian M. Li, China's Silk Trade, 1981年版，第64页。

② C. R. Boxer, The Great Ship from Amacon, Annals of Macao and The Old Japan Trade, 1555—1640, 1959年版，第179页。

8000 担至 1 万担。① 1637 年墨西哥一处以中国生丝为原料的丝织工人，达到 14000 多人②，这在当时是一个很大的数目。随着英国殖民主义者的入侵，中国生丝也开始进入西欧市场。1637年，得到英国国王查理士一世（Charles I）支持，目的在于取得"东印度公司未曾到过的东方各地的贸易权"的科腾协会（Courteen Association），首次派船入侵广州。他们在打毁虎门炮台、击沉中国商船之后，把他们在广州购买的 24 箱丝料，当作"战利品"运回英国。③ 中国生丝对西方资本主义世界的贸易，就是在这样一种环境之下开始的。从 17 世纪 70 年代末期起，一直到鸦片战争前夕，中国生丝对欧洲的出口，逐渐有了历年的前后可以比较的统计。在 1679 年至 1833 年的 155 年中，生丝出口量，从微不足道的 8 担上升到 9920 担。④ 鸦片战争以后，中国生丝在海外的市场，有进一步的扩大。40 年代中期起，出口经常在万担以上，50 年代中期起，出口经常在 5 万担以上，90 年代初，中国出口生丝第一次突破 10 万担的大关，到了 20 世纪 20 年代之末，生丝出口曾经到过 19 万担，达到旧时代中国生丝出口的最高峰。⑤ 尽管在这个漫长的岁月中生丝出口经历着不同的起伏变动，但是，从长期趋势看，在 1845—1929 年这 85 年中，仍然保持着年增长率 3.5％的上升趋势。

---

① Lillian M. Li, China's Silk Trade, p.65.

② E. H. Blair and J. H. Robertson, The Philippine Islands, 1493—1898, 第 30卷，1905 年版，第 75 页。有的记载为 1400 多人，误。

③ H. B. Morse, The Chronicles of the East India Company Trading to China, 第 1卷，1926 年版，第 16、20、27 页。

④ H. B. Morse, 上引书，第 1 卷，第 46 页；第 4 卷，第 343 页。历年出口数字请参阅附表 1。

⑤ 60 年代前，据张仲礼：《1834—1867 年我国对外贸易的变化与背景》，载《学术月刊》1960 年 9 月；90 年代后据海关统计。

　　单凭这一项数量的变动，是不是就能确定对中国近代生丝对外贸易的本质，有一个完整的认识呢？显然，这是不够的。

　　首先要考察的是中国生丝在国际市场中地位的变化。在鸦片战争以前，中国生丝在国际生丝市场上，曾经居于领先的地位，这是世所公认的。西方殖民主义者可以在政治上征服他们"发现"的世界，但是在经济上却不能为所欲为。西班牙殖民主义者用武力统治了墨西哥、秘鲁和菲律宾，但是，在这些殖民地上，他们的出口商品，却竞争不过中国。丝绸就是一个有力的例证。16世纪下半期，由菲律宾输入西属美洲的中国丝绸，就因"价格低廉、销售普遍"而使西班牙本国丝绸在美洲市场上几乎绝迹。[①] 从马尼拉向西属美洲贩卖中国丝绸的利润，最高可以达到成本的10倍。[②] 中国丝绸贸易，不仅是马尼拉和墨西哥西海岸亚加普尔科（Acapulco）西班牙商人的利润来源，而且也是墨西哥市一大批丝织工人的"主要谋生之道。"西班牙国王只看到中国丝绸贸易所引起的白银流入中国，曾经颁发了几十道命令，限制墨西哥和秘鲁对中国丝绸的消费，限制中国丝绸对美洲的销量。[③] 然而禁令不断重申，又接连遭到破坏，说明中国的生丝贸易，不是一纸命令所能禁止的。这正是西班牙殖民帝国的生产力水平落后于中国的结果，也是中国生丝贸易在当时国际市场上处于领先和主动地位的反映。

　　中国生丝在国际市场的领先地位，在鸦片战争以后，仍能维系一个相当长的时期。这个时候中国生丝的海外贸易，先后集中

　　① E.H.Blair and J.H.Robertson, The Philippine Islands, 第27卷，第112、149页；参阅严中平《丝绸流向菲律宾，白银流向中国》，载《近代史研究》1981年第1期。

　　② E.H.Blair 等，上引书，第12卷，第60页；参阅严中平上引文。

　　③ 以上据严中平《丝绸流向菲律宾，白银流向中国》。

于法美两国。也正是在这个过程中，中国生丝在国际市场上的地位经历了重大的转折。

法国是一个以丝织闻名的国家。长期以来，法国丝织业所用的原料，主要取自本国自制的生丝。一直到 19 世纪 50 年代以前，法国政府仍是以自缫、自织作为对本国丝织业的保护措施。[①] 但是，进入 60 年代以后，法国丝织业所用的生丝，却主要依赖中国的输入。流行的看法是：1854 年法国的桑蚕经历了一次重大的瘟疫，造成蚕丝的大减产。然而，法国生丝从此一蹶不振，却不能单纯拿一次瘟疫的流行作为惟一的解释。事实上，这个时候中国的生丝，不但在质量上超过法国生丝，而且法国输入中国生丝在成本上大大低于本国蚕丝的制造。[②] 正是这一点，才使得中国出口生丝，特别是质地优良的七里丝，能在一个相当长的时期以内，维系对法生丝贸易于不坠的力量之所自。

美国作为世界生丝的主要消费者，是从 19 世纪和 20 世纪之交开始的。进入 20 世纪以后，美国的纽约和法国的里昂，已并列为世界生丝的两大贸易中心。1916 年美国进口生丝，已占国际生丝贸易额的 60%[③]，而中国出口的生丝在美国的生丝贸易中，也占相当大的比重。在 1916 年美国进口的 233000 担生丝中，中国生丝单是直接运到美国的，就达到 48000 多担，占 1/5 以上。[④]

但是，就在这个时候，中国生丝在国际生丝市场上的传统地位，已经开始受到冲击。从 19 世纪 70 年代起，在中国以外，日

---

① L. Dermigny, La Chine et L'occident: Le Commerce à Canton au XVIlle Siècle, 1719—1833, 第 1 卷, 1964 年版, 第 402—404 页。

② Lillian M. Li, China's Silk Trade, p.83.

③ Silk Association of America, Annual Report, 1917 年, 第 19 页。

④ China Maritime Customs, Trade Reports, 1916 年, Part Ⅲ.

本和意大利开始发展缫丝，加入世界产丝国家的行列。它们生丝的增长速度，特别是后起者的日本，大大超过中国。在 70 年代上半期至 90 年代上半期的 20 年中，意大利生丝的年产量增长了54%，日本则激增 335%。^① 中国生丝没有可用的生产统计，无法直接比较。但出口数量在同一时期内，只增长 37%。大大落后于日本生丝生产增长的速度，这是可以肯定的。

在日、意两大产丝国，特别是日本的实力迅速增长的情况下，中国生丝在国际市场上原有的传统地位，开始发生动摇。在19 世纪 70 年代初，日本丝业刚刚开始跨步，1870 年生丝出口不过 6800 担，只相当中国出口生丝的 1/7。33 年以后（1903），便以 75650 担第一次超过中国。^② 到了 20 世纪 20 年代，日本生丝占美国生丝进口的 90%，中国只占 10%。^③ 进入 30 年代，日本出口生丝，不但独霸美国市场，而且囊括了世界生丝市场的3/4。^④ 优劣异势已经十分明显。因此，自上一个世纪末叶以降，中国生丝出口，在数量上虽然仍能维持增长的趋势，但是在国际生丝市场的地位，却已经处在走下坡路的局面。

比中国生丝在国际市场地位的变化更为重要的，是中国生丝贸易自主权的变化。这是需要考察的另一个方面。在鸦片战争以前，或者说，在西方殖民主义者入侵中国以前，包括生丝贸易在内的中国对外贸易的主动权，掌握在中国人自己的手里。当时的海外贸易有很大一部分是由中国商人出海经营的。例如，16 世

---

① Shichiro Matsui, *The History of the Silk Industry in the United States*, 1930 年版，第 57—58 页。

② Chine Maritime Customs, *Special Series*：No.3.Silk, 1917 年版，第 203 页。

③ Lillian M. Li, *China's Silk Trade*, 第 85 页。

④ W.S.Woytinsky and E.S.Woytinsky, *World Commerce and Government*, 1955 年版，第 156 页。

纪中国对菲律宾的贸易基本上由中国商人"驾船运货"。正是"到马尼拉进行贸易的中国商船"，保证了包括西班牙殖民主义者在内所需货物的供应。[1] 那些到中国进行贸易的外国商人，也必须遵守中国政府制定的管理条例、也就是中国的法度。例如在鸦片战争以前的广州一口贸易中，所有外国商人的活动，都必须遵守中国当局的规定，不得违反。可以看出，无论是哪一种方式，贸易的主权都是掌握在中国人自己手里。这是不可否认的基本事实。

但是，在西方殖民主义者入侵中国以后，情况就开始发生变化。这种苗头，至迟在鸦片战争前广州一口贸易的时期，已经开始出现。当时在贸易资金的周转，商品价格的决定，行商贸易份额的分配以及行商与外商相互关系与地位等方面的变化，都在在表明贸易的支配权已经逐渐落入外国商人的手中。到了鸦片战争前夕，代表中国当局和外国商人打交道的行商实际上已经处于附庸于外国商人的地位。[2]

但是，深刻的变化还是发生在鸦片战争以后。

从《南京条约》签订开始，在一系列不平等条约的枷锁下，中国从一个独立的主权国家，变成一个不能自主的半殖民地。中国的对外贸易也蒙上了一层半殖民地的色彩。曾经写过1834—1881年这一段中国对外贸易史的英国人班思德（T. R. Banister）说过这样一段话。他说："《天津条约》创造了一套制度，使中国对外贸易被管制、培养和在70年中扩展到梦想不到的数量。沿海贸易港口的分布，海关行政的统一，进出口商品在内地特权的享受，中国国内贸易商品由陆路或自有帆船的运输改为外国轮船

①　严中平：《丝绸流向菲律宾，白银流向中国》。
②　参阅汪敬虞《十九世纪西方资本主义对中国的经济侵略》，第34—43页。

在内河及沿海的运输以及外国商人和船只在条约规定及领事保护下享有的特权等等，所有这些汇合成一种深刻确定的转变，创造了一个到今天仍基本上被维持着的贸易制度。"① 这一段话中，有许多事实是被歪曲的，但是指出中国对外贸易经历了一个"深刻确定的转变"，这是符合客观实际的。这里我们就拿生丝的出口贸易作为一个例证，略加阐述。

五口通商以后，一直到 20 世纪的 30 年代，中国生丝的对外贸易，基本上是按着这样的程序进行的：中国内地生丝通过丝栈，口岸厂丝则通过丝号，卖给外国洋行。交易的具体执行人，则是丝号的丝通事和洋行的买办。表面看起来，交易是公平的，双方是平等的。实际则完全相反。生丝的对外贸易"完全掌握在上海的外国人手里"②。洋行的买办、丝号和它的丝通事以及丝栈等等，他们或者直接服务于洋行，是洋行收购生丝的工具；或者和洋行发生密切联系，是洋行收购生丝的中间环节。洋行通过买办放款于中国丝厂，以达到包揽厂丝出口的目的，这在上海一直到 20 世纪的 30 年代，仍然非常流行。③ 在这种条件之下，交易的一方实际上处于债主的地位，要使中国丝厂在贸易上不受制于外国洋行，那是不可想象的。一本专门调查当时中国生丝对外贸易手续的小册子这样写道："买办为扩张其业务、招来生意起见，对于华商常先垫付丝价，然后再向洋行收款"。"日积月累，买办遂握中外生丝贸易之全权。"④ 然而它又不能不承认：洋行

---

① T.R.Banister, A History of the External Trade of China, 1834—1881, 1931 年版，第 51 页；译文引自张仲礼《1834—1867 年我国对外贸易的变化与背景》，见《学术月刊》1960 年 9 月号，第 61 页。

② R.E.Buchanan, The Shanghai Raw Silk Market, 1929 年版，第 25 页。

③ D.K.Lieu, The Silk Reeling Industry in Shanghai, 1933 年版，第 116 页。

④ 中国国际贸易协会：《中国生丝对外贸易手续》，上海黎明书店 1932 年版，第 4 页。

的外国"大班为一行之总经理，凡接洽生丝海外卖买事宜，及接收海外生丝市价之暗码电报，与向华商收买生丝之数量多寡，市价高下，皆由大班一人主之"。买办则不过"奉大班之命，向华商收买生丝"①。究竟谁"握中外生丝贸易之全权"，这是一望而知的。退一步讲，即使承认买办握有全权，人们不禁要问：丝号的丝通事和洋行的买办是生丝贸易中外双方的具体执行者，为什么握有全权的人，只有买办而没有丝通事呢？原因很简单，因为买办的后台是真正握有全权的外国洋行，而丝通事的后台，仍不过是附丽于外国洋行的丝号。事实上，作为经纪人的丝号，也有和洋行买办同样的行径。他们上而仰仗洋行，下而控制丝厂，常常通过资金通融和多家丝厂发生借贷关系，以达到为洋行固定订货的目的。②有些丝号老板，同时又是洋行买办，而丝号的丝通事，最后"亦有自立牌号，专事代客经售生丝，渐立于丝号之地位者"③。他们都在谋求自己地位的上升，以便多分润一点洋行控制下的生丝贸易的余利。

撇开这一点不论，在生丝出口贸易中，中外双方，也毫无公平、平等可言。出现在1917年上海丝厂和洋商之间的一段纠纷，有力地证明这一点。这一年4月，一家有影响的中文报纸报导说：上海"今年春季丝少价昂，外人至各厂定货者不少，约期历四月取货，不料定丝时之市价高于交丝时之市价，洋商遂从事检查品定甲乙，就使丝质与定货时之条件丝毫无误，亦以此时市价低廉必多方检查其种种不合之处，以为不附条件抑勒价格之

---

① 中国国际贸易协会：《中国生丝对外贸易手续》，第5页。
② D.K.Lieu, The Silk Reeling Industry in Shanghai, p.115.
③ 中国国际贸易协会：《中国生丝对外贸易手续》，第4页。

举，两方几至涉讼"①。洋行为什么能够这样任意挑剔，随便压价呢？这家报纸非常惋惜地解释道：情况本来不会这样，"无如我国未设有证明丝质之信用机关，而洋行内反设有生丝检查器械，以检查各厂家所缫之丝质，自别优劣，以定价格"②。16 年以后，另一份有关广东生丝贸易的报道提出同样的问题，报道中写道："从前吾粤向未有生丝检验机关之设立，洋行往往藉端渔利，将买入之生丝，任意贬低品质，变换等级及剥削公〔分〕量，务令吾粤生丝之生产者，耳目纷乱，无所适从，以遂其侵蚀之心愿。"③ 两份报道，得出一个结论：似乎只要中国自设生丝检查所，问题便全部解决。中国是一个生丝出口大国，却连一个生丝检验机构都付之阙如，以至授人以柄，使中国丝厂吞声忍气，委曲求存，这自然令人惋惜。但是问题决不仅是一个生丝的检验机构所能解决。造成这种状况的根本原因，是外国商人享有超越一般中国商人所能享受的政治特权，拥有超越中国丝厂和丝商所能保有的经济实力。上海怡和洋行一家，即独占生丝出口13％以上，④ 这是任何华商所望尘莫及的。不彻底改变这种状况，不撤退挟重资以君临中国的外国商人，不取消他们在中国享有的各种特权，包括中国出口生丝的检验权在内，要想中国生丝出口贸易免于外国洋行的控制操纵，扭转受制于人的局面，那是不可能的。

---

① 《大公报》1917 年 4 月 8—19 日；转见陈真编：《中国近代工业史资料》第四辑，1961 年版，第 171 页。

② 同上。

③ 苏鼎新：《粤丝贸易经济及组织概况》，载《广东蚕丝复兴运动专刊》1933 年 10 月 1 日。

④ 这是 1916—1917 年的情况。参阅缪钟秀：《二十年来之蚕丝业》，载《国际贸易导报》第 2 卷第 1 期，1931 年。

中国丝业中人，也曾有过企图扭转局面的"奋起"。19 世纪
70 年代初，曾经有个别丝商企图摆脱洋行，自销生丝于国外，
然而却找不到适当的买主。[①] 80 年代初，上海还出现过商界闻人
胡光墉的大量囤积生丝，企图操纵生丝市场[②]，以个人的力量，
扭转受制于人的局面。结果是周转失灵，不得不削价抛售，乞求
于外商的收购，最后以破产告终，祸及自身，牵累整个商界。[③]

个人的力量不济，团体的力量也未必奏效。在 20 世纪的 20
年代，上海出现了以丝厂主为主体的中国实业家组成的生丝贸易
公司，企图取代外国洋行在中国生丝出口中的地位。与此同时，
广州也有类似的组织。有的丝厂老板，还企图撇开外国洋行，直
接推销生丝于国外。然而实际的结果是：有的仍离不开国外的公
司，有的则根本落空，无法实现。[④] 一直到 1936 年，"中国生丝
运至外国，本国无直接之邮船，一切均赖外国洋行"[⑤]。组织外
贸公司的尝试，也以失败而告终结。到 1929 年止，上海华商先
后自办的生丝贸易公司，一共不过四五家[⑥]，而当时上海一地经
营生丝出口的外国洋行则有 41 家。[⑦] 广州的华行，虽然多一些，

---

① G.C.Allen, Western Enterprises in Far Eastern Economic Development, 1954
年版，第 61 页。

② 据说在 1883 年胡光墉破产前夕，他囤积生丝达 14000 包。参阅 Great Britain
Foreign Office, Commercial Reports from Her Majesty's Consuls in China, 1883 年，上
海，第 230—231 页。

③ C.J.Stanley, Late Ching Finance, Hu Kwang-Yung as an Innovator, 1961 年
版，第 78 页。Great Britain Foreign Office, Commercial Reports from Her Majesty's
Consuls in China, 1883 年，上海，第 230—231 页。

④ R.E.Buchanan, The Shanghai Raw Silk Market, p.2.；《中国蚕丝》第 2 卷
第 12 号。

⑤ 张白衣：《中国蚕丝业论》，载《时事月报》1936 年 2 月。

⑥ D.K. Lieu, The Silk Reeling Industry in Shanghai, p. 117. 李述初：《今后
华丝对外贸易应取之方法》，载《国际贸易导报》第 1 卷第 7 期，1930 年。

⑦ R.E.Buchanan, The Shanghai Raw Silk Market, p.25.

但都无法维持久远。进入 30 年代以后，能够继续存在的，上海只有通运生丝贸易公司一家 ①，广州也处境凋零，都无起色。②由此可见，这种努力的所得，接近于零。

一本反映 20 世纪 30 年代中国生丝生产和贸易的专门著作写道：江浙和广东是中国两大产丝区，但是，"生丝的市场价格不是在上海和广州而是在纽约和里昂决定的"。"因此中国新茧的市价和蚕农育蚕的成本几乎没有联系，而是和纽约、里昂的现场价格直接联系在一起的。对于这个价格，中国的蚕农是一无所知晓，二无所操心，三无所作为。"③ 也就是说，完全受制于人。在此 40 年前，有人描述中西贸易的局面说：华商"自有之货不能定价，转听命于外人"④。"中国政府幻想中国生丝的生产，控制着外国市场的价格，恰恰相反，外国在华商人所能支付给中国蚕茧的价格，是受外国市场的节制。"⑤ 生丝贸易所面临的局面，就是这样。外国资本在中国的特权和垄断地位一天不撤除，中国丝业的这个局面是一天不会改变的。即使出现了像"通运"那样专业的生丝贸易公司，即使它能继续存在下去，基本局面也是不会改变的。

结论就是如此。

---

① Tonying Silk Trading Company, China Raw Silk, 1931 年版。

② 苏鼎新：《粤丝贸易经济及组织概况》，载《广东蚕丝复兴运动专刊》1933年10月1日。

③ D. K. Lieu, The Silk Industry of China, p. XV.

④ 陈炽：《续富国策》第 4 卷，1897 年版，第 6 页。

⑤ 1896 年 8 月 27 日上海外国通商总局（The Shanghai General Chamber of Commerce）致北京外国公使团团长田贝（C. Denby），转见 North China Herald, 1896 年 9月 4 日，第 403 页。

二 中国现代丝厂的产生

(一) 公和永之例

生丝的对外贸易，是整个中国丝业经济的一个组成部分。中国生丝的出口，对中国丝业中资本主义的出现，有着密切的联系。中国现代丝厂是怎样产生的？它又是怎样存在的？它所走的是一条什么样的道路？这些都离不开中国生丝对外贸易的条件和背景。

中国生丝出口中心的上海，同时又是中国现代缫丝工业的中心。上海第一家华商丝厂，是 1882 年出现的公和永缫丝厂。这家丝厂的创办者黄佐卿（宗宪），是一个在外国人中间被称为"祥记"的浙江籍丝商。[①] 根据我们在上面所说的情况，这个"祥记"，可能就是为外国洋行经纪生丝出口的丝号名称。[②] 他不但是这个丝号的老板，而且是经营生丝出口的"丝行的一个领袖"。他又被人们称为"采用外国机器进行缫丝与棉织方面的最积极和先进人物之一"。他既是一家华商纱厂的老板，又是一家外国纱厂的股东。[③] 而他的缫丝厂，不但机器来自国外，而且"指导厂务"的工程师，也是延请外籍人员。[④] 从种种迹象看来，黄佐卿的出身，纵然不是洋行买办，也是一个和外国商人有非常密切联系的人物，这是可以肯定的。

---

① 《农商公报》1915 年第 16 期，选载门，第 14 页；North China Herald，1902 年 7 月 16 日，第 131 页。

② 参阅《申报》同治十二年十一月十三日。

③ North China Herald，1887 年 12 月 10 日，第 1042 页；1902 年 7 月 16 日，第 131 页。

④ 缪钟秀：《上海丝厂概况》，载《国际贸易导报》第 1 卷第 3 期，1930 年。参阅《农商公报》1915 年第 16 期，选载门，第 14 页。

　　黄佐卿之于缫丝厂，对缫丝业中资本主义企业的创办者而言，有一定的代表性。为洋行的生丝出口服务的买办，包括和洋行出口生丝联系密切的丝商，是上海现代缫丝工厂主持者的一个重要支柱。

　　翻开上海缫丝厂的工厂名录，就可以看出：丝厂之由买办或买办商人创办或者来自他们的投资，这是一个普遍的现象。这个圈子里的人物之投身于丝厂者，和黄佐卿同为一代的，就有吴少卿（瑞记买办）之于上海瑞纶；叶澄衷（买办商人）之于上海纶华；祝大椿（怡和买办）之于上海源昌；无锡源康和乾元、王一亭（太古买办）、朱葆三（平和买办）之于上海绢丝以及唐茂枝（怡和买办）、徐润（宝顺买办）之于烟台缫丝局和周廷弼（大明买办）之于无锡裕昌丝厂。[①] 到了 20 世纪之初，则有延昌恒洋行买办杨信之之于上海延昌恒丝厂；华兴洋行买办沈联芳之于上海振纶洽记和恒丰丝厂；乾康洋行买办顾敬斋之于上海乾康丝厂；怡和洋行买办吴子敬之于上海协盛昌丝厂；端顺洋行买办王亦梅之于上海永康丝厂；永泰洋行买办薛南溟之于上海永泰丝厂；同协祥洋行买办张幼山之于上海同协祥丝厂。[②] 一直到 20 世纪 30 年代，这种情形仍然继续存在。法国信孚洋行（Madier Ribet and Cie）的买办薛浩峰，与人伙开三家丝厂；美商美信洋行（Eagle and Co.）的买办黄吉文自营两家丝厂；英商公安洋行（F.C.Heffer and Co.）的买办邱敏庭自营一家丝厂，又与人伙开三家丝厂；达昌洋行（Rudolph and Co.）的买办陆润荪，新时

---

　　①　参阅孙毓棠编《中国近代工业史资料》第一辑，第 971—973 页；汪敬虞编，第二辑，第 979—981 页（以上两书均为科学出版社 1957 年版）以及拙编《中国现代工业的发生参考资料》（待刊），第 7—8 册。

　　②　徐鼎新：《试论清末民初的上海（江浙皖）丝厂茧业总公所》，《中国经济史研究》1986 年第 2 期。

昌洋行（Nabhols and Co.）的买办杨季良，安利洋行（Arnhold and Co.）的买办吴登瀛各自营一家丝厂。[①] 这些丝厂经营者，既是洋行买办，又是兼营丝号的经纪人。像 30 年代上海著名的制丝业者史和声、朱静庵、丁汶霖、吴松岩、倪钦章、夏春樵等，均莫不一面兼营丝号，一面兼任洋行买办。[②] 在兼营丝号的买办中，有不少是丝行的领袖。例如在上海丝厂茧业总公所第一、二两届董事会的 13 名成员中，有 6 名是洋行买办。总董、总理和坐办的职位，全为买办所占据。[③]

　　和外国洋行的活动发生密切联系的买办和商人，同时又是对中国新式企业的产生起实际推动作用的主角，这是中国现代资本主义企业产生的一个特点，是半殖民地半封建社会中资本主义产生的一个特点。

　　黄佐卿的公和永丝厂，设在上海华商集中区的闸北。初创之时，有丝车 100 部。10 年之后（1892），增加至 442 部。其后又在租界区的杨树浦设厂一所，有丝车 416 部，合起来将近千部。[④] 1895 年张之洞在武昌创办湖北缫丝局，由于黄佐卿在汉口设有丝行，便打算让他的儿子黄晋荃出资承办。[⑤] 事虽未成，但从中可以看出这个"丝行领袖"的经济实力。

　　然而，就上海一般丝厂的主持者而言，黄佐卿的情况，却是一个例外。

---

　　① 蚕丝业同业组合中央会：《支那蚕丝业大观》，1929 年版，第 426—428、431 页。

　　② 林勐：《近代中国之缫丝业》，《企业周刊》，1943 年。转见陈真《中国近代工业史资料》第四辑，第 112 页。史和声亦作吕和声、丁汶霖亦作丁汶霖。参阅《支那蚕丝业大观》，第 326—327 页；《银行周报》第 4 卷第 45 号。

　　③ 徐鼎新，上引文。

　　④ 《农商公报》1915 年第 16 期，选载门，第 14 页。

　　⑤ 张之洞：《张文襄公全集》第 35 卷，奏议，1928 年版，第 21—23 页。

说它是例外，这主要是指：上海华商缫丝厂的绝大部分，并非都像黄佐卿的公和永那样，是厂主的自有产业。在一个相当长的时期里，上海的缫丝业中，形成了一种所谓租厂的制度。在这种制度之下，丝厂的所有者和丝厂的经营者，并非一家，而是分属两户。丝厂的所有者，多为房产主或地产公司，他们并不直接经营丝厂，而是将其所有的厂房以及缫丝设备，租与丝厂的经营者，坐收租金，叫做"产业股东"①，丝厂的经营者则多为兼营丝号的丝商，他们按期租赁厂房，向房主缴纳租金，然后雇工备料，经营缫制，叫做"营业股东"。产权固定于一家，而营业者则可以随时改组更换。租期按年计算，每年逢新茧登场，即为丝厂改组之期，营业的绝续，股东的进退，均决定于此时。这种租厂制，在它盛行的时期，厂数占上海全部丝厂的90%。如20世纪20年代末期，上海丝厂共有80余家，其中自有厂房的，不过八九家，其余皆系租厂营业。②

上海缫丝厂之实行租厂制，有它本身的特殊条件，同时也反映中国资本主义的共同属性。

对于上海丝厂实行租厂制的原因，过去有许多解释。有人认为这是由于江南蚕茧，一年只收一两造，丝厂不能全年开工。这当然是形成租厂制的一个条件，但显然不是充分的条件，这也可以算作一个原因，但显然不是全部的、根本的原因。我们看到，在华南广东一带，一年可以育蚕收茧多次，丝厂一般是全年开

---

① "产业股东"亦作"实业股东"，参阅陈真等编《中国近代工业史资料》第四辑，第151、176页。也有少数经营丝厂的人，同时出租丝厂。例如曾经经营丝厂的买办祝大椿，据说也"专门建厂租给人家。"参阅唐传泗、徐鼎新《中国早期民族资产阶级的若干问题》，见《学术月刊》1984年第3期，第20页。

② 《上海丝厂业之调查》，载《经济半月刊》第2卷第12期，1928年6月15日。

工，但是广东丝厂，降至 20 世纪 30 年代，也有不少是租厂经营的。[①] 可见生产的季节性，不是租厂的全部原因。租厂经营对经营者到底有什么好处呢？根据上海的一般情况，出租丝厂的"产业股东"，每年所收的租金，可以达到他所投资的数额的 15%[②]，这实际上近乎一种高利贷。而丝厂"营业股东"之所以愿意支付这一笔相当沉重的开支，自然是从节省开办资金着眼。根据 20 世纪 20 年代末的调查，自有丝厂的投资，每部丝车平均在一百五六十两至二百两之间，而租厂经营者则不过一百两至一百五十两之谱。[③] 租厂较自有丝厂节省开办资金 1/3 至 1/4。如果说，丝厂房产主是把他的投资收入扩大到最高限度，那么，租厂经营者则是把他的投资风险缩小到最低限度。因为他的投资，只限于经营丝厂时的流动资金（主要是用之于收购蚕茧和开支工资）。他可以随时收茧，随时制丝，随时出货筹押现款，应付流动开支[④]，至于工厂的固定资产的前途不在他考虑之列。[⑤] 这就是说，丝厂经营者不是以工厂主的身份，而是以丝商的身份经营丝厂。丝厂经营者之进退，以生丝市场之升降为转移。市场看好，则一拥而进，市场看疲，则一轰而退。进退之间，带有浓

---

① 谭自昌：《广东丝业现在之实际概况》，参阅《广东蚕丝复兴运动专刊》1933 年 10 月 1 日。

② 乐嗣炳：《中国蚕丝》，1935 年版，第 38—39 页；曾同春：《中国丝业》，1933 年版，第 92 页。

③ 《上海丝厂业之调查》，载《经济半月刊》第 2 卷第 12 期，1928 年 6 月 15 日。

④ 在 20 世纪初叶以前，上海钱庄的抵押放款，几乎全部是以丝茧为抵押的放款。参阅《上海钱庄史料》，第 780—781 页。

⑤ 1896 年 5 月间上海一场大雨冲毁了三家丝厂的屋顶（North China Herald，1896 年 5 月 29 日，第 828 页；6 月 5 日，第 872 页）。原因是"建筑的窳败和缺乏适当的检查"（North China Herald，1896 年 6 月 19 日，第 973 页）。这个小小的事例，不失为具体的例证。

厚的投机色彩。"仅计一时丝价"，"毫无永久营业性质"①。这种现象之所以产生，从根本上说是和生丝市场之为外商所左右；是和生丝对外贸易主动权之不为我所有分不开的。单纯用蚕茧收购和生丝缫制的季节性来解释，显然是不能得到圆满的答案的。

租厂制所反映的问题，不仅说明中国的生丝市场受外国势力的制约，而且也说明中国的生丝生产对外国势力的依存。

丝厂出租，从一个角度看，固然是华商丝厂失去生丝市场主动权以后的一种变通的适应办法，从另一个角度看，则又给外国洋行对华商丝厂的控制提供了一个绝好的利用机会。出租丝厂的所谓"产业股东"，有的就是外国洋行或地产公司。② 在 20 世纪之初，上海的沙逊洋行和泰利洋行，就曾经是出租丝厂的"产业股东"。租用洋商房产的中国资本家有的就是洋行买办。有的丝厂名为华洋合股开设，实际上多半为华商经营，不过借用洋商牌号。③ 有的买办开办丝厂，厂名竟和他所在洋行的行名完全一致。例如上海乾康丝厂的老板顾敬斋，就是乾康洋行的买办；上海永泰丝厂的老板薛南溟，就是永泰洋行的买办；上海同协祥丝厂的老板张幼山，就是同协祥洋行的买办；上海延昌恒丝厂的老板杨信之，就是延昌恒洋行的买办。④ 有的丝厂向内地收购鲜茧，也以洋行名义，请海关发给道照，或由厂家托洋行转请海关发给。及至干茧运沪，又将道照转请换给出口之派司。这种派

① 《大公报》1917 年 4 月，转见陈真《中国近代工业史资料》第四辑，第 171、174 页。

② 参阅《支那蚕丝业大观》，第 235 页。

③ 《上海丝厂业之调查》，《经济半月刊》第 2 卷第 12 期，1928 年 6 月 15 日。《大公报》1917 年 4 月，转见陈真《中国近代工业史资料》第四辑，第 171 页。

④ 徐鼎新：《试论清末民初的上海（江浙皖）丝厂茧业总公所》。

司，在华商丝厂之间，可以互相转卖，形同有价证券。所有这些依托洋行的活动，无非是借此换取子口半税的待遇。这种"以华商资本而用洋商牌号"的行为，在他们之间，也引为"亟宜改革"之"陋习"。但是，这种陋习又的确给他们带来好处。[①] 不用说洋商牌号，只要每包生丝花上三两银子，请一个作为名誉技师的洋商在出口生丝上签一个字，便能"取信欧美"而少受丝价之压抑。受制于洋商而又不能不依托洋商，不甘于受制，出路却仍然只有依托。然而依托又适只以造成承受更大的压抑。"借[洋商]牌[号]之力以作信用，于是抛盘压价，任之外人。"[②] 半殖民地的中国丝业资本家，便是生活在这样尖锐复杂的现实矛盾之中。

　　这是半殖民地的政治和经济的主要特点之一。中国的资本主义和资产阶级，是在外国资本主义入侵的条件下产生的。外国资本主义的入侵，一方面促进了中国资本主义的产生，一方面又压制中国资本主义的正常发展。中国资本主义的发展和不发展，都离不开资本、帝国主义在中国的作用。这不是"外烁论"，这是在半殖民地条件下中国资本主义的历史命运的科学分析，是中国资产阶级先天软弱性的理论根据。中国的现代缫丝工业，作为中国资本主义企业的一个个案，它的遭遇，证明了这一点。

(二) 继昌隆之例

　　在中国另一个缫丝业重地的广东出现的第一家现代缫丝

---

①　《上海丝厂业之调查》，《经济半月刊》第 2 卷第 12 期，1928 年 6 月 15 日。

②　《大公报》1917 年 4 月；转见陈真《中国近代工业史资料》第四辑，第 174 页。

厂——继昌隆丝厂，说明了有关中国资本主义产生的另一个重要问题。

把继昌隆和公和永加以对照，它们之间，有很多不同的地方。

第一，继昌隆的创办者，不是和洋行关系密切的买办或买办商人，而是一个在海外经商近 20 年的华侨。据创办人陈启沅的自述，他的家族世代"以农桑为业"①。而他自己则"一度志在科场"②。他长期在海外，和西方世界不能没有接触，但是我们还没有发现他曾经有过为外国洋行服务的经历，这和公和永丝厂的创办者黄佐卿是大不相同的。

第二，继昌隆的厂址，不是设在洋商蒐聚的通商口岸广州，而是设在洋商势力暂时还没有到达的农村——陈启沅的故乡南海。当时的南海和它的邻县顺德、三水、新会等地，是广东手工缫丝的传统地区，这几个县的农民，世代以缫丝为副业。继昌隆丝厂就设在南海简村陈氏本宅。所用工人都是"本村的左邻右里"③。这和公和永之设立在生丝出口中心的上海，也是大不相同的。

第三，这个丝厂所用的机器设备，也不是外国现成机器的进口，而是出自陈启沅的设计和本地工厂的制造。当然，陈启沅的设计，并不是凭空的创造，有人说他是在南洋看到法国式的缫丝机器而蓄意仿效的。④ 但这和外国机器的直接进口，究竟不一

① 陈启沅：《蚕桑谱》自序，1903 年版。
② 桂坫等纂：《续修南海县志》第 21 卷，《陈启沅传》，1910 年版。
③ 吕学海：《顺德丝业调查报告》，转见彭泽益编《中国近代手工业史资料》第二卷，1957 年版，第 44 页。
④ 饶信梅：《广东蚕丝业之过去与现在》，载《国际贸易导报》第 1 卷第 7 期，1930 年。

样。而根据他的设计进行制造和安装的，又是中国南方最早的一家机器工厂——陈联泰机器厂。[①] 这在当时，也是很少看到的新鲜事物。

在中国资本主义产生问题的讨论中，有这样一种意见，认为中国民族资本现代企业是中国封建社会中资本主义萌芽的继承和转化。继昌隆的产生过程，在某些方面，似乎支持了这个论点。

封建社会中产生的资本主义萌芽和资本主义机器大工业二者之间，有着密切的历史联系，这是不可否认的。这种联系，可以有两种涵义：一是前者为后者的产生，提供了准备的条件，一是后者为前者的直接转化，即资本主义现代企业的产生，包括简单协作——→工场手工业——→机器大工业的全过程。在正常的资本主义社会的条件下，例如在英国，这两种意义的联系都是存在的。在半殖民地、半封建社会的条件下，前一种涵义的联系，虽然也同样发生作用，但后一种涵义的联系，却由于外国资本主义的入侵而中断。这就是说，尽管中国封建社会也产生了资本主义萌芽，尽管这种萌芽也为中国资本主义大工业的产生准备了前提条件，但是中国民族资本主义现代企业的出现，就其主流而言，却是入侵的外国资本主义作用的结果。

资本主义萌芽为资本主义大工业的产生提供了准备条件，这是一条普遍的原则，是任何国家在封建社会末期都经历过的普遍现象。中国也不例外。它不但体现在继昌隆的产生上面，也同样体现在公和永的产生上面。没有"本村左邻右里"的缫丝女工，继昌隆固然很难成立，同样，没有麇集上海滩的缫丝女工，公和

---

① 陈滚滚：《陈联泰与均和安机器厂的概况》，载《广东文史资料》第20辑，1965年6月。

永也是难以出现的。上海丝厂的养成工和广东丝厂的自梳女，都是出自同一的来源，要求同样的解放。① 资本主义萌芽为"妇女离家进厂""铺平道路"这一条原则是普遍的，对继昌隆和公和永都是适用的。

但是不能把这一点等同于资本主义萌芽向资本主义大工业的转化。人们知道，在中国资本主义大工业出现之前将近 30 年，西方的资本主义入侵者就已经在中国通商口岸的许多工业部门中，先后设立了一批属于机器大工业的工厂。他们也是在中国就地雇用工人，并没有把机器连同工厂一齐运到中国。但是，从来没有人说，资本帝国主义在中国的工矿企业，是中国封建社会资本主义萌芽的转化。

继昌隆的设立本身，也不支持上述的所谓"转化"的论点。在继昌隆出现以前，广东省的农村缫丝业"多半为家庭式的手工业，即兼营的小商品生产工业"。"凡操手机者，多半为蚕村中的老妇。""自汽机丝厂创设后，手机缫丝往往变为丝厂的附庸，盖丝厂间有将劣茧选出，另设小室或小工场雇用女工用手机缫之。"② 这就是说，在机器缫丝出现以前，广东的手工缫丝基本上还停留在小手工业阶段，能够勉强算作手工工场的，乃是在机器缫丝业出现之后，作为丝厂附庸的那种专缫劣茧的"小室"。这个事实本身就说明继昌隆并非由原有的手工缫丝自身发展的结果。在继昌隆出现以前，广东的手工缫丝业，更没有经历过工场手工业的阶段。一直到 19 世纪的末叶，也就是继昌隆存在了 1/5

---

① 《支那蚕丝业大观》，第 292—293 页；Lillian M. Li, China's Silk Trade, p. 174. C. W. Howard and K. P. Buswell, A Survey of Silk Industry of South China, 1925 年版，第 140 页。

② 吕学海：《顺德丝业调查报告》，转见彭泽益《中国近代手工业史资料》第二卷，第 51 页。

的世纪以上，当新式缫丝工业"在广东已经牢固地树立了根基"[1] 以后，人们才开始看到原来的手工缫丝向机器缫丝的转化。这个转化第一次出现在 1893 年的三水，当时有一家存在了 9 年的缫丝工场，由手工缫丝改为机器缫丝。[2] 估计这种情形，在广东其他产丝区，也会有所出现。中国手工工场向机器工厂的过渡，不是发生在机器大工业出现之前，而是发生在机器大工业"树立了根基"之后，这是中国资本主义产生的一个重要特点。

继昌隆设立以后广东机器缫丝业的遭遇，也同样说明这一点。

从 1873 年继昌隆的成立开始，新式缫丝工业在珠江三角洲以相当迅速的步伐向前发展。在继昌隆成立的第二年，机器缫丝，就采行于顺德和广州。[3] 一年以后，又有人在当地仿照陈启沅的机器另建了四家丝厂。[4] 1881 年广州、顺德、南海地区的丝厂，已增加到 10 家，有丝釜 2400 位，年产生丝近 1000 担。[5] 80 年代中期以后，新式缫丝工业"在广东已经牢固地树立了根基"，当时在顺德、广州南海附近的新会，又添了三家丝厂。[6] 进入 90 年代，一向是农业区的三水，也逐渐变成产丝区，在茧行、手工缫丝作坊之外，第一次出现了两家"使用外国机器"的蒸汽缫

①　Great Britain Foreign Office, Diplomatic and Consular Reports on Trade and Finance, China, 1885 年，广州，第 4 页。

②　China Maritime Customs, Trade Reports, 下卷，1898 年，第 73 页。

③　吕学海：《顺德丝业调查报告》；转见彭泽益《中国近代手工业史资料》第二卷，第 52 页；North China Herald. 1874 年 6 月 13 日，第 526 页。

④　China Maritime Customs, Special Series, No. 3, Silk, p.151.

⑤　China Maritime Customs, Special Series, No. 3, Silk, p.151。参阅 North China Daily News, 1882 年 1 月 16 日，第 47 页。

⑥　陈启沅：《广东蚕桑谱》，广东厘务总局详，1897 年版；《申报》1887 年 12 月 5 日。

丝厂。①

　　但是，广东缫丝工业的发展，却受到来自手工缫丝业者和丝织业行会手工业者的严重威胁。继昌隆成立之后不久，"装设欧式机器，曾经遇到很大困难，因为丝区的人都害怕他们的低劣的丝会因此无人问津，所以竭力抗拒新法"②。组织在手工丝织业行会中的"机房中人"，更进一步酝酿"联群挟制"、"鼓动风潮"，要"拆毁丝厂"。早在1875年，丝织业行会手工业者和丝厂工人之间，就曾经发生过一次械斗。③ 手工业工人反抗机器的斗争，在1881年的一次大械斗中，表现得最为激烈。这时南海一带的机器缫丝厂，除了继昌隆以外，又陆续增加了裕昌隆、经和昌等厂，雇工共达4400多人。这些丝厂"每一女工可抵十余人之工作"，"以一敌十较之，实夺四万四千余人之生业"。1881年又值"蚕茧歉收，市上无丝可买，机工为之停歇"，因此在十月间，组织在手工业行会"锦纶行"的手织工人，一方面"勒令同行之人，概停工作"，一方面聚众二三千人，筹聚"斗费"采办军火器械，捣毁了裕昌隆丝厂，打死了三名丝厂工人，"并尽毁机器始肯解散"④。马克思说："随着机器的出现才第一次发生工人对劳动资料的暴烈的反抗"，"这种直接的对立，在新采用的机器同传统的手工业生产或工场手工业生产发生竞争时，表现得

---

　　① China Maritime Customs, Decennial Reports, 1892—1901年，三水，第264页。

　　② China Maritime Customs, Decennial Reports, 1882—1891年，广州，第576—577页。

　　③ North China Daily News, 1875年10月19日，第379页；10月26日，第403页。

　　④ 以上参阅徐赓陛《不自慊斋漫存》，南海书牍；Trade Reports, 1881年，广州，第9—10页；《申报》1881年11月8日；North China Daily News, 1881年11月7日，第443页。

最明显"①。在这一点上，半殖民地半封建的中国和资本主义的西欧，并没有什么两样。

但是，中国也有自己的特殊之处。如果说，在正常的资本主义国家，这种"直接的对立"，只发生在同一行业的手工业者和机器大工业者之间，具体到缫丝工业，就是发生在手工缫丝和机器缫丝之间；那么，在中国，这种对抗就由手工缫丝与机器缫丝扩大到手工丝织与机器缫丝。完全可以设想，中国手工业中的资本主义萌芽，为中国资本主义大工业所准备的，甚至到19世纪80年代，仍然是一条崎岖不平的道路②，更不要指望资本主义萌芽向资本主义大工业的直接转化了。

丝业行会对大工业的反对，当然并不限于广东。当入侵的西方资本主义势力最初在中国通商口岸进行设立新式缫丝工厂的试探时，他们就已经遭到同样的反对。1861年，在中国的土地上出现了第一家外国资本的丝厂——怡和洋行的纺丝局（Silk Reeling Establishment），它在修建厂房，招募工人方面，都进行得非常顺利，惟独在收购蚕茧方面，碰到严重的困难。在上海市场上，它经常买不到所需要的蚕茧。③ 它也曾试图到内地产茧区直接采购，④ 但也遭到当地更加强烈的反对。这个厂的主持人美哲（John Major）在1864年亲自到产区收购碰壁以后说：他在

①　《马克思恩格斯全集》第23卷，人民出版社1972年版，第473页。
②　一直到90年代中期，浙江绍兴府会稽开源永、山阴公豫源、肖山合义和三缫丝厂筹设时，当局仍然规定三厂除缫制出口生丝以外，手工织丝机户所需之肥丝，"应令三厂具结承认，每年兼缫肥丝若干，或公开官丝行，往杭、嘉、湖贩买经、肥等丝丝购，务使足供组织，以安机户生计。"（《浙省新定机器缫丝厂茧灶缴捐章程》，1895年）
③　North China Herald，1872年5月25日，第408页。
④　参阅严中平《怡和书简选》，载《太平天国史译丛》第一辑，第161、169页。

内地受到"整个丝业行会"的"拼死反对"。丝行中人见了他就"惊惶避走","租不到合适的房子"储茧,租到手也会被"烧掉",自己去盖也会"被人推倒"①。由于收购蚕茧的困难重重,这个工厂勉强支持了 10 年便不得不宣告停业。

怡和丝厂所遭到的反对,来自手工缫丝业者和土丝商人两个方面。因为厂丝不但夺去了土丝生产者的生路,而且也夺去了土丝的国外市场。在机器缫制的厂丝出现以后,尽管中国生丝的出口,有大幅度的增长,但是土丝的出口,却由此日趋凌替。80年代初期,当厂丝初见于出口商品名单之时(1883),在近 6 万担的出口生丝中,厂丝不过 1200 余担,只占 2%,土丝达 58000担,占 98%。到了 19 世纪结束之日(1900),生丝出口虽然上升到 78000 多担,但土丝出口,却下降到 37000 余担。相对的地位,已经落在厂丝的后面。② 当上海厂丝出口达到引人注目的数量时,它的价格高出土丝价格的 25% 到 50%。③ 两项数字的对照,说明了土丝的衰落和包括土丝商人在内的土丝业者之所以对厂丝的"拼死反对"。

但是,这种反对,并不能长久维持。随着土丝的衰落,原来的土丝商人转而依附洋商成为外国侵略势力掠夺中国农产资源的工具。而中国民族资本的缫丝工业,虽然伴随着厂丝出口的增加而兴起,但也没有能够长久兴盛下去。进入 20 世纪 30 年代以后,无论是广东或上海的华商丝厂,都经历了停滞萧条的局面。

---

① 怡和洋行档案,转见 S. R. Brown, The Ewo Filature, 见 Technology and Culture, 1979 年 7 月, 第 561—562 页。

② 据海关统计。转见汪敬虞《关于继昌隆缫丝厂的若干史料及值得研究的几个问题》,《学术研究》1962 年第 6 期。

③ Great Britain Foreign Office, Diplomatic and Consular Reports on Trade and Finance Chian, 1894 年, 上海, 第 17 页。

上海在 30 年代的第一年，原有的 106 家丝厂中，有 60 家关闭歇业[1]，广东全省开工的丝厂，在 30 年代的前半期由 121 个减少为 37 个。[2] 殊途同归。半殖民地的民族经济，最终是毫无发展前途之可言。

附表 1　　　**中国生丝出口统计*（1699—1833）**

年　别	出口量（担）	年　别	出口量（担）
1699	69.5**	1784	1089
1739	20**	1785	2305
1741	278	1786	3565
1750	997	1787	2772
		1788	3908
1767	2028**	1789	5104
1771	2082	1790	3096
1772	2414	1791	2000
1774	1821	1792	3400
1775	3724	1793	1878
		1794	2702
1777	3719	1795	1266
1778	2961	1796	1974
1779	4264	1797	2404
1780	3591	1798	1608
1781	2264	1799	1134
1783	1325	1800	1164

[1]　The China Weekly Review, 1930 年 11 月 1 日，第 324 页。

[2]　参阅上引拙稿。

续表

年　别	出口量（担）	年　别	出口量（担）
1801	1000	1818	2242
1802	582	1819	4120
1803	2535	1820	3625
1804	656	1821	6032
1805	582	1822	5248
1806	1360	1823	3211
1807	1169	1824	3690
1808	1727	1825	7530
1809	1453	1826	4446
1810	1635	1827	3837
1811	912	1828	7576
1812	1962	1829	6467
1813	2062 * * *	1830	7053
1814	3093	1831	8560
1815	642	1832	6795
1816	659 * * *	1833	9920
1817	2117		

＊　　仅广州一口出口数字。

＊＊　　仅英国东印度公司之出口，缺其他国家数字。

＊＊＊　　仅东印度公司及港脚贸易两项，缺其他国家数字。

资料来源：H.B.Morse, The Chronicles of the East India Company Trading to China, 1—5 卷，1926—1929 年版，各页。

从棉纺织品的贸易看中国
资本主义的产生

一 鸦片战争前中国手工棉布的对外贸易
和手工棉纺织业生产方式的进程

中国手工棉布的外销，有悠久的历史。根据现有的材料，中国棉布之远销南洋群岛，在 16 世纪后期就有了历史文献的记载。[①] 17 世纪初被称为 Cangas 的中国棉布，也经由澳门向南洋的望加锡（Macassar）和交趾支那出口。[②] 与此同时，从澳门开往日本的商船，也有同样的记录。1600 年左右，在从澳门开往长崎的葡萄牙商船中，经常载有 3000 匹中国手工制造的棉布，这是中国棉布外销日本的最早记录。[③] 到了 18 世纪初，中国对

---

① E. H. Blair and J. H. Robertson, The Philippine Islands, 1493—1898, 第 8 卷，1903 年版，第 78 页。

② C. R. Boxer, Macao, Three Hundred years ago. 载 Tien-Hsia Monthly, 1938 年第 4 期，第 314 页。

③ C. R. Boxer, The Great Ship from Amacon, Annals of Macao and The Old Japan Trade, 1555—1640, 1959 年版，第 180 页。

沙俄的边境贸易中也已经有了棉布。被称为 Kitaika 的中国棉布,在整个 18 世纪的对俄出口中居于首位。① 18 世纪 30 年代,中国手工棉布首次由英国东印度公司运销英国。② 50 年代以后,西班牙、荷兰、法国、丹麦、瑞典等欧陆国家,也开始运销中国棉布。③ 北美大陆,在美国独立以前,就有中国棉布输入,到了 19 世纪初叶,美国已成为中国棉布的主要买主。④

在长达三个多世纪的过程中,中国棉布的外销,数量上有明显的增长。在 18 世纪中叶以前,经由海上外销的中国棉布,每年还不过几千匹至一两万匹。到了这个世纪的末叶,最高的一年,出口超过 200 万匹 (1798)。进入 19 世纪以后,棉布出口曾经达到 300 多万匹的创纪录数字 (1819)。从 1786 年到 1833 年,不足 50 年间,出口棉布累计达 4400 万匹。仅 1817 年至 1833 年的 17 年中,出口棉布累计将近 2000 万匹,价值 1300 万元以上。⑤

在中俄的陆路贸易中,经由恰克图出口的中国棉布,增长也非常迅速。在 18 世纪中叶的 1751 年,棉布出口价值约 25.8 万卢布,到了末叶的 1792 年,上升为 160 余万卢布。40 年间,翻了 5 番以上。⑥

---

① C. M. Foust, Muscovit and Mandarin, 1969 年版,第 355 页;方式济:《龙沙纪略》,第 23 页。

② H. B. Morse, The Chronicles of the East India Compang Trading to China (以下简称 Chronicles),第 1 卷,1926 年版,第 254—256 页。

③ H. B. Morse, Chronicles,第 5 卷,1929 年版,第 64、121—122 页;L. Dermigny, La Chine et L'occident, Le Commerce A Canton Au XVIIIe Siecle, 1719—1833,第 3 卷,1964 年版,第 1286 页。

④ T. Dennett, Americans in Eastern Asia, 1922 年版,第 4 页;H. B. Morse, Chronicles,第 3 卷,1926 年版,第 179 页。

⑤ 以上参阅本文附表 1;H. B. Morse, Chronicles,各页。元系指银元,下同。

⑥ C. M. Foust, Muscovit and Mandarin, p. 332、355.

　　中国手工生产的棉布，在西方世界和整个海外，曾经风行一时。以中国的紫花布裁成裤筒像大象腿子形状的长裤，流行于19世纪之初的法国市民中间，它生动地反映在现实主义作家雨果的笔下。[①]这种被称为南京布的紫花布裤子，也是19世纪30年代英国绅士的时髦服装，如今它还作为历史文物保留在伦敦的大英博物馆中。[②]至于沙俄，"中国棉布无论是对西伯利亚和欧俄的居民来说，都是必不可少的"[③]。英国和沙俄，彼此盯着对方，都力图把中国的棉布贸易掌握在自己的手里。1792年英国派马戛尔尼（G.MaCartney）出使中国时，东印度公司就要求它在广州的大班搜集茶叶、生丝和南京布的生产情况，提供使团参考。可见中国棉布的贸易，在英国东印度公司的心目中，已经处于和中国传统出口大宗丝、茶同等重要的地位。[④]中国棉布对沙俄的出口，也引起了英国东印度公司的极大关注。他们要求马戛尔尼使团摸清这方面的情况，因为它会"损害公司的南京布贸易"[⑤]。

　　至于中国棉布之运销美洲和南洋，也保持极高的声誉。在美国独立以前，中国棉布在美洲已经取得非常耐穿的好印象，为当地的印第安人和黑人所喜爱。[⑥]在南洋亦复如此。16世纪末叶，棉布已成为中国货在菲律宾销路的最大宗。[⑦]1833年一个曾经到

　　① Victor Hugo, Les Miserables, p.106, The Modern Library.

　　② 严中平：《中国棉纺织史稿》，科学出版社1955年版，第32页。

　　③ C.M.Foust, Muscovit and Mandarin, p.355.

　　④ E.H.Pritchard, The Crucial years of Early Anglo-Chinese Relations, 1936年版，第290页。

　　⑤ E.H.Pritchard, The Crucial years of Early Anglo-Chinese Relations, 1936年版，第309页。

　　⑥ T.Dennett, Americans in Eastern Asia, p.4; E.H.Blair and J.H.Robertson, The Philipine Islands, 第27卷，第199页。

　　⑦ E.H.Blair and J.H.Robertson, The Philippine Islands, 第8卷，第273页。

过爪哇的英国商人说道："当我于 1811 年刚到爪哇的时候，那里的人几乎完全穿着中国布匹缝制的衣服。"① 一直到 20 世纪，代表中国棉布的 Cangas，仍然是他们十分喜爱的布匹。②

中国棉布之所以畅销海外，是由于它具有双重的优越性：一是价格低，二是质量好。1600 年运销日本的一批棉布，在中国的买价每匹不过 0.28 两，而在日本的卖价每匹高达 0.50—0.54两，卖价几达买价的一倍。③ 一直到 18 世纪中叶，英国东印度公司收购的中国棉布，每匹购价仍不过 0.34 两。④ 一两白银在广州可以买三匹中国棉布，价格的低廉，在当时的国际市场中无出其右，而布匹的质量也居于世界的前列。一直到中国棉布出口开始走下坡路的 19 世纪 30 年代，南京布的好名声仍然保持不坠。它"在色泽上和质地上仍然优于英国制品"⑤。从 18 世纪 80年代初期起，英国商人就企图开辟英国棉布在中国的市场。继1781 年港脚贸易商人向中国试销棉布之后，1786 年英国乡村手工织机制造之棉布，经东印度公司之手，第一次试销于广州。⑥然而，所有英国棉布，无论来自诺维赤、曼彻斯特或哈里法克斯，在广州都卖不出去。原因是与中国棉布相比价格太高，又不合中国服式之用。⑦ 针对这种状况，英国的棉业资本家竟要求英国政府采取措施，禁止中国棉布的进口⑧。一直到 19 世纪 20 年

---

① J.H.Rose, Ed, The Cambridge History of the British Empire, 第 2 卷，1929年版，第 401 页。

② Tien - Hsia Monthly, 1938 年第 4 期，第 314 页。

③ C.R.Boxer, The Great Ship from Amacon p.180.

④ H.B.Morse, Chronicles, 第 5 卷，第 19、101 页。

⑤ Chinese Repository, 1833 年 2 月，第 465 页。

⑥ H.B.Morse, Chronicles, 第 2 卷，第 120 页。

⑦ 同上。

⑧ E.H.Pritchard, The Crucial Years of Early Anglo - Chinese Relations, p.219.

代后期，当英国棉布生产普遍使用机器以后，中国手工棉布市场才开始感受到英国棉布的侵袭。1827 年曼彻斯特的棉布终于在中国站住了脚跟，英制印花布第一次在广州"卖得利润"[①]。

中国手工棉布之所以长期在国际市场上具有这样大的竞争力量，当然有多方面的原因。中国手工棉纺织劳动者无限制地延长自己的劳动时间和压低自己的生活水准，使棉布削价外销成为可能，这无疑是一个重要的因素。但是，鸦片战争以前中国棉布的生产技术和手工棉织业生产力方面的条件，也不能完全忽视。

中国手工棉纺织的生产工具和生产技术，在西方资本主义棉纺织业生产技术进入突飞猛进的 19 世纪以后，处于相对落后的地位，这是不容否认的事实。这个世纪之末手工织布工人使用的投梭机，与 14 世纪初成书的王祯《农书》中所记载的投梭机，在构造上可以说基本相同，称得上是"久已凝固而无进步"[②]。然而，应该看到，在 19 世纪末是落后的生产工具，在 14 世纪初却并不一定落后。《农书》中所记载的纺织工具，有的在当时处于手工技术的高峰。例如大纺厂车，人力、畜力、水力均可发动，这在当时就很先进。[③] 当然，大纺厂车实际上有没有应用，或者在多大的范围内和程度上使用，现在还无法确知，但是，这种设计之先于英国的水力振动机达 400 年之久总是事实。而且，在手工棉纺织的全部工序中，在 14 世纪以后，并不是每一道工序的生产技术都是墨守成规、一成不变的。例如，原棉之由手剥去籽到轧车去籽，由手指弹松到椎弓弹松；纺车之由手摇到足踏，由一锭纺车至三锭乃至四锭纺车；这些改进基本上都是在

---

① H.B.Morse, Chronicles, 第 4 卷，第 146 页。

② 严中平：《中国棉纺织史稿》，科学出版社 1955 年版，第 26 页。

③ 王祯：《农书》第 20 卷，转见严中平《中国棉纺织史稿》，第 21 页。

14 世纪以后逐步完成的。[1] 特别是轧花技术，在这一段期间有较大的进展。王桢《农书》的记载已经说到由辗轴到搅车，"功利数倍"[2]。到了 18 世纪 80 年代，广东已经出现改进的轧花机。为进口的带籽棉花去籽，其功效与美国伊里·惠特奈（Eli Whitnoy）发明的先进轧花机相等，而制作则早 5 年。[3] 由此可见，即使在中国的封建社会后期，生产技术也仍然有所变革，绝对停滞的状态是并不存在的。

变革不仅反映在生产力和生产技术方面，同时也反映在生产关系和生产组织方面。

鸦片战争以前的中国手工棉纺织，基本上仍是农民的家内劳动，但商人控制小生产者的最初形态已经开始产生。[4] 而在"以织助耕"的农户以外，城镇中也出现了以纺织为生的家庭手工业和专业机户。[5] 在生产的某一段工序中，出现了类似手工作坊乃至有一定分工的手工工场的生产组织。例如，在织布的最后一道工序——棉布整理中，至迟在 17 世纪末叶的江南，便有"每坊容匠各数十人不等"的踹坊出现。这种踹坊，专门把已经织成染就的布匹加以踹压，使之光滑美观。踹坊老板叫做包头，他"置备菱角样式巨石、木滚、家伙、房屋"，一方面"招集踹匠居住，垫发柴米银钱"，一方面"向客店领布发碾"。踹布工价按匹计算，由所谓"客店"之布商支付，而直接为踹匠所得，然后

---

① 严中平：《中国棉纺织史稿》，第 20—27 页。

② 王桢：《农书》第 25 卷，转引自严中平《中国棉纺织史稿》，第 23 页。

③ H. B. Morse, Chronicles, 第 2 卷，第 137 页。

④ 彭泽益编：《中国近代手工业史资料》第一卷，三联书店 1957 年版，第 228—246 页。

⑤ 杜黎：《鸦片战争前苏松地区棉纺织业生产中商品经济的发展》，载《学术月刊》1963 年第 2 期。

包头再向踹匠按月收钱若干，"以偿房租家伙之费"①。这种踹坊，在18世纪初叶，仅苏州一地，就有450余处，踹匠约计两万。②

踹坊作为手工作坊而言，有其独特之处。在这种制度之下，包头是踹匠的雇佣者，但却不是主要生产资料——布匹的所有者。他雇佣踹匠，但却不支付工资，他也垫支"资本"，但又从踹匠那里收取生产工具的赁价。他的身份，对踹匠来说像是老板，对布商来说又像是牙行一类的中间人。他的收入，与其说是利润，不如说是租金。总之，新的生产关系的萌芽，带有许多旧的生产关系的痕迹。

如果传统的苏州踹坊还不是真正的手工作坊，那么，出现在广东广州、佛山一带的、和对外贸易发生密切联系的手工织布业，便接近于纯粹的手工作坊或手工工场。从18世纪初叶起，英国东印度公司开始在中国试销印度棉花。③到了这个世纪的末叶，广州进口的棉花，一年之中达到200多万两。④进入19世纪以后，棉花进口又有进一步的增长。18世纪，棉花每年进口很少超过20万担，而在19世纪的30年代，经常在40万担以上，最高的一年超过了50万担。⑤随着棉花的大量进口，利用进口棉花纺纱织布、再出口棉布的布商，开始了投资织布工场的活动。他们利用场外手工劳动者从事纺纱，场内则雇用织布工

① 《雍正硃批谕旨》第42册，转引自彭泽益：《中国近代手工业史资料》第一卷，第255—256页。

② 同上。

③ H.B.Morse, Chronicles, 第1卷，第132页。

④ E.H.Pritchard, The Crucial Years of Early Anglo-Chinese Relations, p.393、pp. 401—402.

⑤ H.B.Morse, Chronicles, 各页。

人，专门从事织布。织造棉布匹头的老板和场外纺工之间，通常总是由老板供给纺工棉花二斤收回棉纱一斤。[①] 可以看出，场外纺工实际上已经是资本主义家庭手工业者，而老板则是资本主义手工工场的主人。19 世纪 30 年代初出现在广州的这种织布工场，据说有 2500 家，平均每一家工场有 20 名场内工人。[②] 如果这个记载有几分可靠，那么，在中国的手工棉纺织业的发展史上，这是一个不可忽视的新现象。而这一新现象的出现，是和棉纺织品的对外贸易密切联系着的。

因此，我们也可以说，从棉纺织业的生产关系和生产组织看，绝对的停滞是不存在的。另一方面，中国手工棉纺织业在鸦片战争以前就已经开始受到西方资本主义的影响，绝对的封闭也是不存在的。

二　鸦片战争后中国棉纺织品贸易格局和手工棉纺织业的变化

鸦片战争以后，中国棉纺织品的进出口贸易经历了重大的变化，中国长期形成的传统贸易格局，出现了逆转的局面。

在这个变化中，最引人注意的是西方资本主义国家机制棉纱、棉布的进口跃居主导的地位。

前面讲到，英国棉布的对华输出，开始于 18 世纪 80 年代之初。而棉纱对华输出的试探，甚至还要更早一些。[③] 经历了大约半个世纪，这一贸易仍然处于停滞不前的状态。对于进口英国棉

---

① M.Greenberg, British Trade and the Opening of China, 1951 年版，第100 页。

② The Chinese Repository, 1833 年 11 月，第 305—306 页。

③ 现有的记载表明：港脚商人在 1777 年就试销棉纱 13 担于广州。见 E.H.Pritchard, The Crucial Years of Early Anglo-Chinese Relations, 第 161 页。

布的中国商行来说，这种贸易若干年来一直是为了出口丝茶而迫不得已的赔本生意。① 只有在进入 19 世纪、当英国棉纺织业中的机器生产居于统治地位以后，局面才开始发生转变。1827 年，曼彻斯特的棉布第一次在广州以能获得盈利的价格出卖。② 5 年以后，英国棉织品就已经成为"中国贸易中的一个重要部分"③。接着，英国棉织品对中国的出口，在价值上开始超过中国棉布对英国的出口。④ 鸦片战争以后，英国机制棉纺织品对中国的出口继续增长。在 1843 年到 1867 年的 25 年中，这一项出口的货值，大约由 260 多万两上升到 1300 多万两，即约增 4 倍。1867 年以后，增长的趋势在棉纱与棉布之间出现了显著的差别。从 1867 年到 1894 年甲午战争时为止，棉布进口由 1200 万海关两上升到 3100 万两，增加不到两倍，棉纱则由 146 万两上升到 2140 万两，增加了 13 倍以上。⑤

和西方机制棉纺织品进口的上升相反，中国手工棉布的出口，在这一段时期中却急转直下。如上所述，这种逆转的局面，事实上在鸦片战争以前的 10 年间即已开始露头。19 世纪 30 年代的初期，中国棉布的出口，由曾经达到过的 330 多万匹的高峰降到 100 万匹以下，最低的 1833 年只有 3 万多匹。⑥ 鸦片战争以后，在一个相当长的时期内，中国棉布出口几乎绝迹。1847 年，宁波出口的一批手工染色布，运到香港就因销售不出去而退了回

① M.Greenberg, British Trade and the Opening of China, p.186.
② H.B.Morse, Chronicles, 第 4 卷，第 146 页。
③ M.Greenberg, British Trade and the Opening of China, p.102.
④ H.B.Morse, Chronicles, 第 4 卷，第 223—253 页；严中平：《中国棉纺织史稿》，第 33 页。
⑤ 参阅本文附表 2。
⑥ H.B.Morse, Chronicles, 第 4 卷，第 343 页。

来。①50 年代初期，上海出口"土布"，包括杂货在内，一共不过 41000 元，只相当于当年上海全部出口的 0.4%。② 一直到中国海关开始有历年进出口统计的 1867 年，棉布出口仍不过 15800 多匹，价值 21000 多海关两③，连鸦片战争前的最低出口水平也没有达到。在此以后的 20 年中，中国棉布出口虽每年略有增加，但总起来看，回升的速度极为缓慢。经历了 20 年的光阴，出口棉布除了个别年份以外，一般都在 10 万匹以下，一直到 80 年代后期，棉布出口贸易才有了重新恢复的势头。1887 年，出口棉布第一次由不及 10 万匹猛增至 23.8 万匹以上，比前一年增加了 1.5 倍。以后增长迅速，到 1895 年为止，出口棉布达到 130 余万匹，基本上恢复到鸦片战争前的常年出口水平。④

手工棉布出口的这种变动，和手工棉布生产中的变化密切相关。

毫无疑问，西方资本主义的机制棉纺织品对中国手工棉纺织品的打击，是中国棉布出口贸易局面逆转的直接原因。当英国的棉纺织品同样处在以手工生产为主的阶段时，中国手工棉布在国际市场上就具有一定的竞争能力。与此同时，英国棉纺织品在中国的市场，也就非常难以打开。而当英国的机制棉纺织业居于统治地位时，中国手工棉纺织品的竞争能力，就出现明显的差异了。鸦片战争刚刚结束不久的 40 年代中期，和外国势力较早发生接触的沿海地区，就表现出对这种差异的敏感。1844 年闽浙

---

① British Parliamentary Papers, Returns of the Trade of Various Ports of China for the Years 1847and1848，转见姚贤镐编《中国近代对外贸易史资料》，第 620 页。

② Herald，1852 年 7 月 3 日，转见姚贤镐编：《中国近代对外贸易史资料》，第 569 页。

③ 参阅本文附表 3。

④ 同上。

总督刘韵珂说：洋布"质既精良，价复平减，内地之棉布，不复畅销"[1]。1845 年福州将军敬敫也说：洋布"其质既美，其价复廉，民间之买洋布、洋棉者，十室而九"[2]。这些稍嫌笼统的言辞，也许有失夸张。但是，我们也的确看到一些比较具体而可信的记录。例如上面提到的 1847 年宁波出口的棉布，到了香港被退了回来，就是一件无可辩驳的事实。同时，在另外一则材料中，我们又看到，就在这个时候，宁波出口的中国棉布每匹售价 6 元，而同样的进口棉布，3.5 元就能买到，"这样，和本地货相同的货物的进口，已经使许多织布机停了下来"[3]。两相印证，这里反映的事实应该是可信的。织布如此，纺纱也不会例外。这从鸦片战争以后、特别是 60 年代以后，棉纱进口增长的速度和价格下降的幅度都大大超过棉布这一点，可以得到充分的证明。我们在上面讲到，1867 年至 1894 年间，洋布进口增加不到两倍，而洋纱进口则增加 13 倍以上；同一时期，进口洋布价格下降了 26％，而进口洋纱价格则下降了 63％。[4] 所有这些，说明进口洋纱比进口洋布具有更加雄厚的竞争力量。

这是事物的一面，而且从长期看，这是主要的一面。但是，这究竟只是一面，不看到另一面，事物过程的复杂性，就会被人为地加以简单化。这就是说，考察这个问题，既要看到西方机制棉纺织品入侵的一面，又要看到中国手工棉纺织业抵抗的一面。中国农民"自己种棉花，或以自己田里的生产物交换棉花，自己

---

　　[1]　经济研究所存清代钞档，转引自姚贤镐《中国近代对外贸易史资料》，第1356 页。

　　[2]　《历史研究》1954 年第 3 期，第 26 页。

　　[3]　R.M.Martin，China，第 2 卷，第 308 页，转引自姚贤镐《中国近代对外贸易史资料》，第 1357 页。

　　[4]　姚贤镐：《中国近代对外贸易史资料》，第 1646 页。洋布价格以本色市布为准。

做成简单的织布机，梳棉纺纱全都自己动手。除了家庭成员的帮助之外，不要其他帮助，就把棉花织成布"。只要"以较棉花略高的价格"把布匹卖出，就能把再生产维持下去。① 60 年代末期，英国驻汉口的领事把当时洋布和土布的价格作了一番比较以后，甚至得出结论说：洋布价格按重量计算虽然低于土布，但相差有限，随着棉花价格的下降，土布会更加便宜，洋布终将被赶出市场。② 因此，"曼彻斯特的制造家看到［中国］农舍这种简单的织布机及其附件，也许会发笑"，"但这种织机能够完成这一工作，而这个民族不倦的勤劳则代替了蒸汽力"，并且"胜过了蒸汽动力"③。这些都是鸦片战争以后不久出自英国入侵者口中的语言。它表明了中国手工棉纺织业对西方机制棉纺织品的抵抗能力。

　　西方机制棉纺织品不但不能迅速而全面地破坏中国的手工棉纺织业，而且，从另一个角度上看，这种进口又给中国的手工棉纺织业以某种自存乃至求得发展的条件。作为织布原料的进口洋纱，数量上的迅速增长和价格上的大幅度下降对中国手工织布业的刺激，就是一个例子。

　　利用进口棉纱从事手工织布，这在鸦片战争以前通商口岸附近的不产棉地区已经有所发生。例如，在 19 世纪 30 年代初的广州附近，就已经有些织户"用洋纱上机织布"。1831 年 4 月 2日，来自澳门的一则报道，从当地手工纺纱业者的反对活动中，生动地反映了这一情况。报道中说："洋纱的进口，曾经在这个

---

　　①　姚贤镐:《中国近代对外贸易史资料》，第 1337 页。

　　②　Great Britain Foreign Office, Commercial Reports from Her Majesty's Consuls in China, 1869—1870, 汉口，第 171 页。

　　③　Correspondence Relative to the Earl of Elgins Special Missions to China and Japan, 1857—1859, 转引自姚贤镐《中国近代对外贸易史资料》，第 1335 页。

地区的居民中，引发了很严重的骚动，他们大声疾呼地申诉说：洋纱剥夺了他们家中原来从事于纺纱的妇女、儿童的生计，大家决定不用洋纱上机织布，并声称决定要烧毁运入那些乡村的洋纱"。"黄埔东北的那些贫苦人民"，甚至"在各乡镇遍贴标语，提出警告，凡在广州购纱入乡者，一经拏获，立即处死"。据说"洋纱生意"因此"陷于停顿"[①]。

广州黄埔的洋纱生意可能停顿于一时，但是手工织布之用进口洋纱替代手纺土纱这一趋势，是无法长期阻挡下去的。在江苏南通创办新式纱厂的张謇说过：在新式纱厂出现以前，"通州乡人尚未行用机纱"；"其时布商收布，凡见掺用洋纱者，必剔除不收"；"既而机纱之来通销售者渐多，工渐便之，商收亦渐多"[②]。稍后，四川也出现同样的情况。20 世纪初的一则报道说：川北一带，以前皆用陕西一带所产之棉，"纺纱、捻线。每至秋冬，凤县、留坝一路，驮运棉花入川者，交络于道。后一律改用洋纱，陕花遂不入川"[③]。应该说，这些都是真实的记录。事实上，在 19 世纪下半期，引进洋纱代替土纱进行手工织布的报道，至少在 80 年代以后的中外文献中，也就是在中国手工棉布的出口重新有较大的恢复势头之日起，就开始频繁起来。如果说 30 年代洋纱向手工织布的引进，在通商口岸的广州附近还受到中国手纺业者的反对，那么 50 年之后，手工织户之使用洋纱，则几乎遍及整个广东。如果说 40 年代洋纱的市场还只限于沿海城市，那么 90 年代就已经扩大到四川、云南等边远腹地。如果说，60

① British Relation with Chinese Empire in 1832, p.81；转引自彭泽益编《中国近代手工业史资料》第一卷，第 248—249 页。
② 张謇：《经理大生纱厂十二年历史》，《通州兴办实业之历史》上册，1910 年版，第 111 页。
③ 《商务官报》，第 2 期，光绪三十三年二月五日，第 71 页。

年代初土布生产中使用洋纱还只占 0.6%，那么，90 年代中，就已经上升到 23.4%。[①] 如果说，80 年代以前洋纱还只限于织布使用之经线，那么，90 年代以后，则"不论经线、纬线都同样用［进口的］印度纱绞成"[②]。其所以如此，一句话，洋纱比土纱结实而便宜。

这种局面的形成，对中国的手纺业自然是一个打击。现有的研究，在这方面的论述已经相当充分。但是，恰当的估计仍然是首先需要解决的问题。一位研究中国棉纺织史的专家，根据中国的一个有手工纺织传统的地区——河北定县的情况，作出了如下的分析。他说：一直到 1933 年，定县全县手工织布的消纱量，由输入的机纱供应的只占 1/3，其余用纱仍然全靠本县手纺业供应。然而，他是这样看问题的："尽管定县有这许多手纺产纱，在定布外销是日益扩大的时期，定县手织业还是必须依赖外地供应原料的。"他"推算 1915 年最高外销量 400 万匹所需要的棉纱，如果全靠手纺业供应，那么就需要从事纺纱的农家 8 万户，这就超过全县农户总数达 14000 家"。"所以，没有机纱的供应，定县那 400 万匹的外销量乃是不可想象的。"然后，他得出结论说："在这里，我们看到了输入洋纱对于中国农村社会结构的作用，在一定条件下，并不是单纯地代替手纺纱，相反的，倒是补充手纺纱的不足而成为手织业进行商品生产的必要条件。"[③] 这个结论，从我们的角度看，正说明洋纱对土纱的打击，并没有达到完全取代的地步。甚至到了 20 世纪的 30 年代，仍然如此。[④]

---

① 根据吴承明同志的估计，原材料未发表。

② Report of the Mission to China of the Blackburn Chamber of Commerce, 1896—1897. 转引自彭泽益编《中国近代手工业史资料》第一卷，第 214 页。

③ 严中平：《中国棉纺织史稿》，第 272 页。

④ 根据这位研究者的估计，30 年代"中国现存手纺车，当有 700 余万架"。见严中平：《中国棉纺织史稿》，第 257 页。

外国机制棉纺织品虽然不能完全排挤和取代中国手工棉纺织业的生产，但是，在外国资本主义入侵中国的条件之下，中国的手工棉纺织业，也断绝了向资本主义大工业发展的前途。手工棉纺业的遭遇，这是不必再加论述的了。中国农村手工棉纺业一直到旧中国的结束，仍然处于个体生产的状态，这是人所共知的。因此，我们不妨集中看一看棉织业的变化。

首先，应该看到，在外国资本主义入侵以后，中国手工棉织业有向资本主义方向发展的一面，表现在以下三个方面：

(1) **商品生产的扩大**　上面提到，在引进洋纱织布以后，手工棉布的出口又得到一定程度的恢复和发展。这是商品生产扩大的一个方面。在国内市场上，出现了同样的情况。19 世纪 90 年代中期的一个调查报告中写道："有些城市及其邻近地带的织布业，已经成为区域化的专业。从这些织布中心向广大地区发出大量的布匹。""因此我们看到上海土布远及长江流域，汉口土布则散布贵州、广西，而长江上游及云南，则有大量的沙市土布。"[①]被这个报告称之为中国西部的曼彻斯特的沙市，所有供应中国"西部地区的土布，都在这里分别等级、打包并装船运出"，在四川和云南的每一乡村，我们都曾见过沙市土布。"其输出总量达二千万磅以上——或者要大大超过此数。"报告中提到一位沙市海关税务司的亲眼观察："有一天他曾数过候装棉布的木船，共有一千五百只。"[②] 这种现象，决非以自给为主只出卖剩余的农家副业的条件下所能出现的，它不是单纯的使用价值的生产和交换，是无庸置疑的。

----

①　Report of Missisn to China of Blackburn Chamber of Commerce, 1896—1897, 转引自彭泽益《中国手工业史资料》第一卷，第 238 页。

②　彭泽益：《中国手工业史资料》第二卷，第 240—241 页。

（2）**生产工具的改进**　商品生产的扩大往往和生产工具的改进联系在一起。一方面，生产工具的改进使商品生产的扩大成为可能，另一方面，商品生产的扩大也要求生产工具的改进。这是一个逻辑的过程，也是实际的历史过程。这个过程在19世纪90年代以后的中国手工棉纺织业中，有相当广泛和明显的表现。首先是投梭机→拉梭机→脚踏铁轮机的演进，同时还有改良提花机的应用。我们在上面讲过，19世纪之末，中国手织业中使用的织机，基本上是14世纪遗留下来的投梭机。这种织机的构造，未能将织布的六项操作——开口、投梭、打纬、移综、放经、卷布——加以协调，联合行动。投梭不能同时打纬，打纬不能同时移综，卷布则更必须停止一切织纬工作，放经甚至工人非离开机座不可。而布幅受手工投梭的限制，只能织宽仅一尺左右的布匹。显而易见，这种效率极低的工具，是无法和动力织布机相匹敌的。拉梭机则部分地弥补了投梭机的缺点。它把投梭的双手投接改为一手拉绳，一手握纬杆以打纬，使生产速度增加一倍以上。布幅也有所加宽，到了铁轮机，则利用齿轮杠杆等机械原理进一步开口、投梭、打纬、卷布、送经五项操作形成一个整体，用足踏板作总发动，使做放经、卷布、移综三项工作时，不须停止织布，生产效率大大提高。至于改良提花机，则利用复杂的装置自动织成任何花纹图案，也能大大节省劳动，提高产量。总之，这是用人力发动的织机所能达到的最完美的结构。①

手工织机的这种改进，在某些织布地区，至少从20世纪初叶开始，确已出现。以城市而言，上海手工织布业，至迟在

---

① 以上据严中平《中国棉纺织史稿》，第26、270—271页。

1907 年时已经由投梭进到拉梭和脚踏铁轮机的阶段。[①] 四川重庆织布业在 1905 年已开始铁轮织机的应用。[②] 广东汕头的棉织业在 1906 年也开始采用手织足踏机器。[③] 至于农村的手织业，在同一时期也传出同样的信息：河北省的乡村织布中心之一的高阳，在 20 世纪之初，就引进了外来的足踏铁轮机。[④] 四川农村织户的织机，在清朝末年也由"省外传入"扯梭（即拉梭）木机，生产效率倍增，"且能仿制外洋宽布。由是织布之家，多弃丢梭［即投梭］而不用"[⑤]。其他地区多有类似情况。

（3）**手工工场的出现**　生产工具的改进，必然伴随着分工和生产规模的扩大，伴随着手工工场的出现。这在进入 20 世纪以后的手工棉织业中，是一个比较普遍的现象。根据 1900 年至 1913 年间四川、江苏、浙江、湖北、广东、河北、山西、山东、辽宁、福建、贵州 11 省的选样材料，在 37 家有织机统计的手工工场中，织机在 30 架以上的有 28 家；在 95 家有工人统计的工场中，工人在 30 人以上的有 82 家。[⑥] 在河北乡村织布中心之一的高阳，1926 年以后的一段时期中，"小工厂"的勃兴是一个十分显著的现象。这种"小工厂"一般有织机十数架以至数十架，雇用工人自十数人至数十人不等。它"有一定的工作时间，有监

---

　①　《上海手工业调查报告》，1951 年，转见彭泽益编《中国近代手工业史资料》第二卷，第 367 页。

　②　《重庆之棉纺织工业》，转见彭泽益编《中国近代手工业史资料》第二卷，第 368 页。

　③　Trade Reports，1907 年，汕头，转见彭泽益编《中国近代手工业史资料》第二卷，第 368 页。

　④　吴知：《乡村织布工业的一个研究》，1936 年版，第 11 页。

　⑤　《重庆之棉纺织工业》，转引自彭泽益编《中国近代手工业史资料》第二卷，第 368 页。

　⑥　彭泽益编：《中国近代手工业史资料》第二卷，第 369—378 页。

工及经理人等职务，已脱离家庭聚作的形式"。① 可以看出，所谓"小工厂"，实际上是规模较大的手工工场。这种现象，在20世纪20年代的农村手工棉纺织业中，已经不限于高阳一地，这是可以肯定的。

如此看来，资本主义大工业，似乎就要在这里出现了。情况是不是这样呢？可以肯定地说，并不是这样。

毫无疑问，在以后的年代里，棉纺织业中由工场手工业向大机器工业的过渡，是若有轨迹可寻的。当时间进入20世纪20年代后期以后，这种现象似乎还相当普遍。例如，1929年无锡丽华织布厂有手工织布机152架，同时又有动力织机42架。② 1932年杭州广生棉纺织厂有手织机143架，同时又有动力机27台；永新织布厂有手织机35架，同时又有动力机50台；振华织布厂有手织机56架，同时又有动力机11台。③ 1934年，重庆三峡染织工厂有手织机76架，又装动力织机30台④。同年，上海、江苏、浙江、安徽、江西、山东、河北、山西8省市的415家小型染织厂中，有手织机11886台，同时又有电力机11208台。⑤ 据此，一位研究中国棉纺织史的专家说道："假使我们记起19世纪初英国织业动力化的开展，或许要把中国手工场的此类现象，认作中国织业动力化的原始形态。""但事实上，中国大机器织布工厂都不是这样演进而来的。而手织工场之能这样实行部分机械化者，也只是极少数。"⑥ 这个评价和估计，无疑是正

---

① 吴知：《乡村织布工业的一个研究》，第25页。
② 《无锡年鉴》第一回，转见严中平《中国棉纺织史稿》，第301页。
③ Chinese Economic Bulletin, 1932年5月14日，转见上引书。
④ 《重庆之棉织工业》，转见上引书。
⑤ 《全国棉纺织厂统计资料汇编》，转见上引书。
⑥ 严中平：《中国棉纺织史稿》，第301页。

确的。需要补充的是，即使是这样的"极少数"，也没有真正的资本主义前途。许多手工织布业比较集中的城市和乡村手工织布中心所出现的机器织布或整理、印染工厂，它们仍然是整个手工织布业的一部分。它们不但不能排挤手工织布业，而且和手工织布业同其命运。当整个手工织布业衰落之时，它们也随之衰落下去。东北营口的手工织布业，在1915年至1924年欧战及战后一段时期，曾经有过一度的繁荣，有不少手工织布工场在手工以外，开始使用电力。然而不过数年，就进入萧条时期，机器织布随着手工织布而面临着收缩的局面。[①] 河北乡村织布中心之一的高阳，在手工织布的鼎盛时期，拥有织机6万张，在手工织布之外，还有机器织布工厂14家。[②] 规模较大的12家整理工厂，"所有的整染机械与工具，发动力一律是汽力"[③]。然而，随着土布生产的萧条，机器织布厂也随之收歇。[④] 事实证明，高阳的手工棉纺织业，始终没有发展成为独立的资本主义工业，始终没有进入资本主义大工厂的阶段。

高阳棉纺织业的命运，也就是整个中国手工棉纺织业的命运。

三　西方资本主义的入侵与中国资本主义产生的关系

鸦片战争以后中国手工棉纺织业出现这样一些变化，这和西方资本主义的入侵有着密切的关系。也就是说，外国棉纺织品的

---

① 经济讨论处：《经济半月刊》第2卷第4期，第5页。
② 彭泽益编：《中国近代手工业史资料》第四卷，第4页。
③ 吴知：《乡村织布工业的一个研究》，第148页。
④ 彭泽益编：《中国近代手工业史资料》第四卷，第6页。

输入中国，对中国手工棉纺织业的影响，是西方资本主义的入侵对中国棉纺织业乃至整个资本主义工业的影响的一幅缩影。下面我们就对这个问题作一些初步的考察。

应该承认，西方资本主义的入侵中国，对中国资本主义的产生有直接促进的一面。19世纪入侵中国的西方资本主义国家，其工业生产力水平以及在工业方面使用的生产工具和生产技术，在当时全世界范围内是最先进的。西方资本主义的入侵中国，在掠夺中国经济的同时，也给中国带来了先进的生产工具和生产技术，这是毋庸讳言的客观事实。我们在上面讲到19世纪90年代以后中国手工棉纺织业中生产工具的改进，事实上有许多也是外国引进的结果。一位研究中国棉纺织史的专家说道：19世纪末20世纪初中国手工棉织业使用的足踏铁轮织机，是人力发动的最进步的织机。他指出这种铁轮织机"传自日本"，但是却不能肯定传入的确切时间。[①] 据我们看，中国手工业中最初使用的铁轮织机可能就是从国外引进的机器。被称为"华北三大乡村织布业中心"的河北高阳、宝坻和山东潍县中，至少有两个地区有这方面的确切记载。在山东潍县，原来所用织布木机出品俱属狭面布匹，"至光绪三十二年（1906）有人自日本购入足踏机数架，开始织造宽面布匹，因其生产能力较高，随即引起当地农民仿学，终使潍县变为乡村棉织工业之中心"[②]。在河北高阳，足踏铁轮机的输入，在山东潍县之后3年（1909）。直接输入者就是天津的日本洋行。[③] 可见，至迟在20世纪初叶，进口的铁轮织

---

① 严中平：《手工棉纺织业问题》，载《中山文化教育馆季刊》第4卷第3期，1937年。

② 程海峰：《我国工人之工作效率》，载《国际劳工通讯》第5卷第3期；转见彭泽益编《中国近代手工业史资料》第3卷，第691页。

③ 吴知：《乡村织布工业的一个研究》，第11页。

布机已经相当广泛地应用于中国手工棉织业。事实上，从轧花到织布的全过程看，有些工序的生产工具的引进时间还要早得多。例如，足踏轧花机的使用，最初也是从日本引进的，时间可以追溯到足踏织布机引进之前20年的1887年。① 到了19世纪90年代，经由宁波一口输入的日本脚踏轧花机，一年可以达到数百部。② 进入20世纪以后，这种轧花机已由沿海城市扩大到内地。例如，长江中游的手工棉织业中心沙市，在1901年至1903年间，"乡民之出资购用者，无处不有"。仅江口一处，3年间即由48具猛增至1290具，此外尚有2700余具在沙市报关进口，运往别处。③ 我们在上面提到的20世纪初叶中国手工棉纺织业中手工工场的涌现，估计其中有很大一部分使用的就是进口的生产工具。

　　手工棉纺织业如此，机器棉纺织业的情形就更加突出了。中国第一家现代棉纺织厂——上海织布局，在筹办之初，从总机器、轧花机器、织布机器到火炉、水柜、铜扣、棱子、锭心、皮条以及煤气洋灯、煤气机器和一切修理家伙机器等，全部由外国进口。厂内的"领袖工作"，从总理厂务到总理机器以及总理弹花、轧花，总理浆刷布经及折布打包，总理织布事务、总理卷花、理纱、配纱等等，全部"雇洋匠督教"④。创办者的主张是要分"外洋之利"，他们的措施，却是要借"外洋之力"。

　　引进外国生产工具和生产技术，是引进了中国原有的封建生产关系所不能容纳的新的社会生产力。不承认这一点，不是马克

---

① Great Britian Foreign Office, Diplomatic and Consular Reports on Trade and Finance, China, 1887年，宁波，第2—3页。

② Trade Reports, 1893年，宁波，转见彭泽益《中国近代手工业史资料》第二卷，第236页。

③ Trade Reports, 1893年，转见上引书，第237页。

④ 上海织布局招商集股章程，转见孙毓棠编：《中国近代工业史资料》，中华书局1957年版，第1043、1046页。

思主义者的态度。我们和帝国主义辩护士的分歧不在这里，而在于对中国经济所产生的后果的评价和估计。

能不能根据这一点就断言帝国主义对中国没有压迫只有帮助呢？当然不能。

资本、帝国主义入侵中国，虽然引进了中国封建生产关系所不能容纳的社会生产力，但它的行为的目的和后果，决不是把封建主义的中国变成资本主义的中国，而是把独立的中国变成附属于它的殖民地。这个论点，在毛泽东同志分析帝国主义对中国采取的十项军事的、政治的、经济的和文化的压迫手段中，得到充分的证明。① "西方商人不是出自帮助中国人取得现代化的无私愿望而向中国人转让技术，"这在西方也是有许多人不得不承认的事实。"完全相反，他是在寻求利润。正是对利润的追逐，才引导他为中国人提供银行和交通服务，提供顾问，提供现代机器和设备的信贷，以及技术的训练。"②

在我们现在所考察的主题的范围以内，实际的情况，已足以说明问题。

拿西方机制棉纺织品的输入来说，我们从上面看到：机制棉纱的输入，一方面破坏了中国的手工棉纺业，一方面也曾经使中国的手工棉织业有过恢复乃至发展的时机。但是，中国手工棉织业为什么到底没有能向前发展成为资本主义大工业呢？为什么始终停留在落后的状态而终于走上亏累和萧条的结局呢？曾经在20世纪30年代亲自作过河北高阳手工织布业实际调查的一位学者得出结论说："最近高阳布业的亏累，与日纱的倾销就有莫大

---

① 毛泽东：《中国革命和中国共产党》，《毛泽东选集》合订本，人民出版社1964年版，第622—624页。

② Robert F. Dernberger, The Role of the Foreigner in China's Econoncic Development，见 D. H. Perkins 编：China's Modern Economy in Historical Perspective, 1975年版，第43页。

的关系。"原因是"日商纱厂猛将存纱在市场倾销，纱价猛跌"，"使高阳布线商人经营上颇感棘手"。而布线商人之所以感到棘手，则是因为："布线庄自从购入棉纱撤机收布以至运销得款，其间至少也要三个月的时间，多则半年以上。现在棉纱价格的跌势如是猛烈，早市购入的到晚市又落价了，等织成布匹运到外埠去销售，那么纱价不知又落到什么地步了。棉纱落价，布价自然也看低而跟着落价，所以不论织卖货的农户，以小本经营而赔累不堪，无法继续，就是商家也惊心动魄，多持观望态度，不敢进货，稍一不慎，就有覆灭之虞。非特如此，商家从前所积存货，鉴于布价的日益低落，起初还观望风色，不肯脱售，其后因同业竞争和希望少赔，也不得不忍痛出售，还恐无处脱手。陈货既多未销去，资金也极感滞呆，布商处此境遇，自然只有竭力收缩营业或竟停止撤机的，比比皆是。布线庄既停止撤机，那么大部分织工也只有失业了。"[①]

为什么棉纱的跌价反而对手工织布业会造成这样严重的后果呢？原因是：这里手工织布的原料市场已为日纱所独占。通过原料市场的垄断，日本帝国主义间接扼制了高阳的织户。以 1932 年为例，这一年高阳的手工织户所消用的 16000 包 16 支以上的机纱中，日纱就占 14085 包，相当于全部消纱的 88%。[②] 这个比例，就全国来说，可能高了一些。但是，这个调查的结论，说明了一个带有普遍性的问题。这就是帝国主义不仅剥夺了中国手工业的产品市场，而且控制了手工业的原料市场。外国机制棉纱剥夺了中国手工纺纱的产品市场，同时又控制了手工棉织的原料市场。如果说，洋纱的销量指数是手工纺机停纺数目的指标，那

---

① 吴知：《乡村织布工业的一个研究》，第 265—266 页。
② 同上书，第 202 页。

么，洋纱的价格指数就成为手工织机停织数目的指标。两者的结果，实际都是一样的。这就是说，产品市场的控制和原料市场的控制，构成了中国手工业的双重压力。

我们在这里还只是作比较抽象的分析。如果进一步结合具体的实际，就能看到中国手工业所受的损害远远不止于此。这是因为帝国主义入侵中国以后，和中国封建残余勾结在一起，"造成了一个买办的和商业高利贷的剥削网、造成了为帝国主义服务的买办阶级和商业高利贷阶级"[1]。通过买办、农村的高利贷者和地主豪绅，帝国主义商业掠夺的触须一直伸到穷乡僻壤。首当其冲的自然是中国的农产品，但是，中国的小手工业也是一个被束缚的对象。在这方面，广东棉纺织业中的抽纱业就是一个很典型的例子。七七抗战以前，广东潮汕一带四五十万人所赖以为生的抽纱，不仅是供帝国主义掠夺的出口大宗，而且抽纱所用的原料也受到帝国主义的控制。2/3 的抽纱原料，掌握在帝国主义的手中。在这些产品的收购和原料的供应上，外国洋行占了垄断和支配的地位。他们通过买办，把掠夺的触须伸向每个农村手工业者。抗战以前，汕头的十几家洋行，在潮汕一带比较大的城镇里都有代理人——二盘，其下又有二盘代理，代理之下还有工头。工头领料下乡放工，收货交二盘代理，然后层层上交给二盘以至洋行。[2] 每一个层次，对从事手工业的小生产者而言，就是一道剥削。在一般情况之下，家庭手工业者和资本家之间，通过大量的中间人，存在着真正的"榨取血汗的制度"，"最残酷的剥削制度"[3]。如果说，在一般情况之下，这是通往资本主义所必须经

① 毛泽东：《中国革命和中国共产党》，《毛泽东选集》合订本，人民出版社1964年版，第623页。
② 《潮州抽纱业》，载国民党《实业部月刊》第2卷第6期。
③ 《列宁全集》第3卷，第399页。

历的过程，那么，在中国，这个前途是没有的。它只有无尽头的"最残酷的剥削制度"。因为这里的真正的雇主，不是本国的资本家，不是本国的大企业者，而是外来的帝国主义者。它只有巩固这个"最残酷的剥削制度"，到处企图保持前资本主义的榨取形式，以便加深这种最残酷的剥削。

如果说，机制洋纱对手工棉纺织而言，虽然破坏了手工棉纺，最终也限制了手工棉织的发展，但还曾经有过一段对手工棉织的所谓"促进"，那么对中国资本主义大工业的棉纺织厂而言，却始终起着排挤和打击的作用。中国民族资本的纱厂，虽然先帝国主义在华的纱厂而存在，但是在进口洋纱的强大压力下，在第一次世界大战以前，它在国内的棉纱市场上始终居于受排挤的劣势地位。在 1894 年至 1913 年的 20 年间，在华北四个口岸和华中七个口岸洋纱和国产纱的销量中，国产纱所占的比重在华中不足 30%，在华北则甚至不及 20%。[①] 一位研究中国棉纺织史的专家在分析这一段时期华商纱厂设厂浪潮的起伏情形后指出：中国纱厂的生存条件，是"掇拾洋纱瓜分中国市场的余慧"，"正因为中国国内纱厂须掇拾洋货销余市场以自存，所以中国国内棉纱业的景气变动便失其独立性，此所以 1894—1899 年间日货对华倾销尚在试验时期，中国纱厂尚能维持相当的繁荣。可是 1899 年后日货并力锐进，繁荣亦随之消逝；此所以日俄战后，日货无暇东顾，中国进口棉纱因以大减时，中国纱厂又得以恢复繁荣，而其后日货重来，繁荣乃再归消逝。这种跛行的演变过程，非如资本主义国家由于生产过剩与恢复而来的萧条与繁荣之交替，实为市场不能自主的结果。也正因为同一理由，所以国内纱厂的资本积蓄过程，乃亦以跛行状态前进，甚或

---

① 严中平：《中国棉纺织史稿》，第 145 页。

根本不能前进"①。

应当指出，中国资本主义棉纺织工业所受的打击和排挤，这里只是一端。另外一个压力，来自帝国主义在中国的棉业资本。而且它的分量，在进入 20 世纪以后，变得日趋显著。统计数字表明，自 1913 年以后，西方棉纺织品的输入中国，在速度上和它在中国输入洋货中所占的比重上，都有所降低，但是中国纱厂所受的压力，并不因此而减少。这就说明，这个时期的压力，主要是来自帝国主义在中国的棉业资本。关于帝国主义在中国的棉业投资，在现有的有关著作中，已经得到充分的注意，用不着多作论述。我们在这里只提出一点，这就是：在 1913 年到 1931 年这一段时期中，因资金困难向外国洋行举债而被外商兼并的中国纱厂，见于记录而被确认的至少有 14 家。② 而"所有的借款，无一不是拿借款纱厂的厂基、建筑物和机器设备等全部资产做抵押品的"③。当初，中国民族资本纱厂的创建，无一不是从外国输入它的机器设备。现在，当中国民族资本的纱厂创建了将近半个世纪时，靠借款度日的中国纱厂，又无一不是以机器设备作为抵押，以至最后全部进行拍卖而落入外商的手中。这对当前仍然有人高唱的"外资非压迫论"而言，真是最难堪的讽刺。

当然，也有值得我们汲取的教益在。

在我们现在所考察的范围以内，西方资本主义的入侵，它所引进的机制棉纱和先进的棉纺织机器，包括改良的手纺织机器在内，或者破坏了中国原有的落后的手纺业和手织业，或者在一个时期以内又刺激了手织业中资本主义因素的产生，特别是直接为

---

① 严中平：《中国棉纺织史稿》，第 147 页。
② 同上书，第 197—198 页。
③ 同上书，第 199 页。

中国的资本主义大工业提供了全新的生产工具，提供了资本主义大工业产生的条件，这些都是事实。如果为了要骂倒帝国主义侵略，或者为了反对所谓"外烁论"而不承认这些客观存在的事实，就不是马克思主义的态度。相反，应该据此进行分析。那就是，尽管有了这些，而且正是由于有了这些，中国原有的小手工业向资本主义大工业过渡的道路，被截断了。中国手工棉织业中的资本主义因素，"不自主地受外国工业资本主义的推移而发生，同样不自主地受外国工业资本主义的摧残而毁灭"[①]。资本主义大工业虽然在另外的土壤上产生，但这是一块天生的不毛之地，在这块土地上生长的中国资本主义，萎缩和枯败是它注定的命运。

统 计 附 录

表1　　　　中国手工棉布出口统计（1734—1833）

年　别	出口量（匹）	年　别	出口量（匹）
1734	100	1761	3000
1736	12934	1764	60910
1737	19370	1765	18000
1738	9530	1768	20000
1740	4000	1769	30000
1741	15699	1775	10000
1750	5740	1782	20000
1754	7200	1786	372020

[①] 厉风：《五十年来商业资本在河北乡村棉织手工业中之发展过程》，载《中国农村》第1卷第3期，第76页。

续表

年　别	出口量（匹）	年　别	出口量（匹）
1790	509900	1814	274860
1792	402200	1815	244260
1793	426000	1816	158760
1794	598000	1817	1229000
1795	1005000	1818	798500
1796	820200	1819	3359000
1797	573000	1820	910000
1798	2125000	1821	1876000
1799	1160000	1822	1629384
1800	529668	1823	1110000
1801	1584700	1824	1115750
1802	1050000	1825	1217000
1803	941000	1826	547900
1804	1720000	1827	1380500
1805	1679500	1828	1314000
1806	860000	1829	1055000
1807	1488000	1830	1051000
1808	775000	1831	438785
1809	1245000	1832	170500
1810	373752	1833	30600
1811	634400		
1812	418400		
1813	610000		

附注：1.1734 年出口交易未做成。

2.1782 年以前统计不全。

3.1800、1810、1814—1816 年五年出口单位原为担，按每担 36 匹换算为匹。

表 2　　　　　外国棉纺织品入口统计（1781—1894）

年　别	棉纱入口量（担）	棉纱入口值（两）	棉布入口量（匹）	棉布入口值（两）	棉纱棉布入口值（两）
1781			248		
1783			550		
1790			100		
1821			720		9807
1825					1895
1826					36144
1827					124983
1828					183338
1829	3759		22195		215373
1830	2857		14639		246189
1831	7180		42294		360521
1832	2884		55190		337646
1833	3008		109575		451565
1834	6775		139003		
1835	17628		252587		
1836	23728		318274		
1837	13880		257735		
1838	28072		562531		
1839	11944		501639		
1840	18192	226244	520872	715167	981411
1841	21912	469740	549801	1268871	1738611
1842	33728	737895	472149	1411047	2148942
1843		649989		1965828	2615817
1844		353559		4373382	4726941

续表

年 别	棉纱入口量（担）	棉纱入口值（两）	棉布入口量（匹）	棉布入口值（两）	棉纱棉布入口值（两）
1845		299874		4905549	5205423
1846		665568		3073986	3739554
1847				2550000	
1849					3003849
1850					3062745
1851					4796487
1852					5715963
1853					4225299
1854					1922460
1855					2651955
1856					4632705
1857					5195727
1867	33507	1455645	4250324	11713065	13168710
1868	54212	1584044	8339403	18322919	19906963
1869	131525	1581977	10396097	20997591	22579568
1870	52188	1992885	9957629	18019229	20012114
1871	69815	1874857	14009420	24846391	26721248
1872	49809	1374688	11920332	21482687	22857375
1873	67833	3140318	8688239	16254662	19394980
1874	68819	1969344	9575385	16300852	18270196
1875	91403	2746605	10521999	17314538	20061143
1876	112908	2838833	11644846	17377413	20216246
1877	116162	2841194	10451877	15959038	18800232
1878	108360	2520514	8962390	13508717	16029231
1879	137889	3190517	12416983	19409162	22599679

续表

年　别	棉纱入口量（担）	棉纱入口值（两）	棉布入口量（匹）	棉布入口值（两）	棉纱棉布入口值（两）
1880	151519	3648112	13169447	19734845	23382957
1881	172482	4227685	14370182	21818151	26045836
1882	184940	4505391	12158762	18201393	22706784
1883	228006	5241994	11499858	16804791	22046785
1884	261458	5584138	11229096	16557084	22141222
1885	387820	7871212	15706344	23622611	31493823
1886	384581	7868560	14040642	21246062	29114622
1887	593728	12590580	15266910	24457351	37047931
1888	684959	13495732	18664067	30941793	44437525
1889	679728	13019376	14275402	23116220	36135596
1890	1083405	19391696	16561460	25628606	45020302
1891	1212921	20983539	17601242	32306661	53290200
1892	1305572	22152654	16358790	30554778	52707432
1893	983399	17862552	12498431	27275418	45137970
1894	1161694	21397293	13795884	30708155	52105448

附注：棉纱出口单位原为磅者，按 1 担 = 133 磅换算为担，棉布出口单位原为码者，按 1 匹 = 41 码换算为匹；出口价值单位原为英镑者，按 1 镑 = 3 两换算为两，1867 年以后两为海关两。

表 3　　　　　中国棉布出口统计（1867—1895）

年　别	出口量（匹）	出口值（两）
1867	15876	21160
1868	8568	13791
1869	130716	154302

续表

年　别	出口量（匹）	出口值（两）
1870	26208	29322
1871	6912	7657
1872	24084	35901
1873	29808	42163
1874	34884	53665
1875	44820	53146
1876	52092	105488
1877	64368	88907
1878	75276	100319
1879	72972	98904
1880	71100	92971
1881	99468	133349
1882	93672	110213
1883	91116	98291
1884	80064	88867
1885	100692	95433
1886	96732	80759
1887	238212	292684
1888	233388	222403
1889	220032	210829
1890	222660	229827
1891	292032	302392
1892	372348	383280
1893	615096	645304
1894	587664	613896
1895	1319868	1343801

附注：1. 出口量原统计为担，按每担 36 匹换算为匹。

2. 出口值 1875 年以后为海关两。

资料来源：表 1 主要根据 Morse, Chronicles. 1—5 卷。

表 2、表 3 主要根据海关贸报告册及英国国会蓝皮书等。

（原载《中国社会经济史研究》1986 年第 1 期）

从继昌隆缫丝厂看中国
资本主义的产生

一

中国民族资本现代缫丝工业的产生，经历了不同的过程。大体上说来，有三种不同的类型。

和外国资本关系比较密切的华商丝厂，属于第一种类型。这一种最先出现在上海。上海的华商缫丝工厂，开始于19世纪的80年代。这些早期缫丝工厂的创办者，十之八九是买办或买办商人。最初，他们或者就是为洋行跑腿的买办，或者虽不具买办身份而和洋行有密切关系。随后，他们在洋行办的缫丝厂中，搭上一点股份，甚至搞上一个中外合办的名义，厂权则操在外国人手里。后来他们有了一些经验，积累了一些资本，才转而自办工厂。80年代末，有一家外国报纸写道："中国商人之中，有些人在新建的（外国）缫丝厂中拥有股份，当他们看到新的工业很切实际，并且有利可图时，就决定在主要的产丝区建立缫丝工厂，并且倾向于扩大和改进这些企业。"① 这里所说的商人，实际上就是上述的这一类人物。

这样的例子很多。如 1882 年在上海成立的一家大型外国丝厂——公平洋行附设的公平丝厂，开始就有中国人的股份，成立之后第三年，出租给中国人经办，重要股东有庄晋甫、王笠记等人，其中庄自称为某行伙友，估计很可能就是这家洋行的买办。② 在公平丝厂成立的同年，烟台一家德国洋行创办的缫丝厂，也改为"中德合办"的公司，"大部分股东是中国人"，经办者就是广丰洋行买办唐茂枝，5 年以后，由"华商自行经理"。③进入 90 年代以后，洋行买办之兴办丝厂者，更不断出现。如1892 年在上海以德国瑞记洋行名义创办瑞纶丝厂的吴少卿，就是这家洋行的买办；④ 1904 年和 1909 年先后在上海、无锡兴办源昌、源康两缫丝厂的祝大椿，是怡和洋行的买办；⑤ 1910 年在上海和日本人合办上海绢丝公司的朱葆三，是平和洋行的买办。⑥ 至于那些虽不具有买办身份但和洋行有密切联系的商人，在 80 年代以降的丝业资本家中，也占有重要的地位。如最早在上海创办丝厂的黄佐卿、叶澄衷和最早在无锡创办丝厂的周廷弼

---

① 《中国时报》(The Chinese Times) 1889 年 8 月 17 日，第 516 页。

② 《申报》1882 年 2 月 5 日、1885 年 3 月 20 日、1887 年 12 月 22 日。

③ 《海关贸易报告册》(China Maritime Customs, Annual Trade Report, 以下简称《关册》)1881 年下篇，第 9 页；《申报》1881 年 10 月 6 日、1887 年 2 月 5 日、同年 12 月 3 日。

④ 布尔果英 (J. Burgoyne)：《远东工商业》(Far Eastern Commercial and Industrial Activity)，1924 年版，第 174—175 页；《北华捷报》(The North China Herald, 以下简称《捷报》)1906 年 2 月 23 日，第 397 页。

⑤ 莱特 (A. Wright)：《二十世纪之香港、上海及其他中国商埠志》(Twentieth Century Impressions of Hong Kong, Shanghai and Other Treaty Ports of China, 以下简称《商埠志》)，1908 年版，第 548 页。

⑥ 《捷报》1910 年 5 月 6 日，第 336 页。

都是依靠洋行起家的人物。[①] 不言而喻，所有这些买办和买办商人，即使在他们自己经办丝厂的时候，也常常离不开他们原来的主人在经济上和其他方面的支持。

由官办、官商合办的缫丝厂转化而来的商办缫丝厂，属于第二种类型。这一类在中国近代缫丝工业的发展上，不占主要地位。为人所习知的是张之洞在武昌首创的湖北缫丝局和在苏州筹办的苏经丝厂。湖北缫丝局是 1894 年张之洞任湖广总督时发起创办的。这个丝厂在官款不足的时候，曾经打算招商承办，最初打过承办主意的就是前面提到的丝厂主黄佐卿的儿子黄晋荃，后来这个丝厂一直由商人租办，事实上成为纯粹商办的企业。[②] 1895 年张之洞一度调任两江总督，又在苏州筹办一个苏经丝厂，这个厂的股本主要来自息借商款和积谷公款，主持厂务的是一个在籍官僚陆润庠。一年以后即由商人祝承桂接手包办，其后转手多次，始终都是由商人租办，和湖北缫丝局走着同样的道路。[③] 清末大官僚动过兴办丝厂的念头的，其实并不止张之洞。从现有的历史文献看来，比他早的至少还有一个梅启照。这个大官僚在

---

　①　黄佐卿的丝厂为公和永，参阅《申报》1888 年 9 月 23 日；《捷报》1902 年 7 月 16 日，第 131 页。叶澄衷的丝厂为纶华，参阅《商埠志》，第 560 页；《农商公报》1915 年第 16 期选载，第 14 页。周廷弼的丝厂为裕昌，参阅《周廷弼（舜卿）行述》（未发表）；《政艺通报》光绪三十一年下篇，《艺书通缉》第 1 卷，第 1 页。最近据无锡丝业家高景岳先生回忆：周廷弼曾是上海英商大明洋行买办，参阅《中国社会经济史研究》1983 年 1 月号，第 102 页。

　②　张之洞：《张文襄公全集·奏议》第 35 卷，1928 年版，第 21—23 页；《湖北承租局厂章程》，载《新辑时务汇通》第 84 卷，第 1 页；《湖北全省实业志》第 3 卷，1920 年版，第 63—64 页。

　③　《张文襄公全集》第 42 卷，第 11—12 页；刘坤一：《刘忠诚公遗集》第 25 卷，1909 年版，第 53—54 页；《谕折汇存》，光绪三十年六月十三日，第 29—30 页；《中外日报》1898 年 10 月 14 日、1899 年 3 月 29 日、1901 年 6 月 7 日；《时报》1911 年 2 月 24 日。

1879年任浙江巡抚时，就曾经购买缫丝机器，打算在这个产丝区的中心杭州试办丝厂。他来不及开办，就调离浙江，所有设备，为上海一家丝厂承购以去[①]，变成纯粹商办的企业了。

开始就是纯粹商办的缫丝厂，属于第三种类型。在民族资本缫丝工业的发展史上，属于这种类型的，最早的一个就是我们现在要介绍的陈启沅在广东南海创办的继昌隆缫丝厂。

研究中国近代工业史的人，在谈到中国民族资本近代工业的发生时，经常提到这个工厂。因为这个在1873年成立的丝厂，不仅被认为是我国第一个民族资本经营的现代缫丝工厂，而且也被认为是最早的民族资本现代工业。然而，它的重要意义并不仅于此。这个工厂的历史所反映的中国资本主义发生发展的复杂过程，比它作为中国第一个资本主义企业的意义要重要得多。如果说上述第一和第二种类型的缫丝厂，是在依靠帝国主义、洋务派官僚的势力的条件下成长起来的，在其成长的过程中两种势力互相渗透，那么，第三种类型的缫丝厂则是在内外反动势力的夹缝中成长起来的。在其成长的过程中，要求排斥这两种势力的压迫和干预。因此，我们之所以介绍这一个企业的历史，与其说由于它是最早的民族资本企业，毋宁说是由于它在中国资本主义发展上所显示的历史意义。

二

广东是我国蚕丝业中心之一。这里一年四季都适宜育蚕。每年收茧可高达六次到八次。[②] 蚕丝产量，仅次浙江，居全国第二

① 《申报》光绪十年十一月十一日。
② 参阅《中华丛报》（The Chinese Repository）1848年第8号，第427页。

位。从历史上有生丝出口统计的时候起，广东出口的生丝，多的时候占全国出口的1/3，一般都在20％上下。在广东的一部分城市和广大乡村中，有大量的手工缫丝工人，他们有长期的生产经验。这些都是在广东较早地出现缫丝工厂的历史条件。至于说到第一个缫丝工厂之在珠江三角洲上南海的出现，就不能不首先说到这个工厂的创办者——陈启沅。

陈启沅是广东南海的一个华侨商人。根据他的生平事迹推测，大约他是一个出生于19世纪30年代而跨越20世纪初年的人物。陈启沅自述他的家族世代"以农桑为业"①，但他自己却颇有闲于涉猎诸子百家、星象舆地诸书，一度志在科场。②大约他之所谓业农，未必真是劳动农民。陈启沅之出国经商，始于1854年，他在安南开设有一家怡昌隆字号的商店。③在将近20年中，遍历南洋各埠，然"仍未尝废农桑之心"。有人说他创办缫丝厂，就是因为在安南看到法国人所设的缫丝厂，"大有感悟"，才起意开创的；也有人说他是在暹罗看到法国式的"机械制丝，产品精良"而蓄意仿效的。④总之，他是在国外见到了这种新鲜工艺，才动起办丝厂的念头的。

当然，陈启沅之蓄意创办丝厂，还有客观的原因。19世纪70年代以降，中国生丝质量的下降，在国际生丝市场上，已经构成一个引人注目的严重问题。一向进口中国生丝的英、法丝织业资本家，在70年代之初，就不止一次抱怨中国生丝缫制和包

---

① 陈启沅：《蚕桑谱》自序，光绪二十九年重刊。
② 何炳坤等纂：《续修南海县志》第21卷，《陈启沅传》，宣统二年修。
③ 陈天杰、陈秋桐：《广东第一间蒸汽缫丝厂继昌隆及其创办人陈启沅》，载《广州文史资料》1963年第2辑。
④ 马君武：《三十年来中国之工业》，载《小吕宋华侨中西学校三十周年纪念刊》，1929年版，第4—5页；饶信梅：《广东蚕丝业之过去与现在》，《国际贸易导报》第1卷第7号，1930年。

装的粗劣。他们警告说："中国人必须严重地意识到中国生丝在欧洲的真正的地位，并尽一切力量加以改进。""除非在这两方面采取改进措施，他们的生丝就必须从我们的消费中排除出去"①。中国生丝在国际市场上的危机，对长期侨居国外而"未尝废农桑之心"的陈启沅，不能不留下深刻的印象。这可能是陈启沅蓄意兴办丝厂的主要原因。

1873年陈启沅回国以后，就在他的故乡南海简村创办一个名叫继昌隆丝偈的缫丝厂。② 当时南海和邻县顺德、三水、新会等地是广东的手工缫丝业中心，这几个县的农民，世代以缫丝为副业，继昌隆丝厂设在简村百滘坊陈氏本宅，所用工人都是"本村的左邻右里"。厂的规模最初很小，丝釜不过几十部，后来逐渐扩大，最多达到八百部，工人达到六七百。③ 所用的机器当时叫作"机汽大偈"，在他晚年所著的《蚕桑谱》中，陈启沅说："旧器以火煮其水，其丝胶易变；新器以滚水之汽而煮其水，丝胶不变"。书中还保存了他所设计的机汽大偈的图样。从图上可以看出，机汽大偈已经以蒸汽煮茧代替了手工缫丝世代相传的炭火煮茧，这是生产技术上的一大进步。至于机汽大偈是否已经采用蒸汽作为动力，是否还有比较复杂的传动装置，从图上以及陈启沅对大偈所作的说明看来，还不能加以肯定。单从机件结构

---

① 《捷报》1873年5月3日，第386—387页；《通闻西报》（Shanghai Evening Courier）1874年4月29日。

② 据陈启沅：《蚕桑谱》自序及陈蒲轩：《蚕业指南》自序。有的记载为1866年（见陈锦笈编《广东蚕桑谱》，光绪十三年六月厘务总局详），有的记载为1872年（见《续修南海县志》，《陈启沅传》）。今以陈启沅的自述为是。按陈蒲轩即陈锦笈，为陈启沅次子。

③ 吕学海：《顺德丝业调查报告》（原稿未发表）；《续修南海县志》第21卷，《陈启沅传》。

看，这种大偈和 19 世纪初期西欧的改良手工蒸汽缫机颇相类似。① 不过在当时或稍后的记载里，有的说它是"用机器展动各轮"②，有的说这种缫丝工厂有很高的烟囱，机器声响很大。③ 因此《蚕桑谱》上的图样，也可能是陈启沅自己的另一种设计，而不是当时实际应用的机器。即使最初没有使用蒸汽动力，但随后很快地采用了蒸汽作动力和传动装置，却是可以肯定的。

机汽大偈对提高劳动生产率，是十分显著的。在陈启沅创办丝厂不久，就有人说，这种机器，每付每日可缫丝四五十斤，在这种丝偈中，"每一个女工可抵十余人之工作"④。陈启沅也把他所设计的"新器"和手工缫丝的"旧器"作了比较说："旧器所缫之丝，用工开解，每工人一名可管丝口十条，新法所缫之丝，每工人一名，可管丝口六十条，上等之妇可管至百口"。可见，即使是陈启沅所设计的大偈，也大大地提高了劳动生产率。此外，新法所缫之丝，粗细均匀，丝色洁净，丝的弹性也较大，因此售价也较手工缫丝高出 1/3。陈启沅说：机汽大偈的生产"成本则如是也，用茧则如是也，沽出之价，竟多三分之一"⑤。新的生产方法提高了资本对劳动的剥削率，所以继昌隆开工以后，"期年而获重利"⑥。

这种机器生产所需要的投资，也不很大。根据后人的调查，

① 英格里希（W. English）：《生丝生产和制造，1750—1900》（Silk Production and Manufacture，1750—1900），载邢格（Charles Singer）等编：《工艺学史》（A History of Technology）第 4 卷，1958 年版，第 309—310 页。

② 徐赓陛：《不自慊斋漫存》第 6 卷，南海书牍，光绪八年版（按：徐在 1881 年曾为南海县令）。《新报》1881 年 11 月 7 日也说它"用机器牵轮，互相引动"。

③ 《捷报》1874 年 6 月 13 日，第 256 页。

④ 《不自慊斋漫存》第 6 卷，南海书牍。

⑤ 《蚕桑谱》第 2 卷，第 4 页。

⑥ 《续修南海县志》第 26 卷，第 56 页。

一个四五百釜位同时装有蒸汽引擎的丝偈，大概只要 6 万到 10 万元的投资。其中机器的最主要部分锅炉，不过 7000 元，引擎不过 1400 元，而且这是 20 世纪初期的价格，据说“当初只要一半就够了”①。另据当时的报告：这种丝厂“机器大者每座需银一千二三百两，小者只数百两，大机器一座用女工七百余人，设有工人座位，每位需用各项器具约银七两，”② 是大机器每座投资不过六千一二百两，它和手工缫丝工场在投资上相差不多。根据同一调查，一个中型的足踏缫丝工场，每釜平均造价 10 元，而蒸汽缫丝厂每釜平均造价为 20 元，两者相差不过 1 倍。③ 值得特别指出的是：这种丝厂的全部设备，无须自外洋进口。在19 世纪，这种机器，主要在广州制造，20 世纪以后，机器的主要部分，蒸汽引擎在当时丝业中心顺德的乐从，就能制造，丝釜在南海的石湾也能铸造。④ 其他部分，更是可以自制自用。投资小，设备简单，构造简易，这是这种新式丝厂在广东能够得到推广的主要原因。它的发展，代表了民族经济独立发展的方向。

三

从 1873 年第一个丝偈开始，新式缫丝工业在珠江三角洲以

---

① 考活（C. W. Howard）等：《南中国丝业调查报告书》（A Survey of the Silk Industry of South China），1925 年版，第 122 页。

② 陈锦笏编：《广东蚕桑谱》，光绪十三年六月里务总局详。按原文单位为银元与银两交错使用，兹据《申报》1887 年 12 月 5 日之报导，一律用银两为单位。

③ 考活等，上引书，第 120、123 页。

④ 考活等：《南中国丝业调查报告书》，第 122—123 页；《海关贸易十年报告》（China Maritime Customs, Decenial Reports on Trade）下卷，1892—1901 年，第 264 页。

极其迅速的步伐向前发展。在继昌隆成立的第二年（1874），机器缫丝就采行于顺德和广州。① 一年以后，又有人在当地仿照陈启沅的机器另建了四个丝厂②，陈启沅回忆说：在他创办丝厂以后，"三年间踵其后而学者约千余人"③，这大约就是指这些工厂中的工人而言的。到 1881 年，广州、顺德、南海地区的丝厂，已经增加到 10 家，有丝釜 2400 位，丝年产量近 1000 担④；80 年代中期以后，新式缫丝工业"在广东已经牢固地树立了根基"⑤，当时顺德一县共设 42 家，新会一县共设 3 家。⑥ 丝厂拥有的丝釜，估计在 2.5 万左右。从此以后，发展的速度更超越从前，在 80 年代末期，广州以外已有丝厂五六十家，进入 90 年代，顺德一地据说就有蒸汽缫丝厂 200 家以上。一向是农业区的三水也逐渐变成产丝区，第一次出现了两家丝厂。⑦ 蒸汽缫丝厂的大量出现，在 20 世纪初年曾经引起广州一带燃料价格的飞涨⑧，于此可以想见丝厂蓬勃发展的状态。

机器缫丝业的发展，对广东某些地区农业生产和农民经济，也引起了相应的变化。80 年代以降，在邻近南海顺德的三水以至距离丝厂地区较远的潮阳、普宁、揭阳、庵埠、澄海、嘉应

---

① 吕学海：《顺德丝业调查报告》；《捷报》1874 年 6 月 13 日，第 526 页。

② 《海关特种调查报告第三号——丝》（China Maritime Customs, Special Series, No. 3, Silk），第 151 页。

③ 《蚕桑谱》，自序。

④ 《海关特种调查报告第三号——丝》，第 151 页；《字林西报》（The North China Daily News）1882 年 1 月 16 日，第 47 页。

⑤ 《外交领事商务金融报告》（Diplomatic and Consular Reports on Trade and Finance, China），1885 年，广州，第 4 页。

⑥ 陈锦笏编：《广东蚕桑谱》，光绪十三年六月厘务总局详。

⑦ 《海关贸易十年报告》，1882—1891 年，第 577 页；1892—1901 年，三水，第 264 页。

⑧ 《外交领事商务金融报告》，1900 年，广州，第 5 页。

州等地，农民种植桑树的现象，显著增加，大片稻田变成了桑园。[①] 很多农民的蚕业收入，上升到主要地位。

丝业的发展，对广东商业、金融网的分布，也起了改组的作用。在广东丝业的极盛时期，顺德是全省最大的丝、茧市场，集中在那里的丝行堆栈，占全省的 80%，在蚕丝上市的时候，由广州运往顺德各属的现银，平均每天达到 30 万元，全县每月有千万元的现款流动。有一个时期，顺德甚至成为广东的金融中心，广州的银行有 80% 靠顺德丝业中的资本周转，"广州和本省其他各城镇的生意，大都依靠顺德丝业在金融上的支持。"[②]

广东缫丝工业这样迅速的发展，在中国缫丝工业乃至整个民族工业发展史上，是前所未有的。大家知道，中国现代缫丝工业的另一个中心——上海，在 19 世纪的 60 年代，就已经开始出现新式缫丝工厂。然而，在那里，缫丝工业一开始就掌握在外国侵略者的手中，民族资本的缫丝工业，迟至 80 年代，才开始零星出现。在 80 年代后期，一家外国侵略者的报纸写道："华北（指长江流域）蚕丝衰落失势的唯一原因，与其竞争者……广东比较起来，事实是这样：后者随着时代前进，采用了改良的缫丝方法，而华北则迟步不前，或者再就缫丝的情况来说，反而是在倒退了。"[③] 这几句话，反映了上海缫丝工业落后于广东的实际情况。一直到 20 世纪的 30 年代，上海民族资本缫丝工业的釜位，才刚刚超过 2.5 万，50 年中的发展只相当于广东缫丝工业 10 年

---

① 《海关贸易十年报告》，1892—1901 年，三水，第 264 页；《关册》，1888 年，汕头，第 361 页。

② 考活等：《南中国丝业调查报告书》，第 16 页；钱天达：《中国蚕丝问题》，1936 年版，第 51 页。

③ 《捷报》1888 年 5 月 26 日，第 589 页。

中所达到的水平。[①]

四

陈启沅创办丝厂的 70 年代，正是日本开始角逐世界生丝市场的年代，而广东缫丝工业"树立根基"的 80 年代，则是中国生丝在国际市场上开始感到日丝威胁的年代。当继昌隆建立时，中国的土丝出口，维持在 6 万多担的高水平上，而日丝出口则不足 1 万担。10 年以后（1883），华丝出口下降到 5.9 万多担，日丝出口则猛增至 3.1 万多担，第一次超过中国生丝出口的半数，再过 20 年（1903），华丝出口达到 7.2 万多担的水平，而日丝出口，则又翻了一番以上，达到 7.6 万担，第一次超过中国生丝出口的数量。又 10 年以后（1913），日丝出口一跃而至 20.2 万担的高峰，华丝出口，则只有 11 万多担，反过来只比日丝出口的一半略多一点。30 年间国际市场上的华丝与日丝，正好换了一个位置。[②]

在中国土丝从国际市场上节节败退的过程中，厂丝却显示出了与日丝相颉颃的力量。在这里起着重要作用的，是广东丝厂。

广东厂丝出口之见于海关统计自 1883 年始，这一年出口不过 1200 多担，而日丝出口已达 31000 多担。自 1883 年到 19 世纪末叶，在中国土丝败退的局面下，广东厂丝的出口，则扶摇直上，从附表 1 中可以看出 90 年代之初已经突破了 1 万担的大关。

---

　　①　参阅刘大钧（D. K. Lieu）《中国丝业》（The Silk Industry of China），1941 年版，第 94 页；通运生丝贸易公司（Tonying Silk Trading Go.）：《中国生丝》（China Raw Silk），1931 年版，第 2 页。

　　②　《海关特种调查报告第三号——丝》，第 203 页；《海关贸易十年报告》，1882—1891 年，1892—1901 年；《关册》，1894—1913 年。

广东厂丝的迅速增加，引起了掠夺中国原料的外国侵略者的注意。上海一家外国报纸在80年代末就说道："自从1884年以来，广东的厂丝已经逐渐排除困难，打开销路，目前在他们的出口中，已经占据很重要的地位"[①]。20世纪开始，广东厂丝出口一跃而至近3.5万担，到了第一次世界大战的前夕，更猛增至4.5万多担，30年的时光，几乎增加了40倍，而同一时期，日丝出口由3.1万多担上升到20.2万多担，增加不过6倍。日丝在数量上战胜了华丝，但在增长速度上却落在广东厂丝的后面（参阅文末附表1）。

广东厂丝在国际市场上的竞争力量，还可以从广东、上海两地厂丝和日丝的出口价格的比较中，得到一个旁证（见文末附表2）。应该注意的是广东厂丝和上海厂丝在质量上的差别。广东厂丝在丝色洁净方面，不及上海厂丝，因此上海厂丝在国际市场上能取得较高的价格。但是，从另一方面看，在上海厂丝只能在日丝价格以上出卖的时候，广东厂丝却能在日丝价格以下出卖。我们知道，日丝进入国际市场以后，在一个相当长的时期内，国际市场丝价一直呈现下降的趋势，在1868年至1897年的30年中，国际市场丝价每磅由10.8美元下降至3.5美元，[②] 在这里，日丝在国际市场上的削价竞争，是一个重要的因素。在这种条件下，广东厂丝仍能在日丝价格以下出卖，正说明了广东丝厂的竞争力量。90年代末叶，上海厂丝出口，始终盘旋在6000担的低水平上，[③] 而广东厂丝则已经达到3万多担的高峰，这是广东厂丝在国际市场的竞争力量

---

① 《捷报》1888年5月26日，第59页。

② 参阅日本统计研究所编《日本经济统计集》，1958年版，第266页。

③ 参阅《关册》，1874—1900各年。

的一个旁证。

五

　　伴随着广东现代缫丝工业的发展，是早期中国现代产业工人
的发展。和手工缫丝不同，这种用蒸汽缫丝的丝偈，是比较集中
的生产。一个丝偈，大的可容六七百人，小的也有二三百人。一
般都在五百人上下。前面提到，在90年代末期，仅顺德一地，
就有丝偈200家以上，假定每厂平均有500工人，那么，顺德地
区的缫丝工人，在19世纪末期，就有可能达到10万的数目。退
一步来说，即使以每厂二三百工人来计算，顺德地区缫丝工人也
有4万至6万人。广东丝厂之集中于顺德地区，根据后期的调查
材料，约占全省的3/4,[①] 早期则未必如此集中。我们姑从后期
的情况估计，则19世纪末期，广东全省缫丝工人，也当在十三
四万人之间，最少也有六七万人。一个行业里面集中了这么多现
代产业工人，这在19世纪的中国工人阶级发展史上，是不容忽
视的现象。人们研究中国工人阶级的产生发展，总是首先提到上
海、天津等大城市的工人，事实上，根据现有的材料估计，在
19世纪末叶，上海现代工业中的工人，还不到5万人，天津则
不足5千人。[②] 而在南部中国，在大城市以外的市镇乡村中，出
现几万的现代产业工人，这个事实，一定要引起中国近代工人阶
级历史研究者的注意。

　　广东丝厂的缫丝工人，实际上是以女工为主体。一个500工
人的丝偈，大抵男工不过百人，女工约占4/5。可以断定，在19

①　《中国生丝》，第5页。
②　参阅孙毓棠编《中国近代工业史料》第一辑下册，第1202页。

世纪末期，广东地区的现代缫丝女工，约有 6 万至 10 万人左右。这样一支庞大的女工队伍，在当时其他地区或其他产业部门中，是没有出现过的。中国的现代产业工人，虽然在 19 世纪的 40 年代，就已经产生，但是在工人队伍中，女工是比较晚出的。70 年代以前，中国境内规模较大的现代工业，主要是清王朝的军火工业和外国侵略者在通商口岸建立的船舶修造工业和水电公用事业。这些企业里面，或者没有女工，或者女工很少。最早的女工队伍是在纺织工业中形成的，而以纱厂与缫丝厂为主。但中国纱厂在 90 年代才开始出现，较缫丝厂晚出 30 年，而缫丝厂虽然在上海最早出现（指外国缫丝厂），但其初具规模，则是 19 世纪末叶以后的事。因此，说广东缫丝工业培养了中国第一代现代意义的产业女工，这是完全有根据的。

广东缫丝女工的出现，是长期处于被奴役地位的中国妇女对封建制度的最初冲击，是中国妇女要求摆脱封建制度束缚的最初表现。这些农村妇女，在来到工厂之前，封建夫权的缰索紧紧缠在她们的身上，她们要"发誓不再结婚"，甚至对自己的未婚夫，还要付一笔"赎身费"，才能进得工厂，进了工厂以后，又要忍受资本家的比对男工更为残酷的剥削。尽管这里的厂房黑暗潮湿，"通风是那样地不完备，以至女工绝大部分时间是坐在蒸汽的云雾中"[1]。尽管肮脏的墙壁，阴暗的房子，挂在顶棚上的阴森森的油灯"，使人感到这些丝厂"似乎存在了好几个世纪"[2]，但是，现在她们周身充满了解放自己的力量。她们以"自梳女"的名义表明独立了的妇女的骄傲。[3] "于归妇女，每每自食其

---

① 考活等：《南中国丝业调查报告书》，第 122 页。

② Leo Duran, Raw Silk, 1921 年版，第 147 页，转见 Lillian M. Li, China's Silk Trade, 1981 年版，第 174 页。

③ Lillian M. Li, China's Silk Trade. p. 174.

力，不返夫家。"① 一个后期的调查报告中写道： "在这些女工的脸上，明显地流露出一种要求独立的心理状态。在一个丝厂中，很难约制这些女工。罢工的意识，已经深入缫丝女工的心中，她们已经懂得用罢工来对付实际存在的或她们所设想的不公平。"②

由此可见，继昌隆的出现，对广东丝业和整个中国丝业经济的作用是不能低估的。而广东地区资本主义缫丝工业的发展在壮大中国现代工人阶级队伍和"唤起工人的思想"方面的作用，也是不能低估的。继昌隆的出现，在19世纪70年代的中国经济史上，是一个完全的新的事物。

六

正由于它是一个新的事物，所以它一出现就遇到旧势力的激烈攻击。旧势力的攻击，采取了各色各样的借口。有人抱怨男女同厂做工，有伤风化；有人担心工匠技艺不熟，机器容易伤人；又有人怕听汽笛声；更有人指摘高烟囱有伤风水。在继昌隆开办的第二年，有人在广州接着开了一家缫丝厂，厂四周的地价马上大为跌落，大概就是风水说作祟的结果。总之，"人们在幻想中觉得恶果很多"③，把它看作"不祥之物"，咒之为"鬼绲""鬼濩"④，形形色色，不一而足。

最严重的实际威胁，来自丝业行会的手工业者。机器破坏手

---

① 《循环日报》1881年10月15日。

② 考活等：《南中国丝业调查报告书》，第140页。

③ 《捷报》1874年6月13日，第526页。

④ 吕学海：《顺德蚕丝业调查报告》；徐赓陛：《不自慊斋漫存》，南海书牍；《续修南海县志》第26卷，第56页。

工业劳动者的生存条件，手缫工人因机缫的兴起而停缫，手织工人因手工缫丝供应的减少而停织，他们受到失业的威胁，因而抵制机器缫丝，这是可以料想得到的。陈启沅之所以离开城市选择简村作为丝厂厂址，大约和逃避城市手工业行会的限制，不无关系。尽管如此，继昌隆成立不久，"机房中人"还是"联群挟制，鼓动风潮"要"拆毁丝厂"。1875年丝织业行会手工业者和丝厂工人就曾经发生过一次械斗。[①] 手工业工人反抗机器的斗争，在1881年的一次大械斗中，表现得最为激烈。这时南海一带的机器缫丝厂，除了继昌隆以外，又陆续增加了裕昌厚、经和昌等厂，雇工共达4400多人。这些丝厂，"每一女工可抵十余人之工作"，"以一敌十较之，实夺四万四千余人之生业"。1881年又值"蚕茧歉收，市上无丝可买，机工为之停歇"，因此，在10月间，组织在手工业行会"锦纶行"的手织工人，一面"勒令同行之人，概停工作"，一方面聚众二三千人筹集"斗费"，采办军火器械，捣毁了裕昌厚丝厂，打死了三名丝厂工人，"并尽毁机器，始肯解散"[②]。马克思说："随着机器的出现，才第一次发生工人对劳动资料的暴烈的反抗。""这种直接的对立，在新采用的机器同传统的手工业生产或工场手工业生产发生竞争时，表现得最明显。"[③] 在这一点上，半殖民地半封建的中国和资本主义的西欧，并没有什么两样。

封建的清政府对待掌握在新兴民族资产阶级手中的新生产

---

① 《字林西报》1875年10月19日，第379页；10月26日，第403页。

② 以上参阅徐赓陛《不自慊斋漫存》，南海书牍；《关册》，1881年，广州，第9—10页；《申报》1881年11月8日；《字林西报》1881年11月7日，第443页。我们注意到这种现象带有普遍性。一直到19世纪终了，杭州仍发生手工缫丝业者反对机器缫丝的事件。1896年成立的世经丝厂，开工两年即停。原因是蚕茧供应不及。控制蚕茧的人声称："我们自己缫"。参阅《关册》，1898年，杭州口，第340页。

③ 《马克思恩格斯全集》第23卷，人民出版社1972年版，第473页。

力，也采取了压制的态度。当暴动者捣毁工厂机器之时，清政府的地方官员，却在火上加油，勒令所有丝厂"克日齐停工作"，并且和暴动者一样使用武器对待机器，派兵把各处缫丝机器一一查封，理由是"各省制办机器，均系由官设局"，"平民不得私擅购置"①。在广东内地无法立足的丝厂资本家，一度纷纷把工厂迁至澳门，在1882年一年之中，就有三家工厂从广州迁到那里。②陈启沅在1881年也一度把他的丝厂迁至澳门，并先后改名为和昌、复和隆，③"以避其锋"。当时一家外国侵略者的报纸却津津乐道："满大人的愚蠢和偏见便宜了我们，我们希望中国资本家会看到这个殖民地（指澳门——作者）对工业投资无可置疑地提供的利益。"④一直到90年代，澳门的机器缫丝业，经营还很成功。⑤虽然如此，广东的丝厂并没有继续迁至澳门，而"满大人"对留在内地的丝厂，也没有采取什么具体的有利措施。虽然清政府在1886年以一纸空文"咨行粤省，劝导商民，广为兴办"⑥，但直到90年代，当有人在南海禀请开设丝厂时，两广总督却仍以"商民设立机器缫丝，专利病民"为辞，不许"擅制"⑦。

不管手工业者的反对也好，满清政府的压制也好，落后的手工工具究竟抵挡不住先进的机器了。手工业者袭击机器，他的产品在市场上却日益承受机制丝的袭击。因此，尽管南海、

①　徐赓陛：《不自慊斋漫存》，南海书牍。
②　《捷报》1882年4月22日，第424页；《申报》1882年4月19日。
③　陈锦篔编：《广东蚕桑谱》；陈天杰、陈秋桐：《广东第一间蒸汽缫丝厂继昌隆及其创办人陈启沅》，载《广州文史资料》1963年第2辑。
④　《捷报》1882年4月22日，第424页。
⑤　《捷报》1890年10月1日，第453—454页。
⑥　《张文襄公全集·奏议》第35卷，第21页。
⑦　《益闻录》第17册，光绪二十一年九月二十三日，第417页。

广州一带的手工缫丝、织绸业者和缫丝工厂之间的冲突一直
延续到80年代的后半期，但机器缫丝在市场上的地位，却一天
一天地驾临于土丝之上了。自80年代广东丝厂在出口贸易中
始露头角起，不到五年功夫，它就在海外市场上和土丝平分秋
色。从此土丝一泻千里，到了19世纪末叶，在广州出口的
37000担生丝中，土丝不过2000多担，连厂丝出口的尾数都不
到了。

　　另一方面手工缫丝业却并没有全部垮下来，它在国内市场上
还保持着自己的阵地。80年代以后，效率较高的足缫机——
"踩缫"，逐渐代替了手缫的"手絙"①。与此同时，陈启沅设计
的一种半机械的缫丝小机，也逐渐为广大的手工业者所接受。90
年代以降，"通府县属用此法者，不下二万余人"②。这样，手工
和机器，在20世纪的广东缫丝业中，又形成"并行不悖"的局
面了。

　　更值得注意的是，机器缫丝工业，也没有永远昌盛下去。在
第一次世界大战时期，广东丝业虽然有过一度短期繁荣，在战争
后期和战争结束不久的一段时期中，广东生丝出口，曾经突破5
万担，全省丝业收入达到1亿港元以上③，但繁荣不久即逝。进
入30年代以后，在国民党的统治下，广东缫丝工业，不管手
缫也好，机缫也好，呈现一片破产、半破产的局面。丝厂大批
停闭，工人大量失业，生丝出口一落千丈。在1930—1934年5
年之中，全省开工的丝厂由121个减少到37个，生丝出口由
4.7万多担下降到不足3万担，平均价格由每担728.65元下降

---

① 周朝槐等纂：《民国顺德县志》第1卷，1929年修，第25页。
② 《蚕桑谱》序。
③ 考活等：《南中国丝业调查报告书》，第8、38页。

到298.95元，资本损失在1800万元以上，失业工人不下20万人①。半殖民地半封建社会民族工业的遭遇，在这里得到了最完全的反映。

继昌隆本身的结局，自然也不例外。这个工厂后来经过多次转手，最先更名利厚生，不久被人拆去，在原址上另建利真及世昌纶两号。在20世纪的20年代，又由蒸汽发动改回为足踏，不久复行拆去。20年以后，有人到这个丝厂的发源地简村进行调查，发现那里已无一丝厂存在，而当年继昌隆的厂址，则已还原为陈氏遗族的住宅了。②

但是，陈启沅的家族，却因继昌隆而富裕起来。陈启沅的社会地位，也因继昌隆而一天一天的上升。他在光绪末年结识了两广总督陶模，依靠官府的力量，他曾经把民营的韶州锑矿夺过来，由陶加以"委办"，据说炼锑砂的熔炉，也是他自己设计制造的。这种炉子每生锑百斤，能炼熟锑70斤，所炼之锑，就直接卖给广州礼和、永兴两家洋行，获利不小，由此得到陶的赏识。而这时大约他也已经和外国洋行搭上了关系。③这方面的材料，还值得进一步搜集和印证。

①　参阅《中国蚕丝问题》，第51—52页；《关册》，1930年、1934年；《广东生丝检查所报告》（Kwangtung Raw Silk Testing Bureau, Reports for Season），1931—1932、1934—1935年；《广东建设厅生丝检查所四周年年报》，1935年，第6、18—19页。

②　吕学海：《顺德丝业调查报告》。亦说利厚生和利真（亦作利贞）系陈启沅次子陈蒲轩另建，世昌纶系接收此二厂而成。参阅《广东文史资料》1963年第2辑。

③　《时报》1906年1月6日。参阅《续修南海县志》，《陈启沅传》。

附表1　　　中日生丝出口的比较 1883—1913 年　　　单位：担

年　份	华　丝　出　口				日丝出口
	广州厂丝	上海厂丝	土　丝	合　计	
1883	1254	—	57889	59143	31220
1885	3437	—	46676	50113	24570
1890	10219	—	50103	60322	21100
1895	18179	6276	70223	94678	58100
1900	34612	6242	37413	78267	45940
1913	45429	20668	53247	119344	202280

本表根据《海关贸易十年报告》，1882—1891、1892—1901 年；《关册》，1894—1913 年及《海关特种调查报告第三号——丝》，第 203 页的统计编制。

附表2　　　中日生丝出口价格比较 1895—1910 年

单位：每担/英镑

年　份	广东厂丝	上海厂丝	日　丝
1895	60	95	85
1896	61	96	81
1897	56	97	83
1898	56	93	88
1899	69	113	107
1900	61	108	99
1901	55	89	88
1902	78	106	97
1903	86	116	100
1904	79	107	94
1905	82	112	101
1906	106	126	108
1907	120	145	127
1908	78	109	97

续表

年　份	广东厂丝	上海厂丝	日　丝
1909	76	109	94
1910	84	110	90

本表所用的单位根据《海关特种调查报告第三号——丝》第 204 页的统计改算。广东厂丝价格原为海关两，今比照上海厂丝海关两与英镑价格的比例，换算为英镑价格。

（原载《学术研究》1962 年第 6 期，原题目为《关于继昌隆缫丝厂的若干史料及值得研究的几个问题》，本文有所增补）

从上海机器织布局看中国
资本主义的产生

近来报刊上发表了不少有关洋务运动的讨论文章，对洋务运动的历史作用及其与中国资本主义发生和发展的关系，存在不同的看法。讨论的进展，看来要求对洋务运动中产生的各个企业，作进一步的具体分析，才有可能取得比较一致的结论。最近邵循正先生发表的论文《洋务运动和资本主义发展关系问题》[①]，在这方面作了可贵的贡献，引起了学术界广泛的注意。

邵先生是从洋务运动中出现的两个较大的企业——轮船招商局和上海机器织布局的历史分析来建立自己的论点的。在许多带有关键性的史实上，邵先生都作了必要的考订和阐发。他的基本论点，我认为有不少是能够取得大家的同意的，但也存在一些值得进一步探讨的地方。在这篇文章里面，我只想就上海织布局的创办经过，补充一些史实，提出一点商讨性的意见，以就正于邵先生。错误和片面的地方，希望大家多多批评指正。

---

① 见《新建设》1963 年 3 月号。本文中的引文所注页码，均系该期杂志的页码。

　　关于上海织布局的问题，邵先生提出了两个值得注意的论点。第一，上海织布局的成立，出自李鸿章的倡议。在1878年彭汝琮进行设厂活动的前两年李鸿章就已经有了筹设织布局的计划，彭的提议，是以北洋原议为根据，"实际是北洋原议的继续"（第5页），而彭汝琮的活动也不能代表商人独立的活动，"不能认为机器织布局的创办，是由于商人已经筹备好了，只俟李鸿章奏准，便可兴办"（第6页）。这就是说，主动出自洋务派官僚。第二，织布局的筹办，李鸿章虽然利用了商人的资本，但是在筹办以至正式成立的过程中，性质发生了变化，由"买办商人的管理"变成官僚的"直接掌握"（第7页）。而且官僚通过专利权，垄断了整个棉纺织工业。这样，中国的现代棉纺织工业就"从封建性的官僚把持逐渐发展为买办资产阶级性的官僚集团垄断"（第11页）。

　　如果上面的归纳，没有违背邵先生的原意，那么，我觉得这两个论点，都有值得商榷的地方。

一

　　关于第一个论点，邵先生的主要根据是1876年李鸿章复沈葆桢的一封信。这封信中说：津海关道黎兆棠再四讽劝创办机器织布，因令魏纶先出头承办。邵先生据此认定织布局的"原议确自出自洋务派官吏"。当李鸿章的计划没有实现而在两年以后出现了彭汝琮的计划时，邵先生又进而断定这个计划"实际是北洋原议的继续"。但是，当我们进一步查考彭汝琮的设厂活动时，却很难肯定这样一个推断。

　　第一，在李鸿章的原计划中，布厂经费首先"由江、直各筹公款十万金，定购机器，存局生息"，然后"再招商股，购料鸠工"①。而在彭汝琮的计划中，却再三强调他已经筹足了资本，不再需要官款协助。在他给李鸿章的禀帖中，明白地写道："招集股份，已确有把握，不敢上烦宪廑。""亦不敢请发公款，惟求俯赐批准，分别奏咨，俾得及时举办。"② 当筹办之初，他就宣称："我筹划打算在上海建立一个纺织局。"③ 及至建厂失败，他仍对他的朋友说："弟在上海创办织造洋布局，因人事不齐，日久未能成功。"④ 可见他的主动，毋庸置疑。其次，彭汝琮本人是买办商人还是官僚，现在不能遽下判断。但是他和怡和洋行，颇有瓜葛。⑤ 而环绕在他的周围参加这次设厂活动的人，却毫无疑问地是一批买办人物。在他最初提出这个计划的时候，有消息透露：在他的身后有一批"中国商人组织的联合公司"⑥ 作为他的后台。当李鸿章要他开具会办、帮办的衔名、籍贯时，他提出了一个会办，三个帮办。会办就是正干着太古洋行买办的挂名候补郎中郑观应，三个帮办中，一个是挂名候选同知唐汝霖，一个是挂名候选知府卓培芳，另一个是挂名候补知县长康。这三个人中，长康是什么人物，现在还不得而知，唐汝霖和卓培芳，在当时却分别担任着庚和隆洋行和太古洋行的买办。⑦ 在彭汝琮提出的名单中，郑观应也许是李鸿章原来心目中的理想人物，但是很

---

① 李鸿章：《李文忠公全集·朋僚函稿》第 16 卷，第 3 页。

② 《新报》1879 年 1 月 1 日；《万国公报》1879 年 1 月 11 日。

③ 孙毓棠编：《中国近代工业史资料》第一辑，科学出版社 1957 年版，第 1038 页。

④ 陈梅龙编：《上海机器织布局》，上海人民出版社 2001 年版，第 57 页。

⑤ 勒费沃尔（E. LeFevour）：《清末西人在华企业》（Western Enterprise in Late Ching China），1968 年版，第 42 页。

⑥ 《伦敦新闻纸》（London and China Express）1879 年 5 月 16 日，第 544 页。

⑦ 《新报》1878 年 12 月 28 日；《申报》1890 年 11 月 1 日。参阅郑观应《盛世危言后编》，转见中国近代史资料丛刊：《洋务运动》第 7 册，第 479—480 页。

难设想其他一些不甚知名的买办，都是出自李鸿章的事先安排，而不是出自彭汝琮的网罗物色。既然资本的筹集，和出面的人物都和1876年的计划大不相同，那么，断言彭汝琮的计划是李鸿章计划的直接继续，似乎缺乏应有的事实根据。而以一个与买办关系这样密切的人倡议筹办、同时又以买办为主要后台的织布局，它的资本来源，竟不首先来自"资本帝国主义掠夺的余沥的转化"，而是来自"地租、高利贷和官吏搜括所得等封建掠夺的直接转化"，这也是很难设想的。

邵先生认为中国现代棉纺织工业的最初发动，时间是在19世纪的70年代，而且"出自洋务派官吏"。从洋务运动的活动范围以内来看，这个说法，是可以接受的。这就是说，虽然我们不同意彭汝琮的计划是李鸿章计划的继续，但是把1876年李鸿章的计划，作为洋务派官僚对现代棉纺织工业的最初发动，这是我们所同意的。然而，这只能是指洋务派的活动，如果说到当时社会各阶级在这方面的活动，那么时间至少可以上溯到19世纪的50年代。在这里，和外国侵略者发生密切联系的买办和买办商人起了主导的作用。

买办或买办商人的这些活动，绝大部分是依靠外国洋行进行的。早在50年代末期，这种结合，就开始露头。有一个原籍江苏太湖洞庭山、自称"湛深西学"的席长卿，在上海织布局筹议的时候回忆道：他在50年代末期就曾经先后和美、法等国资本家商谈过"机器织布之道"。1865年顷，他和外国资本家开始进一步把"招股聚议及自制颜料备染布匹等事"，"详细考究"[1]。就在这个时候，上海有些外国洋行，公开招募股份，成立织布公司，有些洋行甚至已经把纺纱机器运进中国。例如上海义昌洋行

---

[1]　《新报》1878年8月6日、1879年2月27日。

(Skeggs & co.) 的施克士（C. T. Skeggs）在 1865 年便打算和中国商人共同兴建纺纱厂。① 1868 年上海的轧拉佛洋行（Glover & Co.）又出面组织了一个机器织布公司，公开登报招股。② 1869 年上海元丰洋行（Bininger, Byron）并且曾经进口过纺纱机器。③ 看来这些活动很可能就是席长卿这班人物的活动的继续。

席长卿究竟是什么样的人物，现在还不能肯定。从他的言论看来，他很可能是一个棉花商人。此外，我们又知道太湖洞庭山是和上海的商业联系比较密切的地区。这是曾经产生了不少买办。据我们所知，19 世纪末叶和 20 世纪初年，上海出名的买办叶明斋、王宪臣、王俊臣等，都是洞庭山人。④ 而洞庭山的席姓家族，正是一个买办世家。出名的席裕成一家，从 19 世纪的 70 年代中期起，就一直充当英国汇丰银行的买办。他的父亲席正甫是一个在 50 年代就到了上海，先从事商业，后来又担任买办的人物。⑤ 这个席长卿，很有可能就是席正甫的家族成员。

中国商人参与洋商的现代棉纺织工业的活动，在 19 世纪的 60 年代，看来时机还不很成熟。当施克士计划最初提出来的时候，曾经规定纱厂股份由"中西人分买"，但这时一般中国商人还"不甚明白西商情节，故绝无顾而问者"⑥。施克士后来非常

---

① 《北华捷报》（North China Herald）1879 年 3 月 21 日，第 267 页。
② 《上海新报》1868 年 9 月 12 日。
③ 《上海新报》1869 年 10 月 14 日。
④ 参阅《上海钱庄史料》，第 37 页；《中国近代工业史资料》第二辑下册，第 964 页。
⑤ 莱特（Arnold Wright）：《二十世纪香港、上海及中国其他商埠志》（Twentieth Century Impressions of Hongkong, Shanghai and Other Treaty Ports of China），第 540 页。
⑥ 《申报》1879 年 3 月 21 日。

惋惜地说：他有心"立此基业"，无奈"只少华人一助"①。因此他的计划只好搁置下来。到了70年代，情形则大不相同。当1877年施克士再度提出他的计划时，一开始就"得到许多本地富商的支持"②。他拟设的上海火轮机织本布公司（Shanghai Steam Cotton Company）③，全部股本，在一个月之内，被中国商人认去了3/10。有人甚至要求包认公司20万两股份的1/4，而以纱厂专买他的棉花并将布匹也交他贩卖为交换条件。④中国商人投资的踊跃，使得施克士到处宣扬，他的目的就是要"代中国兴此基业"，甚至外国人"要搭股份"，他都不答应。⑤

在外国侵略势力最先到达的广州，70年代也出现过同样的事实。1871年有一个名叫富文（Vrooman）的美国人，就曾经用从旧金山购来的纺纱机器，在广州设立了一个名叫厚益的小型纺纱厂。⑥据说这个纺纱厂一开始就有中国人的股份，这些投资人都是富文的华友。⑦当它停办以后，十三行商人伍绍荣的家族，并想乘机接办这个纱厂。⑧事实上，这是中国境内最早出现的一个机器纺纱工厂。因为施克士的两次计划，最后都没有实现，而厚益纱厂却的确存在了半年之久。

---

① 《新报》1877年8月10日。

② 《英国领事商务报告》（Commercial Reports from Her Majsty's Consul in China），1877年，上海，第18页。

③ 《新报》1877年7月10日；《英国领事商务报告》，1877年，上海，第17页。英文名称亦称Anglo-Chinese Shanghai Steam Cotton Mill Company，参阅《英国领事商务报告》，1878年，上海，第29页。

④ 《新报》1877年8月10日。

⑤ 《申报》1877年7月2日；《新报》1877年8月10日。

⑥ 《教会新报》第4卷第159册，1871年10月28日，第44—45页；第6卷第251号，1873年9月6日，第6页。

⑦ 《北华捷报》1872年5月18日，第391页。

⑧ 《北华捷报》1872年4月4日，第262页；1872年5月18日，第391页。

　　邵先生在论述招商局的时候，提出了这样一个论点。他说："招商局初期的主要问题是招徕资金的困难，而还不存在着哪些人特别急于把自己的资金转化为新式企业的问题。"（第5页）这个问题，还值得作专门的研究。从棉纺织工业看，上面的事实却证明了这个时期的的确确存在着中国商人急于把自己的资金转化为新式企业资本的问题。不过主要的不是投资于洋务派势力笼罩下的新式企业，而是依附于外国商人名下。

　　邵先生认为在中国现代棉纺织工业的发动中，洋务派官僚表现了主动，而且时间最早。上面的事实却证明了依靠外国侵略者的中国买办、商人，同样表现了主动，而且在时间上，至少不晚于洋务派官僚。当然，在这方面他们都抱有各自不同的目的。洋务派官僚的主动，是想借此巩固自己的统治地位，外国侵略者是为了掠夺更多的权利以获得更大的利润，而中国买办商人则正是为了分取如邵先生文中所说的"资本帝国主义掠夺的余沥"。

　　邵先生根据招商局的筹办情况，还得出结论说："诡寄洋行"的买办商人，不但没有投资洋务派企业的要求，而且在开始的时候，还"多方忌阻"（第4页）。从棉纺织工业看，情形却不是这样。以彭汝琮为主要筹办人的上海织布局，不但集中了一批买办人物于其中，而且甚至连彭汝琮上李鸿章的八条章程和二十四条节略，都是从施克士的上海火轮机织本布公司那里抄来的![①]

　　所以，在我们看来，19世纪的70年代，并不是像邵先生所说的不存在中国商人"急于把自己的资金转化为新式企业的问题"。问题的实质是：在70年代的条件下，要求把自己的资金转化为新式企业资本的商人，一般只能在外国侵略者和洋务派官僚两大势力中选择一个去加以依靠，从中寻找发展自己的出路。具

　　　① 《英国领事商务报告》，1878年，上海，第29页。

体到棉纺织工业上，席长卿所代表的人物，走的是前一条道路，而环绕在彭汝琮周围的人物，则走上了后一条。

当然，也必须看到邵先生所指出的一点：他们在寻找自己的出路时，"一面怕外商的倾轧"，一面又"怕官府的侵渔"，特别是官府的侵渔，使他们存在更多的戒心。但是，从官府那里取得免税和专利的待遇，对他们却又有最大的吸引力。彭汝琮之所以"不敢请发公款，惟求俯赐批准"，目的是很明显的，因为只要一批准，他的八条章程中所拟定的"本厂织成洋布出售，请照进口洋货一例报税"，"分销内地，不复完厘"①，便可获得保证，从而为他们自己的资本提供更多的利润。事实上为了取得洋务派官僚的优待，商人在把自己的资金转化为现代企业资本的过程中，不但不要求公款的协助，而且有时还愿意把自己的资金提出一部分作为换取优待的报效。据说在争夺上海织布局批准权的过程中，在彭汝琮之前，就有人愿意事先捐银一万两，"为斯举之领袖"云云。② 这里就充分反映了依靠洋务派官僚的好处。

历史的过程，实际上还要复杂得多。在邵先生的论文中，提到了上海织布局筹办不久，在创办人中间就发生了分裂，原来倡议筹办的彭汝琮退出了织布局。邵先生把这个分裂看成是郑观应与彭汝琮私人之间争夺地位的结果，这可能是一个原因。但是报道这个消息的报纸同时透露了另一个消息，即分裂出去的人，还有"中国的茶商和掮客"，他们"由一家外国洋行协助，企图另外组织一家纱厂"③。并且打算买"和记洋行之栈，以作局基"④。

---

　① 《新报》1879 年 1 月 2 日。

　② 《申报》1876 年 5 月 9 日；《北华捷报》1876 年 4 月 29 日，第 400 页。

　③ 《字林西报》(North China Daily News) 1879 年 4 月 2 日；《北华捷报》1879 年 4 月 4 日，第 319 页。

　④ 《申报》1879 年 4 月 3 日。

这就表明了分裂出去的一部分商人，又从洋务派的怀中转向外国洋行的卵翼之下。

把这个道理说清楚，对认识中国资本主义发生的特点和中国资产阶级的软弱性，是有好处的。在半殖民地半封建社会的形成过程中成长起来的民族资本主义，不但在其发展的过程中，和国内反动统治及外国侵略势力发生千丝万缕的联系，就是从它的发生本身来看，也是和国内外反动势力血肉不可分的。不能设想民族资本的发生，只有纯粹商办的一种类型。这种类型，不能说完全没有。例如最早出现在广东的现代缫丝工业，就接近于这种类型。这些丝业资本家发展了民族资本。邵先生以航业为例说，有发展民族资本的要求的，是"资金的来源和资本帝国主义的半殖民地式原始积累无关"的人（第 4 页），这个论断，在强调民族资本和帝国主义的矛盾上，是有一定的历史根据的。不仅航业如此，工业亦复如此。但是，如果只承认这一面，而忽视另一面，这就和实际的历史不完全符合，从而在中国民族资本主义的发生这个问题上，也不容易得出一个比较完整的认识。

二

关于邵先生的第二个论点，主要是从 19 世纪的 80 年代后期织布局性质的变化的分析开始的。他认为上海织布局最初还可以说是"买办商人的管理"，但是到了 1887 年由北洋官僚龚彝图、杨宗濂相继进行整顿以后，性质就发生了变化。这时北洋系官僚不仅"公然投资，并且把管理权直接掌握，不再假手买办出身的人"（第 9 页）。织布局就"更进一步成为北洋的私产"（第 7 页）。等到 1893 年上海织布局被焚以后，华盛总局在规复织布局的基础上成立，它之作为北洋私产的性质，就更加明显。另一方面，他又认为，上海织布局在 1882 年取得了 10 年专利权以后，北洋系官僚实际上垄断了"上海一隅"乃至"所有通商口岸"的新式棉纺织工业。因此，在 1882—1891 年 10 年之中，不可能再另有私人商办的棉纺织厂的出现，1893 年织布局被焚，这时"十年专利已经满期，而且已经不断受到舆论的攻击"。同时"以李鸿章盛宣怀为首的买办资产阶级已经出现"，他们自己已"有投资设厂的要求"，于是出现了"全国限锭四十万"的办法。"这个计划对集团中一些人开放设厂权利"，一方面满足了官僚自己设厂的要求，一方面又达到了"排斥私人自由设厂"的目的，从而扩大和发展了官僚资本主义对整个棉纺织工业的垄断（第 11 页）。

这个论点的某些部分，是可以同意的。但总的看来，则显得有些不够全面。

首先，从上海织布局及以后的华盛总局本身的性质来说，邵先生是一律把它们作为北洋的私产看待的。虽然他把上海织布局的历史区分为两个阶段，前一阶段是"买办商人的管理"，只有到 1887 年以后才成为"北洋的私产"，实际上 1887 年上海织布局还在筹设的过程中，因此正式开工以后的织布局，在邵先生看来，和华盛总局一样，都构成了官僚资本主义的北洋私产。

究竟是不是可以这样看呢？这里需要从历史本身进行具体分析。

在我们看来，上海织布局从 1878 年筹办之日起，一直到 1893 年被焚之日止，它的性质，并没有起根本的变化。15 年间，始终贯串着一个官商之间相互结合同时又相互矛盾的过程。正是由于一方面相互结合，一方面又相互矛盾，所以，在筹办到开工的整个时期才出现频繁的改组和人事更动的局面。

　　从彭汝琮的退出织布局说起。我们在前面已经指出，不能把这种事情的发生单纯地看作是彭汝琮和郑观应私人之间争夺地位的结果。在那里，我们曾经补充了一个重要的事实，即在彭、郑合作局面瓦解的同时，还分裂出去一批以茶商和捐客为主体的出资人，他们在外国洋行的协助下，企图另行组织一个纱厂。我们现在还不能判断这一部分出资人和当事者的关系，但是这些人分裂出去的原因，却是比较清楚的。因为就在这个时候，上海的一家外国报纸透露了这样一个消息，它说道："在官方和商人的代表之间，已经产生了意见的分歧，这种分歧导致了后者从这个计划中撤退。……事实上，这两个阶级所要求的目的，是很难调和的。"① 究竟在哪一个具体的问题上，他们之间产生了矛盾，我们现在还不得而知。可以肯定的是：把这次人事的变动同时看作是官商之间意见分歧的结果，比之把它只归结为彭、郑之间个人地位的冲突，看来要更接近于问题的实质。

　　彭汝琮的计划失败以后，织布局的改组情形，也证明了我们的论断。因为筹备工作的实际权力，并没有立刻为郑观应所取得，而是落在戴景冯、吴仲者、龚寿图等人的头上。② 这几个人，正如邵先生所说，都是官僚子弟③，招股工作，根本无法进行。于是又经历了一次改组，在这次改组中，出面的虽然仍是戴恒、龚寿图等官场人物，而实际的主持则不能不责成"久居沪上熟谙洋务商情"的郑观应和经元善负责。④

---

　　① 《字林西报》1879 年 4 月 7 日，第 319 页。
　　② 《申报》1880 年 1 月 15 日。
　　③ 吴、龚二人的家世，邵先生已提到。戴景冯是翰林院编修戴恒的侄子。据说戴恒后来出面，是为了"补救乃侄之累"。参阅经元善《居易初集》第 2 卷，1901 年版，第 36 页。
　　④ 《申报》1880 年 11 月 18 日。

　　郑观应，用不着介绍。需要略说几句的是经元善。这个人和盛宣怀的关系很密切，而且后来又长期在盛底下做上海电报局的总办，似乎很容易被人认为是盛宣怀一派的人物。事实并不是这样，至少在他参加筹办织布局的时候不能这样看。他的父亲经纬是一个商人，在上海开了一家仁元钱庄，他的弟弟经璞山也是商人，在他的家乡浙江上虞开了一家同盛木行。他本人于1858年"奉严命服贾于沪"，1871年接替他的父亲掌管仁元钱庄。1872年一度尝试做淮盐生意，没有成功。以后在上海办赈务，从此在地方上有了一些声望。到1879年，也就是他参与织布局的前一年，才结识盛宣怀。从这一段历史看，在他参加织布局之前与其说他是官僚，不如说是商人，更为恰当。①

　　经元善在织布局中之代表商人势力，还不完全在于他的身份。重要的是他心目中的织布局，和代表官方势力的戴恒、龚寿图等人的看法，有着显著的矛盾。从他自己的回忆录中可以看出，他是比较注意于招徕商股的。为了取得商股的信任，他主张"凡所招股本户名银数及收款存放何庄，每月清单布告大众"②。他这种主张，并且已付诸实行。在这一年10月和11月上海的华文报纸上，我们看到了织布局的《招商集股章程》和"招股启事"的广告。"章程"中特别强调织布局的商办性质，极力芟除"官场浮华习气"③。启事中则详列入股办法，并各埠代收股份的

────────────

　　① 以上根据《居易初集》第2卷，第7、8、10、11、32页；《上海县续志》第21卷，游寓，经元善传；《申报》1880年11月17日，关于经元善后来和盛宣怀的关系，有经元善自己说的一段话，是值得注意的。他说："溯遇合订交之始，彼此皆办义赈，各勉当仁不让，故能声应气求。嗣属盛公利涉大川，风顺帆高，渐趋温带，元善仍安市隐……纬线既度分南北，学术难合志同方。"见《居易初集》第2卷，第35页。

　　② 《居易初集》第2卷，第36页。
　　③ 《申报》1880年10月13—15日。

绅商住址名姓。① 如此公开的招股办法，在当时是少见的。经过这样一番布置，据他自己说，当时附股者极为踊跃，甚至超过原来所要招募的数额。在经元善看来，这正是商务"已将萌芽勃发"的气象，但却由此引起了把织布局当作衙门来坐的戴恒、龚寿图的反对。他们不赞成这种公开招股的方式，双方的争执继续了一个相当长的时间，其间虽然经过郑观应的"苦心调停"，还是"道不同不相为谋，终难水乳"。从此以后，一直到1887年，筹办的实权落在戴、龚这一批官场人物的手里。郑观应虽然担任了商股总办，但和官总龚寿图也经常处在矛盾的状态中。②

这种官商的结合和矛盾的过程，在1887年以后，是否已经消失了呢？究竟1887年以后发生了什么变化呢？我们不妨再看一看实际的历史。

原来在郑观应担任商股总办的时期，曾经利用股本进行投机活动，以致发生亏空。织布局的筹建工作，一度陷于停顿。1884年郑观应退出织布局，1887年龚寿图、龚彝图兄弟再度接手，招集新股，却把从前的老股一律打一个七折，限期要老股股东"每股〔一百两〕加价银三十两"，"以辅助新股"，逾限不交，则并三股作一股，换给新股票。据说这时老股尚存2900余股，如数加价者有1600股。③ 招集新股，也在同时进行。虽然龚彝图自己据说也招了5万两，但筹集新股的主要人物则是卫静成、张善仿、唐廉、徐士恺、周晋镳等人。④ 这些人物，可能和官场的关系密切一些，但都说不上是官僚，如周晋镳是上海商界人物。

---

① 《申报》1880年11月17日。
② 以上据《居易初集》第2卷，第36—38页。
③ 曾国荃：《曾忠襄公奏议》第31卷，第14页。
④ 《申报》1888年4月22日。

徐士恺可能也是商人，后来当过上海道聂缉槻的账房。① 唐廉在
当时则是金陵铸钱局当差的一位分省补用道。② 他们在织布局
中，仍然代表商股的势力，是新股东里面的活跃分子。在老股纠
纷没有解决之前，他们就已经筹集了 24 万两资本，另设纺纱新
局，"以为布局先声"。后来的华新纺织新局，就是他们在这个时
候搞起来的。③

　　龚氏兄弟接手以后，不到两年，又发生了亏空。这时李鸿章
才派招商局的马建忠接办织布局，同时"挪用仁济和保险公司公
积金三十万两贷与布局"，以资周转。④ 但是资本仍感不足，而
马又穷于应付，大约就在这个时候，原来就和李鸿章有很深的关
系而此时在天津商界很有些声望的直隶通永道杨宗濂被李鸿章
看中了。在 1891 年 7 月 5 日给马建忠的电报中，李鸿章说道：
"吾欲在津筹借，但人皆不信汝，颇信杨尚把稳，拟酌借二十万，
令杨挈汝衔名成交。"⑤ 从此杨宗濂代替了马建忠在织布局的地
位。

　　但是，杨宗濂自己经常在北方，织布局实际上是由他的弟弟
杨宗瀚负责。在这一时期内，织布局的确挤进来了不少洋务派官
僚的资本，李鸿章并且"拨借绥巩局银十余万两，以资营运"⑥。
正如邵先生所说，此时织布局的确是"商办的性质减少，而洋务
派官僚集团私产的性质愈来愈强了"（第 9 页）。

　　但是，即使在这个时候，杨宗瀚也没有放弃利用商股的希

---

①　《聂含章回忆录》，转见《恒丰纱厂的发生发展与改造》，第 4 页。

②　《申报》1888 年 5 月 19 日。

③　《申报》1888 年 4 月 22 日。

④　《北华捷报》1890 年 10 月 3 日，第 390 页。

⑤　《李文忠公全集》，电稿 13。

⑥　杨寿彬等：《杨藕舫行状》。

望。他在1893年7月给李鸿章的禀帖中说道:"织布机层累曲折,工繁费重,不如纺纱工简利近",应"及时推广"。他具体建议"另招商本规银三十万两,即就布局中间余地,附建纱厂一座","与布局外合内分"。在他所拟的招股章程中写道:"此局全系商人股本,不领公款,不请委员,但责成商股中之廉干谨饬者总理厂务。"8月,他得到李鸿章的批准,在上海挂起了"同孚吉机器纺纱厂"的招牌,并且把股本扩大为60万两,公开召集股份。① 只是由于10月间布局被焚,杨宗瀚退出了布局,这个计划才随之搁浅。

织布局被焚以后,负责进行规复工作的盛宣怀,曾对织布局的官私股款作了一番清理。据他说:"该局实计官款存银二十六万五千三百九十两,商股存银五十五万四千九百两,又仁济和保险局存银八万两,龚升道〔龚照瑗〕在江海关任内存银二万两,又杨藕记〔杨宗瀚〕借垫各款银十余万两。"商股之中,新股22万两,主要是招商保险局暂存生息之款,剩下来33万多两,则是"十年以来一无利息"的"各省绅商"股款。② 它们约占织布局的各种款项的1/3。

是不是可以把这些股款一概目之为官僚私产或官僚资本呢?这些股东们和洋务派官僚之间是不是可以划一个等号呢?这是很值得研究的。我们在前面说过,当1880年经元善等接办织布局的时候,曾经广泛公开招募股份,他们招股的范围遍布北京、天津、南京、苏州、扬州、镇江、杭州、宁波、绍兴、上虞、湖州、安庆、芜湖、汉口、九江、重庆、烟台、福州、晋江、台湾、汕头、广州、香港、澳门乃至海外的旧金山、长崎、横滨、

---

① 以上均见《杨宗瀚遗稿》,前上海历史文献图书馆藏。
② 《新辑时务汇通》第83卷,第9—10页;《申报》1893年12月21日。

新加坡等 28 地，各地设立的股银代收处，共有 36 所，其中有 13 家商号，10 家银号、钱庄，3 家洋行，还有盐栈、洋药局等等。这个招股广告曾经公开登在当时的《申报》上。① 当 1887 年龚氏兄弟整理布局，把所有旧股一律打一个七折的时候，《申报》上不久出现了一幅"在股含冤同人"的公启，里面有几句话是值得注意的。它写道："旧股中甚有借本易产而买股者，多年官利无着，本剩七折，吃苦已极。总办其事者，反躬自思，勿以人尽可欺耳。"② 两年以后，当龚氏兄弟再度使织布局发生亏空时，最早参加织布局股份的卓培芳，又在《申报》上刊登启事，说"旧局已经亏空甚巨，此次又复蹈故辙"，要"邀集股东诸君""与其理算，以顾众商血本"③。这难道不是最尖锐的矛盾么？

邵先生说，1887 年以后的织布局已经成为北洋官僚的私产。从北洋官僚力图控制织布局这一点上看，可以作这样的理解。但是，我们同时也要看到织布局中反对把它沦为北洋官僚私产的力量的存在。

到了华盛总局的时期，情形的确如邵先生所说的那样。以盛宣怀为首的官僚集团的确要把上海织布局的后身华盛总局变为自己的私产，而且事实上也变成了盛宣怀这个大官僚的私产。但是能不能说所有的棉纺织工厂，在这以后都纳入洋务派官僚的控制之下呢？这里就涉及到邵先生的论点的第二部分：十年专利或所谓"纱锭限制"的实际作用问题。

对于这个问题，我的看法是：在织布局十年专利的阶段，情形确如邵先生所说，李鸿章的"酌定十年以内，只准华商附股，

① 《申报》1880 年 11 月 17 日。
② 《申报》1888 年 7 月 13 日。
③ 《申报》1890 年 11 月 1 日。

不准另行设局"的奏请，发生了实际的效力。从 1882 年至 1891
年 10 年之中的确没有在织布局以外出现过私人设立的棉纺织厂。
为邵先生所详细考订的华新纺织新局，在当时并不是独立于织布
局以外的纱厂，而是 1887 年织布局整顿时期一部分新股东筹办
起来的布局分局。这一点，在上面也已经提到，我完全同意邵先
生的意见。

但是，也应该承认，在十年专利的后期，现实的生活已经开
始产生要求突破这个限制的力量。且不说张之洞、卞宝第、曹仁
祥这批官僚在广东、福建等地的设厂活动①，就是在商人阶层
中，至迟在 80 年代之末和 90 年代之初，也出现了冲击这个限制
的尝试。在卞宝第计划设厂的前四年（1888），福建商人就"曾
谋试办一个纺纱厂"，股东们还因此"亏折了本钱"②。1890 年在
远离上海的湖北沙市，出现过筹办纱厂的酝酿。③ 即使在织布局
所在地的上海，在同一时期，也出现了同样的事例。1890 年上
海的山东籍商人翟世昌和 1891 年上海买办商人丁玉墀先后企图
在上海创设纺纱轧花工厂④，就是已经被公开出来的一二事例。
这些情况，证明了十年专利的条款，不但在期满以后"已经不断
受到舆论的攻击"，而且在期满以前，也已经受到现实生活的攻
击。

不仅如此。反限制的力量，不仅存在于上海织布局的外部，
而且在织布局内部，实际上也存在着要求突破限制的力量。一个

① 张之洞：《张文襄公全集》第 131 卷，电牍 10；《益闻录》1891 年 12 月 26
日；《申报》1892 年 4 月 15 日。
② 《海关贸易十年报告》（China Maritime Customs, Decennial Reports on Trade,
Industries etc），1892—1901 年，福州，第 95 页。
③ 《伦敦新闻纸》1890 年 8 月 8 日增刊，第 1 页。
④ 《申报》1891 年 12 月 16 日；《沪报》1892 年 3 月 30 日。

值得寻思的事实是：在上海织布局焚毁之后，原来那个附股设立的纱纺新局，并没有承担上海织布局的损失的责任，它事实上独立于织布局以外。可以判断，当初那些股东们之所以以分局的形式成立纺纱新局，正是利用这个限制的形式来突破限制。

织布局被焚以后，华盛总局继之成立。事情是不是如邵先生所设想的，盛宣怀之所以提出限锭的办法，只是对官僚集团中一些人开放设厂权利，排斥私人自由设厂，从而"洋务运动的官僚资本主义垄断"还在继续发展和加强呢？我认为，这个说法，至少是有些勉强的。事实是，在上海织布局被焚之后，盛宣怀面临的最迫切的问题，是如何弥补织布局的损失。盛宣怀恰恰是用开放厂禁作为换取新设纱厂"出纱一包，捐银一两"的条件。这个办法，一方面首先弥补了官款损失，讨好了李鸿章，一方面也适当地弥补了商股损失，敷衍了织布局的商股，当然，也因此提高了他自己在华盛总局的地位。这个用心，当时就有人看出来了。英国的驻沪领事就是其中的一个。这个领事在1893年向本国政府所作的报告中写道：织布局焚毁"这一事实，看来促使它的主持人改变了他们的策略。他们现在觉得与其力图保持纺织权的独占，不如让别人也参加进来，只要这些人愿意缴纳一笔特许费或者生产的提成给织布局的所有主"。这个报告还具体计算了这一项勒索的负担，它相当棉纱售价的1%—1.5%，或者相当于盈利的1/12至1/10。但是使中国的资本家踌躇的是：他们担心在这个勒索之外，还有其他的"官方干预"[①]。这样看来，与其说是官僚排斥私人自由设厂，倒不如说私人不愿利用这个自由设厂的机会，不是更确当吗？

我是从另外一个角度去理解洋务派官僚集团对棉纺织工业的

---

①　以上据《英国领事商务报告》，1893年，上海，第20—21页。

阻碍和垄断的。首先是"出纱一包，捐银一两"的办法本身，这实质上是产品税以外的附加税，它阻碍民族资本的顺利发展。"限锭四十万"对民族资本纺织工业无疑地也起了阻碍的作用。但它的意义是把民族资本的发展限制在一定的范围以内，以便于华盛这个官僚企业继续处于垄断的地位，而不是像邵先生所说："以限定锭数的办法排斥私人自由设厂。"

　　邵先生为了要证明李鸿章、盛宣怀的限锭办法，只是对这个集团中的一些人开放设厂权利，把1894年严信厚在宁波设立的通久源纱厂也纳入"李、盛计划之内"，其根据是严为"淮系官僚"，纱厂"只能是一个官督商办的企业"（第11页）。事实上，严信厚虽然曾经是李鸿章的幕僚，但他在创办纱厂的当时，早就脱离幕僚的地位；至于纱厂是不是官督商办，现在还不能遽下判断。可以肯定的是：这个纱厂的确是1886年即已成立的通久轧花厂的扩大和发展。在纱厂筹办的时候，一个来自宁波的实地报告中说道：轧花厂"已证实获利丰厚，所以现在正在大事扩充。资本业经添招，并已建起一座两层的大砖楼，不仅要在里面轧花，而且还要从事纺纱"①。邵先生为了要把这个纱厂纳入"李、盛计划之内"，否认它是"轧花厂的发展"，看来这也是缺乏根据的。而且，即使承认邵先生的看法，问题也并没有完全解决，因为和通久源同时出现的大纯、裕晋两家上海纱厂，它们是否也属于李、盛集团的纱厂，邵先生的文章并没有论及。事实上，裕晋纱厂的老板，是一个和洋行关系很密切的湖州丝商黄佐卿②，我们现在还不能肯定他和李、盛集团有什么联系。至于由盛仁

---

　　① 《海关贸易十年报告》，1882—1891年，宁波，第381页。
　　② 《北华捷报》1897年12月10日，第1042页；1902年7月16日，第131页。

创办的大纯纱厂，当时就有人说：它和织布局，"本系两家，未有来往"①。

即令所有这些纱厂，都是"属于李盛买办资产阶级集团"以内的企业吧，我认为，只要我们不割断历史，不同的变化，仍然是清晰可见的。在以后的发展中，华盛固然日益染深了官僚买办资本的颜色，而通久源乃至被邵先生看成是官局的裕源，却并没有变成官僚的企业，相反，原来的官局或官督商办逐渐变成了纯粹商办，它的民族资本的性质，却一天一天地显著起来了。

事实上，邵先生的文章也接触到了这个问题，因为被盛宣怀所排挤的李系官僚杨宗濂兄弟在无锡设立的业勤纱厂，就被邵先生视为独立企业，而杨宗濂本人也被邵先生划为"江南新兴的民族资产阶级上层"（第10页）。也就是在这里，邵先生才附带谈到官僚中的政治分化。政治上的分化，无疑地是必须重视的。但是，如果把政治上的分化和经济上的分化联系起来，我觉得这将更有助于抓住问题的关键，而我和邵先生之间的一些看法上的分歧，也就容易解决了。

半殖民地半封建社会中民族资本主义发展的道路，是极其复杂而曲折的。把洋务派的官办或官督商办以及官商合办的企业的经营过程，单纯地看作是中国官僚资本的形成过程，这是不完全符合客观的历史实际的。洋务派大官僚的确通过官办、官督商办、官商合办等等方式给自己积累了大量资本，他们的资本积累和民族资本的发展，处于对立的地位。从这个意义上看，洋务派企业的经营过程，也是中国官僚资本的形成过程。在这里，我和邵先生的看法，是一致的。不一致的地方，在于是不是同时注意

① 《沪报》1894年9月22日；《中国工商业考》，第14页。

到它的分化。中国民族资本近代工业的产生，看来方式是多种多样的。纯粹商办的是一种，由官办、官督商办、官商合办而转化的是另一种。当然，还有一种不可忽略的形式是买办依附于洋行的企业的转化。从发展的主流看，后面两种毋宁说是中国民族资本所由产生的主要形式。详细地论证这一点，已经超出了现在讨论的范围。应该指出的是，不注意这一点，客观上往往就会忽视半殖民地半封建社会中形成的民族资本在其形成过程中和反动势力的联系，这是不利于我们对中国资产阶级的两重性的认识的。而正确地认识这个问题，在今天仍然有现实的意义。

（原载《新建设》1963 年 8 月号，原题目为《从上海机器织布局看洋务运动和资本主义发展关系问题》）

略论中国通商银行成立的
历史条件和特征

1897 年在上海成立的中国通商银行，是中国近代史上的第一家资本主义金融企业，也是中国近代金融史上历史最长的一家现代银行。对这家银行的全面研究，目前还缺乏足够的条件。本文只从它产生的历史条件和它在产生过程中与外国势力的关系方面，参考已有的研究成果，提供个人的一点初步看法。错误和不当之处，请读者和专家批评指正。

一 鸦片战争以后中国封建社会原有
金融机构的变化

同中国工矿交通企业中的资本主义一样，中国金融业中的资本主义也是在外国资本主义入侵的条件下产生的。它既是中国内部经济的变化，又是外国资本主义入侵、特别是外国金融势力入侵的直接后果。

在长期的封建社会中，中国城市的工商行业，从各种手工业、商业、交通运输业到金融高利贷业中的钱庄、票号、银炉、当铺，从行商坐贾到经纪牙行，都有各自的组织机构、活动范围和经营传统。它们各自葆有的传统业务和经营方式，只有在外国资本主义入侵中国以后，才发生了它们从未经历过的变化。它们的传统经营和西方资本主义的入侵，发生了直接的冲突，面临着阵地日益缩小的前景。

但是，并不是所有的行业都和西方资本主义的入侵，发生直接的冲突。相反，不少行业在西方势力入侵之后，发现自己原来的传统业务的经营，很容易转向适应入侵者的需要的轨道，从而有可能相应地扩大自己的活动范围，取得一定程度的发展。金融中的钱庄，就是一个例证。

钱庄是中国封建社会的货币经营机构之一。它有比较悠久的历史。地区分布，也比较广泛。钱庄或钱铺的名称，在明代的小说、笔记中，就已经常出现。在上海，至迟在18世纪中叶，钱庄就已成为一个具有相当规模的独立行业。18世纪末叶，上海钱庄的数目，至少在100家以上。[①] 它所签发的即期和远期庄票，有很高的信用，得到商界的普遍接受，给商人调度资金、融通信用以很大的便利。在福州，当这个城市对外开放时，西方入侵者发现整个市上的钱庄，也达到百家之多。它们之中，大多数都拥有很高的信用和大量的资金。[②] 一般大宗交易的媒介，基本上是当地银钱业发行的票据。[③] 宁波的钱庄很早就实行了节省解现的过账制度。凡与钱庄有往来的商人，成交买卖，只须在钱庄

---

① 嘉庆二年历年承办钱业各庄碑记，转见《上海钱庄史料》，1960年版，第11—12页。原碑记共载有106家钱庄，系指1776—1796年中加入钱业公所的钱庄。但此碑系1797年立，也可能是当时仍然存在的钱庄。

② B.P.P., Returns of the Trade of the Valious Ports of China For the Year 1846, 1847年版，第20页。

③ R. Fortune, Three Years Wanderings in the Northern Provinces of China, 1935年版，第342页。

过账，互相抵划，不必过手现银。① 在其他一些商业城市中，钱庄发行的钱票，也得到相当广泛的流通。所有这些，都说明在中国封建社会中，钱庄在调节商品流通和资金周转上，发挥了相当大的作用。

在外国资本主义入侵中国以后，钱庄的这种作用，适应了西方国家推销商品和收购原料的需要，因而很快地受到外国入侵者的注意，从而得到它们的利用。

上海的钱庄，就是最明显的例子。在开埠不久的 40 年代中期，刚刚进入上海的外国洋行就注意到钱庄庄票这样一个方便的支付手段而开始加以利用。进入 50 年代以后，庄票已经比较普遍地被外国洋行接受，作为结算的工具。许多经纪对外贸易的掮客，都以资力比较雄厚的钱庄所签发的期票，作为收取货价的凭证。② 这时，如果钱庄拒绝提供例行的方便，外国商人的货物就难以成交。中国的经纪和掮客，也将束手无策。③ 当然，这个时候，中外双方，还需要互相摸底。有时是中国钱庄表现迟疑，拒绝提供例行的方便，有时则是外国商人显得犹豫，多方挑剔钱庄的庄票。④ 到了 60 年代，中国钱庄和外商银行、洋行的数目，都有所增加，外国商人使用庄票的场合，趋于普遍。有些洋行在招揽生意的广告中，公开宣称接受"任何一家本地钱庄庄票或其他合格票据"⑤。如果说，50 年代还只有大钱庄的庄票具有合格

① 戴枚等：《鄞县志》第 2 卷，1874 年版，第 6 页；段光清：《镜湖自撰年谱》，1960 年版，第 122 页。

② North China Herald（以下简称 Herald），1858 年 6 月 12 日，第 182 页。

③ J. K. Fairbank, Trade and Diplomacy on the China Coast, 1842—1854, 1953 年版，第 403 页；S. C. Lockwood, Augustine Heard and Company, 1858—1862, 1971 年版，第 130 页。

④ Lockwood，上引书，第 30 页；Herald, 1855 年 12 月 8 日。

⑤ Herald, 1862 年 3 月 1 日，第 34 页。

的支付能力，那么，到了 60 年代，这种合格的支付能力，已经普及到所有的汇划钱庄。对外国商人来说，当时接受期票支付货款，远比用卖了货的现款再来进货要能销出更多的货物。① 60 年代后期，钱庄和外国银行开始发生了融通资金的关系，庄票的作用，又有了进一步的发展，通过自己买办的媒介，外国银行开始接受庄票作为抵押，向钱庄进行拆放。② 这样，中国钱庄就可以按照自己的需要拆借必需的资金，而外国银行则可以采取更便当的方式利用多余的头寸。

随着钱庄与外国银行和洋行联系的加深，钱庄的资金来源、营业对象和业务内容，也发生了相应的变化。如果说，以前钱庄周转的对象是沙船上的国内土产，那么，现在则转向出口丝、茶，进口棉纺织品和鸦片；如果说，以前和钱庄打交道的主要是沙船业主和其他旧式商人，那么，现在就新添了为洋行接洽生意的买办、经纪和掮客；如果说，以前投资钱庄的人物主要是中国封建社会的旧式商人，那么，如今在他们之外，又出现了为洋行服务的买办以及各式各样的买办商人。在这一过程中，中国钱庄一方面既有数量上的发展，另一方面，又有性质上的变化。量的发展表现为钱庄在面上的扩张；质的变化，表现为业务重心的转移。总的形势是：中国钱庄的活动，逐步纳入中外贸易的轨道。使中外商人的进出口贸易，都离不开中国钱庄的参与。中国钱庄之卷入资本主义国家对中国的贸易这一点，赋予了中国钱庄在鸦片战争以后的存在以新的意义，这是一个不可否认的客观事实。当时间进入 80 年代以后，丝茶出口的周转，已成为钱庄业务重

---

① Commercial Reports from Her Majesty's Consuls in China（以下简称 Commercial Reports），1869—1871 年，汉口，第 192 页。

② 《申报》1884 年 1 月 12 日。

心之一。1883 年上海一家大丝栈的破产，波及钱庄 40 家。① 80
年代初，福州钱庄的茶叶贷款，占钱庄贷款总额的 60 %。② 处此
情况之下，钱庄贷款的伸缩之足以左右中国的丝茶出口商人，这
是可以想象的。而钱庄的资本运行，又为中国的进出口贸易所左
右，这也是可以想象得到的。

　　当然，并不是原来封建社会中所有的金融机构，都和钱庄具
有同样的经历。和钱庄相对，票号的足迹和活动的范围，有明显
的不同。以国内汇兑起家的票号，在鸦片战争以后，特别是在太
平天国革命的过程中，适应清廷解款的需要，原来长于"交结内
府"、"应酬仕宦"的票号，尽管这时还承担商业的汇兑，也和钱
庄保持融通款项的关系，但它的主要活动场所，则基本上转向官
场。它日益同清朝政府大小官员发生密切的联系，逐渐变成了一
个以政府官款和贵族官僚私款的汇兑和存放为主的金融机构，乃
至捐官、纳贡以及官僚之间的馈赠，都离不开票号的居间经理，
票号把自己扣在清王朝的车轮上，它和钱庄遵循着不同的方针，
这是无可争辩的。

　　事实上，不仅票号与钱庄不同，就是在钱庄之间，也呈现着
不同的变化。通商口岸以外的钱庄，在鸦片战争以后，仍然较多
地保持原来的性格。著名的京师四恒号，它们的活动范围和对
象，与上海钱庄大不相同，这是人所共知的。至于内地和边远地
区的银钱业者，则几乎原封不动地保存原来的局格。

　　钱庄与票号、钱庄与钱庄之间的这种差异，在它们对待中国
通商银行的态度上，也得到体现。这家银行的创办者盛宣怀在筹

---

　　① 郭孝先:《上海的钱庄》，载《上海市通志馆期刊》第 1 年，第 805 页。

　　② China Maritime Customs, Reports on Trade at the Treaty Ports in China（以下
简称 Trade Reports），1881 年，福州，第 6 页。

办银行的时候，最初曾经打算充分利用它们的力量。在最先草拟的"银行条议"中，他说："凡旧有银号、票庄、钱铺、账局、汇号，向做各项生意，仍旧照常贸易。"① 在这些机构中，他看中了原来专办汇兑的票号②，特别是转为办理关税税款收解的海关银号，企图加以利用。办法是"即在京、津、闽、粤、汉、浙各关号票庄内悬挂中华商会银行〔即中国通商银行〕招牌，内分外合，即责成该号各伙友兼办银行诸事，接应会票〔汇票〕收解款项各账，以节经费而归简便。"③ 在他最初的"请设银行"的奏稿中，也提到他"在上海与开设粤、闽、浙、沪、江汉各海关银号之绅商候选道严信厚议及银行之事"，说是"严信厚顾全大局，情愿以其独开之银号归并国家之银行，使其气局宽展"④。至于内地各省会，则"用晋人为总管"，"拟将湖北、湖南、四川、陕西、山西数省，专用西帮"⑤。他还留意于北京的钱业，要人在京师四恒中"设法钩出一人"，充当银行的管事。⑥ 又想利用北京著名的宝兴隆金店认招股份，改变商情观望的局面。⑦ 对于上海钱庄，当然也不放过。他说："京都既非通商码头，股份不多"，"上海为中国通商第一口岸"，集股较易。⑧ 总行设在上海，办事总董也都在上海"熟悉商务"之总董中产生。⑨ 所有这些，都说明他对原有的金融业的重视。

---

① 《申报》1897 年 2 月 11 日。
② 《盛宣怀未刊信稿》（以下简称《盛稿》），1960 年版，第 73 页。
③ 《申报》1897 年 2 月 11 日。
④ 《愚斋存稿》（以下简称《盛集》）第 1 卷，第 14—15 页。
⑤ 《盛稿》，第 73 页。
⑥ 同上书，第 1 页。
⑦ 同上。
⑧ 《时务报》第 30 册，转见《中国第一家银行》，1982 年版，第 77 页。
⑨ 《中国第一家银行》，第 100 页。

　　但是这方面的努力，收效似乎不大。而山西票号、京师钱铺和上海钱庄的反应，又有明显的不同。京师四恒不但没有参加，反而"各处设法阻挠"①。票号中人则对银行引用外国大班群起反对②。严信厚虽然以个人身份参加，并且担任了银行总董，但他的海关银号却不愿合并于银行，怕"银行垄断各银号生意"③。广州分行大班、票号出身的王同爱，在担任银行大班的同时，仍不愿放弃他的票号司事，结果是票号生意日盛，而银行"门可罗雀"④。只有上海钱庄作了一些响应。他们的头面人物如咸康钱庄经理陈笙郊、承裕钱庄经理谢纶辉先后担任了通商银行的华大班，掌握了银行的部分权力。盛宣怀说：通商银行拆票业务均系陈笙郊一人经手，为盛"一人所推重"⑤，从这里可以看出通商银行与上海钱庄之间，存在着资本、业务和人员上的联系。

　　由此可见，无论是从鸦片战争以后营业方针的转向上看，还是从它们与新式银行的关系上看，钱庄都有别于票号。但是，即使如此，从资本主义借贷资本的角度看，通商口岸的钱庄，在整个 19 世纪，也并没有形成现代资本主义的金融企业。它和资本主义金融企业的一个根本不同的地方，就在于它还不是中国产业资本本身发展的结果，它还不是以产业资本的运动为基础的。如果说，它的性质在起变化，那只是由于它和包括外国银行和洋行在内的外国资本的联系的加深，只是由于在 19 世纪外国资本入侵的条件下，虽然钱庄还谈不上从属于中国的产业资本，但它最终不能不从属于外国的产业资本。也就是说，它通过对外国在华

---

①　《盛稿》，第 10 页。

②　参阅杨端六《清代货币金融史稿》，1962 年版，第 374 页。

③　《盛集》第 25 卷，第 23—24 页。

④　谢俊美：《盛宣怀与中国通商银行》，载《档案与历史》1985 年第 2 期。

⑤　《盛稿》，第 50 页。

商业、金融资本的从属，间接从属于外国的产业资本。这是只有在半殖民地的条件下才出现的一种不正常的状况，也是中国资本主义金融企业产生的一个特殊的历史条件。

二　中国资本主义金融企业的酝酿

除了中国封建社会原有旧式金融业的转向以外，在中国对外开放的过程中，有一部分最先和外国势力发生接触的中国人士，也开始有了仿效西方资本主义国家设立新式银行的议论和尝试。早在英国丽如银行进入中国后之第二年，主张"师夷长技"的魏源在他的名著《海国图志》中就介绍了英国的银行制度。其中提到的方面有"国立银局，内收税饷、出银票以敷所用"。"在国中及大邑任商别立银（局），来往川流，不须动支实项"。"列国中惟英国银局最信，各国之商俱寄资取利焉"①。举凡中央银行的发行和代理国库业务、商业银行的汇兑和存款业务，基本上都已提到。虽然他没有提出中国设立银行的具体建议，但他对英国银行制度的向往，是十分明显的。

最早提出在中国设立银行的具体建议的，出自和西方资本主义有所接触的太平天国后期的重要人物洪仁玕。在1859年发表的《资政新篇》中，洪仁玕首次提出"兴银行"的主张。他明确指出：银行有发行纸币的权力，因为纸币"便于携带"，"大利于商贾士民"。而且这种银行可以由民间自办，"或三、四富民共请立，或一人请立，均无不可"②。这和魏源在介绍英国国立银局

---

① 《海国图志》第51卷，第6页。按魏源写《海国图志》，开始于1841年，初为50卷，后陆续增补为100卷，刻于1847年。
② 见罗尔纲编《太平天国文选》，1961年版。

之外，着重介绍任商别立银局的思想，显然是一致的。接着在
1860年，曾经留学美国、和资本主义有过较深接触的容闳，继
之向太平天国当局提出了七条改革建议，其中第五条就是创立银
行制度。[①] 但是，太平天国不久覆亡，这个建议也就无从实现。
先进知识分子的理想，仍然停留在纸上。

与此同时，民间各式各样的仿效活动，实际上也早已存在。

早在第二次鸦片战争时期，在广州的看银师中，最先出现了
这方面的活动。广州的看银师和外国商人的交往有很长的历史。
在鸦片战争以前，当中国对外贸易集中广州一口的时候，这里的
看银师就为外商鉴定银两成色乃至融通必要的资金，成为外商进
行贸易活动不可缺少的人物。第二次鸦片战争中，看银师又开始
了有组织的金融活动。外国人的报道说：他们中间有了合股银行
(Joint Stock Bank)，又说买办是重要的股东。[②] 这种合股银行，
根据当时的条件推测，不可能是真正的股份公司，也许类似中国
封建社会原有的、以个人入伙形式出现的合伙组织。但是，它们
卷入了资本主义国家对中国的贸易，这一点赋予了它们的出现以
新的意义，这是没有疑问的。

类似这样的机构，在华南地区其他通商口岸，以后也陆续有
所发现。70年代初期，作为通商口岸的汕头，就已经存在向内
地运送鸦片、匹头以及其他外国进口货物的转运行。它们不但运
送货物和金银，而且办理汇兑，有力地控制着一切有关贸易的事
务。"它们多半是真正富有的公司，有大量的资本，这些资本有
的是自己投资，有的是别人存款。"[③] 所谓"真正富有的公司"，

---

①　Yung Wing, My Life in China and America, 1909年版，第109—110页。

②　Overland Trade Reports, 1861年10月31日，第10页。

③　Trade Reports, 1874年，汕头，第207—208页。

也未必就是现代意义的公司。但是，这种转运行，在对外贸易的金融周转上，看来比广州看银师的组织又前进了一步。

70 年代以后，在中国商人中间，还开始了国外汇兑和海外贸易业务的尝试。他们有的经营侨汇，有的甚至试图在国外设立商行，经营贸易。① 短期之内，形成了一股浪潮，贸易上的金融周转，自然也在意料之中。1876 年春荣康银号的昙花一现，就是它的第一个潮信。

这家银行的出台，最先出自轮船招商局总办唐廷枢的发动。这一年 3 月，唐廷枢应邀来到福州，向热心洋务的福建巡抚丁日昌提出"由中国纠集股份设一大银行"的计划。② 这是一家专门设计为海外贸易和远洋航运服务的银行。在唐廷枢的计划中，除了在国内设立总行以外，还要在英国伦敦以及日本各口设立分支机构。③ 银行资本计划为 200 万元④，据说当时支持这个计划的，有一批广东商人，他们已经凑齐银行开业所需的 30 万两开办资本。⑤ 接着在 5 月间，广州就出现了一个由广东帮商人陈桂生出面主持的荣康银号，计划先在广州、香港开办，然后再在上海、汕头、福州、天津等埠次第添设。⑥ 资本 200 万元先收一半。⑦ 一个十分引人注目的地方是：公司的资本，虽然分两次招收，不能一次招足，但却"不准西商入股"⑧。其所以如此，则是为了

---

① 《申报》1876 年 3 月 6 日。

② 《申报》1876 年 3 月 18 日。

③ 同上。

④ 《申报》1876 年 4 月 3 日。

⑤ Shanghai Courier and China Gazette（以下简称 Courier），1876 年 3 月 18 日，第 2 页。

⑥ 《申报》1876 年 5 月 20 日；《新报》1876 年 12 月 20 日。

⑦ 《新报》1876 年 12 月 21 日。

⑧ 《申报》1876 年 5 月 20 日。

便利"中国商贾汇兑",使"我中国之远客异邦者,必皆争握利权,与西商齐驱并驾"①。但是,筹备不及三月,便以资本招集不易,打算缩小规模②,到了1877年初,除了空荡荡的试办章程停留在报纸上以外,社会上再也不见它的活动了。

荣康银号的计划,虽然没有成为现实,但从此以后,新式银行的设立,愈来愈为那些和外国人打过交道、想模仿西法的人所向往。70年代后期以至80年代初,天津、上海等地接连不断出现设立新式银行的建议和活动。1877年,有"华人拟在天津设一银行,计本银共30万两","由招商局人司理其事"③。1882年又有华人"欲在上海仿照西法开一大银行","广帮商人之富裕者可纠以入股"④。估计这些活动,可能都是唐廷枢计划的余波。当然,它们最后都没有成为事实。

80年代中期起,中国人自办银行的计划,开始纳入了洋务派活动的轨道。首开其例的,是1885年李鸿章的所谓官汇银号的筹设。

这个名为"官设"的银行,实际上却是一个"延请西人为之经办"的金融机构。⑤而这个"经办"的西人,就是在中国已有半个世纪以上的活动历史的英国怡和洋行。⑥计划"于京师立一总银号,各省垣生意繁盛之处"以及"外洋各国",开设分号。⑦它的业务包括钞票发行、官款存放和官款汇兑三项。特别着重涉外方面的业务。如官款汇兑中特别提出国家对外借款、购买军火

---

① 《新报》1876年12月12日、12月20日。
② Herald, 1876年9月23日,第299页。
③ 《申报》1877年8月4日;Courier, 1877年8月2日,第2页。
④ 《申报》1882年3月3日。
⑤ 《沪报》1885年11月18日。
⑥ 清军机处折件。转见李瑚《中国经济史丛稿》,1986年版,第242页。
⑦ 《沪报》1885年11月1日、11月18日。

器械，并出使大臣廉俸，皆归银行办理汇兑。官款存放中，特别提出有海关各省所有税银，皆交银行收存。所有这些业务，"在五十年限内，只银行独沾利益，他人不得分润"①。这个计划一出笼，就受到京中大僚的群起反对。户部认为洋商"阳借代为谋利之名，阴为包揽并吞之计，居心叵测，祸国害民"②。满尚书崇绮表示"官可罢，此议断不可行"③，甚至"愿继之以死"，进行抗争，措辞十分激烈。④ 由于反对者的强硬，这个计划很快就偃旗息鼓而止，也只剩下一个由怡和洋行炮制的章程十条。⑤

但是，时势不可阻挡。新的计划，不绝如缕，继英国之后，美国资本家的活动，开始登台。1886年顷，李鸿章的得力助手马建忠计划在建省不久的台湾建立一个以开发台湾为目的的银行。他心目中虽然以英国汇丰银行为赶超的对手，但他依靠的力量，首先却是在中法战争期间为转移招商局的财产和他打交道的美国旗昌洋行。在他计划为开发台湾的航运、茶叶、食糖、樟脑以及矿产而筹集的50万两资本中，有40万两来自旗昌洋行的借贷。其余则出自台湾著名士绅林维源和轮船招商局余款的存放。他的计划得到海关总税务司赫德的赞许。赫德对台湾的开发，抱有很大的信心，要他赶紧动手。⑥ 但是，台湾当局刘铭传等人，对此似无反应。这个计划也就没有下文。

紧接着1887年，一个更大的银行计划又出现了。这就是美

---

① 清军机处折件，转见李瑚《中国经济史丛稿》，第243页。
② 李瑚，上引书，第243页。
③ 李鸿章：《李文忠公全书》（以下简称《李集》）第9卷，译署函稿，第39页。
④ 《沪报》1885年11月18日。
⑤ 《申报》1885年12月5日。
⑥ Letters of H. B. Morse，1886年5月20日，致德璀琳，打印件，经济研究所藏。

国商人米建威（E. S. K. de Mitkiewicz）设计的中美合办华美银行（American Chinese Bank）的出台。牵线人之一就是上面提到的马建忠。①

这个中美合办的银行，原来定名为国家和国际混合银行（National and International Amalgamated Bank）。②可以看出，它是一个国家银行和国际贸易银行的混合体，计划中的总行设在天津，并且在上海以及美国费城和英国伦敦设立分行。③"以后在〔中国〕任何地方，只要银行认为能够满足政府和人民的需要，都可以设立分行。"④

银行资本最初定为 1000 万元，中美各半。⑤银行的组成人员，名义上也是中美各半，但董事长一职，中国人却无权过问。⑥银行给自己规定的业务，包括经理中国政府借款，发行货币、采办物资、经理国库和包揽汇兑五大项。"它在中国国内的地位，超过了英兰银行在英国的地位。而在国外，它为中国政府和中国商业充当了其他国家的外汇银行的角色。⑦总之，"它的范围是无法计量的"⑧。

这个计划刚一公布，也立刻遭到内外两方面的反对。在北京，一方面出现了 81 名御史联名上书，对李鸿章进行弹劾⑨，

---

① Herald, 1887 年 8 月 5 日，第 154 页。

② Herald, 1887 年 8 月 5 日，第 142 页。

③ London and China Express, 1887 年 9 月 23 日，第 937 页；Herald, 1887 年 10 月 13 日，第 406 页。

④ Herald, 1887 年 10 月 13 日，第 406 页。

⑤ Herald, 1887 年 10 月 13 日，第 406 页。一说为 1000 万两，参阅 Herald, 1887 年 8 月 12 日，第 186 页。

⑥ Herald, 1887 年 10 月 13 日，第 406 页。

⑦ Herald, 1887 年 8 月 5 日，第 147 页。

⑧ Herald, 1887 年 8 月 5 日，第 141 页。

⑨ 张若谷：《马相伯先生年谱》，1939 年版，第 163 页。

另一方面，英、德、法等国公使的抗议，也一个接一个投向总理衙门。① 他们都竭尽全力，使米建威和李鸿章的"这胎私生子，或者流产，或者一生下来就给闷死，或者使其成为废物"②。在这种形势之下，李鸿章也不得不偃旗息鼓，中止进行。

李鸿章的道路受到了唾弃，但中国人"仿效西法"理办银行的呼声并没有停止下来。设立新式银行的建议，仍然不绝如缕。进入 90 年代以后，封疆大吏中的爱国者如盛京将军依克唐阿③、资产阶级改良主义者和维新派的人物如郑观应、胡燏棻以及汪康年等，都先后发出了各式各样的议论。④ 在这期间，李鸿章的儿子，还想承继父业，在中国通商银行成立之前两年，跃跃欲试新的银行计划于福州。⑤ 而容闳蓄意已久的大规模银行计划，则几乎与中国通商银行在一个时间里，同步进行。⑥ 只因得不到当权者的支持，才中途停止活动。⑦

50 年的历史，向人们提示一点：中国社会上各式各样的人物所发表的议论和进行的活动，都是在西方资本主义国家新式金融机构在中国早已存在的条件下发生的。如果说，这里也有欧风美雨，那么，这些都是欧风吹向中国、美雨洒向中国的结果。它在中国造成洪水泛滥的同时，也润湿了中国封建主义的干旱土地，提供了萌发中国资本主义现代企业的土壤，不管这种资本主

---

① Herald，1887 年 10 月 19 日，第 418、425 页。

② J. K. Fairbank 等编：The I. G. in Peking，1975 年版，第 680 页。

③ Herald，1899 年 3 月 20 日，第 469 页。

④ 参考《中国第一家银行》，第 93—95 页；杨端六：《清代金融货币史稿》，1962 年版，第 366—367 页。

⑤ Commercial Reports，1895 年，福州，第 11 页。

⑥ 《时务派》第 9、10 册，参考《近代史研究》1983 年第 3 期，第 141 页。

⑦ Herald，1896 年 7 月 24 日，第 143 页；8 月 28 日，第 355 页。

义在它生长的过程中，会结出什么样的苦果来。

也许换一个提法比较更加合适。那就是：正是由于产生中国资本主义的土壤是处在欧风美雨侵袭的条件下，所以中国资本主义在它以后的发展过程中，才会结出为中国社会所独有的果实。这对中国资本主义工业是如此，对中国资本主义金融业而言，更加如此。

由此可见，无论是中国旧式钱庄本身的转向，或是中国新式银行的产生，都不是出自中国产业资本自身发展的要求，都不是从属于产业资本、以产业资本的运动为基础的。这是一条不正常的道路，它体现了中国资本主义产生的内部条件和外部条件的交相作用，是半殖民地半封建社会的中国资本主义现代银行产生的特点。

三　中国通商银行的成立及其在对外　关系方面的特征

在外国资本主义入侵条件下产生的中国通商银行，它和外国资本主义势力的关系，表现得极其错综复杂。

上面提到，中国通商银行是曾经参加洋务派企业活动的盛宣怀一手创办的。在请设银行的第一个奏折中，盛宣怀就亮明了通商银行的一个宗旨，即："银行仿于泰西，其大旨在流通一国之货财，以应上下之求给"，"各国通商以来，华人不知务此，英、法、德、俄、日本之银行，乃推行来华，攘我大利"。中国现又"举办铁路，造端宏大，非急设中国银行，无以通华商之气脉，杜洋商之挟持"[①]。"杜洋商之挟持"，这是一个中心点。在他以

[①]　《盛集》第1卷，第14页。

后给同僚的函件中，对此也一再有所阐述。他在筹办银行的一年当中，至少有两次说到"银行为商务枢纽，英法倡于前，俄德踵其后，自己若不早设，利权必尽为一网打尽"①。而他之设立通商银行，正是"为保守中国利权起见，免致尽为俄英各行一网打尽而已"②。

这样一个宗旨，就盛宣怀而言，十之七八是停留在字面上的。然而，即使如此，它也遇到来自入侵者的阻力。其中的主角，首先是企图"一网打尽"的俄、英。

在中国通商银行筹办之前，沙俄资本的道胜银行即企图迫使清政府入股，以中俄合办的名义"意在侵揽各省关饷项款、汇拨存发之款，以夺中国商民之利"。1896年12月，他们进一步直接要求筹备中的通商银行与之合股，改称中俄招商银行，以期"中俄交情益固"。1897年2月，又径直找到盛宣怀，声称道胜已改为中俄银行，直截了当地要求盛宣怀"不必另开银行"③。

把持中国海关、代表英国利益的海关总税务司赫德，对盛宣怀的计划，也发了一炮。他在80年代后期就企图插手中国银行企业。上述赫德对马建忠的台湾银行计划的支持，就是一个例子。1887年南北洋大臣同时收到的一项包括设立官办银行在内的兴办实业的建议，就是赫德手下的宁波税务司通过宁波道台转致的。④ 10年以后，当他得知在盛宣怀主持之下的通商银行完全

① 光绪二十三年五月二十四日致湖南巡抚陈宝箴（见《盛稿》，第15页）；在光绪二十二年十月六日致王义韶、张之洞电中，也有同样语句（见《盛集》第25卷，第12页）。

② 《盛稿》，第13页。

③ 《盛档》，转见谢俊美，上引文。

④ China Maritime Customs, Decennial Reports on the Trade, 1882—1891年，宁波，第382—383页。

取资商本时①，这个声称"和盛宣怀从来不是朋友"的赫德②，马上利用了这个机会，向总理衙门呈递了一个银行章程，建议"以各海关为根本"，由总税务司主办，企图用"取资官本"的名义把银行转入海关的掌握。③

除此两大以外，比利时、法国、奥地利等国政府也先后纷纷提出同样的要求。④ 所有这些要求，都和通商银行的利益发生直接的冲突。特别是官款的汇拨、存放，这是盛宣怀心目中的银行利益所在，当然不能轻易落入外国银行之手。因此这些计划，在盛宣怀抵制之下，最后都没有实现。中国通商银行终于得以在1897年5月27日挂出招牌，6月12日正式营业。⑤

应该公正地指出：盛宣怀从插足洋务派企业之日起，至少在口头上是以"分洋商之利"以自许的。⑥ 他着力声明："生平立志，只愿与洋商争胜。"⑦ 从某一方面看，这也许是实情。人们常批评盛宣怀在主持轮船招商局时期与怡和、太古订立齐价合同是丧权辱国行为，但他自己却是以此作为与"怡、太争胜"的手段。在三家划分运载份额的过程中，他也表示了一定的坚持，甚至说过："宁可亏本再斗，决不能为大局失此体面。"⑧ 在他主持

---

①　盛宣怀的通商银行主要是为兴建铁路而筹设的。铁路公司最初定商股二成，其余八成，先借洋债。（《盛集》第25卷，第5页。）银行则完全为商股。我以前误以银行为铁路公司，应予更正。（参阅拙作《赫德与近代中西关系》，1987年版，第292页）

②　The I. G. in Peking, p. 1091.

③　《盛集》第25卷，第5页；第89卷，第30页。赫德的具体计划，当时香港《华字日报》曾有披露，参阅谢俊美，上引文。

④　《盛集》第61卷，第20页；第62卷，第23—24页。

⑤　Herald, 1897年5月21日，第896页；5月28日，第943页。

⑥　参阅夏东元《晚清洋务运动研究》，1985年，第218页。

⑦　《盛稿》，第37页。

⑧　参阅夏东元，上引书，第262页。

电报局的时期，对英国大东、丹麦大北两海线公司在中国的陆线，坚持拆除，不许他们的海线上岸。在中国与俄法等国衔接边境陆线时，坚持了对等的原则。他说：外国陆线，"不使逾尺寸"[1]。看来，也并非夸口。[2] 他办华盛纱厂以后，曾说："马关条约准开洋厂，乃有怡和、瑞记、公茂、鸿源四洋厂"，"洋商力足，华商难支，裕晋华厂已改协隆洋厂，〔华厂〕现存仅止四厂，势甚危殆"[3]。可见他并非没有一点挽救华商纱厂的主观愿望。其后在清王朝行将倾覆的 1909 年，他还对外国在华设立卷烟厂的问题，结合自己的经历，说过这样一段话："前三年宣怀曾纠集华股赴部注册，购机在沪设厂，乃为英美公司跌价倾轧，尽数亏折。并闻华商大小二十余厂，无不亏累停止。盖英美烟草公司资本甚巨，不惜重资招摇垄断。尤奇者，内地行店均受其饵，各订小合同，不准代买〔卖〕中国烟卷。几几乎专卖二字为彼所操。喧宾夺主，莫此为甚。"[4] 这一段议论，就是拿到今天来看，至少也超过了有些人所鼓吹的"非压迫论"的水平。可见，对盛宣怀在这方面的言论和行动，需要采取分析的态度。在中国通商银行的问题上，同样是如此。

这种"分洋商之利"的思想，在洋务派官僚群中，当然也可以找到。例如，在李鸿章那里，就不乏同样的调子。对照李鸿章在筹办轮船招商局和重整上海织布局的奏折中所说的"庶使我内江外海之利不致为洋占尽"[5] 和"力保中国商民自有之利权"[6]，

---

① 参阅夏东元：《晚清洋务运动研究》，第 266 页。

② 例如左宗棠在此问题上，对盛宣怀有过积极的评价，参阅中国近代史资料丛刊：《洋务运动》（六），1961 年版，第 345 页。

③ 《盛集》第 34 卷，第 12 页。

④ 《盛稿》，第 188 页。

⑤ 《李集》第 20 卷，奏稿，《试办轮船招商折》。

⑥ 《李集》第 77 卷，奏稿，《重整上海织布局片》。

可以看出，他们两人的议论，基本上是一个声调。这个口号，在当时的条件下，不但谈不上真正保守中国的利权，而且实际上还可能假分洋商之利，形成与洋商携手共同分润利益的局面，像轮船招商局和怡和、太古的同盟那样。因此，不能只看字面，不加分析。但是，也不能同样不加分析，轻易作出买办化的结论。具体到通商银行，就是一个例子。

有一种看法，认为盛宣怀在买办化的道路上，比李鸿章前进了一步，根据是盛宣怀的通商银行比李鸿章的轮船招商局在这方面前进了一步。它不但是一般地仿照西法，而且全部照搬汇丰章程，不但是一般地聘用洋员，而且聘请洋大班主持大政。在通商银行的章程中，充满了"一律悉照西例"、"依照西国规矩"、"悉遵西国银行章"、"悉以汇丰为准"的字样，究竟应该怎样看待这个问题，需要比较仔细地看一看事实。

在通商银行正式开业至少半年以前，由盛宣怀主持的"开设银行条议"中，原来并没有聘用洋人主持银行业务的意思。在盛宣怀的心目中，最初是企图利用票号现成的一套机构和人马。由于票号原来在各口岸多设有分号，而且开设多年，"官商交孚，措施裕如"，正是通商银行设立分行的现成基础。因此盛宣怀的如意算盘是：即在京、津、闽、粤、汉、浙各关号票庄内，悬挂通商银行招牌，责成该号各伙友兼办银行诸事，接应汇票收解款项各账，以节经费而归简便。① 正由于此，所以条议中说："银行既归商办，而又归就于现成之关号票庄，通力合作，一切经营规模，悉照现行章程，再行参酌，尽善尽美，似毋庸再

---

① 通商银行条议，见《申报》1897年2月11日，参阅Herald，1897年3月12日，第460—461页。

请洋人，以符原奏悉由商董自行经理之义。"① 至于依照汇丰银行章法，条议中只提到"银行仿于泰西，容抄录汇丰章程，再行公同妥议"②。从这里可以看出，盛宣怀最初原是想照搬票号的章法，所谓"一切经营规模，悉照现行章程"，指的都是票号的章程。而所谓"再行参酌，尽善尽美"，则显然指的是"再行公同妥议"的汇丰银行章程。如果这个计划能够顺利实现，那么，在人员方面，票号已经足够应付，所以，"毋庸再请洋人"。

但是，正如上面所说，盛宣怀企图利用票号的计划，并未能顺利实现。他所招揽的票号中人，只有严信厚勉强算是一个。然而，严的源丰润号，却不愿合并于银行③，因此责成各地票号"伙友兼办银行诸事"，便宣告落空。在这种情况之下，银行既要在各口岸设立分行，就不能指望票号的现成班子。剩下来的，只有"依照西国规矩"，引用西人为银行大班的一条。因此，在银行正式公议而由盛宣怀核定的章程中，才明确规定银行"总行及京都并通商大口岸及各国都会，均用西人为大班，生意出入，均归大班主政"。从而"本行奏明用人办事，悉以汇丰为准而参酌之"④。

以汇丰银行为蓝本，参酌汇丰的章程以立通商银行的规矩，是不是就表示通商银行有了买办性呢，单凭这一点，还不能得出这样的结论。应该说，这是汲取资本主义的经营管理方法，而不是银行职能的买办化。相反，由效法票号的规矩到效法汇丰的章

---

① 通商银行条议，见《申报》1897年2月11日，参阅 Herald, 1897年3月12日，第460—461页。

② 同上。

③ 《盛集》第25卷，第23页。

④ 公议中国银行大概章程，见《中国第一家银行》，第98—100页。

程，毋宁是一种进步。[①] 盛宣怀现在是把汇丰作为一个商办银行的典型看待的。他之所以模仿汇丰，只是因为他看到当时在华各外国银行中，汇丰是一家最能赚钱的银行。而汇丰之所以最能赚钱，在盛宣怀看来，则是由于汇丰的营业，在"俱遵商务规矩"、"尽除官场习气"方面，做得最出色。完全可以断定，他是以汇丰银行作为通商银行的学习榜样，同时又是把它看作是自己的主要竞争对手的。他一再说：在中国的外国银行中，最忌通商银行的就是汇丰。[②] 他模仿汇丰银行，在某种意义上说，是以子之矛攻子之盾，正是为了争胜。他启用曾经担任过汇丰银行会计的米德伦（A. W. Maitland）担任通商银行的首任大班，也多少有这方面的意图。当然，在通商银行委任大班的权柄单中，洋大班的主管范围，几乎是无所不在的。但是，有两点值得注意：一是在银行人员的进退上，洋大班的意见，需要得到总董的核准；二是生意出入银钱，虽归大班主政，但"遇有要事，应由总董会议签押，然后照行"[③]，也就是说，在用人和大政方针上，总董仍保留了最后的决定权。而且盛宣怀还特别着重：洋大班应"具有荐信，立有合同"，"如有不合，随时可撤"[④]。因此不能把"权柄单"中的规定，笼统地说成是拍卖企业自主权的行为。

　　当然，盛宣怀宣传的所谓"杜洋商之挟持"、"与洋商争胜"等等，有很大的局限性。他曾多少带有一点自信的口吻说：外国在华银行"赖各国汇票，我则赖各省各埠之汇票，利可操券"[⑤]。

----

①　"他是极少数活着的中国官员中对欧洲财政金融内部运行有所了解的一人"。这是20世纪初在西方十分流行的一种议论。参阅 J. O. B. Bland: Recent Events and Present Policies in China, 1917 年版，第248页。

②　《盛稿》，第10、13页。

③　《中国第一家银行》，第100、104页。

④　《时务报》第30册，参见《中国第一家银行》，第77页。

⑤　《盛稿》，第16页。

外国银行和洋行，"重在外国通货币，我行重在内地通货币"①，当然也是"利可操券"。因此，在通商银行业务之中，特别强调公款汇兑和货币发行两项。关于汇兑，银行章程开宗明义就揭出："原奏京外解拨之款，交本行汇兑，可以减省汇费，公中备用之款，交本行生息，可以有益国币，各口岸、各省会及各国都会，均须设立分行，以便就近承汇领放。"② 至于发钞铸币，则除奏请"银行准铸银钱"外，更规定"本银行奏明准照汇丰印用银两、银元各票"，"照汇丰所出香港上海票式办法，各照各处市面通用平色"，"亦悉照汇丰折算办法办理"③。甚至"雇用洋员在票背签字"，也是为了"不至为外滩洋商银行所拒受"④。

不言而喻，盛宣怀自信"操券"的优势，完全是一个幻想。事实上他也知道，外国在华银行，"气势既盛，根底已深，不特洋商款项往来，网罗都尽，中行决不能分其杯羹，即华商大宗贸易，亦与西行相交日久，信之素深，中国银行新造之局，势力未充，非可粉饰铺张，骤与西人争胜"⑤。但是，不去努力开拓中国对外贸易的汇兑业务，却把汇兑官款作为与外国银行在汇兑业务上"争胜"的手段，所谓"争胜"，必然徒托空言。西方一位研究洋务派官督商办企业的学者把通商银行的包揽官款汇兑比之于轮船招商局之包揽漕粮转运，有异曲同工之妙⑥，这不是没有道理的。两者都是想从清朝政府身上寻找一点荫庇，谈不上与洋商争胜。至于发钞铸币，不管盛宣怀怎样在形式上比照汇丰的钞

---

① 《盛稿》，第 12 页。
② 《中国第一家银行》，第 98 页。
③ 《中国第一家银行》，第 101、102 页。
④ 中国通商银行：《五十年来之中国经济》，1947 年版，第 30 页。
⑤ 《盛集》第 2 卷，第 30 页。
⑥ A. Feuerwerker, China's Early Industrialization, 1958, pp. 237—238.

票，也不论怎样"各照各处市面通用平色"，"悉照汇丰折算办法办理"，在中国通商与英国汇丰实力悬殊的条件下，通商的钞票根本无力与汇丰的香港上海票式争胜，更谈不上把它们排除在中国的国门以外。

　　事实不止如此。在很多的情况下，与一家外商的争胜，往往形成与另一家外商的苟合。这在盛宣怀一生的活动中，是不乏其例的。在盛宣怀的来往函件中，我们的确可以看到，他对汇丰的"狡狠"，有相当深刻的认识①，也认识到中国通商银行见忌于汇丰银行的深固。② 至于怎样与汇丰争胜，则不排除他接受另一家同样"狡狠"的外商的引诱。也就是在和汇丰的争胜中丧失了与整个外商争胜的立场。在甲午以后列强对中国贷款权的争夺中，盛宣怀和英的呼利公司（Hooley-Jamieson Syndicate）共同导演了一场没有成功的借款活动。这一项以取得苏沪铁路修筑权③为条件的 1600 万英镑的巨额借款，④ 就是由于英方答应以借款抵押品厘金、盐课等的收存支付交给通商银行掌管，才得到了盛宣怀的卖力撮合。⑤ 当然，这笔借款如果成功了，也的确会给包揽中国借款的汇丰银行的"眼睛里扔进一些沙子"⑥。但同样的一个铁的事实是：这笔借款如果谈成，作为借款抵押品的厘金、盐课等，就全部处在呼利公司的控制下，而苏沪铁路的修建权，也将落入呼利公司的掌中。所有这些盛宣怀是不加考虑的。他只要厘金、盐课等"按月解付通商银行，再易〔英〕镑以交外国银

①　《盛稿》，第 41 页。
②　《盛稿》，第 10、13 页。
③　亦说为粤汉与沪汉的修筑权，参阅 The I. G. in Peking，第 1135 页。
④　徐义生：《中国近代外债史统计资料》，1962 年版，第 54—55 页。
⑤　《盛稿》，第 26、29、41 页。
⑥　The I. G. in Peking, p. 1135.

行"，从中得到收解款项的一些油水，便可置其他于不顾。甚至
呼利公司要求派他们的人长驻通商银行，对按月解到的盐课、厘
金等项数目，进行监督查核，[1] 也无所不可。

盛宣怀说："呼利借约能成，则五十年厘金、盐课，悉归该
行收付[2]，而扶翼多矣。将来必能由该行经借民债，转移在此一
举。""虽狡狠如汇丰，亦难禁我不如此也。"[3] 就算他的话有几
分道理吧，但是，去了一个汇丰，来了一个呼利，与洋商争胜的
局面，终究不能成为现实。当然，如果仅仅根据这一点，就断言
通商银行和外国势力一个鼻孔出气，那也不够全面。

当通商银行创办之初，张之洞对它就下过这样一个评语：它
是一家"不官不商、亦官亦商、不中不西、亦中亦西"的银
行。[4] 这十六个字，概括了通商银行内部的官商关系和银行对外
的中西关系。对银行内部的官商关系，我们将在另外的场合进行
探讨。但是，根据这十六个字作一个总的判断，还是可能的。这
十六个字，是一个整体。如果不官不商代表官商矛盾，那么亦官
亦商，就代表官商合力。如果不官不商、亦官亦商这八个字，可
以这样理解，那么不中不西、亦中亦西八字，亦当作如是观。

这就是中国通商银行在对外关系方面的历史特征。显然这个
特征是和产生的历史条件联系在一起的。

（原载《中国经济史研究》1988 年第 3 期，原题目为
《略论中国通商银行成立的历史条件及其在对外关系方面的特征》）

---

① 《盛稿》，第 29 页。

② "该行"指通商银行，"五十年"指呼利借款之偿还期。参阅《清季外交史
料》第 108 卷，第 25—27 页。日文档案，48/254。经济研究所藏。

③ 《盛稿》，第 41 页。

④ 《盛集》第 27 卷，第 12 页。

作者著译书目

1947—2000

I 编著

《中国国民所得（1933）》（参加编写） 中华书局 1947

《China's Industrial Production 1931—1946》 社会研究所 1948

《中国近代经济史统计资料选辑》（参加编写） 科学出版社 1955

《中国近代工业史资料 1895—1914》 科学出版社 1957

《十九世纪西方资本主义对中国的经济侵略》 人民出版社 1983

《唐廷枢研究》 中国社会科学出版社 1983

《赫德与近代中西关系》 人民出版社 1987

《中国近代经济史 1840—1894》（参加编写） 人民出版社 1989

《中国通史》第 10 册（参加编写） 人民出版社 1992

《外国资本在近代中国的金融活动》 人民出版社 1999

《中国近代经济史 1895—1927》（主编） 人民出版社 2000

《中国资本主义的发展和不发展》 已完稿，即将由中国财政经济出版社出版

II　翻译

《马克思恩格斯论中国》（参加　　本》（雅可夫柴夫斯基）（参加翻译）
翻译）　人民出版社　1957　　　　　科学出版社　1956
　《封建农奴制时期俄国的商人资

　　此外尚有单篇论文近百篇，篇名从略。

作者年表

1917 年 7 月 20 日　出生于湖北省蕲春县。

1937 年　毕业于河南开封济汴中学，同年考入武汉大学中文系。

1943 年　毕业于武汉大学经济系，同年进中央研究院社会研究所任研究生。

1946 年 1 月　改任助理研究员。

1950 年　任中国科学院社会研究所助理研究员。

1955 年　改任副研究员。

1977 年　任中国社会科学院经济研究所副研究员。

1978 年 10 月　任中国社会科学院研究生院教授，硕士生导师。

1979 年　任经济研究所研究员。

1986 年 8 月　任研究生院博士生导师。

1988—1998 年　任中国人民政治协商会议第七、八届两届全国委员会委员。

1999 年 1 月　退休。